U0496839

最高人民法院

指导性案例裁判规则理解与适用

婚姻家庭卷

江必新　何东宁　肖芳　著

中国法制出版社
CHINA LEGAL PUBLISHING HOUSE

作者介绍

江必新 男，1956年9月出生，湖北枝江人。西南政法学院法学学士、中国法制史硕士，北京大学宪法与行政法学博士。现兼任中国法学会副会长，湖南大学教授。1999年被评为“全国十大杰出中青年法学家”、2009年被评为“当代中国法学名家”，2015年获中国行政法学“杰出贡献奖”、2016年获第二届“金平法学成就奖”。在《中国社会科学》《求是》《中国法学》《法学研究》等出版物发表论文400余篇。

何东宁 男，湖南慈利人，法律硕士。合著《民法总则与民法通则条文对照及适用提要》《民商审判疑难问题解析与典型案例指导》《新民事诉讼法配套规则适用指引》《新民事诉讼法再审程序疑难问题解答与裁判指导》等30部著作。在《判解研究》等出版物上发表论文20多篇。

肖　芳 女，毕业于中国人民大学，获法学硕士学位。合著“最高人民法院指导性案例裁判规则理解与适用系列”婚姻家庭卷、合同卷二、物权卷，参与撰写《侵权责任法审判前沿问题与案例指导》《民事诉讼制度专题实证研究》《诉讼费用制度专题实证研究》，先后在《法律适用》《检察日报》等出版物发表学术论文十多篇，多篇论文曾获全国性法学学术论坛征文一等奖、二等奖和三等奖。

出版修订说明

2020 年 5 月 28 日，第十三届全国人民代表大会第三次会议审议通过了《中华人民共和国民法典》（以下简称民法典），自 2021 年 1 月 1 日起施行。民法典是新中国成立以来第一部以法典命名的法律，开创了我国法典编纂立法的先河，具有里程碑意义。民法典系统整合了新中国成立 70 多年来长期实践形成的民事法律规范，汲取了中华民族 5000 多年优秀法律文化，借鉴了人类法治文明建设有益成果，是一部体现我国社会主义性质、符合人民利益和愿望、顺应时代发展要求的民法典，是一部体现对生命健康、财产安全、交易便利、生活幸福、人格尊严等各方面权利平等保护的民法典，是一部具有鲜明中国特色、实践特色、时代特色的民法典，被称为“社会生活的百科全书”“市场经济的基本法”“权利保障的宣言书”。民法典在中国特色社会主义法律体系中具有重要地位，是一部固根本、稳预期、利长远的基础性法律，是新时代我国社会主义法治建设的重大成果，为人类法治文明进步贡献了中国智慧、提供了中国方案，推动“中国之治”进入更高境界。

法律是治国之重器，良法是善治之前提。编纂民法典，就是通过对我国现行的民事法律制度规范进行系统整合、编订纂修，形成一部适应新时代中国特色社会主义发展要求，符合我国国情和实际，体例科学、结构严谨、规范合理、内容完整并协调一致的法典。编纂民法典突出科学“编纂”形式，不是制定全新的民事法律，而是按照系统、协调、统一的原则，对现有民事法律进行全面、系统、有序地科学建构；也不是简单的法律汇编，而是对已经不适应现实情况的规定进行必要的修改完善，对社会经济生活中出现的新情况、新问题作出有针对性的新规定。民法典以我国现行的、制定于不同时期的民法通则、物权法、合同法、担保法、婚姻法、收养法、继承法、侵权责任法和人格权方面的民事法律规范为基础，结合我国经济社会发展对民事法律提出的新需求，进行全面系统的编订纂修，系统全面地规定了自然人、法人、非法人组织在民事活动中享有的各种人身和财产权益，具有系统性、层次性、科学性的特点，集中体现着民法的价值、理念和原则。通过确立民事主体、民事权利、民事法律行为、民事责任等民事总则制度，确立物权、合同、人格权、婚姻家庭、继承、侵权责任等民事分则制度，来调整各类民事关系。形成了包括民法通则为总则编和物权、合同、人格权、婚姻家庭、继承、侵权责任6个分编以及附则在内的民法典，合计7编，共计1260条，超过10万字，是我国法律体系中条文最多、体量最大、编章结构最复杂的一部法律。

（一）总则编。规定民事活动必须遵循的基本原则和一般性规则，统领民法典各分编。共10章、204条，主要内容有：1. 规定了民法典的立法目的和依据。其中，将“弘扬社会主义核心价值观”作为一项重要的立法目的，体现坚持依法治国与以德治国相结合的鲜明中国特色。同时，规定了民事权利及其他合法权益受法律保护，确立了平等、自愿、公平、诚信、守法和公序良俗等民法基本原则。还规定了民事主体从事民事活动，应当有利于节约资源、保护生态环境。2. 规定了三类民事主体。一是自然人。规定了自然人的民事权利能力和民事行为能力制度、监护制度、宣告失踪和宣告死亡制度等。二是法人。规定了法人的定义、成立原则和条件、住所等一般规定，并对营利法人、非营利法人、特别法人三类法人分别作了具体规定。三是非法人组织。对非法人组织的设立、责任承担、解散、清算等作了规定。3. 规定了民事权利制度，包括各种人身权利和财产权利。对知识产权作了概括性规定，以统领各个单行的知识产权法律。同时，对数据、网络虚拟财产的保护作了原则性规定。还规定了民事权利的取得和行使规则等内容。4. 规定了民事法律行为制度、代理制度。一是规定民事法律行为的定义、成立、形式和生效时间等。二是对意思表示的生效、方式、撤回和解释等作了规定。三是规定民事法律行为的效力制度。四是规定了代理的适用范围、效力、类型等代理制度的内容。5. 规定了民事责任、诉讼时效和期间计算制度。一是规定了民事责任的承担方式，并对不可抗力、正当防卫、紧急避险、自愿实施紧急救助等特殊的民事责任承担问题作了规定。二是规定了诉讼时效的期间及其起算、法律效果，诉讼时效的中止、中断等内容。三是规定了期间的计算单位、起算、结束和顺延等。

（二）物权编。规定调整因物的归属和利用而产生的民事关系。共5个分编、20章、258条，主要内容有：1. 第一分编为通则，规定了物权制度基础性规范，包括平等保护等物权基本原则，物权变动的具体规则，以及物权保护制度。2. 第二分编规定了所有权制度，包括所有权人的权利，征收和征用规则，国家、集体和私人的所有权，相邻关系、共有等所有权基本制度。进一步完善了业主的建筑物区分所有权制度：一是明确地方政府有关部门、居民委员会应当对设立业主大会和选举业主委员会给予指导和协助。二是适当降低业主共同决定事项，特别是使用建筑物及其附属设施维修资金的表决门槛，并增加规定紧急情况下使用维修资金的特别程序。三是明确物业服务企业和业主的相关责任和义务，增加规定物业服务企业或者其他管理人应当执行政府依法实施的应急处置措施和其他管理措施，积极配合开展相关工作，业主应当依法予以配合。3. 第三分编规定了用益物权制度，明确了用益物权人的基本权利和义务，以及建设用地使用权、宅基地使用权、地役权等用益物权。进一步完善了以下制度：一是明确住宅建设用地使用权期限届满的，自动续期；续期费用的缴纳或者减免，依照法律、行政法规的规定办理；二是完善农村集体产权相关制度，对土地承包经营权的相关规定作了完善，增加土地经营权的规定，并删除耕地使用权不得抵押的规定，与土地管理法等作了衔接性规定；三是增加规定"居住权"这一新型用益物权，明确居住权原则上无偿设立，居住权人有权按照合同约定或者遗嘱，经登记占有、使用他人的住宅，以满足其稳定的生活居住需要。4. 第四分编对担保物权作了规定，明确了担保物权的含义、适用范围、担保范围等共同规则，以及抵押权、质权和留置权的具体规则。进一步完善了担保物权制度，为优化营商环境提供法治保障：一是扩大担保合同的范围，明确融资租赁、保理、所有权保留等非典型担保合同的担保功能，增加规定担保合同包括抵押合同、质押合同和其他具有担保功能的合同。二是删除有关担保物权具体登记机构的规定。三是简化抵押合同和质押合同的一般条款。四是明确实现担保物权的统一受偿规则。5. 第五分编对占有的调整范围、无权占有情形下的损害赔偿责任、原物及孳息的返还以及占有保护等作了规定。

（三）合同编。规定了维护契约、平等交换、公平竞争，促进商品和要素自由流动，完善合同制度。合同编共 3 个分编、29 章、526 条。主要内容有：1. 第一分编为通则，规定了合同的订立、效力、履行、保全、转让、终止、违约责任等一般性规则，完善了合同总则制度。一是通过规定非合同之债的法律适用规则、多数人之债的履行规则等完善债法的一般性规则。二是完善了电子合同订立规则，增加了预约合同的具体规定，完善了格式条款制度等合同订立制度。三是完善国家订货合同制度，规定国家根据抢险救灾、疫情防控或者其他需要下达国家订货任务、指令性计划的，有关民事主体之间应当依照有关法律、行政法规规定的权利和义务订立合同。四是针对实践中一方当事人违反义务不办理报批手续影响合同生效的问题，明确了当事人违反报批义务的法律后果，健全合同效力制度。五是完善合同履行制度，落实绿色原则，规定当事人在履行合同过程中应当避免浪费资源、污染环境和破坏生态。同时，在总结司法实践经验的基础上增加规定了情势变更制度。六是完善代位权、撤销权等合同保全制度，进一步强化对债权人的保护，细化了债权转让、债务移转制度，增加了债务清偿抵充规则、完善了合同解除等合同终止制度。七是通过吸收原担保法有关定金规则的规定，完善违约责任制度。2. 第二分编为典型合同。在现行买卖合同、赠与合同、借款合同、租赁合同等 15 种典型合同的基础上增加了 4 种新的典型合同：一是保证合同。二是保理合同。三是物业服务合同。四是合伙合同。第二分编还在总结实践经验的基础上，完善了其他典型合同。一是通过完善检验期限的规定和所有权保留规则等完善买卖合同。二是为维护正常的金融秩序，明确规定禁止高利放贷，借款的利率不得违反国家有关规定。三是落实党中央提出的建立租购同权住房制度的要求，保护承租人利益，增加规定房屋承租人的优先承租权。四是针对前些年客运合同领域出现的旅客“霸座”、不配合承运人采取安全运输措施等严重干扰运输秩序和危害运输安全的问题，维护正常的运输秩序，细化了客运合同当事人的权利义务。五是根据经济社会发展需要，修改完善了赠与合同、融资租赁合同、建设工程合同、技术合同等典型合同。3. 第三分编“准合同”分别对无因管理和不当得利的一般性规则作了规定。

（四）人格权编。从民事法律规范的角度规定自然人和其他民事主体人格权的内容、边界和保护方式，不涉及公民政治、社会等方面权利。共 6 章、51 条，主要内容有：1. 第一章规定了人格权的一般性规则。一是明确人格权的定义。二是规定民事主体的人格权受法律保护，人格权不得放弃、转让或者继承。三是规定了对死者人格利益的保护。四是明确规定人格权受到侵害后的救济方式。2. 第二章规定了生命权、身体权和健康权的具体内容，并对实践中社会比较关注的有关问题作了有针对性的规定。一是鼓励遗体捐献的善行义举，确立器官捐献的基本规则。二是明确规范从事与人体基因、人体胚胎等有关的医学和科研活动应遵守的规则。三是规定了性骚扰的认定标准，以及机关、企业、学校等单位防止和制止性骚扰的义务。3. 第三章规定了姓名权、名称权的具体内容，并对民事主体尊重保护他人姓名权、名称权的基本义务作了规定。一是对自然人选取姓氏的规则作了规定。二是明确对具有一定社会知名度，被他人使用足以造成公众混淆的笔名、艺名、网名等，参照适用姓名权和名称权保护的有关规定。4. 第四章规定了肖像权的权利内容及许可使用肖像的规则，明确禁止侵害他人的肖像权。一是规定禁止任何组织或者个人利用信息技术手段伪造等方式侵害他人的肖像权，并明确对自然人声音的保护，参照适用肖像权保护的有关规定。二是规定肖像权的合理使用规则。三是对肖像许可使用合同的解释、解除等作了规定。5. 第五章规定了名誉权和荣誉权的内容。一是对行为人实施新闻报道、舆论监督等行为涉及的民事责任承担，以及行为人是否尽到合理核实义务的认定等作了规定。二是规定民事主体有证据证明报刊、网络等媒体报道的内容失实，侵害其名誉权的，有权请求更正或者删除。6. 第六章进一步强化对隐私权和个人信息的保护，并为制定个人信息保护法留下空间。一是规定了隐私的定义，列明禁止侵害他人隐私权的具体行为。二是界定了个人信息的定义，明确了处理个人信息应遵循的原则和条件。三是构建自然人与信息处理者之间的基本权利义务框架，明确处理个人信息不承担责任的特定情形，合理平衡保护个人信息与维护公共利益之间的关系。四是规定国家机关及其工作人员负有保护自然人的隐私和个人信息的义务。

（五）婚姻家庭编。规范夫妻关系和家庭关系的基本准则，并增加了新的规定。共 5 章、79 条，主要内容有：1. 第一章重申了婚姻自由、一夫一妻、男女平等等婚姻家庭领域的基本原则和规则，并对相关内容作了进一步完善。一是规定家庭应当树立优良家风，弘扬家庭美德，重视家庭文明建设。二是规定了最有利于被收养人的原则。三是界定了亲属、近亲属、家庭成员的范围。2. 第二章规定了结婚制度，并对有关规定作了完善。一是将受胁迫一方请求撤销婚姻的期间起算点由“自结婚登记之日起”修改为“自胁迫行为终止之日起”。二是不再将“患有医学上认为不应当结婚的疾病”作为禁止结婚的情形，并增加规定一方隐瞒重大疾病的，另一方可以向人民法院请求撤销婚姻。三是增加规定婚姻无效或者被撤销的，无过错方有权请求损害赔偿。3. 第三章规定了夫妻关系、父母子女关系和其他近亲属关系，并完善了有关内容。一是明确了夫妻共同债务的范围。二是规范亲子关系确认和否认之诉。4. 第四章对离婚制度作出了规定，并对相关内容作了进一步完善。一是增加离婚冷静期制度。规定了提交离婚登记申请后三十日的离婚冷静期，在此期间，任何一方可以向登记机关撤回离婚申请。二是规定经人民法院判决不准离婚后，双方又分居满一年，一方再次提起离婚诉讼的，应当准予离婚。三是关于离婚后子女的抚养，将“哺乳期内的子女，以随哺乳的母亲抚养为原则”修改为“不满两周岁的子女，以由母亲直接抚养为原则”。四是将夫妻采用法定共同财产制的，纳入适用离婚经济补偿的范围，以加强对家庭负担较多义务一方权益的保护。五是将“有其他重大过错”规定为离婚损害赔偿的适用情形。5. 第五章对收养关系的成立、收养的效力、收养关系的解除作了规定，并进一步完善了有关制度。一是删除被收养的未成年人仅限于不满十四周岁的限制，修改为符合条件的未成年人均可被收养。二是将收养人须无子女的要求修改为收养人无子女或者只有一名子女。三是在收养人的条件中增加规定“无不利于被收养人健康成长的违法犯罪记录”，并增加规定民政部门应当依法进行收养评估。

（六）继承编。规定关于自然人死亡后财富传承的基本制度，以满足人民群众处理遗产的现实需要。共4章、45条，主要内容有：1. 第一章重申了国家保护自然人的继承权，规定了继承的基本制度，并对有关内容作了进一步完善：一是增加规定相互有继承关系的数人在同一事件中死亡，且难以确定死亡时间的继承规则。二是增加规定对继承人的宽恕制度，对继承权法定丧失制度予以完善。2. 第二章规定了法定继承人的顺序和范围，以及遗产分配的基本制度，并完善了代位继承制度，增加规定被继承人的兄弟姐妹先于被继承人死亡的，由被继承人的兄弟姐妹的子女代位继承。3. 第三章规定了遗嘱继承和遗赠制度，并进一步完善了遗嘱继承制度。一是增加了打印、录像等新的遗嘱形式。二是修改了遗嘱效力规则，删除了公证遗嘱效力优先的规定，切实尊重遗嘱人的真实意愿。4. 第四章规定了遗产处理的程序和规则，并进一步完善了有关遗产处理的制度。一是增加遗产管理人制度，明确了遗产管理人的产生方式、职责和权利等内容。二是完善遗赠扶养协议制度，适当扩大扶养人的范围，明确继承人以外的组织或者个人均可以成为扶养人，以满足养老形式多样化需求。三是完善无人继承遗产的归属制度，明确归国家所有的无人继承遗产应当用于公益事业。

（七）侵权责任编。规定民事主体侵害他人权益应当承担的法律后果。共10章、95条，主要内容有：1. 第一章规定了侵权责任的归责原则、多数人侵权的责任承担、侵权责任的减轻或者免除等一般规则，并对相关规定作了进一步完善：一是确立“自甘风险”规则，规定自愿参加具有一定风险的文体活动，因其他参加者的行为受到损害的，受害人不得请求没有故意或者重大过失的其他参加者承担侵权责任。二是规定“自助行为”制度，明确合法权益受到侵害，情况紧迫且不能及时获得国家机关保护，不立即采取措施将使其合法权益受到难以弥补的损害的，受害人可以在保护自己合法权益的必要范围内采取扣留侵权人的财物等合理措施，但是应当立即请求有关国家机关处理；受害人采取的措施不当造成他人损害的，应当承担侵权责任。2. 第二章规定了侵害人身权益和财产权益的赔偿规则、精神损害赔偿规则等；并对有关规定作了进一步完善：一是完善精神损害赔偿制度，规定因故意或者重大过失侵害自然人具有人身意义的特定物造成严重精神损害的，被侵权人有权请求精神损害赔偿。二是增加规定故意侵害他人知识产权，情节严重的，被侵权人有权请求相应的惩罚性赔偿。3. 第三章规定了无民事行为能力人、限制民事行为能力人及其监护人的侵权责任，用人单位的侵权责任，网络侵权责任，以及公共场所的安全保障义务等，并对相关规定作了进一步完善：一是增加规定委托监护的侵权责任。二是完善网络侵权责任制度，细化了网络侵权责任的具体规定，完善了权利人通知规则和网络服务提供者的转通知规则。4. 其他各章分别对产品生产销售、机动车交通事故、医疗、环境污染和生态破坏、高度危险、饲养动物、建筑物和物件等领域的侵权责任规则作出了具体规定，并对有关内容作了进一步完善：一是完善生产者、销售者召回缺陷产品的责任，增加规定，依照相关规定采取召回措施的，生产者、销售者应当负担被侵权人因此支出的必要费用。二是明确交通事故损害赔偿的顺序，即先由机动车强制保险理赔，不足部分由机动车商业保险理赔，仍不足的由侵权人赔偿。三是进一步保障患者的知情同意权，明确医务人员的相关说明义务，加强医疗机构及其医务人员对患者隐私和个人信息的保护。四是增加规定生态环境损害的惩罚性赔偿制度，并明确规定了生态环境损害的修复和赔偿规则。五是加强生物安全管理，完善高度危险责任，明确占有或者使用高致病性危险物造成他人损害的，应当承担侵权责任。六是完善高空抛物坠物治理规则。规定禁止从建筑物中抛掷物品，强调有关机关应当依法及时调查，查清责任人，并规定物业服务企业等建筑物管理人应当采取必要的安全保障措施防止此类行为的发生。

（八）附则。明确了民法典与婚姻法、继承法、民法通则、收养法、担保法、合同法、物权法、侵权责任法、民法总则的关系。规定在民法典施行之时，同步废止上述民事单行法律；作为与民法通则、婚姻法相关的法律解释，也同步废止。

“徒法不足以自行”。2021 年 1 月 1 日，新中国成立以来第一部以“法典”命名的法律——民法典已正式实施，这是新时代全面依法治国具有里程碑意义的一件大事。民法典的生命在于实施，民法典的权威也在于实施。为确保统一正确适用民法典，对标民法典立法精神和法律规定，全面清理司法解释及相关规范性文件，最高人民法院对中华人民共和国成立以来至 2020 年 5 月 28 日当时有效的 591 件司法解释及相关规范性文件、139 件指导性案例进行了全面清理。其中，与民法典规定一致，未作修改、继续适用的共计 364 件；对标民法典，对名称和部分条款进行修改的共计 111 件；决定废止的共计 116 件；决定对 2 件指导性案例不再参照适用。

为便于广大读者和法院工作人员准确理解和适用民法典及其司法解释，我们对“最高人民法院指导性案例裁判规则理解与适用系列”丛书进行了修订。本系列丛书修订主要有以下几个特点：一是注重准确对标法律和司法解释的最新规定。围绕民法典的立法精神和实践成果，对民法典及其司法解释相关内容进行阐释，准确把握民法典和相关司法解释条文的具体内涵和适用要点、难点，确保法律和司法解释得以正确贯彻实施。二是有机融入立法、司法的最新成果。自 2020 年以来，最高人民法院还制定了与民法典配套的 7 件新的司法解释，涉及适用民法典的时间效力、担保制度、物权、婚姻家庭、继承、建设工程合同、劳动争议等方面。本系列丛书在修订过程中对所引用的法律和司法解释进行了全面更新，同时也将近年来司法实践中所取得的成果融入其中，以增强本书的精准性、指导性和时效性。三是在更新的同时，注重对原有成果的承继。由于民法典施行之后，婚姻法、继承法、民法通则、收养法、担保法、合同法、物权法、侵权责任法、民法总则等法律以及与民法通则、婚姻法相关的法律解释同步废止。因此，我们在进行修订时，不是简单地将民法典规定的条文和序号进行替换，而是保留民法总则、合同法、物权法、担保法、婚姻法、继承法、民法通则、收养法、侵权责任法等法律和相关司法解释规定的内容，并根据民法典制定的原则、依据以及背景，重点突出民法典对上述法律相关内容修改、补充的比较，重点突出民法典所修改、补充条文涉及内容的理解，重点突出民法典及其相关司法解释修改、补充内容在司法实践中的把握，以便于读者全面地对本丛书所涉及民法典及其司法解释等相关内容的整体理解和把握，增强理论性和实用性。第四，注重引入新的案例。对近年来最高人民法院公布的指导性案例和最高人民法院公报上刊登的案例进行梳理，根据所提炼归纳的裁判规则，组织相关人员撰写，并根据不同分册需求，分别编入系列丛书中，以加强对民法典精神的理解和适用，更加有利于对民法典及其相关司法解释的贯彻执行和落实。

作者

2023 年 12 月

序

随着中国特色社会主义法律体系的形成，人民群众对司法的要求和期待也越来越高，对人民法院司法审判的关注空前强烈，这必然要求人民法院正确履行宪法和法律赋予的审判职责，更加注重依法办案，积极完善司法工作机制，全面发挥司法功能，切实让人民群众在每一个司法案件中感受到公平正义，确保中国特色社会主义法律体系得到全面实施。

“徒善不足以为政，徒法不足以自行。”法律的生命在于实施，而法律实施的核心在于法律的统一适用。同等情况同等对待不仅是我国法制统一的题中之意，也是法治的重要原则。案例指导制度在统一法律适用标准、指导下级法院审判工作等方面具有重要的作用。我国案例指导制度与西方国家判例法存在着重要区别。英美法系国家赋予“判例”以法源的地位，被称之为判例法，具有创制、借鉴以及遵循判例等一整套法律制度或者法律体系，其根本原则是“遵循先例”。绝大多数大陆法系国家，“判例”不是正式的法律渊源，只是被推定具有约束力或具有事实上的约束力。遵循先例或受先例拘束与指导，不是西方国家所特有的法律现象，而是实现法制统一的一般要求和基本路径。我国的“案例指导制度”在两大法系中均不存在，是我国司法实践特定历史阶段的产物。我国案例指导制度的构建，不仅符合我国的基本政治制度，而且适合我国的司法现状。案例指导制度无论在称谓（案例而非判例）、制度定位、法律依据，还是效力设定、机制构建等方面都与我国的政治语境相适应。指导性案例作为“动态法典”，既将抽象的、一般的静态法典的条文规范通过具体案件的法律适用演变成“活法”；又通过总结提炼法官审判经验、思维方法和价值追求，形成蕴涵着丰富的法律精神和法学理念的“裁判规则”，从而发挥规范类似案件裁判的作用，进而实现法律调整机制的静态与动态的相洽、刚性与柔性的协调、法律体系与社会变迁的相互融合。这是我国司法机关在既有的制度框架下和现行的司法体制基础上所进行的一项体现中国特色并顺应世界两大法系相互融合发展大趋势的法律适用上的机制创新。

当下，随着社会主义法治实践不断深入，社会主义法治理念基本树立，人们对司法公正越来越关心和渴望。心理学关于公平的理论早已证实，公正是社会比较的结果，人们关注的不是其所得到结果的绝对值，而是与他人对比的相对值。“同案同判”的要求缘于“同样的事情同样对待，相似的事情相似对待”的自然法思想，它是人们最直观、最朴素的正义观在司法领域的直接反映。如果“同案不同判”，当事人就会觉得自己受到了不公正的待遇，就会怀疑、动摇对司法和法律的信任和信仰。指导性案例既可以为相同或类似案件提供统一的司法标准，约束和规范法官自由裁量权的行使，又可基于案例的公开性、可预测性和可比性，阻断“暗箱操作”“违法断案”。因此，案例指导制度具有实现公平正义等多种功能：

第一，具有对法律规范内涵明确化的宣示功能。成文法典抽象性法言法语容易产生多种理解和解释，指导性案例是人民法院将抽象的法律条文适用于具体案件的产物，是将具体案件融于法律条款的智慧结晶。实行指导性案例制度，有利于人们通过案件理解法律，通过法律评价案件，从而架起法律与案件之间的桥梁，使法律规范更加明确化、具体化，为实现法律条文的可操作性提供范例。

第二，具有对制定法漏洞的补充功能。社会发展已经证明，包罗万象、有求必应、尽善尽美的法律只能是人们纯真而完美的梦想。成文法不可能详尽无遗地囊括社会生活的全部现象，其条文式的表述不可避免地在实现法律的普遍性、稳定性和确定性的同时，又在很大程度上牺牲必要的特殊性、适应性和灵活性，存在模糊性、僵化性、时滞性等缺陷，甚至不少领域存在空白或法律漏洞，难以适应实践中出现的新情况、新问题。指导性案例结合具体案例演绎法律条文，在法律许可的范围内，充分发挥司法的能动性、灵活性而有针对性地及时弥补成文法的漏洞，从而确保法网疏而不漏。

第三，具有对法官自由裁量权运用的约束功能。实行指导性案例制度，引导法官认同并借鉴指导性案例中归纳出的法律原则或裁判规则，为法官办案提供明确、具体的指引，有效克服法官的主观臆断和任意擅断，规范法官的自由裁量权，能使相同或相似案件得到基本相同的裁判，更好地维护司法的公平公正，增强司法裁判的权威性。

第四，具有提升案件裁判质量和效率的促进功能。实行指导性案例制度，有利于充分挖掘法官群体的司法智慧和裁判经验，为法官办案提供裁判理念、思维方式、办案思路、解决问题的法律方法和价值衡量等方面的指引。既可以减少法官不必要的重复劳动，节省时间和精力，缩短审判周期，又可以建立起解决同类或相似问题的思维模式，保证裁判的精准度，统一司法适用，提高司法效率。

第五，具有排除不当干扰的防御功能。由于影响司法公正信赖和司法裁判权威的因素很多，实行指导性案例制度，遵循先例进行裁判，以机会公正、待遇公正、尊严公正、结果公正等体现出法律可预期性的要求，以及“同样情况同样对待”的公平原则，在一定程度上可以弥补法律公正在逼近自然公正中遭遇的困窘和无奈；在一定程度上可以杜绝、避免和减少除法官能力、学识和认识等原因之外的徇私枉法现象，从而限制一些企图通过枉法裁判牟取私利的法官的“玩法空间”；在一定程度上可以发挥上级人民法院对下级人民法院的审判监督作用，抵制和排除法院外部的干扰和法院内部的不规范行为，遏制司法腐败，实现司法公正。

第六，具有对社会主体的教育功能。指导性案例的公布，使得司法裁判效力的影响得以延伸，一个个生动的指导性案例无疑是一个个鲜明的标准，既可以让当事人直观、生动、具体地了解指导性案例的裁判思路，更好地预测诉讼风险，采取更加理性的诉讼行为，从而减少司法资源的浪费，也可以增强社会公众近距离接触法律的机会，通过每个鲜活的案例，感受司法的公正与客观，有效地引导社会主体的行为。

第七，具有促进法学研究和推动立法完善的辅助功能。理论必须源于实践，法学作为一门应用学科更应如此。社会变化的必然性是以特殊性、偶然性为基础的，只注重对抽象的法律规范的研究，就难以把握法律运行的多样性和复杂性。研究法律离不开指导性案例，它既是定性研究的重要对象，又为量化分析提供了丰富的素材。作为联结实践与理论、问题与规则的桥梁，指导性案例本身所蕴含的法治信息，所提出的前沿命题，往往成为法学研究创新和理论发展的重要源泉。同时，司法审判活动作为法律发展的重要原动力之一，法律出台的实证基础往往来源于具体的案件，指导性案例涵盖了社会现实中存在的主要热点和难点问题，案例的积累为立法建议和司法解释的制定提供了有针对性和代表性的素材，增强了说服力和可信度，促使法律发展更能契合社会现实需要。

虽然指导性案例具有宣示、补充、约束、促进、防御、教育、辅助等多种功能，但要充分发挥好这些功能，在适用指导性案例时要采取“类比”“类推”的方法，“有条件地适用”“经过审查后适用”，充分运用归纳推理，使法官依据法律的精神和固有价值进行合理的取舍，使归纳结论符合法律的正义要求并具有可接受性。具体适用指导性案例应当注意以下一些问题：

第一，不能把指导性案例效力绝对化。在我国立法体制下，建立案例指导制度的目的是要建立一个有利于准确适用法律的司法工作机制，为案件的审理提供具体、规范的参照。按照《关于案例指导工作的规定》的要求，最高人民法院发布的指导性案例，各级人民法院在审判类似案件时应当参照，赋予了指导性案例一定的效力，这种参照的效力是一种“事实上的拘束力”，这种拘束力不属于正式的法律渊源，而主要体现为指导性、说服性、参考性。

第二，有必要建立和完善适用指导性案例的识别和引用规则以及保障机制。识别规则就是做好指导性案例裁判规则的总结工作，进一步明确类似案件的判断标准，方便法官尽快寻找到最适合的指导性案例。引用规则与指导性案例的效力有着密切的联系。指导性案例不具有普遍性的约束力，不能被裁判文书直接援引，但并不能排除裁判文书的合理引证。保障机制就是要建立起指导性案例遵循的审级监督和社会监督制度、责任追究制度、培训考核机制以及适用的服务体系。

第三，必须准确把握指导性案例的适用条件。适用条件主要是：现行法律没有明文规定、规定不明确、存在漏洞或冲突，司法实践中主要包括拟裁判的民商事、行政案件没有明确的法律依据，法律存在漏洞或冲突，以及法律虽然有规定，但比较原则，易产生歧义等情形；存在可以比照的指导性案例规则；存在相似的案件事实；等等。

第四，要为正确适用指导性案例确定正当程序。一是案情对比，重点是法定事实要件的比对，选择法定事实案件最相类似的指导性案例；二是情势权衡，主要包括政策权衡、价值权衡、利益权衡和功能权衡，保障案件裁判的形式公正与实质公正、程序公正与实体公正、个案公正与社会公正的统一；三是案例遴选，以主要问题为中心展开，分析案件事实，明确诉争焦点，列出问题要点，搜索最适合的指导性案例；四是规则适用，重点是在法庭审判和法院判决中的适用，既可以作为律师或检察官在法庭辩论时的理由，也可以作为法官阐释裁判的理由，还可以吸收到司法裁判的推理中，以增强裁判的说理性和权威性；五是案例排除适用原则，当指导性案例与拟裁判案件之间存在案件事实差别，以及指导性案例所确定的裁判规则存在与法律原则相冲突，或存在含混、模糊、内在冲突等缺陷时，可以排除指导性案例规则的适用。

指导性案例是法律与实践结合的产物，是司法经验和法律智慧的结晶。它既包含着对立法精神的理解和阐发，又包含着司法经验的探索与积累；既包含了实体性规则，又包含了程序性规范；既包括对法律的文意理解，又包括对法律精神实质的把握；既包括对形式正义的宣示，又包括对实质正义的把握。理论界和实务界对指导性案例应当具有“指导效力”已形成共识。为了更好地提高案例的指导性，增强指导性案例的适用价值，充分发挥其功能，让“纸上的法律”真正变成社会生活中“活的法律”，虽然有赖于诸多因素，但其中行之有效的方法之一就是从法学方法论的立场去阐释蕴涵于个案的裁判规则。这正是我们组织编写出版这套“最高人民法院指导性案例裁判规则理解与适用系列”丛书的目的和出发点。丛书中所选案例是以最高人民法院指导性案例、公报案例为主，同时，还精选了部分最高人民法院直接裁判的具有指导性的案例。《最高人民法院公报》是国家最高审判机关公开介绍我国审判工作和司法制度的重要官方文献，是最高人民法院对外公布司法解释、司法文件、裁判文书、典型案件及其他有关司法信息资料的法定刊物。公报案例的最大的特点就是以《最高人民法院公报》为载体，公开、客观地记录和反映具体案件正确适用具体法律的裁判过程，是唯一以最高人民法院官方名义发布的案例，无论案例是哪一级法院审结的案件，但所涉及的法律适用和理解、司法价值取向等都得到了最高人民法院的正式确认，直接体现最高人民法院的司法观点，具有典型性、权威性和指导性。本丛书分民商事、行政、刑事和综合（年卷）四大类，每大类中按不同案件类型编排成卷，如民商事类可分为担保卷、公司卷、合同卷、婚姻家庭卷、房地产卷等。通过对指导性案例、公报案例等进行梳理，然后编定成卷每年定期出版，奉献给大家。

本丛书突破了传统法律案例类图书的“要点提示、案情、法院审判、裁判要旨、评析”等写作模式，在编写体例上，采取了【裁判规则】【规则理解】【拓展适用】【典型案例】的体例。以裁判规则为主线，在内容和体例上具有一定的独创性，突出强调不仅要关注公报案例等指导性案例本身，而且要关注指导性案例所形成规则的理解与适用，侧重于弥补法律漏洞以及阐释实务中如何正确理解与适用法律，致力于为读者迅速查找指导性案例和把握裁判规则提供最为便捷有效的途径。

所有的【裁判规则】都是通过对案件争议焦点所涉及的法律问题进行评析后形成的并为裁判结论所确立的法律性质规则，属于法律规则或者原则范畴，是案例的核心内容、灵魂所在。指导性案例裁判规则一般是非特定的、非个案的，对法官在同类案件中认定事实、适用法律具有启发、引导、规范和参考作用。从一定意义上讲，指导性案例的指导作用更多地体现在从案件事实认定和法律适用中提炼出来的裁判规则或者裁判要旨。针对部分公报案例裁判摘要中存在法条构成要件重述、内容不明确等问题，我们对该部分案例的裁判规则进行了重新归纳和提炼。其目的正如美国大法官卡多佐在《司法过程的性质》中所言，在接手案件时，“所做的第一件事就是将他眼前的案件同一些先例加以比较，无论这些先例是贮藏在他心中还是贮藏在书本中……先例的背后是一些基本的司法审判概念，他们是司法推理的一些先决条件；而其后面的是生活习惯、社会制度，那些概念正是在它们之中才得以生成。通过一个互动过程，这些概念反过来修改着这些习惯与制度……如果先例清楚明了并且契合案件，那么法官就无需做更多的事了。”

德国法学家拉伦茨在《法学方法论》中说：“制作司法先例的法官首先考虑的是他所裁判的事件，这些要旨不过是裁判理由中蒸馏出来的结晶，与案件事实密切相关，在很大程度上本身也需要解释。”如何将写在纸上的裁判规则，适用于此后千变万化但法定事实要件相同或相似的类案，诠释规则所蕴含的公平与正义精神，是法官的重要任务。然而，由于各级法院、各地法院的法官们，在年龄、知识结构、社会阅历、审判经验等方面存在差异，对于裁判规则的理解、运用等都会有不同的结果。因此，我们认为有必要将指导性案例中所提炼裁判规则的【规则理解】作为本丛书核心内容，突出对所提炼裁判规则解读的指导意义，以超越个案审判的视野，对法律适用进行理性思考，研究案例所体现的法律规则、法律原理、法律精神以及裁判方法、裁判理念等体现的核心价值。虽然指导性案例裁判规则源于个案，但不仅仅局限于个案，而是通过对规则的理解以及法定事实要件的精准把握，达到将裁判规则适用于类案的效果，从而使所提炼的裁判规则中蕴涵的内在价值能够在更广的范围内、更深的层次上得以被发现、被接受、被适用。虽然目前还没有明确规定指导性案例的裁判规则可以在类案的裁判文书中直接援引，但不容置疑的是它的基本精神完全可以渗透于裁判文书的说理部分，可以作为法官裁判的理由、检察官或律师法庭辩论的理由。对于全国各级法院法官及其他法律工作者来说，准确理解和掌握指导性案例裁判规则，有助于统一司法理念、统一法律适用和统一裁判尺度，促进人们对法律的尊重与信仰。

为了防止因裁判规则的抽象性以及成文规范难以避免的缺陷而导致的弊端，我们对指导性案例的裁判规则进行了【拓展适用】，目的是对与裁判规则相关联的理论问题进行系统梳理和深入探讨，以期能够较为全面地阐释裁判规则的精髓，从而推动相关法学研究向纵深发展，拓宽人民法院、法官发现问题、解决问题的渠道，又能够为立法和司法解释提供新的思路和视角，从而形成实践丰富理论、理论指导实践、司法实践与理论研究良性互动的局面，提升司法应对现实的能力。

对《最高人民法院公报》【典型案例】等指导性案例进行分类梳理，一方面是对指导性案例进行连续性和系统性的汇编，方便各地各级法院的法官以及检察官、律师和其他法律界人士检索和援引；另一方面是更全面、更客观、更系统、更立体地展现了指导性案例所依附的案件事实、证据以及裁判说理等的真实风貌，更直观、更清晰、更准确地理解裁判规则的涵义，指导同类案件的法律适用，特别是裁判论证和说理过程，使抽象的审判指导概念更具明确性、更具形象化、更具可操作性。

对指导性案例裁判规则进行全面、系统的解读和阐释，以帮助法律实务界更精准地运用典型案例实现法律的目的、实现公平公正，使从事法学教育和理论研究的同志得以全面把握指导性案例的精神实质，是作者的一次尝试。我们深知，本套丛书所涉及的法学理论博大精深，各种研究文献浩如烟海，有许多未知的领域仍需作深入细致的研究。我们深知法学理论对审判实践有着巨大的指导作用，特别是在法律规定不明确的情况下，具有扎实深厚的理论功底，及时掌握理论界研究的最新成果就显得更为重要。正基于此，我们不敢懈怠，时刻关注理论发展的最新动态，时刻关注理论研究的最新成果，时刻关注审判实践中的典型案例和实践经验，从研究的角度提出一些个人的学术见解，这些见解并不代表任何组织和机构，甚至与我们个人的身份都无关联。当然，这些观点和意见的正确与否，不仅要接受理论界的评判，而且要接受实践的检验。希望借此丛书的修订版，使我们能够与理论界的学者、实务界的同仁进行深入交流探讨，以期共同推动我国案例指导制度的完善和案例研究的深化与细化。

是为序。

江必新

二〇二二年十一月二十日

凡　　例

为使行文方便，本书对相关法律、法规和司法解释等规范性法律文件的名称作了缩略。

《民法典》:《中华人民共和国民法典》

《民法总则》:《中华人民共和国民法总则》

《侵权责任法》:《中华人民共和国侵权责任法》

《婚姻法》:《中华人民共和国婚姻法》

《律师法》:《中华人民共和国律师法》

《继承法》:《中华人民共和国继承法》

《民法通则》:《中华人民共和国民法通则》

《合同法》:《中华人民共和国合同法》

《物权法》:《中华人民共和国物权法》

《公司法》:《中华人民共和国公司法》

《民事诉讼法》:《中华人民共和国民事诉讼法》

《民法典婚姻家庭司法解释（一）》:《最高人民法院关于适用〈中华人民共和国民法典〉婚姻家庭编的解释（一）》

《民法典继承司法解释（一）》:《最高人民法院关于适用〈中华人民共和国民法典〉继承编的解释（一）》

《民法典物权司法解释（一）》:《最高人民法院关于适用〈中华人民共和国民法典〉物权编的解释（一）》

《婚姻法司法解释一》:《最高人民法院关于适用〈中华人民共和国婚姻法〉若干问题的解释（一）》

《婚姻法司法解释二》:《最高人民法院关于适用〈中华人民共和国婚姻法〉若干问题的解释（二）》

《继承法司法解释》:《最高人民法院关于贯彻执行〈中华人民共和国继承法〉若干问题的意见》

《民法通则意见》:《最高人民法院关于贯彻执行〈中华人民共和国民法通则〉若干问题的意见(试行)》

《公司法司法解释四》:《最高人民法院关于适用〈中华人民共和国公司法〉若干问题的规定(四)》

总 目 录

第一章 婚约聘礼

第二章 监 护

第三章 抚 养

第四章 夫妻共同财产的特殊情形

第五章　夫妻婚内财产分割协议

第六章　离婚财产分割

第七章　夫妻共同债务

第八章　赡　　养

第九章　被抚养人

第十章 事实婚姻关系配偶的继承权

第十一章 人工授精所生子女的继承权

第十二章 继子女的继承权

第十三章 遗产的处理

第十四章 遗嘱执行人

目 录

Contents

第一章 婚约聘礼

第二章 监 护

第三章 抚　　养

第四章　夫妻共同财产的特殊情形

第五章　夫妻婚内财产分割协议

第六章　离婚财产分割

第七章　夫妻共同债务

第十章 事实婚姻关系配偶的继承权

第十三章　遗产的处理

第十四章 遗嘱执行人

第一章 婚约聘礼

规则 1：给付与接受聘金以成就婚姻为前提条件，所附条件未成就，赠与不发生法律效力，赠与物应当返还

——杨某诉周某、周文某返还聘金纠纷案[①]

【裁判规则】

《民法典》对男女双方自行订立婚约的行为虽然不予禁止，但不承认婚约具有法律约束力。《最高人民法院关于人民法院审理未办结婚登记而以夫妻名义同居生活案件的若干意见》[②] 第 10 条规定："解除非法同居关系时，同居生活期间双方共同所得的收入和购置的财产，按一般共有财产处理，同居生活前，一方自愿赠送给对方的财物可比照赠与关系处理。"附条件的赠与，只有在所附条件成就时生效；如果所附条件未成就，赠与不发生法律效力，赠与物应当返还。给付与接受聘金以成就婚姻为前提条件，当事人没有登记结婚，不存在婚姻关系，赠与所附的条件没有成就，接受聘金的一方应当将聘金返还。

【规则理解】

一、聘金的演义及内涵

聘金，也称彩礼、财礼、定礼、聘财等，按照《现代汉语词典》的解释，是指订婚时男家送给女家的财物。订婚时给付聘金，是中国传统文化的重要组成部分，自古有之，直到目前，中国大部分地区，特别是农村地区，仍继续遵循这一习俗。

自西周开始婚姻关系的缔结必须服从"父母之命，媒妁之言"，自此，婚

---

① 《中华人民共和国最高人民法院公报》2002 年第 3 期。

② 最高人民法院法（民）发（1989）38 号。已被《最高人民法院关于废止部分司法解释及相关规范性文件的决定》（法释〔2020〕16 号）予以废止。本文结合民法典相关规定予以分析。下文对此不再提示。

姻成立便须遵循六道程序，即纳采、问名、纳吉、纳征、请期、亲迎。其中纳采是指男家请媒人到女家提亲，获准后备彩礼前去求婚；问名，是男家请媒人问女方的名字、生辰、卜于宗庙，请求吉凶；纳吉，是男家卜得吉兆后通知女家，决定缔结婚姻；纳征，又称纳币，是男家送聘礼到女家；请期，是指男家择定吉日为婚期，商请女家同意；亲迎，则是新郎至女家迎娶，至此，“六礼”完毕，婚姻成立。[①] 西周的“六礼”对后世影响极大，中国古代封建社会的婚姻制度基本未能突破以上规则。“六礼”中的纳征，即男家送聘礼到女家为六礼中至关重要的一环，至此，双方婚约即告成立，任何一方不得违背婚约。

关于聘金的性质，一直存在不同的理解，有人认为聘金是女方借婚姻的名义向男方索要的财物，因此，有人认为聘金系买卖婚姻的体现，也有人认为聘金是男方为达到婚姻的目的而自愿向女方赠送的财物，系当事人自由处分其财物权利的行使。基于对聘金性质的不同认识，导致司法实践中经常出现同案不同判或者机械适用法律的情形。笔者认为，聘金的性质，在历史的不同时期有不同的认识，为了更好地适用法律，更为公平合理地解决聘金纠纷，必须先对聘金制度的历史沿革进行梳理。

二、聘金处理的历史沿革

（一）中国古代对聘金处理的规定

如前所述，自西周时起，交付聘金即成为婚礼的重要环节，不经过该程序，则婚姻不能成立。但是，西周宗法制度要求婚姻关系的缔结必须遵守“父母之命，媒妁之言”，可见，对于婚姻，父母具有决定权，婚姻当事人则不得自由选择，否则不符合西周宗法制度的要求。因此，此时的聘金符合当时礼制的要求，但完全是包办婚姻的产物。其后的封建制度时期，婚姻制度基本沿袭了西周的“六礼”，交付聘金是婚礼的重要组成部分，由此而产生的解除婚姻与退还聘金制度也不可避免地产生。

唐律规定，对已报婚书而悔婚的女家处以刑罚，但男家自悔者无罪，只是聘金不得退还。[②] 此规定，对男女实行不平等的原则，对于悔婚的女家要处以刑罚，而男家悔婚则不需要受到刑罚处罚，仅是不得要求退还聘金。依明律，则更为明确地规定了结婚的条件，规定男女定婚之初，若有残疾、老幼、庶出、过房乞养者，要两家明确通知，写立婚书，依礼聘嫁，并规定，已报婚事而悔

① 曾宪义主编：《中国法制史》，中国人民大学出版社2000年版，第42~43页。

② 曾宪义主编：《中国法制史》，中国人民大学出版社2000年版，第136页。

婚的，男女同罪。[①] 此外，明律还规定，未成婚男女，有犯奸盗者，另一方有权利解除婚约，而不适用悔婚时的处罚措施。[②] 以上规定，规定了男女双方对于重大事项的告知义务，并明确了悔婚时男女双方处以同样的处罚，还规定一方有重大过错时，另一方有权利悔婚，比唐律有一定的进步。依清律，订婚之后，一方如有奸盗行为，解除婚约的一方如为聘礼给付者，则可以收回已经给付的聘礼，如为聘礼的收取者，则不必返还已经收取的聘礼，均不受法律惩罚。[③] 此外，清律还规定："五年无过不娶，及夫逃亡三年不还者，并听经官告给执照，别行改嫁，亦不追财礼。"[④] 可见，至清代，如聘礼给付者品行不端，不宜结婚，或无故不履行婚约，则另一方可以另行婚嫁，不退还聘金。

从以上规定可以看出，中国古代社会，未将婚约的人身性与财产性区别开来，对于婚礼，可以强制执行，同时基本形成因给付聘金者的原因导致婚约不得履行的，不得收回聘金，因收受聘金者的原因导致婚约没有履行的，应返还聘金。

（二）我国近现代对聘金处理的规定

1934 年的《中华苏维埃共和国婚姻法》未对婚礼问题进行明确规定，但其第 1 条规定："确定男女婚姻以自由为原则，废除一切包办强迫和买卖的婚姻制度。禁止童养媳。"由此可见，婚约对于当事人已不可强制执行。

我国 1950 年颁布的第一部《婚姻法》及之后的 1980 年《婚姻法》均未对婚约及聘金问题进行规定，但规定实行男女婚姻自由、一夫一妻、男女权利平等、保护妇女和子女合法权益的新民主主义婚姻制度。

此外，由于订婚人父母或男女双方出于自愿帮助或赠与，即不在婚姻法禁止之列的聘礼，不论其交付是在婚姻法施行前后都可由当事人于取消婚约时自行协议解决，协议不成，得请由法院斟酌具体情况，决定其应否返还或部分返还。在婚姻法施行以前索取的聘礼，除属公开买卖婚姻者得予没收外，一般不予没收；但应给当事人以教育并得按双方经济状况酌情返还全部或一部分。以

---

① 曾宪义主编：《中国法制史》，中国人民大学出版社 2000 年版，第 197 页。

② （明）雷梦麟撰，怀效锋、李俊点校：《读律琐言》，法律出版社 2000 年版，第 147 页。

③ （清）沈之奇撰，怀效锋、李俊点校：《磊清律辑注（上）》，法律出版社 2000 年版，第 249 页。

④ （清）沈之奇撰，怀效锋、李俊点校：《磊清律辑注（上）》，法律出版社 2000 年版，第 290 页。

上是对取消婚约时应否返还聘礼如何处理的规定。至于离婚而涉及结婚时的婚礼或聘礼的问题，如婚礼或聘礼发生在婚姻法施行前或虽在其后而属于赠与性质者，除当事人自行协议解决外，法院不为应否返还之裁判。如属于买卖性质而又发生于婚姻法施行后者，法院得予没收。无论在取消婚约或离婚的案件中，凡非当事人直接收受的聘礼或婚礼，在没收或返还的问题上，本人都不应负责。更不得以聘礼或婚礼的返还与否，作为取消婚约或离婚的条件。根据以上规定，当时的政策是将基于买卖婚姻索取的聘礼与当事人自愿给付的聘礼予以区分，并对当事人自愿给付的聘礼根据案件的具体情况决定是否返还及如何返还。

1989 年《最高人民法院关于人民法院审理未办结婚登记而以夫妻名义同居生活案件的若干意见》第 10 条规定："解除非法同居关系时，同居生活期间双方共同所得的收入和购置的财产，按一般共有财产处理。同居生活前，一方自愿赠送给对方的财物可比照赠与关系处理。"此后，在司法实践中，通常将结婚前一方给付对方的聘金当作是附条件的赠与关系对待，如果此后双方登记结婚，则聘金不予退还，如果双方未能登记结婚，则聘金予以退还。

我国近现代婚姻法较之古代婚姻法而言，已不再将婚约作为可以强制执行的契约，且将基于婚姻而收取的财物区分为基于买卖婚姻索取的财物和基于自愿赠予产生的聘礼，予以区别对待，对基于买卖婚姻索取的财物，一般规定予以收缴，对于自愿给付的聘金则根据具体案情决定是否退还，以上规定具有十分重要的进步意义。

（三）中国现行法律对聘金处理的规定

《民法典》未对婚约及婚礼进行规定，该法第 1042 条第 1 款规定："禁止包办、买卖婚姻和其他干涉婚姻自由的行为。禁止借婚姻索取财物。"但即使如此，交付聘金作为一种流传久远的习俗，仍被广泛遵守，且随着经济发展，聘金的数额越来越大，从以前的手表、自行车、缝纫机等物发展到金银首饰、汽车、房产等物，甚至表现为大量现金。由此产生的纠纷也大量增加。由于法律对此没有明确规定，人们对聘礼性质的认识不统一，导致实践中有些不同的做法。

为此，2004 年 4 月 1 日开始实施的《婚姻法司法解释二》第 10 条规定："当事人请求返还按照习俗给付的彩礼的，如果查明属于以下情形，人民法院应当予以支持：（一）双方未办理结婚登记手续的；（二）双方办理结婚登记手续但确未共同生活的；（三）婚前给付并导致给付人生活困难的。适用前款第（二）、（三）项的规定，应当以双方离婚为条件。"据此，关于聘金的处理有了明确的规定。2021 年 1 月 1 日起施行的《民法典婚姻家庭司法解释（一）》第 5 条沿用了《婚姻法司法解释二》第 10 条的规定。

三、《民法典婚姻家庭司法解释（一）》第 5 条的具体适用

（一）适用前提

《民法典婚姻家庭司法解释（一）》对彩礼的处理进行了原则性规定，该规定未再区分基于买卖婚姻给付的彩礼，或基于婚姻索要的财物，或者是自愿赠予的彩礼。但是该条适用的前提条件是"按照习俗给付的彩礼"，而不是基于买卖婚姻给付的彩礼，也不是借婚姻索要的财物。该条的"彩礼"给付必须是习俗范围内支付的财物，且根据通常的理解，"彩礼"应是以结婚为目的的给付。

（二）返还条件

根据《民法典婚姻家庭司法解释（一）》的规定，返还彩礼必须符合以下三种情形之一：（1）双方未办理结婚登记手续；（2）双方办理结婚登记手续但确未共同生活；（3）婚前给付并导致给付人生活困难。其中第 2 种、第 3 种情形下，还应当以双方离婚为条件。

1. 双方未办理结婚登记手续。根据《民法典》第 1049 条的规定，要求结婚的男女双方应当亲自到婚姻登记机关申请结婚登记，完成结婚登记，即确立婚姻和关系。可见，我国结婚以登记为要件，未经登记婚姻关系不成立。此时，给付聘金的人希望结婚的目的未达成，故为结婚而支付的聘金应予退还。

2. 双方办理结婚登记手续但确未共同生活。根据法律规定，一旦办理结婚登记，双方夫妻关系确立，此时，当事人给付聘金的目的已达成，不应退还聘礼。但是考虑到双方虽然办理结婚登记，但确未共同生活，夫妻双方未形成共同生活体，未享有夫妻关系中应有的权利，也未承担相应的义务，此时如果离婚，不退还聘金对给付聘金的一方有失公平，故此种情形下应退还聘金。

3. 婚前给付并导致给付人生活困难。在实践中，经常出现一方当事人为了按照习俗给付聘礼，或者为了所谓"面子"支付大额聘金，从而导致其本人甚至家庭生活水平急剧下降，甚至债台高筑的现象，一旦给付，聘金则归于女方本人或者女方家庭，离婚时，男方家可能尚未从给付聘金导致的生活困境中摆脱出来，甚至未还清因给付聘金所欠债务，此时，应当返还聘金。

【拓展适用】

一、关于聘金法律属性的再认识

关于聘金[①]的法律属性，理论界和实务界一直存在较大争议，我国现行法律亦未明确认定。具体而言，主要存在以下几种学说。

（一）赠与说

聘金是“证明婚约的成立并以将来应成立的婚姻为前提而敦厚其因亲属关系所发生的相互间的情谊为目的的一种赠与。”[②] 该学说认为给付聘金系一种赠与行为，但是，对于赠与说还存在两种不同的观点：

1. 附义务赠与说。我国《民法典》第 661 条规定：“赠与可以附义务。赠与附义务的，受赠人应当按照约定履行义务”；第 663 条规定：“受赠人有下列情形之一的，赠与人可以撤销赠与……（三）不履行赠与合同约定的义务”。据此，有人认为，聘金即是一种附义务的赠与，即欲缔结婚姻关系的一方当事人无偿赠与一定的财物给另一方当事人，但另一方当事人附有与赠与人缔结婚姻关系的义务，如果接受聘金的一方当事人不履行该项义务，则赠与人可以撤销该项赠与。鉴于我国婚姻法并未对婚约进行规定，也未禁止当事人之间的婚约，但是，我国婚姻法规定当事人具有婚姻自由，且结婚具有强烈的人身属性，不得强制履行，故对于婚约中的人身部分，不具有强制执行的效力，而对于聘金等财产部分，则可以比照赠与关系处理。从这方面看，只要订立婚约是当事人的自愿行为，将给付聘礼当作附义务的赠与也并无不可。

2. 附条件赠与说。该学说认为给付聘金系附解除条件的赠与行为，其所附条件即为婚姻成立，即如果双方婚姻关系成立，则赠与继续有效，聘金归收受聘金的一方所有，如果双方婚姻关系不成立，则解除条件成就，赠与合同应解除，赠与的财产应返还给给付聘金一方所有。该学说的法律依据应为《民法典》关于附条件民事行为的相关规定。唯一不同之处在于，婚约具有人身属性，不得强制执行。

如果将聘金作为附条件的赠与，则会产生另一问题，即对聘金的处理能否适用《民法典》第 158 条、第 159 条的规定。《民法典》第 158 条规定：“民事法律行为可以附条件，但是根据其性质不得附条件的除外。附生效条件的民事

---

① 文中讨论的聘金仅指当事人基于习俗而于婚前给付另一方当事人的财物，而不包括买卖婚姻或借婚姻关系索取的财物。

② 史尚宽：《亲属法论》，中国政法大学出版社 2000 年版，第 158 页。

法律行为，自条件成就时生效。附解除条件的民事法律行为，自条件成就时失效。”第159规定：“附条件的民事法律行为，当事人为自己的利益不正当地阻止条件成就的，视为条件已成就；不正当地促成条件成就的，视为条件不成就。”在附条件的民事法律行为中，无论是生效条件还是解除条件，条件的成就与否都具有或然性，这种或然性恰恰体现了民事法律行为当事人的意思自治，应当予以尊重。一方当事人为了自己的利益，通过不正当的手段人为促成或者阻止条件成就时，不仅是对意思自治原则的侵害，更有可能损害对方当事人利益，因此，法律予以规范。从上述规定中应当注意把握：第一，当事人从自己的利益角度出发，主观上有人为改变（使条件成就或不成就）条件状态的故意；第二，民事法律行为中所附条件，其与否成就本来存在不确定性，当事人为了自己的利益实施了促成或阻止条件成就的行为；第三，该行为具有不正当性，主要是指当事人此种行为违反了诚信原则，不符合事先的约定。婚约是当事人就未来成立婚姻之约定，只要是当事人真实意思表示，其虽然不能强制执行，但是其对财产部分的约定应具有法律效力。参照上述规定，如果一方当事人不正当地阻止条件成就，则应视为条件成立，由其承担不利后果，给付聘金的一方如果恶意悔婚，则应不得要求返还聘金，收受聘金的一方悔婚，则应返还聘金。

以上是赠与说的两种观点，当然，“婚约的聘财究为附负担的赠与，抑为附解除条件的赠与，其主要区别，在乎前者须先经撤销始得返还，后者则条件成就时，赠与即失去其效力，受赠人负有返还的义务，对当事人而言，此项区别非属重要……”①

（二）定金说

该学说认为，聘金是一方为促使婚约的履行而向另一方当事人交付的定金，如果给付聘金的一方悔约，则其无权要求返还聘金，而收受聘金的一方悔约，则应返还聘金。与赠与说相比，定金说似乎更符合中国传统习惯。自西周以来，依传统习俗及相关法律，男方向女方交付聘金，即意味着双方婚姻关系确定下来，男女双方自此可以未婚夫妻相称，因此，聘金具有证明婚约成立的作用。此外，聘金具有担保婚约履行的作用，虽然中国古代法律认为婚约义务可以强制履行，但也可存在一些不可履行的情况，此时，婚约可以作对受损害方进行救济的措施，一旦男方悔婚，即不得要求返还聘金，而女方悔婚，则除要返还

① 王泽鉴：《民法总则》，中国政法大学出版社2001年版，第37页。

聘金外，还可能受到相应的刑事处分。但是，如果严格依照定金罚则，则收受聘金的一方悔婚，应当双倍返还聘金，而现实生活中，此规则却与习俗不尽相同，一般情形下，并无要求收受聘金的一方两倍返还的习俗。

不论是赠与说，还是定金说，均未能将婚约与聘金的性质与一般的民事协议完全区分开来。笔者认为，尽管现代婚姻法均强调婚姻自由，承认婚约具有不可强制履行性，但是，只要订立婚约系婚姻当事人的真实意思表示，则婚约中的人身部分虽不可强制履行，但其财产部分却应具有相应的法律效力，而其效力究竟应当如何值得探讨。

二、现行司法解释规定之缺陷

现行法律规定对聘金的处理，主要体现在2021年1月1日施行的《民法典婚姻家庭司法解释（一）》第5条之中。该条规定仍存在不完善之处。

（一）司法解释规定没有考虑过错情形

自古以来，中国关于聘礼制度的处理，就存在男方悔婚，女方不退聘金，女方悔婚，则退还聘金的制度，并且自唐以来，就存在一方犯重大过错，导致不能结婚的，则不得要求返还聘金或要退回聘金。中国法律虽然没有规定婚约，但现实生活中一直存在这种做法，且关于因为一方的过错导致不能成立婚姻的将不得要求返还（或退回）聘金的习俗也一直得到人们的认可。而现行法律却与现实生活中的实际做法及人们的认可不相符。事实上，婚约由于具有人身属性而与一般的合同存在重大差异，但是，对于自愿订立婚约的两个当事人而言，一方悔婚或者因为一方重大过错导致不能结婚的，必然对另一方造成巨大的精神损害，且聘金的存在本身具备担保婚姻成立，并对于遵守承诺，忠于约定的一方当事人给予一定的物质保障的作用，故笔者认为，对聘金的处理应适当考虑当事人的过错。

（二）“确未共同生活”难以界定及证明

根据现行法律规定，虽然已经办理结婚登记但确未共同生活的，在离婚时，要退还聘金。而事实上，“确未共同生活”难以界定。有人认为，“共同生活”除共同的住所外大体还包括以下几个方面：夫妻间的性生活；夫妻间共同的精神生活，主要是基于配偶身份的相互理解和慰藉；夫妻相互扶助的义务；夫妻共同承担对其他家庭生活所负的义务。[①] 以上标准仍较为抽象。共同生活多长

---

① 陈群峰：《彩礼返还规则探析——质疑最高人民法院婚姻法司法解释（二）第十条第一款》，载《云南大学学报（法学版）》2008年第3期。

时间可认定为本条款确定的“共同生活”？多长时间的性生活可视为夫妻间的性生活？何种程度上的精神生活可理解为夫妻间的精神生活？对此问题，在具体的司法实践中仍难以回答。且以上问题除夫妻双方外，第三人恐怕很难知情，当事人亦难以证明。

（三）“婚前给付并导致给付人生活困难”难以认定

根据司法解释的规定，婚前给付并导致给付人生活困难的，如果离婚，要退还聘金，可是对于何为婚前给付并导致给付人生活困难难以认定。首先，“生活困难”难以认定。是否困难采纳客观标准还是主观标准，如果因为给付聘金，导致给付人生活质量有所下降，给付人本身明显感觉到生活困难，是否构成本条规定的生活困难？还是必须达到某一客观标准，如达不到当地最低收入水平或生活水平才构成生活困难？其次，引起生活困难的原因是多方面的，如果给付聘金时，一方当事人生活富裕，因此给付巨额聘金，但是给付后，因为其他原因导致财产丧失，从而生活困难，此时，依据司法解释的规定，不属于应退还聘金的范围，似乎也明显不合理。

（四）现行司法解释规定没有对请求返还聘金的诉讼时效进行明确

根据《民法典》第188条的规定：“向人民法院请求保护民事权利的诉讼时效期间为三年。法律另有规定的，依照其规定。诉讼时效期间自权利人知道或者应当知道权利受到损害以及义务人之日起计算。法律另有规定的，依照其规定。但是，自权利受到损害之日起超过二十年的，人民法院不予保护，有特殊情况的，人民法院可以根据权利人的申请决定延长。”由于诉讼时效是权利人在法定期间内不行使权利，权利不受保护的法律制度，它具有三性：（1）法定性，不能由当事人约定；（2）可变性，可依法中止、中断和延长；（3）强制性，不得约定延长和缩短时效期间，也不得预先放弃诉讼时效利益。从上述规定来看，应当注意诉讼时效期间计算除自权利人知道或者应当知道权利受到损害外，还增加规定了自权利人知道或者应当知道义务人是谁，两者必须同时具备。在对方悔婚的情况下，自其知道对方悔婚或另行结婚的情况下应当知道其权利受到侵害，但是，在其自己悔婚或另行结婚的情况下，如何确定其权利受到侵害之时，如何起算诉讼时效仍是司法适用的难题。

（五）对于聘金的返还范围未明确规定

司法解释针对的是基于习俗给付的聘金。可是，何为基于习俗给付的聘金？聘金特指双方定婚时一次性支付的大额财物，还是也包括平时婚约双方当事人之间的财物赠予？如果双方已登记结婚，男方给予聘金，女方也已基于习俗给予陪嫁，而陪嫁物品已在共同生活中使用，之后离婚，女方是否仍要返还男方聘金？如若返还，在何种范围内返还？还有，女方若有证据证明聘金已在结婚仪式中使用，是否要返还聘金？对于以上问题，司法实践中仍存有疑虑，各地裁判结果不同，同案不同判的现象时有发生，影响法律的权威。

（六）返还聘金纠纷案件的当事人如何确定不明确

一般而言，订立婚约并不完全是欲缔结婚姻关系的两个人的事情，而是涉及两个家庭，而给付聘金一般也不是男（女）方当事人直接给付给女（男）方当事人，而更可能是由男（女）方家庭支付给女（男）方家庭的，故男（女）方要求返还聘金究竟是将女（男）方列为被告，还是将女（男）方家庭成员列为共同被告，司法实践中也做法不一。

从以上分析可以看出，我国现行司法解释对于聘金返还纠纷的处理仍存在不足之处，有待完善。

三、聘礼返还制度的完善

针对现在司法实践中聘金返还纠纷案件处理中存在的问题，笔者认为，应对相关司法解释予以完善，主要体现在以下几个方面：

1. 在确定聘金是否返还及返还数额上应适当考虑当事人的过错。尽管婚约作为双方以结婚为目的对婚姻关系的事先约定，不具有强制履行性，但是，只要婚约是欲缔结婚姻关系的两个当事人的真实意思表示，法院对于该类约定应不予禁止。而此时，如果一方当事人悔婚，特别是双方已经同居生活，但是其中一方不同意结婚的，对另一方或多或少会造成精神上的痛苦，如果规定对于不履行婚约义务的一方当事人应承担相应的财产上的不利后果，将有利于促使双方当事人谨慎订立婚约，并遵守诚实信用原则，慎重对待婚姻问题。

2. 取消“确未共同生活”的标准。鉴于“确未共同生活”难以界定及证明，如果出现双方当事人一开始就不准备共同生活或当事人确实不具备共同生活的条件而同意结婚的情形，可以认定双方对于该事实事先知情，也愿意承担相应的风险与后果。

3. 确定生活困难采纳客观标准，如果给付人生活水平达不到当地平均生活水平则应认定为生活困难。此外，应不再将生活困难的原因限定为给付聘金所致。既然对于聘金的性质采纳赠与说，另一方系无偿取得财产，故可实际考虑双方的生活状况，对于因为其他原因导致生活困难的给付人，离婚时可适当要求返还聘金。

4. 请求返还聘金可参照相关规定的诉讼时效。有观点将请求返还聘金的诉讼时效分为以下几种情况，并予以分别计算：（1）双方解除婚约关系的，给付人应当及时行使自己的权利，向对方主张自己的权利。对方拒不返还的，诉讼时效从拒不返还起计算。（2）双方登记结婚后确未共同生活的，返还彩礼的诉讼时效从解除婚姻关系之日起计算。（3）同居关系的当事人给付彩礼一方请求对方返还彩礼的，诉讼时效从双方分居之日起计算。（4）无效婚姻纠纷案件的当事人给付彩礼一方请求对方返还彩礼的，应以申请方向人民法院起诉请求宣告婚姻关系无效之日起计算。（5）可撤销婚姻关系案件当事人给付彩礼一方请求对方返还的，应以申请方向人民法院起诉请求法院撤销婚姻关系之日起计算。① 以上可供司法实践参考。

5. 明确返还的范围。该范围仅限于基于习俗给付的聘金，不应包括双方在谈恋爱期间互赠的礼物，也不应包括男方双方家庭相互拜访时赠送的礼物。对于一方给付的聘金，如果另一方已将同等价值的财物作为嫁妆返还新婚夫妻双方的，并用于共同生活的，不应再予以返还。

6. 返还聘金纠纷案件的当事人应确定为欲缔结婚姻关系的双方当事人，但是如果聘金系该方家庭共同财产支付的，则其他家庭成员可以作为共同原告参加诉讼，如果接受聘金的系一方家庭成员，则其家庭成员也可以作为共同被告参加诉讼。

【典型案例】

杨某诉周某、周文某返还聘金纠纷案

原告（反诉被告）：杨某

被告（反诉原告）：周某

被告（反诉原告）：周文某

〔基本案情〕

原告杨某因与被告周某、周文某发生返还聘金纠纷，向福建省厦门市集美区人民法院提起诉讼。

原告诉称：被告周某、周文某收取了原告 23 万元的聘金后，周某不愿与原告结婚，还拒不返还聘金。请求判令二被告返还聘金，返还原告存放在其家中的先锋牌摩托车一部，并负担本案诉讼费。

二被告答辩并反诉称：聘金和摩托车都是原告杨某为结婚送给被告周某的，聘金已经在举办婚礼、给媒人送红包和添置新婚物品等方面花费了 17.4 万余元。周某

① 徐泉林：《关于审理彩礼纠纷案件若干问题的探讨》，载《山东审判》2008 年第 6 期。

和杨某共同生活过两个月，双方感情不错。只因杨某的家里人一再违反承诺，以各种理由拒绝杨某与周某办理婚姻登记手续，以致发生纠纷。这是原告毁约，被告不仅没有返还聘金的义务，还有权要求原告赔偿周某的青春和名誉损失，并为周某今后的生活作出安排。请求判令原告赔偿青春和名誉损失费 20 万元。杨某针对反诉答辩称：周某、周文某的反诉请求没有法律依据，理应驳回。

厦门市集美区人民法院经审理查明：

1998 年 8 月，经两位媒人介绍，原告杨某与被告周某相识。后经二人的父母同意，双方决定结婚。9 月 24 日，杨某给周某聘金 23 万元。周某和被告周文某收款后写下一张收据，称："兹因本人周某于 1998 年 9 月 24 日嫁与杨某先生，收其结婚聘金人民币贰拾叁万元正。如有反悔，愿如数退还。空口无凭，特立此据。收款人：周文某、周某"。当天中午，女方出钱办了订婚宴，同日举行"婚礼"，晚上二人入住酒店。26 日以后，周某随杨某到上海，在杨某的别墅里以夫妻名义共同居住，杨某的父亲杨庆顺对周某也以公公和儿媳相称。其间，杨某将其所有的一部先锋 90 摩托车送至周某家，当时未言明是赠与还是存放。11 月 24 日，周某因与杨某的家里人发生争执，返回厦门。后双方协商解除婚约，杨某多次要求周某返还聘金，未果，遂提起诉讼。庭审中，原告杨某表示：考虑到被告周某、周文某为"婚礼"的花费，同意其返还聘金 15 万元，摩托车必须返还。周某则只同意返还 2 万元。双方当事人对法院认定的以上事实均无异议。

〔一审裁判理由与结果〕

厦门市集美区人民法院认为：

本案是一起因巨额聘金引发的涉台婚姻纠纷，争议焦点在于判明 23 万元聘金和摩托车是何种性质的财产，应否返还？要妥善解决这一纠纷，不仅要依照法律规定，还要顾及双方当事人的实际情况。本案原告杨某长年居住在我国台湾地区台北市，被告周某、周文某则生活在福建省农村。双方当事人虽同为中国公民，但来自不同的法域。这个原因，决定了双方当事人对婚约、婚姻的认识不同，由此产生本案纠纷。

聘娶婚在我国的历史上曾经流行，聘金、聘礼是这种婚姻制度中成婚的必要条件。聘娶婚把女方当成商品进行买卖，一般由父母强迫、包办而成，剥夺了女方的婚姻自主权，是变相的买卖婚姻，应当取缔。现在，聘娶婚虽然法律不予承认，但仍然作为民俗在福建省的农村和我国台湾地区流传。《婚姻法》第 7 条规定："要求结婚的男女双方必须亲自到婚姻登记机关进行结婚登记。符合本法规定的，予以登记，发给结婚证，取得结婚证，即确立夫妻关系。"① 由此可见，只有履行了结婚登记手续，才能结婚。本案双方当事人未办结婚登记，他们之间不存在婚姻。最高人民法院在《关于人民法院审理未办结婚登记而以夫妻名义同居生活案件的若干意见》

① 本书【典型案例】适用的法律法规等条文均为案件裁判当时有效，下文对此不再提示。

（以下简称若干意见）第 3 条规定："自民政部新的婚姻登记管理条例施行之日起，未办结婚登记即以夫妻名义同居生活，按非法同居关系对待。"原告杨某、被告周某未登记结婚就以夫妻名义共同生活，应当认定是同居关系。这种关系不受法律保护，依法应予解除。

婚姻法对男女双方自行订立婚约的行为虽然不予禁止，但不承认婚约具有法律约束力。我国台湾地区的"民法"认为婚约有法律效力，只是不能请求强迫履行。原告杨某来自我国台湾地区，经人介绍与被告周某相识。在双方当事人及其家长都同意后，双方订立了婚约，杨某为此自愿给付对方巨额聘金。杨某不是为强迫与女方成婚而给付聘金，周某一方也没有为收受聘金而强迫、包办婚姻。本案聘金不是买卖婚姻中的彩礼，不能以收缴的办法处理。

若干意见第 10 条规定："解除非法同居关系时，同居生活期间双方共同所得的收入和购置的财产，按一般共有财产处理。同居生活前，一方自愿赠送给对方的财物，可比照赠与关系处理"。聘金是原告杨某自愿给付被告周某一方的，但双方当事人从认识到同居，前后不足一个月的时间，不存在深厚的感情基础，认定 23 万元聘金是杨某的无偿赠与，理由不能成立。双方给付与接受聘金是有前提条件的，那就是必须成就婚姻。这个意思在周某、周文某写下的收据中，也表示得明白。据此可以判定，本案的巨额聘金，是附条件的赠与物。

附条件的赠与，只有在所附条件成就时生效。如果所附条件未成就，赠与不发生法律效力，赠与物应当返还。本案双方当事人没有登记结婚，他们之间不存在婚姻关系，赠与所附的条件没有成就，被告周某、周文某应当将聘金返还给原告杨某。考虑到杨某给付的聘金，一部分已经用于双方一致同意举办的订立婚约和"结婚"活动，杨某还与周某同居生活过一段时间，聘金返还的数额应当根据上述情况，结合双方各自的生活水平权衡。周某、周文某主张 17.4 万余元的聘金已经在举办"婚礼"、给媒人送红包和添置"新婚"物品等方面花费，却对此不能举证，不予认定。杨某在庭审中表示同意只返还聘金 15 万元，这是其处分自己的权益。这个处分不违反法律规定，应予准许。

从法律上看，双方当事人之间不存在婚姻关系。订立婚约不属于民事法律行为，所以解除婚约后是否赔偿，法律也没有规定。本案的婚约是双方当事人自愿订立的，也是双方当事人自愿协商解除的。订立婚约没有给被告周某带来任何名誉损失。周某、周文某反诉原告杨某违约，请求判令杨某赔偿周某的青春和名誉损失，于法无据，应当驳回。

被告周某、周文某承认原告杨某的先锋 90 摩托车在其家中存放，但无法举证证明该摩托车是杨某自愿赠与的。现杨某请求返还，周某、周文某应予返还。

综上，厦门市集美区人民法院判决：

一、被告周某、周文某应于本判决生效之日起一个月内，给原告杨某返还聘金

15 万元和先锋 90 摩托车一辆；

二、驳回周某、周文某的反诉请求。

〔当事人上诉及答辩意见〕

宣判后，周某、周文某不服，向厦门市中级人民法院提起上诉。理由是：聘金是被上诉人无偿赠与给上诉人的。一审承认聘金是赠与的，却又将赠与说成是附条件的民事法律行为，既不符合本案事实，也严重违反了最高人民法院司法解释的规定。二审应当改判上诉人不承担返还聘金的责任。

〔二审裁判理由与结果〕

厦门市中级人民法院经审理认为：被上诉人杨某是为与上诉人周某结婚，才给付周某、周文某 23 万元聘金。双方未办结婚登记，而是按民间习俗举行仪式“结婚”，进而以夫妻名义共同生活。这种不被法律承认的“婚姻”构成同居关系，应当解除。杨某在同居前给付聘金的行为虽属赠与，但该赠与行为追求的是双方结婚。现结婚不能实现，为结婚而赠与的财物应当返还。一审根据本案的实际情况，在酌情扣除为举办“结婚”仪式而支出的费用后，判决周某、周文某将聘金的余款返还给杨某，判处恰当。周某、周文某上诉认为 23 万元的聘金是杨某的无偿赠与，不应返还，其理由缺乏法律依据，不予采纳。据此，厦门市中级人民法院于 2000 年 4 月 17 日判决：

驳回上诉，维持原判。

第二章 监 护

规则2：认定监护人的监护能力，应当根据监护人的身体健康状况、经济条件，以及与被监护人在生活上的关系等综合因素确定

——张某诉某村民委员会撤销监护人资格纠纷案[①]

【裁判规则】

认定监护人的监护能力，应当根据监护人的身体健康状况、经济条件，以及与被监护人在生活上的联系状况等综合因素确定。未成年人的近亲属没有监护能力，亦无关系密切的其他亲属、朋友愿意承担监护责任的，人民法院可以根据对被监护人有利的原则，直接指定具有承担社会救助和福利职能的民政部门担任未成年人的监护人，履行监护职责。

【规则理解】

一、监护的内涵及法律特征

（一）监护的内涵

监护，是指民法上所规定的对于无民事行为能力人和限制民事行为能力人的人身、财产及其他合法权益进行监督、保护的一项制度。[②] 履行监督、保护义务的人为监护人，被保护的人为被监护人。

（二）监护的法律特征

监护具有以下法律特征：（1）被监护人是无民事行为能力人或限制民事行为能力人。（2）监护人必须具备监护能力，即监护人具备完全民事行为能力。否则，监护人无法履行监护职责。（3）监护人与被监护人之间通常具备特定的

---

① 《中华人民共和国最高人民法院公报》2015年第8期

② 佟柔：《中国民法》，法律出版社1990年版，第75页。

亲属关系。对于监护人的范围，《民法典》第27条和第28条[①]分别沿用了《民法总则》第27条和第28条[②]，具体规定，监护人首先在被监护人的近亲属中产生，且根据亲属关系的远近设定了一定的顺序。在没有近亲属担任监护人，或者近亲属不具备监护能力时，才由其他个人或者有关组织担任监护人。(4) 监护人与被监护人之间的权利义务关系，以及监护人应当承担的法律责任依照法律规定而产生，不能由监护人与被监护人自行改变。

二、监护的目的和性质

(一) 监护的目的

监护主要存有以下三方面的目的。

1. 弥补被监护人民事行为能力的不足。《民法典》第19条规定："八周岁以上的未成年人为限制民事行为能力人，实施民事法律行为由其法定代理人或者经其法定代理人同意、追认；但是，可以独立实施纯获利益的民事法律行为或者与其年龄、智力相适应的民事法律行为。"第20条规定："不满八周岁的未成年人为无民事行为能力人，由其法定代理人实施民事法律行为"。第21条第1款规定："不能辨认自己行为的成年人为无民事行为能力人，由其法定代理人实施民事法律行为。"第22条规定："不能完全辨认自己行为的成年人为限制民事行为能力人，实施民事法律行为由其法定代理人代理或者经法定代理人同意、追认；但是，可以独立实施纯获利益的民事法律行为或者与其智力、精神健康状况相适应的民事法律行为。"《民法典》的上述规定，明确无民事行为能力人、限制民事行为能力人这两种情形的被监护人，其监护人是他的法定

---

① 《民法典》第27条规定，父母是未成年子女的监护人。未成年人的父母已经死亡或者没有监护能力的，由下列有监护能力的人按顺序担任监护人：(1) 祖父母、外祖父母；(2) 兄、姐；(3) 其他愿意担任监护人的个人或者组织，但是须经未成年人住所地的居民委员、村民委员会或者民政部门同意。第28条规定，无民事行为能力或者限制民事行为能力的成年人，由下列有监护能力的人按顺序担任监护人：(1) 配偶；(2) 父母、子女；(3) 其他近亲属；(4) 其他愿意担任监护人的个人或者组织，但是须经被监护人住所地的居民委员会、村民委员会或者民政部门同意。

② 原《民法总则》第27条规定，父母是未成年子女的监护人。未成年人的父母已经死亡或者没有监护能力的，由下列有监护能力的人按顺序担任监护人：(1) 祖父母、外祖父母；(2) 兄、姐；(3) 其他愿意担任监护人的个人或者组织，但是须经未成年人住所地的居民委员会、村民委员会或者民政部门同意。第28条规定，无民事行为能力或者限制民事行为能力的成年人，由下列有监护能力的人按顺序担任监护人：(1) 配偶；(2) 父母、子女；(3) 其他近亲属；(4) 其他愿意担任监护人的个人或者组织，但是须经被监护人住所地的居民委员会、村民委员会或者民政部门同意。

代理人，因此，监护设置的目的之一即为弥补被监护人民事行为能力的不足。

2. 保护被监护人的人身和财产。《民法典》第 34 条第 1 款规定：“监护人的职责是代理被监护人实施民事法律行为，保护被监护人的人身权利、财产权利以及其他合法权益等。”即明确在被监护人合法权益受到侵害或者与人发生争议时，监护人代理被监护人进行诉讼。

3. 约束被监护人的行为。监护人有对被监护人进行管理和教育的职责。通过对被监护人进行管理和教育，防止和避免其实施不法行为。《民法典》第 1188 条第 1 款规定：“无民事行为能力人、限制民事行为能力人造成他人损害的，由监护人承担侵权责任。监护人尽到监护职责的，可以减轻其侵权责任”。

（二）监护的性质

关于监护的性质，有权利说、义务说和职责说。现在通说认为，监护是一种职责。[①] 主要理由如下：（1）监护制度的着眼点在于保护被监护人的合法权益，而不是监护人自身的利益，即使监护人享有一定的权利，如代理权，也是为了监护人履行监护义务的需要，而不是为了增进监护人的利益。（2）监护关系的设方不得附带任何条件，若因其他法律的规定而产生，监护人不履行该项职责，将承担相应的法律责任。（3）《民法典》均是规定监护人的“职责”。可见，我国立法实践采取的是“职责”说。

三、监护的分类

（一）未成年人的监护与成年精神病人监护

根据监护对象的不同，监护可以分为未成年人的监护和无民事行为能力或者限制民事行为能力的成年人的监护。

1. 未成年人的监护。未成年人是指十八周岁以下的自然人，我国《民法典》规定，父母是未成年子女的监护人。《民法典》第 27 条规定：“父母是未成年子女的监护人。未成年人的父母已经死亡或者没有监护能力的，由下列有监护能力的人按顺序担任监护人：（一）祖父母、外祖父母；（二）兄、姐；（三）其他愿意担任监护人的个人或者组织，但是须经未成年人住所地的居民委员会、村民委员会或者民政部门同意”。与原《民法通则》比较，《民法典》去掉了对其他人担任监护资格的限制，以及相关其他人担任监护人经过未成年

---

① 杨大文：《亲属法与继承法》，法律出版社 2013 年版，第 217 页；王利民：《民法学》，法律出版社 2016 年版，第 50 页；马俊驹、余延满：《民法原论》，法律出版社 2016 年版，第 873 页。

人的父母所在单位同意的规定，但增加了其他愿意担任监护人的个人或者组织，可以通过民政部门同意后，担任未成年人的监护人的规定。

2. 成年精神病人的监护。无民事行为能力或者限制民事行为能力的成年人的监护人。《民法典》第28条规定："无民事行为能力或者限制民事行为能力的成年人，由下列有监护能力的人按顺序担任监护人：（一）配偶；（二）父母、子女；（三）其他近亲属；（四）其他愿意担任监护人的个人或者组织，但是须经被监护人住所地的居民委员会、村民委员会或者民政部门同意"。该条规定去掉了原《民法通则》中关于无民事行为能力或者限制民事行为能力的"精神病人"的限定，父母、子女成为同顺序的监护人，同时去掉了关系密切的其他亲属、朋友担任监护人经过被监护人所在单位同意的规定，增加了经过民政部门同意的内容。

（二）法定监护、指定监护、约定监护、遗嘱监护与成年人意定监护

根据监护设定的方式不同，监护可以分为法定监护、指定监护、约定监护和遗嘱监护。

1. 法定监护。法定监护是指直接依照法律规定而设定的监护。以未成年人监护为例，我国《民法典》第27条和第28条即是对法定监护的规定。

2. 指定监护。指定监护是指对法定监护人有争议时，由有关单位或者人民法院指定的监护。《民法典》第31条对指定监护进行了明确规定。

3. 协议监护。协议监护是由有监护资格的人之间协议约定产生的监护。原《民法通则》没有对协议监护进行规定，但原《民法通则意见》[①] 第15条规定，有监护资格的人之间协议确定监护人的，应当由协议确定的监护人对被监护人承担监护责任。上述规定表明我国民法一直认可协议监护。《民法总则》对协议监护进行了明确的规定，第30条规定，依法具有监护资格的人之间可以协议确定监护人。协议确定监护人应当尊重被监护人的真实意愿。《民法典》第30条沿用了原《民法总则》的规定，再次确认了协议监护的法律效力。

4. 遗嘱监护。原《民法通则》并未规定遗嘱监护，但德国民法和法国民法均作出了父母可以遗嘱指定监护人的规定。我国学者也认为，父母与子女具有最亲密的血缘关系，允许父母选择自己最信任的、对其子女成长最有利的人担任监护人，并通过遗嘱进行指定，这样指定的监护人对未成年人进行监督保护，

---

① 该司法解释已被《最高人民法院关于废止2007年底以前发布的有关司法解释（第七批）的决定》废止，本文结合民法典相关规定予以分析，下文对此不再提示。

应当是最合适的。[①] 原《民法总则》对此进行了回应，第 29 条规定，被监护人的父母担任监护人的，可以通过遗嘱指定监护人。《民法典》第 29 条沿用了原《民法总则》第 29 条的规定。

5. 成年人意定监护。《民法典》第 33 条规定："具有完全民事行为能力的成年人，可以与其近亲属、其他愿意担任监护人的个人或者组织事先协商，以书面形式确定自己的监护人，在自己丧失或者部分丧失民事行为能力时，由该监护人履行监护职责"。该条规定与原《民法总则》的规定基本一致，是当事人意思自治原则在监护制度中的体现，一般而言，最有利于维护被监护人的合法利益。

四、监护人的职责和监护责任

（一）监护人的职责

监护人的职责是监护人所享有的权利和义务。《民法典》第 34 条第 1 款、第 2 款、第 3 款规定："监护人的职责是代理被监护人实施民事法律行为，保护被监护人的人身权利、财产权利以及其他合法权益等。监护人依法履行监护职责产生的权利，受法律保护。监护人不履行监护职责或者侵害被监护人合法权益的，应当承担法律责任。"第 35 条第 1 款规定："监护人应当按照最有利于被监护人的原则履行监护职责。监护人除为维护被监护人利益外，不得处分被监护人的财产"。

根据上述规定，监护人的职责主要包括对未成年人的人身保护和财产保护两个方面，并应根据监护对象的不同特点而有所不同。我国法律对于监护职责主要是概括性规定，亲属法方面的有关学者对此进行了细化，主要如下[②]。

1. 关于人身上的监护职责。（1）对于未成年人：照顾养护未成年人的身体，照料其生活，使其安全、健康地成长；教育未成年人，监督其学习、生活，使其成为德、智、体全面发展的人才；指定未成年人监护人；担任法定代理人。（2）对于限制民事行为能力或者无民事行为能力的成年人：担任法定代理人；照顾被监护人的身体健康和人身权不受侵害；为被监护人医治疾病。

2. 关于财产上的监护职责。主要有：开具被监护人的财产清章；管理、使用、处分被监护人的财产，代表被监护人进行民事活动；负责监护终止前的财产报告、清算及财产返还等。

---

① 杨大文：《亲属法》，法律出版社 2009 年版，第 279 页。

② 杨大文：《亲属法》，法律出版社 2009 年版，第 287~288 页。

（二）监护责任

《民法典》第 34 条第 3 款对监护责任进行了概括性规定：监护人不履行监护职责或者侵害被监护人合法权益的，应当承担法律责任。《民法典》第 36 条第 1 款规定："监护人有下列情形之一的，人民法院根据有关个人或者组织的申请，撤销其监护人资格，安排必要的临时监护措施，并按照最有利于被监护人的原则依法指定监护人：（一）实施严重损害被监护人身心健康的行为；（二）怠于履行监护职责，或者无法履行监护职责且拒绝将监护职责部分或者全部委托给他人，导致被监护人处于危困状态；（三）实施严重侵害被监护人合法权益的其他行为。"根据法律规定，监护责任至少包括以下三方面。

1. 丧失监护人资格的民事责任。监护人不履行监护职责的，其他有监护资格的人或者单位有权向人民法院起诉，要求监护人承担民事责任，也可以要求变更监护关系。

2. 监护人致被监护人损害的赔偿责任。监护人侵害被监护人的合法权益，给被监护人造成财产损失的，应当赔偿损失。

3. 被监护人致人损害时监护人的责任。该种情形在司法实践中最为常见。《民法典》第 1188 条规定："无民事行为能力人、限制民事行为能力人造成他人损害的，由监护人承担侵权责任。监护人尽到监护职责的，可以减轻其侵权责任。有财产的无民事行为能力人、限制民事行为能力人造成他人损害的，从本人财产中支付赔偿费用；不足部分，由监护人赔偿。"

五、监护人的指定

（一）监护能力

担任监护人，必须具备监护能力。2022 年 3 月 1 日起施行的《最高人民法院关于适用〈中华人民共和国民法典〉总则编若干问题的解释》第 6 条规定："人民法院认定自然人的监护能力，应当根据其年龄、身心健康状况、经济条件等因素确定；认定有关组织的监护能力，应当根据其资质、信用、财产状况等因素确定。"该规定是对监护人监护能力的原则性规定。在司法实践中，除了根据上述规定判决监护人的监护能力，还应注意一个前提，即监护人必须具备完全民事行为能力和诉讼行为能力。监护制度设置的目的之一即弥补被监护人民事行为能力的不足，且根据法律规定，监护人是无民事行为能力人、限制行为能力人的法定代理人，代理被监护人进行民事活动，且在被监护人合法权益受到侵害或者与人发生争执时，代理被监护人进行诉讼，因此，监护人具备完全民事行为能力和诉讼行为能力是其具备监护能力的题中之义。

（二）监护人的指定

原《民法通则》第 16 条第 3 款、第 4 款和第 17 条第 2 款、第 3 款对指定监护进行了规定，但该规定不够具体、明确，《民法典》沿用原《民法总则》的规定，对此予以了完善。其中第 31 条规定："对监护人的确定有争议的，由被监护人住所地的居民委员会、村民委员会或者民政部门指定监护人，有关当事人对指定不服的，可以向人民法院申请指定监护人；有关当事人也可以直接向人民法院申请指定监护人。居民委员会、村民委员会、民政部门或者人民法院应当尊重被监护人的真实意愿，按照最有利于被监护人的原则在依法具有监护资格的人中指定监护人。依照本条第一款规定指定监护人前，被监护人的人身权利、财产权利以及其他合法权益处于无人保护状态的，由被监护人住所地的居民委员会、村民委员会、法律规定的有关组织或者民政部门担任临时监护人。监护人被指定后，不得擅自变更；擅自变更的，不免除被指定的监护人的责任。"指定监护应注意如下问题。

1. 指定监护在有资格担任监护的人中对究竟何人担任监护人产生争议时适用，只有具有监护资格的人才能成为指定监护人。

2. 有权指定监护的人为被监护人住所地的居民委员会、村民委员会或者民政部门。

3.《民法通则意见》第 16 条规定："对于担任监护人有争议的，应当按照民法通则第十六条第三款或者第十七条第二款的规定，由有关组织予以指定。未经指定而向人民法院起诉的，人民法院不予受理。"根据该规定，有关单位指定监护是当事人向人民法院起诉的前置程序。《民法典》沿用了原《民法总则》第 31 条第 1 款的规定，对此进行了变更。明确对监护人的确定有争议的，有关当事人可以直接向人民法院申请指定监护人。该规定有利于简化程序，避免被监护人的合法权益在冗长的监护人指定过程中受到损害。

4. 指定监护应当尊重被监护人的真实意愿，按照最有利于被监护人的原则在依法具有监护资格的人中指定监护人。

5. 在指定监护人前，为保护被监护人的人身权利、财产权利和其他合法权利，应由被监护人住所地的居民委员会、村民委员会、法律规定的有关组织或者民政部门担任临时监护人。

六、特殊情形下有关组织担任监护人

《民法典》第 32 条规定："没有依法具有监护资格的人的，监护人由民政部门担任，也可以由具备履行监护职责条件的被监护人住所地的居民委员会、

村民委员会担任。”即没有具有监护资格的人时，民政部门为当然的监护人。该规定充分考虑了民政部门作为国家行政机关，承担接受孤儿、弃婴和城市生活无着落的流浪乞讨人员的救助等社会职能，填补了社会经济发展新形势下被监护人的新需求，更有利于保护被监护人的合法权益。司法实践中亦出现了由民政局担任监护人的案例。

七、紧急情况下安排必要的临时生活照料措施

《民法典》第 34 条第 4 款规定：“因发生突发事件等紧急情况，监护人暂时无法履行监护职责，被监护人的生活处于无人照料状态的，被监护人住所地的居民委员会、村民委员会或者民政部门应当为被监护人安排必要的临时生活照料措施。”该条系根据经验总结确定的新规则。目的在于出现紧急情况，监护人暂时无法履行监护职责时，有关组织对被监护人负有临时生活照料义务。弥补了之前监护制度的空白。

【拓展适用】

一、监护人的撤销与恢复

（一）监护人的撤销

《民法典》第 36 条对监护人的撤销进行了规定：“监护人有下列情形之一的，人民法院根据有关个人或者组织的申请，撤销其监护人资格，安排必要的临时监护措施，并按照最有利于被监护人的原则依法指定监护人：（一）实施严重损害被监护人身心健康行为的；（二）怠于履行监护职责，或者无法履行监护职责并且拒绝将监护职责部分或者全部委托给他人，导致被监护人处于危困状态；（三）实施严重侵害被监护人合法权益的其他行为的。本条规定的有关个人、组织包括：其他依法具有监护资格的人，居民委员会、村民委员会、学校、医疗机构、妇女联合会、残疾人联合会，未成年人保护组织、依法设立的老年人组织、民政部门等。前款规定的个人和民政部门以外的组织未及时向人民法院申请撤销人资格的，民政部门应当向人民法院申请。”该条对撤销监护人的条件和申请主体进行了明确规定，并特别规定民政部门对其他有资格提起撤销监护人的人员或组织未及时向法院申请撤销时，民政部门有义务申请撤销监护人。

（二）监护人的恢复

《民法典》第 38 条规定：“被监护人的父母或者子女被人民法院撤销监护人资格后，除对被监护人实施故意犯罪的外，确有悔改表现的，经其申请，人民法院可以在尊重被监护人真实意愿的前提下，视情况恢复其监护人资格，人民法院指定的监护人与被监护人的监护关系同时终止。”监护人资格的恢复，仅限于被监护人的父母或者子女，且排除因故意犯罪被撤销监护人资格情形的适用。

二、监护关系的终止

根据《民法典》第39条的规定，监护关系在下列情形下终止：

1. 被监护人取得或者恢复完全民事行为能力。监护人设定的目的在于弥补无民事行为能力人或者限制民事行为能力人民事行为能力的不足，因此。当被监护的未成年人成年，具备完全民事行为能力，能够独立实施民事法律行为，或者被监护的成年人病情痊愈，可以辨别自己的行为，恢复民事行为能力，则监护人的设定已无必要，监护关系自然终止。

2. 监护人丧失监护能力。监护人的设定以监护人具有监护能力为前提，如果监护人自己丧失民事行为能力，成为无民事行为能力人或者限制民事行为能力人，则其自身丧失独立从事民事法律行为的能力，当然也无法代理被监护人从事民事法律行为，保障被监护人的合法权益，因此，监护关系应当终止。

3. 被监护人或者监护人死亡。自然人死亡后，不再具备民事权利能力，因此也不能成为权利义务的承担者。被监护人死亡，不再成为权利义务的主体，已无监护的必要，监护人死亡，无法再履行监护职责，因此监护终止。

4. 人民法院认定监护关系终止的其他情形。因为法律的规定无法穷尽日常生活中的各种情形，因此对于监护关系的终止，《民法典》规定了兜底条款，给予法院一定的自由裁量权，法官在审理案件时，可以根据具体情况决定是否终止监护关系。

三、司法实践中应当注意的问题

（一）生父（母）死亡后，继父（母）是否为未成年继子女当然的法定监护人①

1. 案情简介

徐某1993年出生，生父因病死亡。后其母亲吉某与严某结婚，徐某自幼与祖父母共同生活。2004年徐某就读某音乐学院附中后，为方便上学随其母居住，但周末仍回祖父母家。2007年吉某死亡，徐某遂回其祖父母家生活。徐某名下有存款、房屋等财产。严某认为其与徐某形成了继父女关系，是徐某的法定监护人，徐某应继续与其一家共同生活，徐某的财产应由其代管。

---

① 最高人民法院民事审判第一庭编：《民事审判指导与参考》（总第41辑），法律出版社2010年版，第227~231页。

2. 裁判观点

本案审理过程中，无论是程序还是实体上均存在争议。程序上，一种观点认为，徐某的祖父母与继父对究竟应当由谁担任徐某的监护人存在争议，应先由徐某的父母所在单位或者徐某住所地的居民委员会在有资格担任监护人的近亲属中指定，对指定不服的，才可以提起诉讼。另一种观点认为，徐某的父母死亡之后，其继父是徐某的法定监护人，徐某的祖父母提起的是变更监护人之诉，人民法院应当受理。实体上，一种观点认为徐某与严某共同生活的 4 年，一直未称严某为父亲，双方没有形成父女情感，不宜认定严某与徐某之间形成了等同于亲生父母子女的权利义务关系，并非有监护资格的人。另一种观点认为，严某是徐某的继父，徐某是受严某扶养教育的未成年的继子女，因此，应当承担在徐某的亲生父母均死亡的条件下，严某是徐某的法定监护人。但徐某自幼由祖父母带大，祖孙感情深厚，其祖父母经济条件良好，身体健康，无不良嗜好，具备作为监护人的条件，在徐某本人强烈反对由严某担任监护人的情况下，应当判决变更徐某的祖父母为其监护人。

最高人民法院民一庭法官认为，上述意见皆有可取之处，但亦有不足的地方。(1) 继父母与继子女之间的身份关系因其生父或生母与其继母或继父之间的婚姻关系的产生而产生，因他们婚姻关系的消灭而消灭。(2) 继父母与继子女之间身份关系的确定并不当然地与权利义务挂钩，判断继父母与继子女之间是否存在等同于父母子女之间的权利义务关系，应看继子女是否受继父或者继母的扶养教育。(3) 法律并未规定在继父母与继子女之间的身份关系消灭后，继父母有继续扶养继子女的法定义务，除非继父母已经收养了继子女，即便在此之前双方已经形成了父母子女之间的权利义务关系。(4) 根据权利义务一致的原则，如果继父母年老后要求与之形成扶养教育关系的继子女尽赡养义务，人民法院应当根据法律规定和案件的实际情况，认定双方是否形成等同于父母子女之间的权利义务关系。本案中严某与徐某并无血缘关系，其继父的身份随着吉某的死亡而消灭，因此其提出是徐某的法定监护人没有法律依据，徐某的祖父母因徐某的监护权与严某发生争议，首先应当由徐某的父母所在单位或者徐某住所地的居民委员会指定监护人，对指定不服的，才由人民法院裁决。

最高人民法院民一庭倾向性意见：《民法通则》第 16 条和《民法通则意见》第 11 条至第 19 条①的规定是人民法院处理监护权纠纷的依据。在涉及未

① 本部分引用的法律法规均为案件裁判当时有效，下文对此不再提示。

成年人监护权的案件中，维持未成年人的合法权益是人民法院确认监护人时必须首先考虑的问题。我国现行法律并未规定继父母在与继子女之间的身份关系消灭后，仍然有抚养继子女的法定义务。因此，对于曾经受继父母抚养教育的继子女来说，其生父母死亡后，继父（母）并非未成年继子女的当然的法定监护人。

（二）被诱使脱离监护的限制民事行为能力人侵权，如何确定民事责任①

1. 案情简介

刘某与白某（间歇性精神病人）系同居关系。双方认识后，刘某明知白某是精神病人，仍要求与白某同居，并持假结婚证向白某的父母谎称双方已经登记结婚并宴请亲友。白某在精神病发病时，因琐事与刘某与前妻之女刘恬某发生冲突，在双方扭打中白某将刘恬某刺伤，刘恬某经抢救无效死亡。刘某遂请求白某的父母承担白某伤害刘某之女造成的损失。

2. 裁判观点

二审法院在审理中存在三种不同的观点：第一种观点认为，刘某与白某并未登记结婚，刘某不是白某的法定监护人，白某的父母是白某的法定监护人，没有尽到监护责任，应当对白某的侵权行为承担责任；第二种观点认为，刘某以欺骗手段使白某的父母误以为其与白某经登记结婚，白某的亲友甚至邻居均知道白某已经结婚，刘某的欺诈行为是白某的父母放弃监护的原因，因此白某的父母不应当承担赔偿责任；第三种观点认为，既然我国法律不承认事实婚姻，白某的父母仍是监护人，应当承担监护责任，他们明知白某是限制民事行为能力人，放任其与刘某同居，且对其进行结婚登记这样明显与行为能力不符的行为不加以干预，属于未尽到监护责任，但刘某诱使白某脱离其法定监护人的监护，并用欺诈的手段误导白某的父母，使他们误以为白某已经结婚，刘某成为白某的第一顺序监护人，故刘某应对白某的行为承担相应的责任。二审法院最终支持刘某的部分诉讼请求。

最高人民法院民一庭认为：目前我国法律对于1994年12月1日以后未办理结婚登记即以夫妻名义同居生活的，不再视为事实婚姻。同居者之间不具有夫妻间的权利义务关系。但一方在明知对方为限制民事行为能力人的情况下，诱使其脱离法定监护人的监护而与之同居，进而伪造结婚，使用欺诈手段使监护人误以为被监护人已经结婚，监护权应由其配偶行使的情况下，对于被监护

---

① 最高人民法院民事审判第一庭编：《民事审判指导与参考》（总第45辑），人民法院出版社2011年版，第118~122页。

人出现的侵害他人民事权益的后果，应当承担主要责任。其法定监护人在行使监护过程中有过错，亦应承担部分民事责任。

【典型案例】

张某诉某村民委员会撤销监护人资格纠纷案

申请人：张某

被申请人：某村民委员会

负责人：梁某，该村村民委员会主任

〔基本案情〕

申请人张某因与被申请人某村民委员会（以下简称某村委会）发生撤销监护人资格纠纷，向江苏省镇江经济开发区人民法院提起诉讼。

申请人张某诉称：被申请人某村委会于2014年8月14日指定本人担任张某鑫的监护人。但本人是视力一级残疾人，无固定的生活收入来源，被申请人某村委会的指定不妥。申请人请求法院依法撤销被申请人某村委会指定本人担任张某鑫监护人的指定。

被申请人某村委会称：张某鑫父母于2014年7月28日经法院判决离婚。法院判决由张某林抚养张某鑫，张某林于2014年8月12日向本村委会提出申请，请求另行指定张某鑫的监护人，经调查，张某林是视力一级残疾人，无力抚养张某鑫。申请人张某是张某鑫的姑姑，其虽然也是视力残疾人，但其现已结婚，丈夫为健全人，其家庭有一定能力抚养张某鑫，本村委会据此指定张某担任张某鑫的监护人，本村委会指定是否妥当，请求法院依法裁决。

镇江经济开发区人民法院经审理查明：

2010年11月4日张某林与徐某登记结婚。婚后，于2013年11月12日生育一子，取名张某鑫。近年来，因张某鑫的抚育产生矛盾，致夫妻关系不和睦，张某林起诉要求离婚。本院于2014年7月28日作出（2014）镇经民初字第0744号民事判决书，判决准予张某林与徐某离婚，张某鑫由张某林抚养。

张某林于2014年8月12日向住所地村民委员会，即被申请人某村委会提出另行指定张某鑫监护人的申请。被申请人某村委会作出了“关于指定张某鑫监护人决定书”，指定申请人张某为张某鑫的监护人。

另查明：张某林是视力一级残疾人，无固定的生活收入来源。张某林目前与母亲张某芳一起生活，张某芳也是视力一级残疾人。申请人张某是视力一级残疾人，其于2011年2月14日结婚，其丈夫身体并无残疾，两人婚后于2011年5月28日生育一子，取名王某。

徐某是智力二级残疾人，不能完全辨认自身的行为，现与父母一同居住在扬中市三茅镇良种繁育场。徐某的父亲李某洪现年52岁，母亲徐某娥，现年53岁，均因身体健康原因，无劳动能力，也无固定的生活收入来源。

〔一审裁判理由与结果〕

镇江经济开发区人民法院经审理认为：

未成年人的父母是其法定监护人，但张某鑫的父亲张某林是视力一级残疾人，无固定工作和生活收入来源，不具有担任张某鑫监护人的能力；张某鑫的母亲徐某是智力二级残疾人，不能完全辨认自身的行为，也不具备担任张某鑫监护人的能力。张某鑫的祖母张某芳和外祖父母李某洪、徐某娥，是法律规定的应当担任张某鑫的监护人的“近亲属”，但也均因身体和经济原因，不具有担任张某鑫监护人的能力。申请人张某作为张某鑫的姑姑，是张某鑫关系较密切的亲属，其担任张某鑫的监护人，应以自愿为前提。现张某在被某村委会指定为监护人后向法院提出撤销监护人指定的申请，表明其不愿意担任张某鑫的监护人。且张某自身是视力一级残疾，其丈夫虽然并无残疾，但两人有一个3岁的儿子需要抚养，同时两人还需负担照顾母亲张某芳及哥哥张某林的责任，再由其担任张某鑫的监护人抚养照顾张某鑫，并不妥当，也不利于张某鑫的健康成长。张某的申请符合法律规定，应予支持。

同时，根据《民法通则意见》第19条的规定，判决撤销原指定监护人的，可以同时另行指定监护人。鉴于张某鑫的父母和近亲属没有监护能力，且没有关系密切的其他亲属、朋友愿意承担监护责任，根据法律规定应当由张某鑫的父、母的所在单位或者未成年人住所地的居民委员会、村民委员会或者民政部门担任监护人。由于张某鑫的父母均无业，没有工作单位，只能由张某鑫住所地的村民委员会或民政部门担任监护人。张某鑫作为一个刚满9个月的婴儿，既需要专门的场所来安置，也需要专门的人员来照顾，更需要一大笔经费来保障其成年之前的教育、医疗以及日常生活，若由张某鑫住所地的某村委会担任其监护人并不能够使其得到妥善安置。而张某鑫住所地的镇江市民政局承担着接受孤儿、弃婴和城市生活无着的流浪乞讨人员的救助等社会职能，其下属的镇江市儿童福利院，承担社会孤残弃婴的养、治、教、康等职能，确定镇江市民政局担任张某鑫的监护人，由镇江市儿童福利院代为抚养，可以为张某鑫的生活和健康提供良好的环境，更加有利于张某鑫成长。

据此，镇江经济开发区人民法院依照《民法通则》第16条、《民法通则意见》第10条、第11条、第12条、第14条、第17条、第19条以及《民事诉讼法》第178条、第180条之规定，于2014年8月22日作出判决：

一、撤销被申请人某村委会关于指定申请人张某为张某鑫监护人的指定；

二、指定镇江市民政局为张某鑫的监护人。

本判决为终审判决。

本判决作出后送达给镇江市民政局，镇江市民政局已接受，并对张某鑫予以妥善安置。

第三章 抚 养

规则3：抚养费案件中第三人撤销权的认定，需明确父母基于对子女的抚养义务支付抚养费是否会侵犯父或母再婚后的夫妻共同财产权

——刘某先诉徐某、尹某怡抚养费纠纷案①

【裁判规则】

抚养费案件中第三人撤销权的认定，需明确父母基于对子女的抚养义务支付抚养费是否会侵犯父或母再婚后的夫妻共同财产权。虽然夫妻对共同所有财产享有平等处理的权利，但夫或妻也有合理处分个人收入的权利。除非一方支付的抚养费明显超过其负担能力或者有转移夫妻共同财产的行为，否则不能因未与现任配偶达成一致意见即认定属于侵犯夫妻共同财产权。

【规则理解】

一、抚养义务概述

我国《民法典》第26条第1款规定："父母对未成年子女负有抚养、教育和保护的义务。"第1067条第1款规定："父母不履行抚养义务的，未成年子女或者不能独立生活的成年子女，有要求父母付给抚养费的权利。"第1068条规定："父母有教育、保护未成年子女的权利和义务。未成年子女造成他人损害的，父母应当依法承担民事责任。"《民法典婚姻家庭司法解释（一）》第43条规定："婚姻关系存续期间，父母双方或者一方拒不履行抚养子女义务，未成年或者不能独立生活的成年子女请求支付抚养费的，人民法院应予支持。"上述是我国婚姻法关于父母抚养义务的基本规定。

（一）抚养权利人

我国古代的亲子关系以孝为本，强调"父为子纲"，即子女为家长和其他

① 《中华人民共和国最高人民法院公报》2016年第7期。

尊长所支配，子女必须绝对服从父母，父母子女之间并非平等的民事主体的身份，也没有平等的权利义务关系。至近现代以来，随着人们思想观念的逐渐变化，亲子法开始从完全强调“父权”向保护未成年人合法权益，强调父母子女间平等、相互扶养和相互继承的平等的权利义务关系发展，子女成为抚养关系的权利人。我国民法典规定的抚养权利人主要是指未成年子女或者不能独立生活的成年子女。《民法典》第 17 条以是否年满 18 周岁作为区分成年人和未成年人的标准，18 周岁以上的自然人为成年人，不满 18 周岁的自然人为未成年人；《民法典婚姻家庭司法解释（一）》第 41 条则明确，《民法典》第 1067 条规定的“不能独立生活的成年子女”，是指尚在校接受高中及其以下学历教育，或者丧失或部分丧失劳动能力等非因主观原因而无法维持正常生活的成年子女。

值得关注的是，随着高等教育的发展，现在许多子女即使成年，也有劳动能力，但仍在学校接受高等教育，此时，父母是否仍有义务为其提供抚养费。有观点认为，法律规定父母只对未成年子女和不能独立生活的成年子女承担法定的抚养义务，因此，对于已经成年，且客观上能够独立生活的子女，父母不再承担法定的抚养义务。也有观点认为，法律是规定父母承担抚养义务，直至子女能独立生活为止，因此，成年子女仍在高等院校接受教育的，父母仍有抚养义务。还有观点认为，在司法实践中，也可根据子女接受教育的情况，以父母的经济能力，来具体决定父母是否应承担法定的抚养义务。笔者认为，既然法律对于抚养权利人的条件进行了明确规定，那么司法实践中应当严格依照法律的明确规定来认定父母是否有法定的抚养义务，而不宜随着个案的特殊情况或者既定事实的不断变化而决定是否适用法律的规定，否则法律规定就失去了其应有的权威性与普遍适用性。至于父母自愿为不符合法定条件的子女提供经济帮助的，不受法律限制。当然在司法实践中，对于确实在接受高等教育的子女，父母又有经济能力的，法官应当进行调解，争取说服父母自愿提供部分经济帮助。

（二）抚养义务人

抚养义务人包括亲生父母，继父母和养父母。（1）亲生父母。《民法典》第 1071 条第 1 款规定，非婚生子女享有与婚生子女同等的权利，任何人组织或者个人不得加以危害和歧视。第 1084 条第 1 款、第 2 款又规定，父母与子女间的关系，不因父母离婚而消除，离婚后，子女无论由父或母直接抚养，仍是父母双方的子女，离婚后，父母对于子女仍有抚养、教育、保护的权利和义务。因此不论对于婚姻关系存续期间出生的子女，还是非婚姻关系存续期间所生的子女均负有法定的抚养义务，且父母对子女的抚养义务不受离婚的影响。（2）继父母。

《民法典》第1072条规定，继父母与继子女间，不得虐待或者歧视。继父或者继母和受其抚养教育的继子女间的权利义务关系，适用本法关于父母子女关系的规定。即继父母是继子女的抚养义务人。(3) 养父母。《民法典》第1111条规定，自收养关系成立之日起，养父母与养子女间的权利义务关系，适用法律关于父母子女关系的规定；养子女与养父母的近亲属间的权利义务关系，适用本法关于子女与父母的近亲属关系的规定。养子女与生父母及其他近亲属间的权利义务关系，因收养关系的成立而消除。根据该规定，子女被收养的，养父母对养子女负有法定的抚养义务，生父母不再承担法定的抚养义务。

司法实践中，还有一方违反夫妻之间互相忠实的义务，与他人生育子女，而配偶一方并不知情，并对该子女承担了抚养义务，之后得知真相，要求返还抚养费的案例。对此，最高人民法院民一庭对该类案件的观点是：抚养未成年子女是父母的法定义务，而男方受欺骗抚养了非亲生子女，代替孩子的亲生父亲履行了法定的抚养义务，其得知事实真相后，当然有权利追索以前所支付的抚养费。[①]

（三）抚养的内容

《民法典》所规定的“抚养”，是指父母从物质上、身体上、精神上对子女的养育和照料。[②]《民法典婚姻家庭司法解释（一）》第42条规定：“民法典第一千零六十七条所称‘抚养费’，包括子女生活费、教育费、医疗费等费用。”一般而言，父母对子女的抚养，既包括日常生活中的照料，也包括抚养费的支出。在婚姻关系存续期间，双方均直接抚养子女，同时承担照料子女的义务，并共同承担子女教育费、医疗费等费用的支出。但如果夫妻离婚，则一般而言，必然面临子女随父亲或母亲一方生活，一方直接承担在生活上照料子女、教育子女的义务，另一方支付抚养费的问题。

二、离婚案件中抚养纠纷的处理

《民法典》第1084条第1款、第2款规定：“父母与子女间的关系，不因父母离婚而消除。离婚后，子女无论由父或者母直接抚养，仍是父母双方的子女。离婚后，父母对于子女仍有抚养、教育、保护的权利和义务。”在离婚案件中，对未成年子女的抚养一直是双方争议的重要问题之一。有些案件中，父母

---

① 最高人民法院民事审判第一庭编：《民事审判指导与参考》（总第44辑），法律出版社2011年版，第299页。

② 杨大文：《亲属法》，法律出版社2009年版，第212页。

双方均要求直接抚养，有些案件中，双方均不愿意直接抚养，还有些案件中，双方可以对由谁直接抚养子女达成一致，但是对于不直接抚养子女的一方应负担的抚养费存在不同意见。因此，在该类案纠纷中，应当处理的问题，主要有两个：一是应由谁直接抚养子女，二是不直接抚养子女一方抚养费的认定。

（一）直接抚养义务方的确定

《民法典》第1084条第3款规定："离婚后，不满两周岁的子女，以由母亲直接抚养为原则。已满两周岁的子女，父母双方对抚养问题协议不成的，由人民法院根据双方的具体情况，按照最有利于未成年子女的原则判决。子女已满八周岁的，应当尊重其真实意愿。"《民法典婚姻家庭司法解释（一）》第44条至第48条也有一些具体规定。根据上述规定，离婚案件时，双方对直接抚养子女不能达成一致意见的，应当考虑以下方式予以确定：

1. 两周岁以下的子女，以随母亲抚养为原则。但母亲有下列情形之一的，可随父亲生活：（1）患有久治不愈的传染性疾病或者其他严重疾病，子女不宜与其共同生活；（2）有抚养条件不尽抚养义务，而父亲要求子女随其生活；（3）因其他原因，子女确不宜随母亲生活。另父母双方协议两周岁以下子女随父方生活，并对子女健康成长无不利影响的，人民法院应予支持。

2. 对两周岁以上未成年的子女，父母均要求随其生活，一方有下列情形之一的，可予优先考虑：（1）已做绝育手术或因其他原因丧失生育能力；（2）子女随其生活时间较长，改变生活环境对子女健康成长明显不利；（3）无其他子女，而另一方有其他子女；（4）子女随其生活，对子女成长有利，而另一方患有久治不愈的传染性疾病或者其他严重疾病，或者有其他不利于子女身心健康的情形，不宜与子女共同生活。根据最高人民法院民一庭的观点，在涉及家庭暴力的离婚案件中，人民法院在判决确定子女直接抚养权归属时，应当将家庭暴力作为一项重要因素加以考量。①

3. 父母抚养子女的条件基本相同，双方均要求直接抚养子女，但子女单独随祖父母或者外祖父母共同生活多年，且祖父母或外祖父母要求并且有能力帮助子女照顾孙子女或者外孙子女的，可以作为父或者母直接抚养子女的优先条件予以考虑。

4. 父母双方对八周岁以上的未成年子女随父或随母生活发生争执的，应尊

① 最高人民法院民事审判第一庭编：《民事审判指导与参考》（总第55辑），人民法院出版社2014年版，第96页。

重该子女的真实意愿。

5. 在有利于保护子女利益的前提下，父母双方协议轮流抚养子女的，人民法院应予支持。

（二）抚养费以及支付方式的认定

《民法典》第1085条规定："离婚后，子女由一方直接抚养的，另一方应负担部分或全部抚养费。负担费用的多少和期限的长短，由双方协议；协议不成时，由人民法院判决。前款规定的协议或者判决，不妨碍子女在必要时向父母任何一方提出超过协议或者判决原定数额的合理要求。"《民法典婚姻家庭司法解释（一）》第49条至第51条对子女抚养费的具体数额以及支付方式进行了规定。其中第49条规定："抚养费的数额，可根据子女的实际需要、父母双方的负担能力和当地的实际生活水平确定。有固定收入的，抚养费一般可以按其月总收入的百分之二十至三十的比例给付。负担两个以上子女抚养费的，比例可以适当提高，但一般不得超过月总收入的百分之五十。无固定收入的，抚养费的数额可依据当年总收入或者同行业平均收入，参照上述比例确定。有特殊情况的，可以适当提高或降低上述比例"；第50条规定："抚养费应定期给付，有条件的可以一次性给付"；第51规定："父母一方无经济收入或者下落不明的，可用其财物折抵子女抚养费"。

关于抚养费的给付，应以定期给付为原则，有条件的可一次性给付，但是对于何为"有条件的可以一次性给付"，法律没有明确规定。一般认为，这里不仅应考虑父母双方的负担能力，还应考虑子女的实际需要等因素综合确定，父或母具有一次性给付抚养费的能力，并不必然导致一次性给付方式的适用，"有条件的可以一次性给付"，是可以而不是必须。[①]

三、父母基于对子女的抚养义务支付抚养费是否侵害父或母再婚后的夫妻共同财产权

根据《民法典》第1062条和第1065条的规定，除双方另有约定的外，婚姻关系存续期间所得的财产，归夫妻共同所有。因此，如果夫或妻一方系再婚且已有子女，则面临该方支付子女抚养费与夫妻共同财产处分的矛盾。再婚一方对先前生育子女有法定的抚养义务，而其再婚后的配偶对该子女并没有法定的抚养义务，而再婚后夫妻所得的财产又为夫妻共同财产，那么，再婚一方用再婚后的夫妻共同财产抚养先前生育子女是否构成对再婚之后的夫妻共同财产

① 吴晓芳：《婚姻家庭继承案件裁判要与观点》，法律出版社2016年版，第224~225页。

权的侵害呢？

《民法典》第1062条第2款规定，夫妻对共同财产，有平等的处理权。该条关于“夫妻对共同财产，有平等的处理权”的规定，应当理解为：（1）夫或妻在处理夫妻共同财产上的权利是平等的。因日常生活需要而处理夫妻共同财产的，任何一方均有权决定。（2）夫或妻非因日常生活需要对夫妻共同财产做重要处理决定，夫妻双方应当平等协商，取得一致意见。他人有理由相信其为夫妻双方共同意思表示的，另一方不得以不同意或不知道为由对抗善意第三人。因此，对于夫妻共同财产的处分，如果是日常生活需要，则任何一方有权决定，非因日常生活需要，对夫妻共同生活需要对夫妻共同财产作重要处理决定的，则应双方一致同意。再婚一方对先前子女支付抚养费显然不是用于夫妻日常生活，那么，该行为是否需要取得配偶一方的同意呢？如果配偶一方对于抚养费的支出或者数额不同意又当如何处理？笔者认为，既然再婚一方对先前子女负有法定的抚养义务，那么抚养费的支出是必然的，配偶一方无权阻止。但如果支付的抚养费明显超过其负担能力，或者有转移夫妻共同财产之嫌的，配偶一方可以申请撤销。

如果先前子女患有重大疾病需要医治，另一方不同意支付相关医疗费用，则根据《民法典》第1066条的规定，再婚一方可以请求分割共同财产，并从分割后的共同财产中支付医疗费用。该条规定：“婚姻关系存续期间，有下列情形之一的，夫妻一方可以向人民法院请求分割共同财产……一方负有法定扶养义务的人患重大疾病需要医治，另一方不同意支付相关医疗费用。”笔者认为，关于其他抚养费的支付，也应可以参照上述规定。如果配偶一方不同意支付抚养费，导致其不能履行法定的抚养义务，再婚一方应当可以请求分割夫妻共同财产。

【拓展适用】

第三人撤销之诉的构成

在婚姻关系中，一方为再婚且之前有子女，该方与先前配偶或子女发生抚养费纠纷，并引起诉讼，如再婚配偶未参加该案诉讼，其对判决结果不服，则有可能引发第三人撤销之诉。故本文对第三人撤销之诉的构成要件进行介绍。《最高人民法院关于适用〈中华人民共和国民事诉讼法〉的解释》第292条规定：“第三人对已经发生法律效力的判决、裁定、调解书提起撤销之诉的，应当自知道或者应当知道其民事权益受到损害之日起六个月内，向作出生效判决、裁定、调解书的人民法院提出，并应当提供存在下列情形的证据材料：（一）因不能归责于本人的事由未参加诉讼；（二）发生法律效力的判决、裁定、调解书的全部或者部分内容错误；（三）发生法律效力的判决、裁定、调解书内容错误损害其民事权益。”根据上述规定，第三人撤销之诉的构成要件有三个。

（一）第三人因不能归责于本人的事由未参加诉讼

对应第三人撤销之诉的程序救济功能，必须是第三人因不能归责于本人的事由未参加诉讼的情形，才符合第三人撤销之诉的条件。

1. 第三人的认定。《民事诉讼法》第59条第1款、第2款规定，对当事人双方的诉讼标的，第三人认为有独立请求权的，有权提起诉讼。对当事人双方的诉讼标的，第三人虽然没有独立请求权，但案件处理结果同他有法律上的利害关系的，可以申请参加诉讼，或者由人民法院通知他参加诉讼。人民法院判决承担民事责任的第三人，有当事人的诉讼权利义务。第三人撤销之诉的主体应限于该条规定的第三人。但是司法实践中，对此理解仍有争议。有观点认为，该第三人与案件所涉法律关系有密切联系，因而案件处理结果对他的利益有直接影响；另有观点认为，无须考虑第三人与案件法律关系的关联性，只要案件处理结果影响到他的利益，即可以认定案件处理结果同他有法律上的利害关系。笔者赞同后种观点。如前所述，第三人撤销之诉的主要功能在于保护第三人的实体权益。因此，对于何人有资格提起该项诉讼，应作宽泛理解，只要处理结果与其有法律上的利害关系，即应允许其提起第三人撤销之诉。婚姻关系存续期间，一方对共同财产的处分，涉及配偶一方的利益，因此配偶一方有权提起第三人撤销之诉。

2. 不能归责于本人的事由未参加诉讼。对于何为“不能归责于本人的事由未参加诉讼”，《最高人民法院关于适用〈中华人民共和国民事诉讼法〉的解释》第293条进行了规定，即：没有被列为生效判决、裁定、调解书当事人，且无过错或者无明显过错的情形，包括：不知道诉讼而未参加的；申请参加未获准许的；知道诉讼，但因客观原因无法参加的；因其他不能归责于本人的事由未参加诉讼的。

（二）发生法律效力的判决、裁定、调解书的全部或者部分内容错误

发生法律效力的判决、裁定、调解书的内容包括事实认定，裁判理由，以及裁判结果。《最高人民法院关于适用〈中华人民共和国民事诉讼法〉的解释》第294条明确规定，第三人撤销之诉中，发生法律效力的判决、裁定、调解书

内容错误是指判决、裁定的主文，调解书中处理当事人民事权利义务的结果错误。该规定符合民事诉讼既判力理论。虽然民事诉讼法没有明确规定民事判决既判力的客观范围，但《最高人民法院关于适用〈中华人民共和国民事诉讼法〉的解释》第93条第1款第5项规定，对于已为人民法院发生法律效力的裁判所确认的事实，当事人无须举证，同时《最高人民法院关于民事诉讼证据的若干规定》第10条规定，当事人有相反证据足以推翻的除外。可见，生效裁判所确认的事实只属于免证事实，当事人仍可举证推翻，即该事实对于案外人并非具有不可争议性。同时，我国并非判例法国家，判决理由对于其他案件亦无直接的约束力。综上，认定事实和判决理由对于案外人并无必然的影响。司法实践中，应注意审查，第三人仅认为已经生效的判决、裁定或者调解书认定的事实和判决理由有错误，而提起第三人撤销之诉的，不予支持。

（三）发生法律效力的判决、裁定、调解书内容错误损害其民事权益

发生法律效力的判决、裁定、调解书内容错误损害了第三人的民事权益，也即生效的判决、裁定、调解书内容错误造成了第三人民事权益的损害，是第三人撤销之诉成立的核心要件。对于第三人撤销之诉中的“民事权益”的范围，民事诉讼法并没有明确规定。依据原《侵权责任法》第2条的规定，认为债权不属于第三人撤销之诉中保护的“民事权益”的范围。《侵权责任法》第2条第2款规定：本法所称民事权益，包括生命权、健康权、姓名权、名誉权、荣誉权、肖像权、隐私权、婚姻自主权、监护权、所有权、用益物权、担保物权、著作权、专利权、商标专用权、发现权、股权、继承权等人身、财产权益。根据该条规定，债权原则上不能成为侵权的客体，同理，债权原则上应不适用第三人撤销之诉的保护。一方面，因为债权具有平等性，法律对于案外人，以及生效判决、裁定、调解书的当事人的债权平等保护，因此案外人的债权原则上不会因为生效判决、裁定和调解书受到损害；另一方面，如果允许第三人仅以生效判决、裁定、调解书扩大了债务人的债务总额为由，提起第三人撤销之诉，则所有案件中被要求承担民事责任的一方的债权人，均可据此提起第三人撤销之诉，则大部分案件均可能被提起第三人撤销之诉，这将严重动摇生效裁判的既判力，损害司法权威，影响司法公信力。因此，对于普通债权，原则上应不适用第三人撤销之诉保护。但是，对于法律明确规定给予特殊保护的债权，应属于例外情形：一是具有法定优先权的债权。例如，《民法典》第807条规定的建设工程优先受偿权。二是法律明确规定享有法定撤销权的债权。例如，《民法典》第539条规定的债权人撤销权。根据该条规定，如果债务人以明显

不合理的低价转让财产，损害债权人利益的，债权人可以请求撤销，债权人的该项权利可以通过债权人撤销权纠纷实现，但如果该协议系在另案诉讼过程中达成，且经过人民法院生效调解书予以确认，债权人的权利应不能通过普通的债权人撤销权纠纷实现，而应通过第三人撤销之诉实现。再婚一方向先前子女支付的抚养费明显超出其负担能力，或者系通过支付抚养费的方式转移夫妻共同财产的，配偶一方的共同财产受到侵害，属于损害了配偶一方的合法权益。

【典型案例】

刘某先诉徐某、尹某怡抚养费纠纷案

原告：刘某先

被告：徐某

被告：尹某怡

法定代理人：尹某芳（系尹某怡之母）

〔基本案情〕

原告刘某先因与被告徐某、尹某怡发生抚养费纠纷，向上海市徐汇区人民法院提起诉讼。

原告刘某先诉称：原告与被告徐某系夫妻，于2008年4月登记结婚，被告尹某怡系徐某的非婚生女儿。2014年9月原告和徐某的父亲均收到尹某怡的母亲尹某芳发送的短信，被告知法院于2014年7月24日作出判决，判令徐某按每月2万元给付尹某怡2014年2月至同年6月抚养费共计10万元，并自2014年7月起每月给付尹某怡2万元抚养费至其二十周岁止。在原告的追问下，徐某方称尹某芳曾于2014年4月以尹某怡的名义提起诉讼。经向法院查询得知尹某芳也曾于2008年向法院提起诉讼，法院也作了判决。现因（2014）徐少民初字第60号判决违反了婚姻法的有关规定，严重侵犯了原告的合法权益，请求撤销（2014）徐少民初字第60号判决，改判抚养费每月2000元。

被告尹某怡辩称：不同意原告刘某先的诉讼请求。亲子鉴定已确定尹某怡系被告徐某子女。为尹某怡的抚养事宜，徐某与尹某怡的母亲签订了多份协议，后因故涉诉，原告还旁听了2008年的庭审。关于尹某怡的抚养费，法院前后有两份判决，法院的判决均是基于徐某与尹某怡的母亲签订的抚养协议产生的诉讼。徐某的月收入为12.4万元，年终奖在50万至100万元，可见法院先前判决的尹某怡的抚养费金额并未超过法律的规定，子女的抚养质量与父母的收入应该相当；原告称不了解徐某的经济收入，说明原告夫妻的经济是分开的，徐某有权处分自己的财产。

被告徐某未提供答辩意见。

上海市徐汇区人民法院一审查明：

原告刘某先与被告徐某系夫妻，于2008年4月15日登记结婚。

据法院已生效的（2014）徐少民初字第60号判决书查明：尹某芳于2007年9月25日生育被告尹某怡。2008年4月28日经司法鉴定科学技术研究所司法鉴定中心鉴定被告徐某与尹某怡之间存在亲生血缘关系。原告与徐某的女儿于2008年11月1日出生。

2008年5月16日，尹某芳与被告徐某签订书面《子女抚养及财产处理协议书》，约定：尹某怡由尹某芳抚养，徐某每月支付抚养费2万元，至尹某怡20周岁时止。2008年8月尹某怡起诉来院［（2014）徐少民初字第60号判决］，主张徐某在协议签订后仅支付了两个月的抚养费，要求徐某，自2007年12月起每月支付抚养费2万元至尹某怡20周岁。法院经审理于2008年11月20日作出判决：徐某自2007年12月每月支付尹某怡抚养费1万元，至尹某怡20周岁。当事人均未上诉。

2014年6月5日被告尹某怡又起诉来院［（2014）徐少民初字第60号］，称2010年4月徐某承诺将尹某怡的抚养费增加至每月1.2万元；2011年10月徐某再次将尹某怡的抚养费增加至每月2万元，并履行至2014年1月，但此后徐某未付抚养费，要求徐某自2014年2月起每月给付尹某怡抚养费2万元至其20周岁止。法院于2014年7月24日判决：

一、徐某于本判决生效之日起十日内按每月2万元给付尹某怡2014年2月至2014年6月的抚养费共计10万元；

二、徐某自2014年7月起每月给付尹某怡抚养费2万元，至尹某怡20周岁止。判决后当事人均未上诉。

庭审中，原告刘某先强调（2014）徐少民初字第60号判决原告于今年9月9日刚知晓，法院该份判决关于徐某给付尹某怡的抚养费金额和给付的年限没有法律的依据，徐某每月的税后薪资并非12.4万元，原告夫妻婚后也生育一女，且原告夫妻婚后并未实行夫妻财产分别制，徐某也是在被逼迫的情况下作出的承诺，故该判决侵犯了原告的合法权益，原告还提供了其目前无业的证明，故要求予以撤销并改判；尹某怡提供了徐某目前薪资税前12.4万元的证明，强调（2014）徐少民初字第60号判决系对徐某与尹某芳就尹某怡的抚养达成的协议进行判决的，并非抚养费纠纷，徐某对协议的内容并无异议，且尹某怡系在徐某与原告婚前生育的，法院的判决未影响原告婚后的家庭生活。

〔一审裁判理由与结果〕

上海市徐汇区人民法院一审认为：

法院在审理（2014）徐少民初字第60号案件的过程中，首先因不能归责于原告刘某先本人的原因，导致其未成为该案件的第三人参与诉讼；其次（2014）徐少民初字第60号判决徐某应自2014年2月起至尹某怡年满20周岁，每月给付尹某怡抚养费2万元，而徐某在2008年4月15日已经与原告登记结婚；再次因现无证据表明原告与徐某婚后实行夫妻分别财产制，故该判决应给付的抚养费实际是原告与徐某的夫妻共同财产，夫妻双方对共同财产享有平等的处分权；最后同样无证据表明原告准允徐某与尹某芳关于尹某怡抚养费的承诺。综上，该判决显然涉及原告的经济利益，现原告认为该判决损害其民事权益，其诉讼尚未超过法定期限，请求成立，原告的撤销之诉予以准许。至于尹某怡目前恰当的抚养费金额和给付年限，相关方可另行通过协商或诉讼解决争议，本案不涉。徐某无正当理由未到庭参加诉讼，视为其放弃答辩权利。

综上，上海市徐汇区人民法院依照《民事诉讼法》第 56 条第 3 款、第 144 条的规定，于 2014 年 12 月 24 日判决如下：

撤销上海市徐汇区人民法院（2014）徐少民初字第 60 号判决。

〔当事人上诉及答辩意见〕

尹某怡不服一审判决，向上海市第一中级人民法院上诉称：一审法院适用法律错误，（2014）徐少民初字第 60 号判决内容没有错误，不符合撤销条件。本案所涉及的是被告徐某婚前所生小孩的抚养问题，不同于一般夫妻共同财产处分。况且原告刘某先在庭审中称，其与徐某分别管理各自财产，互不干涉，尹某怡有理由认为他们之间存在一定程度的 AA 制，在徐某也有能力负担的范围内，刘某先无权干预。故上诉要求撤销原判，改判驳回刘某先原审的诉讼请求。

被上诉人刘某先答辩称：一审判决正确。原审被告徐某与尹某芳就上诉人尹某怡的抚养费达成的协议侵犯了刘某先的合法权益，故该协议当属无效。支付尹某怡 18 周岁至 20 周岁的抚养费非徐某的法定义务。徐某每月支付尹某怡抚养费 2 万元至尹某怡成年的约定严重侵犯了刘某先的合法权益。要求驳回上诉，维持原判。

原审被告徐某表示同意被上诉人刘某先的意见。

〔二审查明的事实〕

上海市第一中级人民法院经二审，确认了一审查明的事实。

〔二审裁判理由与结果〕

上海市第一中级人民法院二审认为：

本案中被上诉人刘某先要求撤销（2014）徐少民初字第 60 号判决的请求权能否成立，需从以下两点分析：

第一，从（2014）徐少民初字第 60 号判决内容来看，在 2008 年已有生效判决确认原审被告徐某按每月 10000 元的标准支付抚养费后，徐某又分别于 2010 年 4 月 12 日和 2011 年 10 月 13 日出具承诺，将抚养费调整到每月 12000 元和每月 20000 元至上诉人尹某怡 20 周岁，并且其在两份承诺中都明确“如果以后有任何原因（如家人的压力上法庭）等产生关于此事的法律纠纷，本人请求法院按照本人此意愿判决。”之后，徐某亦按承诺履行至 2014 年 1 月。抚养费费用的多少和期限的长短，系先由父母双方协议，协议不成时再由法院判决。本案中徐某对于支付尹某怡抚养费的费用和期限都已经明确作出承诺，原审法院在审查双方当事人的陈述、提供的证据、徐某的收入等材料后，确认徐某应按其承诺内容履行，据此判决徐某按每月 20000 元的标准支付抚养费，并支付到尹某怡 20 周岁时止。法院认为，（2014）徐少民初字第 60 号判决内容并无不当。

第二，原审被告徐某就支付上诉人尹某怡抚养费费用和期限作出的承诺，是否侵犯了被上诉人刘某先的夫妻共同财产权。要解决这个问题，首先需要明确父母基于对子女的抚养义务支付抚养费是否会侵犯父或母再婚后的夫妻共同财产权。父母对未成年子女有法定的抚养义务，非婚生子女享有与婚生子女同等的权利，不直接抚养非婚生子女的生父或生母，应负担子女的生活费和教育费，直至子女能独立生活为止。虽然夫妻对共同所有的财产，有平等的处理权，但夫或妻也有合理处分个人收入的权利，不能因未与现任配偶达成一致意见即认定支付的抚养费属于侵犯夫妻共同财产权，除非一方支付的抚养费明显超过其负担能力或者有转移夫妻共同财产的行为。本案中，虽然徐某承诺支付的抚养费数额确实高于一般标准，但在父母经济状况均许可的情况下，都应尽责为子女提供较好的生活、学习条件。徐某承诺支付的抚养费数额一直在其个人收入可承担的范围内，且徐某这几年的收入情况稳中有升，支付尹某怡的抚养费在其收入中的比例反而下降，故亦不存有转移夫妻共同财产的行为。因此法院认为，徐某就支付尹某怡抚养费费用和期限作出的承诺，并未侵犯刘某先的夫妻共同财产权。

综上，上海市第一中级人民法院依照《民事诉讼法》第 170 条第 1 款第 3 项、《婚姻法》第 25 条之规定，于 2015 年 4 月 23 日判决如下：

一、撤销上海市徐汇区人民法院（2014）徐民一（民）撤字第 3 号民事判决；

二、驳回刘某先要求撤销上海市徐汇区人民法院（2014）徐少民初字第 60 号民事判决的诉讼请求。

本判决为终审判决。

规则 4：夫妻关系存续期间双方一致同意以人工授精方式所生子女，应视为夫妻双方的婚生子女，夫妻双方对子女均有抚养教育的义务

——人工授精子女抚养纠纷案[①]

【裁判规则】

婚姻关系存续期间采用人工授精方法所生子女，虽然未办理书面同意手续，

① 《中华人民共和国最高人民法院公报》1997 年第 1 期。

但实施人工授精时，配偶均在现场，并未提出反对或者不同的意见；该婚姻关系存续期间所生子女，应当视为夫妻双方的婚生子女。无论子女随哪一方生活，父母对子女都有抚养教育的义务。

【规则理解】

一、人工授精技术发展引发的法律问题

（一）人工授精的概念

人工授精是指不同于人类传统基于两性性爱的自然生育过程，而是根据生物遗传工程理论，采用人工方法取出精子或卵子，然后用人工方法将精子或受精卵胚胎注入妇女子宫内，使其受孕的一种新生殖技术。[①] 人工授精主要有两种，一种是同质人工授精，简称 AIH，即用丈夫的精子进行人工授精，使女性怀孕的非自然生殖技术。另一种是供精人人工授精，又称异质人工授精、非配偶人工授精，简称 AID，专门指用丈夫以外的第三人的精子进行人工授精，使女性怀孕的非自然生殖技术。此外，与人工授精一样，还存在另外一种人工生育方式，即母体外受精，又称试管婴儿，是指用人工方法取卵，将卵子与精子在试管中形成胚胎后再植入子宫妊娠的生殖技术。

（二）人工授精引发的法律问题

随着生物遗传科学的发展，许多不能通过自然方式怀孕的妇女可以通过人工授精而分娩子女，由此，许多不能拥有子女的夫妻能够拥有子女，该技术的发展给许多家庭带来幸福。但与此同时，通过人工授精而出生的子女的法律地位如何认定，其权利如何保护成为整个社会必须面临和解决的问题。虽然《民法典婚姻家庭司法解释（一）》第 40 条对夫妻关系存续期间，一致同意进行人工授精，所生育的子女法律地位问题有所回应，但除此之外，还存在未经配偶一方同意生育的人工授精子女，非夫妻关系存续期间生育的人工授精子女等法律问题，这些问题的出现在司法实践中不断挑战传统中关于亲子的有关规定，并不得不进入立法者的视野。

二、传统亲子关系的认定

（一）中国古代亲子关系的认定

在亲属法上，亲兼指父母，子兼指子女。中国古代，基于一夫一妻多妾的婚姻制度，除基于自然出生而产生的亲子关系外，尚有拟制的、与名分恩义相

① 马原：《新婚姻法案例评析》，人民法院出版社 2002 年版，第 200 页。

关联的亲子关系，子除有亲子、养子之分外，还有嫡子、庶子、婢生子等之分。在中国古代，子女的地位由生母的地位来决定。但是无论如何，在中国古代的亲子关系上，完全从属于宗法制度，强调“父为子纲”，父母对子女的人身、财产均有礼、法所肯定的特权。

（二）现代亲子关系的认定

中华人民共和国成立后，随着封建制度的解体，一夫一妻制度的确立，父母子女的法律地位趋于平等，互为权利义务主体，均享有一定的权利，也应履行相应的义务。《宪法》规定：“父母有抚养教育未成年子女的义务，成年子女有赡养扶助父母的义务”，该条应是现行法律对于亲子关系的根本性规定。此外，《民法典》及相关司法解释均对亲子关系进行了详细的规定。

1. 现代亲子关系的种类

根据亲子关系产生的原因，我国《民法典》将亲子关系分为两类：

第一类是自然血亲的亲子关系。自然血亲关系包括婚生子女与父母的关系，也包括非婚生子女与父母的关系。我国《民法典》第1071条第1款规定：“非婚生子女享有与婚生子女同等的权利，任何组织或者个人不得加以危害和歧视”。自然血亲的亲子关系基于自然出生的事实，相互间的血缘关系而存在，不得人为消除。不过，根据我国《民法典》第1111条第2款关于“养子女与生父母以及其他近亲属间的权利义务关系，因收养关系的成立而消除”的规定，自然血亲间的权利义务可依收养而消除。

第二类是拟制血亲的亲子关系。拟制血亲的亲子关系并非基于因自然生育出生的血缘关系而产生，而是基于法律规定而产生。根据《民法典》第1072条第2款、第1111条第1条的规定，我国拟制血亲的亲子关系包括养父母与养子女间的权利义务关系和继父母与受其抚养教育的继子女间的权利义务关系。《民法典》第1072条第2款规定：“继父或者继母和受其抚养教育的继子女间的权利义务关系，适用本法关于父母子女关系的规定。”第1111条第1条规定：“自收养关系成立之日起，养父母与养子女间的权利义务关系，适用本法关于父母子女关系的规定；养子女与养父母的近亲属间的权利义务关系，适用本法关于子女与父母的近亲属关系的规定”。

2. 现代亲子关系的内容

关于现代亲子关系的内容，《宪法》第49条第3款作了根本性和原则性的规定：“父母有抚养教育未成年子女的义务，成年子女有赡养扶助父母的义务。”《民法典》对亲子关系进行了明确规定，如《民法典》第26条规定：“父母对未成年子女负有抚养、教育和保护的义务。成年子女对父母负有赡养、扶助和保护的义务。”第27条第1款规定：“父母是未成年子女的监护人。”第34条第1款规定：“监护人的职责是代理被监护人实施民事法律行为，保护被监护人的人身权利、财产权利以及其他合法权益等”。第34条第3款规定：“监护人不履行监护职责或者侵害被监护人合法权益的，应当承担法律责任”。第35条第1款规定：“监护人应当按照最有利于被监护人的原则履行监护职责。监护人除为维护被监护人利益外，不得处分被监护人的财产”。第1067条规定：“父母不履行抚养义务的，未成年子女或者不能独立生活的成年子女，有要求父母给付抚养费的权利。成年子女不履行赡养义务的，缺乏劳动能力的或者生活困难的父母，有要求成年子女给付赡养费的权利。”第1068条规定：“父母有教育、保护未成年子女的权利和义务。未成年子女造成他人损害的，父母应当依法承担民事责任。”第1070条规定：“父母和子女有相互继承遗产的权利”。

根据《民法典》的相关规定，可见我国现代亲子关系的主要内容为：第一，父母的权利义务。(1) 父母的权利：要求子女赡养扶助；子女死亡时，继承其遗产。(2) 父母的义务：抚养未成年子女，保护未成年子女的人身、财产及其他合法权益；教育未成年子女；在未成年人子女造成他人损害的，承担相应的民事责任；第二，子女的权利义务。(1) 子女的权利：未成年子女有权得到父母抚养、保护；父母死亡时，子女有继承父母遗产的权利。(2) 子女的义务：赡养扶助父母。

三、人工授精子女的法律地位及权利义务

人工授精技术的发展，改变了传统自然生育过程中的某些环节，由此引发人工授精子女法律地位的讨论与思考。人工授精子女的法律地位究竟如何？其是否如其他子女一般享有亲子关系中的权利义务？是否对社会还应当享有一些与自然生育子女不同的权利义务？《民法典婚姻家庭司法解释（一）》第40条明确了夫妻关系存续期间，一致同意所生育的人工授精子女的法律地位，但随着人工授精子女的不断出生、成长，由此引发的纠纷日益增多，人民法院审理的新类型相关案件也越来越多，为了保护人工授精子女的合法权益，统一裁量尺度，有必要对此作出更明确的规定。

（一）人工授精子女的法律地位

我国《民法典》及已被废除的《民法通则》《民法总则》和《婚姻法》本身均未对人工授精子女的法律地位和相关权利义务作出明确规定。2021年1月1日施行的《民法典婚姻家庭司法解释（一）》第40条规定：“婚姻关系存续

期间，夫妻双方一致同意进行人工授精，所生子女应视为婚生子女，父母子女间的权利义务关系适用民法典的有关规定。”

（二）人工授精子女认定为婚生子女的条件

根据上述司法解释的规定，人工授精子女视为夫妻双方的婚生子女，并适用《民法典》关于父母子女之间权利义务关系的有规定存在两个前提条件：第一，必须夫妻双方一致同意进行人工授精。即采用人工授精方式生育子女必须是夫妻双方协商一致的行为，如果夫妻一方未经对方同意，擅自进行人工授精而生育子女，则不能直接适用该条规定，认定为婚生子女。第二，该子女必须在夫妻关系存续期间进行人工授精所生。该子女应是夫妻关系存续期间进行人工授精所生是指该子女在夫妻关系存续期间进行人工授精即可，还是要求该子女于夫妻关系存续期间出生，或是指该子女是夫妻关系存续期间进行人工授精，并在夫妻关系存续期间出生？要回答该问题，必须先回答何为婚生子女。尽管我国法律明确规定非婚生女子与婚生子女具有同等的法律地位，但是对于何为婚生子女，何为非婚生子女却无明确界定。有学者认为，婚生子女是指在婚姻关系存续期间受胎或出生的子女。[①] 参照对婚生子女的理解，笔者认为，如果该子女是夫妻关系存续期间进行人工授精，则不论人工授精后，双方夫妻关系是否因为离婚或者一方死亡而终止，该子女均应视为婚生子女；如果该子女系男女双方一致同意进行人工授精，但其出生时，该男女双方已经登记成为合法夫妻，则该子女亦为婚生子女。

总之，只要符合以上两个条件，则该子女视同婚生子女，其与父母之间的权利义务与其他经自然方式生育的子女与父母之间的权利义务关系一致。

不过，事实上，人工授精子女除在夫妻关系存续期间，双方一致同意进行人工授精所生外，还存在其他情形。例如，未经双方同意出生的人工授精子女法律地位如何？未在婚姻关系存续期间进行人工授精所生子女的法律地位如何？这些问题在现实生活中已经出现，理论界和实务界必须作出相应的回应。

四、夫妻双方对子女都有抚养教育的义务

根据《民法典婚姻家庭司法解释（一）》第43条的规定：“婚姻关系存续期间，父母双方或者一方拒不履行抚养子女义务，未成年或者不能独立生活的子女请求支付抚养费的，人民法院应予支持。”人工授精子女一旦被认定为婚生子女，其父母双方均应尽抚养教育的义务。

---

① 杨大文主编：《婚姻家庭法》，中国人民大学出版社2000年版，第207页。

（一）对“未成年”的界定

根据《民法典》第17条规定：“十八周岁以上的自然人为成年人。不满十八周岁的自然人为未成年人。”第18条规定：“成年人为完全民事行为能力人，可以独立实施民事法律行为。十六周岁以上的未成年人，以自己的劳动收入为主要生活来源的，视为完全民事行为能力人。”第19条规定：“八周岁以上的未成年人为限制民事行为能力人，实施民事法律行为由其法定代理人代理或者经其法定代理人同意、追认；但是，可以独立实施纯获利益的民事法律行为或者与其年龄、智力相适应的民事法律行为。”可见法律判断公民是否成年，是否具有完全民事行为能力，一般以是否年满18周岁作为自然人为成年人的判断标准。未成年人即未满18周岁的人为限制民事行为能力人，特殊情况即以自己的劳动收入为主要生活来源的，视为完全民事行为能力人除外。区分的意义在于，一是用于判断民事法律行为的效力。因为法律规定成年人可以独立实施民事法律行为，对其行为负责；未成年人只能实施部分民事法律行为，实施其他民事法律行为还要经过法定代理人的同意或者追认。二是确定婚姻家庭关系中的权利义务，婚姻法规定的父母、祖父母、外祖父母或者兄弟姐妹等近亲属对未成年人的抚养义务，如《民法典》第1074条第1款规定：“有负担能力的祖父母、外祖父母，对于父母已经死亡或者父母无力抚养的未成年的孙子女、外孙子女，有抚养的义务”。三是设立监护，法律为保护未成年人的人身和财产权益，对未成年人设立监护人，父母是未成年人的监护人。未成年的父母已经死亡或者没有监护能力的，依法由其他有监护人能力的人担任监护人。但应当注意的是，法律只对丧失或者部分丧失民事法律行为能力的成年人设立了监护，依法确定监护人。

（二）对不能独立生活子女的界定

《民法典婚姻家庭司法解释（一）》第41条规定：“尚在校接受高中及其以下学历教育，或者丧失、部分丧失劳动能力等非因主观原因而无法维持正常生活的成年子女，可以认定为民法典第一千零六十七条规定的‘不能独立生活的成年子女’”。从上述规定可见，四类情形属于不能独立生活的子女：一是正在接受小学、高中教育的在校学生；二是完全丧失劳动能力的成年子女；三是丧失部分劳动能力的成年子女；四是其他并非主观不愿劳动赚取生活费的原因而无法维持正常生活的成年子女。本质上是非因主观原因而导致不能维持正常生活。这一规定是对父母抚养子女条件的强制性规定，在符合法律规定的条件下，父母必须履行抚养子女的义务。对超出法律规定抚养子女条件的，父母是否还要对子女给予抚养是没有禁止性规定的。

（三）对抚养费范围的界定

《民法典婚姻家庭司法解释（一）》第42条规定："民法典第一千零六十七条所称"抚养费"，包括子女生活费、教育费、医疗费等费用。"该规定中的"等"，可以理解为等外而不是等内，当然也不能无限放大，可理解为与子女生活、受教育、接受医疗等息息相关的费用，而不包括奢侈品的消费、服务等不合理费用。

（四）由监护人代未成年人行使法律赋予其争取抚养费的权利

《民法典》和民法典相关司法解释都明确规定，父母必须对未成年子女或者丧失或未完全丧失劳动能力等非因主观原因而无法维持正常生活的成年子女尽抚养义务，如不尽抚养义务，子女有要求父母给付抚养费的权利。这是法律赋予未成年子女或不能独立生活的成年子女有向父母主张要其尽抚养义务的权利，未成年子女或不能独立生活的成年子女有权依法向父母主张抚养费；法律并未禁止父母对成年子女在客观上需要父母支付生活费而父母给付生活费的行为，但也没有赋予已成年子女只是由于在校读书或其他原因需要父母继续抚养而向父母主张抚养义务的权利。即使成年子女客观上需要父母继续抚养，除父母自愿外，成年子女也无权向父母主张继续抚养。由于未成年人是限制民事行为能力人，如果负有抚养义务的一方不履行其义务的，未成年人不能直接行使其诉讼权利，应当由其监护人来行使。《民法典》第27条规定："父母是未成年子女的监护人。未成年人的父母已经死亡或者没有监护能力的，由下列有监护能力的人按顺序担任监护人：（一）祖父母、外祖父母；（二）兄、姐；（三）其他愿意担任监护人的个人或者组织，但是须经未成年人住所地的居民委员会、村民委员会或者民政部门同意。"该条沿用了原《民法总则》第27条的规定，在理解适用时应当注意的是：（1）其他人担任监护人的前提是未成年人的父母死亡或没有监护能力；（2）父母之外具有监护能力的人按顺序担任监护人；（3）在民法通则规定的基础上，扩大了监护人的范围，将关系密切的其他亲属、朋友愿意承担监护责任人，改为"愿意担任监护人的个人"，增加了"组织"；（4）其他愿意担任监护人的个人或者有关组织，必须经未成年人住所地的居民委员会、村民委员会或民政部门同意，才可担任监护人。同时，根据《民法典》第37条规定："依法负担被监护人抚养费、赡养费、扶养费的父母、子女、配偶等，被人民法院撤销监护人资格后，应当继续履行负担的义务。"可见，依法承担被监护人抚养费、赡养费、扶养费的监护人，主要是指父母、子女、配偶等，其监护资格被人民法院撤销后，并不免除其依法应当承担的给付相关费用的义务，应当承担继续履行义务。应当注意的是，本条属于一般性规定，适用于所有具有法定扶养义务的人被撤销监护人资格的情形。只要具有法定扶养义务的人因严重侵害被监护人合法权益被撤销监护人资格的，均应继续履行负担抚养费、赡养费、扶养费的义务。如果夫或妻一方拒绝支付抚养费，那么与该未成年一同生活的父或母便可作为监护人直接以子女的名义提起诉讼，请求法院判决另一方支付该未成年人的抚养费，以保护未成年人或者不能独立生活的成年子女的合法权益。如果夫妻双方均不愿意承担抚养费的，根据《民法典》第 36 条的规定，担任监护人的父母怠于履行监护责任，有关个人或者组织可以请求人民法院撤销其父母的监护资格。人民法院按照最有利于被监护人的原则依法指定监护人之后，依据《民法典》第 34 条的规定，该被指定的监护人可以代理未成年人起诉其父母承担抚养费。对于有关个人或者组织，《民法典》第 36 条第 2 款作出了明确的规定："本条规定的有关个人、组织包括：其他依法具有监护资格的人，居民委员会、村民委员会、学校、医疗机构、妇女联合会、残疾人联合会、未成年人保护组织、依法设立的老年人组织、民政部门等"。

【拓展适用】

一、未经配偶一方同意的人工授精子女的法律地位

人工授精分为同质人工授精和异质人工授精，同时，根据该人工授精是否经过夫妻双方同意，人工授精可分为如下四种情形：第一，夫妻双方同意的同质人工授精；第二，夫妻双方未协商一致的同质人工授精；第三，夫妻双方同意的异质人工授精；第四，夫妻双方未协商一致的异质人工授精。在以上四种情形下出生的子女，其亲子关系并不完全相同。

如前文所述，在夫妻关系存续期间，双方一致同意进行人工授精所生子女应视为夫妻双方的婚生子女，其与父母之间的亲子关系即等同于自然血亲的亲子关系。根据《民法典婚姻家庭司法解释（一）》第 40 条的规定，可见，在前述第一、第三种情况下，人工授精子女均视同婚生子女应无疑义。

那么，在夫妻双方未协商一致的同质人工授精或异质人工授精情形下所生子女的法律地位又当如何呢？下文将分别进行分析。

首先，在同质人工授精情形下，该子女系使用夫妻二人的精细胞、卵细胞用人工方法授精而生育，该子女与夫妻二人具有血缘关系，因此有遗传学上的父母子女关系。但是，是否因此就可以直接认定同质人工授精情形下，不论夫妻二人是否一致同意，该子女与夫妻二人均具有法律上的亲子关系呢？妻子在丈夫不知情的情况下，利用丈夫的精子，通过人工授精的方式生育子女，该丈夫从心理上是否能够接受，要求其必须承担作为父亲的相应职责是否公平？如果从保护丈夫不愿生育的权利或者普遍意义上的自由权，及从其不愿生育子女并承担相应义务的真实意思出发，应当认定该子女仅与母亲有亲子关系，而与母亲之夫没有亲子关系。但是，如果从保护未成年子女合法权益，保障其生存发展的权益而言，生母之夫应当成为该子女的父亲，与该子女具有亲子关系。此时，对人工授精子女法律地位的认定涉及法律倾向于保护何种利益的问题。笔者认为，上述问题的处理实质上涉及价值的取向问题。一般而言，未成年人生存、发展的自由与权利，应高于生母之夫选择是否生育的自由，如果将该子女一方视为母亲一方的子女，不利于该子女的生存、发展，也不为目前中国普遍认同的伦理道德标准所接受，毕竟中国目前对父母子女的认定普遍接受的标准就是脱氧核糖核酸（DNA）的吻合性，也即血缘关系的传承性。因此，笔者赞同在同质人工授精情形下，无论生母之夫是否同意，所出生的子女均应视同夫妻双方所生子女。至于生母之夫的权利则只能通过其他途径进行救济。

其次，在未经一致同意的异质人工授精情形下。丈夫并不同意妻子利用他人的精子进行人工授精生育子女，可是，妻子仍擅自进行了该行为。则该行为的效果是否应由丈夫承受？显然，根据一般人的心理预期及可以接受的程度，丈夫不应作为该子女的父亲，不应负担父亲的义务。但是，笔者认为，对这种情形，仍不可一概而论。如果该子女出生后，丈夫与生母依然保持婚姻关系，且该父亲接受了该子女作为其子女的事实，并对该子女进行抚养，应当视为该父亲追认了妻子人工授精的行为。因此，该子女应当视为父母双方一致同意通过人工授精所生子女，与婚生子女具有同样的法律地位。如果该子出生时，丈夫已经与妻子解除了婚姻关系，或者该子女出生后，丈夫仍然拒绝接受该子女，并不承担抚养该子女的义务，则因该丈夫与该子女没有血缘关系，且其出生未得到丈夫同意，其与该子女不具备亲子关系，不享有作为父亲的权利义务。

二、非夫妻关系存续期间进行人工授精所生子女的法律地位

非夫妻关系存续期间进行人工授精所生子女不符合《民法典婚姻家庭司法解释（一）》第40条的规定，不能依照该规定，认定该子女系婚生子女。那么，该子女的法律地位如何呢？笔者认为，非夫妻关系存续期间通过人工授精生育子女，可分为如下几种情形：第一，该子女系不具备夫妻关系的男女二人

一致同意采用自己的精细胞、卵细胞经人工授精生育；第二，该子女系母亲一方自行决定利用他人精子生育子女。在第一种情形下，又可分为男方是基于生育自己子女的意思表示而同意利用自己精子生育子女，还是仅仅基于捐献精子生育他人子女的意思而同意利用自己精子生育子女两种情形。

在男方基于生育自己子女的意思表示而同意利用自己精子生育子女的情形下，该子女系男、女双方一致同意生育，且与该二人具备生物学上的血缘关系，故该子女应为该男、女二人所生子女应无疑义，只是由于该男、女二人不具备法律规定的婚姻关系，故该子女不为婚生子女。但是，该子女与男、女二人的亲子关系与其他亲子关系并无不同。如果男方仅仅基于捐献精子，帮助他人生育子女的意愿同意他人利用自己的精子生育子女，由于此时男方并无生育子女的目的，生育孩子的母亲亦明知这一点，此时，所生子女仅与母亲具备亲子关系，与捐献精子的男方无法律上的亲子关系。如果男女双方同居，但男方不知情，女方擅自使用与其不具备婚姻关系的他人精子所生子女，则显然该子女应与男方无法律上的亲子关系。

当然，以上讨论仅限于子女已经出生的极端情形，事实上，法律应当明确采用人工授精生育子女的条件，一般而言，应当认定必须具备以下几个条件方可通过人工授精生育子女：第一，实施人工授精的主体必须是夫妻，且必须是双方一致同意进行人工授精。第二，必须是双方或一方患有确实无法治愈的疾病无法正常生育的夫妻。第三，在可以的情况下，尽量采用同质人工授精的方式生育子女。

三、人工授精出生子女知情权与供精者隐私权的保护

随着人工授精技术的发展，给患有不孕不育症的夫妻带来福音，同时，也使相关法律面临新的挑战，此外，最严重的是，该技术的发展给通过人工授精出生子女的发展带来一定的困惑，也给供精者的生活带来一定困扰，并引发相关伦理问题的思考。根据有关报道，英国一名医生朗多，长期用自己的精子为求医的妇女做人工授精，制造了6000个有他自己血统的孩子，美国也有一名医生用自己的精子为几十名妇女做了人工授精，结果有75个自己的孩子。[①] 那么，通过人工授精出生的子女长大以后是否有权知道其是通过人工授精方式出生的？通过异质人工授精出生的子女是否有权知道其生物学上的父亲是谁？如果其无权知道，或者无从知道，那么，假设长大以后与其具备生物学意义上的

① 粟勤生、朱声敏：《人工授精的社会及法律问题研究》，载《网络财富》2009年7月。

兄弟姐妹相互认识并产生感情怎么办？或者，当其遭遇重大疾病，需有具备血缘关系的近亲属提供帮助方有可能治愈又当如何？反之，如果通过人工授精出生的子女有权知晓一切真相，则捐精者的隐私如何保护？如果捐精者出于帮助不孕不育者的初衷捐献精子，其是否有义务从此面临所谓子女“找上门来”的风险？或者时刻承担其隐私遭到曝光的可能性？因此，通过人工授精，尤其是通过异质人工授精出生子女的知情权与供精者隐私权的保护也成为理论界与司法实务界无法回避的问题。

毫无疑问，通过人工授精所生子女的知情权在一定程度上应当得到保护，同时，捐精者的隐私权也必须同样受到法律的保护，但是，两种权利的行使往往会产生冲突，法律应当在何种情况下通过何种方式做到两全其美，则是规则制定者应当巧妙构思、慎重考虑的问题。笔者认为，究竟倾向于保护通过人工授精子女的知情权还是倾向于保护捐精者的隐私权不可一概而论，应当根据不同的情况予以不同的规定。具体可以从以下方面考虑：第一，为了保护两者的合法权益，国家必须严格管理有权进行人工授精的机构，并成立专门的机构对通过人工授精方式生育子女的情况及捐精者的身份、身体状况等资料进行登记管理，但该资料不得随意向任何人泄漏，包括该子女法律上的父亲母亲。第二，一般情况下，在确保捐精者身体健康，不存在遗传疾病的情况下，不应当允许母亲选择捐精者，同时，实施人工授精的机构也应避免重复使用同一捐精人的精子。第三，当通过人工授精所生子女遇到重大疾病，需要其生物学上近亲属的帮助方有可能治愈时，其可以向人工授精档案管理部门申请获得捐精者的真实身份，然后由人工授精档案管理部门负责联系捐精者，并征求该捐精者关于是否同意公布其身份并与该子女联系的意见，如果同意直接与利用其精子出生的子女见面，则由其与该子女自行协商，如果其不同意与该子女见面，但同意对其进行帮助，则可由医疗机构实施相应的治疗行为，但不得公布该捐精者的相关资料。同时，如果捐精者不愿意让该子女知晓其身份，也不愿意提供帮忙，则应当允许其自主决定，因为捐精者并无帮助利用其精子所生子女的法定义务。反之，捐精者有重大疾病需要与其有血缘关系的近亲属的帮助时亦然。

四、无配偶女性能否通过人工授精成为母亲的问题

根据前述讨论，一般而言，通过人工授精生育子女的主体应当是合法夫妻，那么，无配偶女性是否绝对不能通过人工授精成为母亲呢？如果某女不愿意结婚，其又想成为母亲，则有何途径呢？根据我国《民法典》的规定看，法律并不禁止无配偶者收养子女，相反，《民法典》第 1101 条规定：“有配偶者收养

子女，应当夫妻共同收养”，第1102条也有规定：“无配偶者收养异性子女的，收养人与被收养人的年龄应当相差四十周岁以上”，以上规定对有配偶者收养子女，及无配偶者收养异性子女作了特别规定，可见，其前提只要符合相应条件，无配偶者可以收养子女。那么，是否可以依此类推，只要无配偶女生达到法定年龄，如30岁，并表示不愿意结婚，其就可以通过人工授精生育子女成为母亲呢？

笔者认为，不能简单类推。因为从《民法典》的保护合法收养关系的立法目的来看，收养应当有利于被收养的未成年人的抚养、成长，保障收养人和被收养人的合法权益，《民法典》第1093条规定，下列未成年人，可以被收养：（1）丧失父母的孤儿；（2）查找不到生父母的未成年人；（3）生父母有特殊困难无力抚养的子女。可见，收养的目的是使得不到抚养的孩子得到良好的抚养，有利于孩子的成长，而如果允许无配偶女性通过人工授精方式生育子女，则无疑将导致更多的单亲家庭的孩子出现，不利于该子女的抚养教育，且该女性将来后悔又想结婚的话该怎么办呢？可见，允许无配偶女性收养子女和允许无配偶女性通过人工授精生育子女，虽然都有利于该女生育权的实现，但对于该子女而言，其意义不可同日而语，故不能因为《民法典》允许无配偶女性收养子女，就简单类推认定应当允许无配偶女性通过人工授精生育子女。但是，是否应绝对禁止无配偶女性通过人工授精成为母亲也有待商榷。毕竟，任何女性有结婚的自由，也有不结婚的自由，如果因为其不愿意结婚，则剥夺了她的生育权似乎也有所不妥。究竟如何权衡，应取决于立法政策的考量。同时，针对人工授精行为的规范应有待于相关立法的完善。

【典型案例】

人工授精子女抚养纠纷案

原告：某女

被告：某男

〔基本案情〕

原告某女因与被告某男发生婚姻和子女抚养纠纷，向基层人民法院提起诉讼。

原告诉称：双方婚后感情不和，经常争吵。被告对我及家人从不关心，致使夫妻感情彻底破裂。现请求与被告离婚；孩子归我抚养，被告要负担抚养费用；在各自住处存放的财产归各自所有。

被告辩称：夫妻感情虽已破裂，但是还应以和为好，若原告坚持离婚，我也同意。孩子是原告未经我的同意，接受人工授精所生，与我没有血缘关系。如果孩子由我抚养教育，我可以负担抚养费用；如果由原告抚养，我不负担抚养费用。同意原告对财产的分割意见。

受理此案的人民法院经不公开审理查明：原告某女与被告某男于 1978 年 7 月结婚，婚后多年不孕，经医院检查，是某男无生育能力。1984 年下半年，夫妻二人通过熟人关系到医院为某女实施人工授精手术 2 次，均未成功。1985 年初，二人到医院，又为某女实施人工授精手术 3 次。不久，某女怀孕，于 1986 年 1 月生育一子。之后，夫妻双方常为生活琐事发生争吵，又长期分居，致使感情破裂。

〔一审裁判理由与结果〕

受理此案的人民法院认为，原告某女与被告某男的夫妻感情确已破裂，经法院调解，双方同意离婚，依照《婚姻法》第 32 条的规定，应当准予离婚。婚姻关系存续期间所生一子，是夫妻双方在未办理书面同意手续的情况下，采用人工授精方法所生。实施人工授精时，某男均在现场，并未提出反对或者不同的意见；孩子出生后的 10 年中，某男一直将孩子视同亲生子女养育，即使在夫妻发生矛盾后分居不来往时，某男仍寄去抚养费。根据《婚姻法》的立法精神和最高人民法院的复函规定，某女和某男婚姻关系存续期间所生的孩子，应当视为夫妻双方的婚生子女。某男现在否认当初同意某女做人工授精手术，并借此拒绝负担对孩子的抚养义务，其理由不能成立。依照《婚姻法》（1980 年）第 15 条和第 29 条的规定，无论子女随哪一方生活，父母对子女都有抚养教育的义务。根据《最高人民法院关于人民法院审理离婚案件处理子女抚养问题的若干具体意见》第 5 条关于“父母双方对十周岁以上的未成年子女随父或随母生活发生争执的，应当考虑该子女的意见”的规定，经征求孩子本人的意见，孩子表示愿意随母亲生活，应予同意。依照《婚姻法》第 31 条的规定，夫妻双方对共同财产的分割协商一致，法院不予干预。据此，该人民法院于 1996 年 7 月 15 日判决：

一、准予原告某女、被告某男离婚；

二、孩子由原告某女抚养教育，被告某男自 1996 年 7 月份起每月支付孩子的抚养费 130 元，至其独立生活时止；

三、财产分割双方无争议。

宣判后，某女、某男均未提出上诉。

第四章 夫妻共同财产的特殊情形

规则5：在夫妻关系存续期间，一方所获得的物质奖励，具有特定人身性的，不应作为夫妻共同财产予以分割

——刘某坤诉郑某秋离婚及财产分割纠纷案①

【裁判规则】

在夫妻关系存续期间，一方参加国际、国内体育比赛所获奖牌、奖金，奖牌作为运动员的一种荣誉象征，有特定的人身性，不应作为夫妻共同财产予以分割；所得奖金，因已用于运动员治伤、治病等费用，系家庭的共同支出，已无财产可分，另一方要求平分，于法无据。

【规则理解】

一、夫妻财产分割的范围

男女双方经登记结婚后，采取共同财产制的，必然涉及双方财产在一定程度上的混同，而如果出现以下情形，则又产生对财产进行分割的必要性。第一，离婚。男女双方因结婚而产生财产上的混同，双方离婚不再共同生活时，则需对财产进行分割；第二，夫妻通过约定改变原有的共同财产制，采用分别财产制，要求对共同财产进行分割的；第三，夫妻一方死亡，死亡一方的继承人要求继承遗产的，应首先对夫妻共同财产进行分割，然后才能对死亡一方的财产进行继承；第四，根据《民法典》第1066条的规定，婚姻关系存续期间，夫妻一方请求分割共同财产的，人民法院不予支持，但有下列情形之一的除外：一方有隐藏、转移、变卖、毁损、挥霍夫妻共同财产或者伪造夫妻共同债务等严重损害夫妻共同财产利益行为；一方负有法定扶养义务的人患重大疾病需要医治，另一方不同意支付相关医疗费用。在对财产进行分割时，首先应明确哪些属于夫妻共同财产，哪些属于夫妻一方个人财产。

① 《中华人民共和国最高人民法院公报》1995年第2期。

（一）夫妻共同财产

《民法典》第1062条第1款规定："夫妻在婚姻关系存续期间所得的下列财产，为夫妻的共同财产，归夫妻共同所有：（一）工资、奖金、劳务报酬；（二）生产、经营、投资的收益；（三）知识产权的收益；（四）继承或受赠的财产，但本法第一千零六十三条第三项规定的除外；（五）其他应当归共同所有的财产。"可见，在法定财产制下，夫妻共同财产主要有以下五类。

第一，工资，奖金、劳务报酬。对于大部分人来说，工资、奖金、劳务报酬应当是收入的主要组成部分，但是，此处所指工资、奖金、劳务报酬应不仅指以"工资、奖金、劳务报酬"名义所得的收入。随着经济的发展，所在单位以津贴、交通补助、伙食补助、通讯补助、出差补助等名义发放的各种工资性收入均应列入工资、奖金、劳务报酬的范围。由于该部分收入相对稳定，故对该部分收入的确定较之其他收入而言略为简单。

第二，生产、经营、投资的收益。随着多种所有制经济的迅速发展，投资渠道的多元化，生产、经营、投资的收益成为收入的重要组成部分，且该部分财产所占的比重越来越大，在某些家庭中甚至成为收入的主要来源。由于在某些家庭中，往往是夫妻一方从事生产、经营、投资，另一方并不参与或者参与不多，故对该部分收入的认定存在一定的困难。

第三，知识产权的收益。知识产权是基于创造性智力成果和工商业标记依法产生的权利的统称①。知识产权包括人身权和财产权，人身权具有专属性，作为夫妻共同财产分割的部分仅为知识产权的收益。根据《民法典婚姻家庭司法解释（一）》第24条的规定，《民法典》第1062条第3项规定的"知识产权的收益"，是指婚姻关系存续期间，实际取得或者已经明确可以取得的财产性收益。

第四，继承或者受赠的财产，但《民法典》第1063条第3项规定的除外。夫妻关系存续期间，夫妻双方或者一方继承或者受赠与所得的财产应认定为夫妻共同财产，但是，如果在遗嘱或者赠与合同中确定只归一方的财产，则该财产不属于共同财产，而是夫妻一方的个人财产。

第五，其他应当归共同所有的财产。该条属于概括式的兜底条款，防止对夫妻共同财产列举的不足，有利于人民法院在审理案件时根据案情确定何为其他应归共同所有的财产。根据《民法典婚姻家庭司法解释（一）》第25条规

---

① 刘春田主编：《知识产权教程》，中国人民大学出版社1995年版，第1页。

定，婚姻关系存续期间，下列财产属于《民法典》第1062条规定的“其他应当归共同所有的财产”：（1）一方以个人财产投资取得的收益；（2）男女双方实际取得或者应取得的住房补贴、住房公积金；（3）男女双方实际取得或者应当取得的养老保险金，破产安置补偿费。此外，根据该司法解释第26条的规定，夫妻一方个人财产在婚后产生的收益，除孳息和自然增值外，应认定为夫妻共同财产。这里应当注意：（1）孳息是源权利（法律上称为原物）孳生、衍化的利益，包括自然孳息和法定孳息。（2）自然增值是属于仅有一次投入后，后期没有二次经营和投入，完全靠市场经济变化导致的自然升值。（3）收益，主要是指要有经营或者商业性质上的运作而产生的回报。收益可分为已经取得、已确定必然取得但尚未取得和尚未确定能否取得三种情形。前两种情形的事实发生在夫妻关系存续期间的可以认定为夫妻共同财产。该司法解释第80条规定，离婚时夫妻一方尚未退休、不符合领取养老保险金条件，另一方请求按照夫妻共同财产分割养老保险金的，人民法院不予支持；婚后以夫妻共同财产缴纳基本养老保险费，离婚时一方主张将养老金账户中婚姻关系存续期间个人实际缴付部分及利息作为夫妻共同财产分割的，人民法院应予支持。这说明缴纳养老保险金的财产支出，是否属于共同财产应当根据具体情况来确定。

（二）夫妻个人财产

《民法典》第1063条对夫妻一方的个人财产的规定仍采取列举式和概括式相结合的方式，具体而言，夫妻一方的个人财产包括以下几方面：

第一，一方的婚前财产。一方的婚前财产包括一方婚前所取得的工资、奖金，生产、经营的收益，知识产权的收益及婚前继承或者接受赠与的财产。对该部分财产的认定，以时间为分界点，根据《民法典》的规定，男女双方结婚的时间以登记为准，因此，只要是登记结婚之前个人取得的财产均为一方的婚前财产。

第二，一方因受到人身损害获得的赔偿或者补偿。人身损害获得的赔偿或补偿一般包括医疗费、残疾人生活补助费等费用。医疗费系一方因身体受到伤害而得，应用于其自身治疗、恢复健康所得，该费用系为身体受到伤害一方的个人财产。但是，如果一方身体受到伤害后，已用夫妻共同财产支付医疗费用，后又获得赔偿款的，原已用夫妻共同财产支付部分的医疗费用应属于夫妻共同财产。残疾人生活补助费则是用以弥补残疾一方劳动能力降低损失，该劳动能力降低在离婚之后仍将继续存在，故该笔款项理应属于残疾人一方所有。

第三，遗嘱或者赠与合同中确定只归一方的财产。如果被继承人在遗嘱中明确表示由夫妻一方继承财产，或者赠与人明确表示只赠予夫妻一方财产，则该财产归夫或妻一方所有。根据《民法典婚姻家庭司法解释（一）》第 29 条规定："当事人结婚前，父母为双方购置房屋出资的，该出资应当认定为对自己子女个人的赠与，但父母明确表示赠与双方的除外。当事人结婚后，父母为双方购置房屋出资的，依照约定处理；没有约定或者约定不明确的，按照民法典第一千零六十二条第一款第四项规定的原则处理。"由于当今社会，年轻人仅凭一人之力购房的毕竟为少数，依靠父母资助是常态。父母出资为子女结婚购房往往倾注全部积蓄，一般也不会与子女签署书面协议。该司法解释第 1 款规定，当事人结婚前，父母为双方购置房屋出资的，除父母明确表示赠与双方的除外，应认定为对自己子女的个人赠与。这样的规定比较合情合理，处理兼顾了中国国情与社会常理，符合父母为子女购房的初衷和意愿，有助于纠纷的解决。第 2 款的规定，更侧重于鼓励父母在出资时与小夫妻进行约定，有约定依约定。无约定或约定不明确的，则按照夫妻共同财产处理。通过倒逼父母与小夫妻事前约定，以减少纷争。

第四，一方专用的生活用品。在夫妻关系存续期间，必然用夫妻共同财产购置一些供夫或者妻一方专门的生活用品，如衣服、鞋帽、领带等小额物品，这些物品供一方专用，且一般情况下不能互换使用，故应视为一方个人的财产。

第五，其他应当归一方的财产。该项规定系兜底条款，涵盖一切前几项没有规定，但在司法实践中可能出现的应该归属于一方当事人的财产。

二、夫妻共同财产分割的原则与方式

（一）夫妻共同财产分割的原则

夫妻离婚时，在确定夫妻共同财产之后，必然面临共同财产的具体分割。根据我国婚姻法的相关规定，夫妻共同财产的分割应遵守以下几个原则。

第一，协议优先的原则。我国《民法典》第 1087 条第 1 款规定："离婚时，夫妻的共同财产由双方协议处理；协议不成时，由人民法院根据财产的具体情况，按照照顾子女、女方和无过错方权益的原则判决。"可见，在离婚时，夫妻共同财产的分割应遵循协议优先的原则，只要双方的协议不存在无效情形，应按照双方协议约定进行处理。

第二，男女平等的原则。《民法典》第 1041 条第 2 款规定实行婚姻自由、一夫一妻、男女平等的婚姻制度。该条应是全部婚姻制度的指导思想和原则，离婚财产分割亦不能背离该原则。男女平等原则体现在离婚财产分割制度中就是指夫妻双方有平等地分割共同财产，平等地承担共同债务的义务。

第三，照顾子女、女方和无过错方权益的原则。分割夫妻共同财产时照顾子女、女方和无过错方权益是《民法典》第 1087 条第 1 款的要求，该条规定并不违反男女平等的原则。正如罗尔斯所言，一个正义的社会，应当符合两项原则：一是自由的原则，二是差异的原则。社会的公正应当这样分配：在保证每一个人享受平等自由权利的前提下，强者有义务给予弱者以各种最基本的补偿，使弱者能够像强者一样有机会参与社会的竞争①。正是考虑到一般情形下女方在家庭负担，社会竞争中处于的不利地位，以及无过错方在婚姻生活中所受到的伤害，照顾子女、女方和无过错方权益成为实现实质上平等的必然要求。当然，个案的情形并不完全相同，如果在某一具体案件中，并无照顾女方权益从而实现实质平等的必要，则在该具体案件中，不必机械适用这一原则。

第四，有利生产、方便生活原则。在夫妻财产的分割上，应当照顾到特定财产的使用价值，尽量做到物尽其用，充分发挥财产的经济效益。因此，应当将财产分割给能够最大限度发挥使用财产，发挥财产效益的一方，将生产资料尽量分给有生产能力的人，将生活资料尽量分给有特殊需要的人。

（二）夫妻共同财产分割的方式

在夫妻财产的分割上，一般可以采取以下几种方式：第一，实物分割。如果夫妻共同财产为可分物的，可以实物分割的方式进行分割。第二，作价补偿。夫妻共有财产不可分割，或者分割后财产的经济价值和使用价值明显降低的财产，一方愿意接受财产并给予不愿接受财产一方经济补偿的，可采用作价补偿的方式进行分割。第三，变价分割，夫妻共有财产不能分割，双方又都不愿意接收实物并给予对方经济补偿的，可将夫妻财产变卖后，对取得的金钱进行分割。第四，其他方式。例如，《民法典婚姻家庭司法解释（一）》第 77 条规定，离婚时双方对尚未取得所有权或者尚未取得完全所有权的房屋有争议且协商不成的，人民法院不宜判决房屋所有权的归属，应当根据实际情况判决由当事人使用。当事人就前款规定的房屋取得完全所有权后，有争议的，可以另行向人民法院提起诉讼。

---

① ［美］约翰·罗尔斯：《正义论》，何怀宏等译，中国社会科学出版社 2003 年版，第 362 页。

【拓展适用】

一、婚姻存续期间参加国内外各项比赛所得奖牌及相应奖金的分配

（一）奖牌及相应奖金的性质

很明显，参加国内外的比赛所获得的奖牌及相应奖金具有一定的人身性。但是，夫妻关系存续期间，奖牌和奖金是否必然属于获得奖牌一方的个人财产呢？笔者认为，该问题有待商榷。可以首先确定的前提是，荣誉具有人身性，只能属于获得荣誉的个人或者团体，不能赠予、分配给他人，问题在于，奖牌与相应奖金是否等同于荣誉本身呢？奖牌及相应奖金固然承载了获奖者的荣誉，是获奖者辛勤汗水的结晶，但是，很明显，奖牌与相应奖金仅仅是荣誉的一种载体，而不是荣誉本身。奥运会金牌获得者的荣誉不在于他手中的金牌及奖金，而在于其获得冠军这一客观事实，只要这一客观事实成立，则其荣誉已取得，任何其他人都无法分配与分享，而分享或分配其奖牌或奖金并不会分割或降低其荣誉。况且，在夫妻共同体中，怎知获奖者配偶一方对于获奖一方的获奖就没有付出辛勤的劳动，作出巨大的牺牲呢？综上，笔者认为，在离婚案件中，不能一概而论，简单地将奖牌及奖金作为夫妻一方个人财产处理。

（二）奖牌、奖金的分配

对奖牌、资金进行处理的前提，是必须分清哪类奖牌、奖金是共同财产，而哪些奖牌、奖金只能作为夫妻一方的个人财产。

第一，对于奖金而言，如果某类奖金是奖励给特定主体，具备特定用途的，则该奖金就应属于获奖者的个人财产。例如，为了奖励科研者，鼓励并支持其继续研究而颁发的特定科研奖，该奖金只能用于某些科学研究，则该奖金只能属于获奖者一方，是其个人财产，另一方无权参与分配。在其他情况下所获奖金则应属于夫妻共同财产进行分配，因为奖金系不特定物，具有同质性，单独拿出来不能表现其所承载的荣誉。如在奥运会上取得冠军后获得的奖金，与一般人努力工作，取得的奖金并无实质差异，既然一般人努力工作取得的奖金属于共同财产，则奥运冠军取得的奖金亦应属于共同财产，在离婚分割财产时，可以采取实物分割的方式进行分配。

第二，对于奖牌而言，则具有特殊性。首先，奖牌是荣誉的象征，具有特定的人身性，但同时，奖牌尤其是金牌，也具有相应的经济价值。如果完全认定奖牌属于一方个人财产，则如果夫妻关系存续期间，配偶一方负担了主要家庭支出，而离婚时仅剩下奖牌，无其他共同财产时，配偶一方将得不到任何分配，对于配偶一方似乎并不公平。况且，如前所述，奖牌仅仅是荣誉的载体，

而不是荣誉的本身，获得者完全有可能，而且可以将手中金牌变卖，而不涉及对专属于个人的荣誉的处分，那么此时，变卖奖牌所获得的金钱是否还应当属于获奖者一方的个人财产呢？如果获奖者在婚姻关系存续期间就已将奖牌变卖，则获得的金钱又当如何定性？笔者认为，对于该问题必须根据具体案情予以不同考虑。对于某些主要作为荣誉象征存在的奖牌，如勋章，可以认定为夫妻一方的个人财产，对于主要作为金钱奖励的替代物品而存在的奖牌，则可以作为共同财产看待，但是，考虑到该奖牌承载的荣誉及特定的人身性，应当将奖牌分配给获奖者一方，对于配偶一方则可以在其他财产分配中予以照顾，或由获奖者给予适当补偿。

二、股权的分配

随着人们收入的增加及储蓄观念的改变，投资成为更多家庭选择的财产保值增值方式，从而，股权成为越来越多的家庭财富的表现方式。离婚时，对于股权的分割往往是司法实践中难点之一。

（一）股权分配的实质内容

必须明确的是，作为夫妻共有财产的并非股权本身，而是股权承载的价值利益。股权是指股东因向公司出资而享有的权利。依股权内容的不同，还可以将股权分为自益权与共益权，凡股东以自己的利益为目的而行使的权利是自益权，主要包括发给出资证明或股票的请求权、股份转让过户的请求权、分配股息红利的请求权以及分配公司剩余财产的请求权等；凡股东以自己的利益兼以公司的利益为目的而行使的权利是共益权，包括出席股东会的表决权、任免董事等公司管理人员的请求权等。[①] 可见，无论是自益权还是共益权，均系股东本身享有的权利，对于公司而言，权利的主体即为股东，而不是股东之外的任何人，如果该股权并非夫妻共有，则非股东一方享有的仅仅是股权的价值利益，而不是股权本身。因此，离婚时，作为共同财产分割的也仅仅是股权的价值利益，而不是股权本身。当然，作为分割的方式，则可以将股权转让给配偶一方。

（二）股权价值的具体分配

对于股权价值的分割，根据公司性质的不同而有所不同。

1. 有限责任公司的股权分配

有限责任公司是指由股东共同投资设立，每个股东以其所认缴的出资额为限对公司承担责任，公司以其全部资产对其债务承担责任的企业法人。有限责

① 范健：《商法》，高等教育出版社、北京大学出版社 2000 年版，第 159 页。

任公司具有一定的人合性，且相互依赖关系的人合性特征正是有限责任公司赖以稳定发展的基础。因此，公司资本具备一定的封闭性。有限责任公司的资本只能由全体股东认缴，而不能向社会公开募集股份，不能发行股票，公司发给股东出资证明书，不能在证券市场上流通转让。由于有限责任公司资本的这种封闭性，《公司法》对于有限责任公司的股东向股东以外的其他人转让出资规定了一定的限制条件。因此，在离婚时，涉及有限责任公司股权分割的，除遵守《民法典》相关司法解释的规定外，还必须遵守《公司法》的有关规定。

《公司法》第 71 条规定："有限责任公司的股东之间可以相互转让其全部或者部分股权。股东向股东以外的人转让股权，应当经其他股东过半数同意。股东应就其股权转让事项书面通知其他股东征求同意，其他股东自接到书面通知之日起满三十日未答复的，视为同意转让。其他股东半数以上不同意转让的，不同意的股东应当购买该转让的股权；不购买的，视为同意转让。经股东同意转让的股权，在同等条件下，其他股东有优先购买权。两个以上股东主张行使优先购买权的，协商确定各自的购买比例；协商不成的，按照转让时各自的出资比例行使优先购买权。公司章程对股权转让另有规定的，从其规定。"《公司法司法解释四》第 17 条规定："有限责任公司的股东向股东以外的人转让股权，应就其股权转让事项以书面或者其他能够确认收悉的合理方式通知其他股东征求同意。其他股东半数以上不同意转让，不同意的股东不购买的，人民法院应当认定视为同意转让。经股东同意转让的股权，其他股东主张转让股东应当向其以书面或者其他能够确认收悉的合理方式通知转让股权的同等条件的，人民法院应当予以支持。经股东同意转让的股权，在同等条件下，转让股东以外的其他股东主张优先购买的，人民法院应当予以支持，但转让股东依据本规定第二十条放弃转让的除外。"第 18 条的规定："人民法院在判断是否符合公司法第七十一条第三款及本规定所称的'同等条件'时，应当考虑转让股权的数量、价格、支付方式及期限等因素。"根据以上规定，如配偶一方并非公司股东的，对于股权的分割首先可依公司章程的规定处理，未实际分得股权的一方有权获得相应的价值补偿。如果公司章程没有规定，则要将股权分割给非股东的配偶一方，则必须经过其他股东过半数同意且放弃优先购买权，如果其他股东过半数同意的，此时，配偶一方可直接获得股权，成为公司股东。未经其他股东过半数同意的，不得将股权分割给配偶一方，当然，不同意的股东应当购买该转让的股权，不购买的，则视为同意转让。对此，《民法典婚姻家庭司法解释（一）》第 73 条第 1 款也作了明确规定："人民法院审理离婚案件，涉及分割夫妻共同财产中以一方名义在有限责任公司的出资额，另一方不是该公司股东的，按以下情形分别处理：（一）夫妻双方协商一致将出资额部分或者全部转让给该股东的配偶，其他股东过半数股东同意，并且其他股东均明确表示放弃优先购买权的，该股东的配偶可以成为该公司股东；（二）夫妻双方就出资额转让份额和转让价格等事项协商一致后，其他股东半数以上不同意转让，但愿意以同等条件购买该出资额的，人民法院可以对转让出资所得财产进行分割。其他股东半数以上不同意转让，也不愿意以同等条件购买该出资额的，视为其同意转让，该股东的配偶可以成为该公司股东。”

2. 股份有限公司的股权分配

股份有限公司，是指全部资本分成等额股份，股东以其所持股份为限对公司承担责任，公司以其全部资产对公司债务承担责任的企业法人，股份有限责任公司具有公司组织的资合性、资本募集的公开性、公司资本的股份性等特点，因此，股份有限公司的股权转让相对而言更为自由。根据《公司法》第 138 条、第 139 条、第 140 条第 1 款的规定，股东转让其股份，应当在依法设立的证券交易场所进行或者按照国务院规定的其他方式进行；记名股票，由股东以背书方式或者法律、行政法规规定的其他方式转让；转让后由公司将受让人的姓名或者名称及住所记载于股东名册；无记名股票的转让，由股东将该股票交付给受让人后即发生转让的效力。在离婚时，对作为夫妻共同财产的股份有限公司的股权价值，完全可以采取股权转让、作价补偿、变价分割等方式进行。但是，对此《公司法》也规定了一定的限制。例如，《公司法》第 141 条规定：“发起人持有的本公司股份，自公司成立之日起一年内不得转让。公司公开发行股份前已发行的股份，自公司股票在证券交易所上市交易之日起一年内不得转让”。因此，对于配偶一方作为发起人持有的本公司股份的分割，也应受到该条规定的限制。但在强制执行中应注意，对于人民法院已生效的判决，在执行程序中，则不受上述一年期限的限制。

三、知识产权收益的分配

根据《民法典》第 1062 条第 1 款第 3 项的规定，夫妻在婚姻关系存续期间所得的知识产权的收益，归夫妻共同所有。对此，《民法典婚姻家庭司法解释（一）》第 24 条作了进一步解释，所谓知识产权的收益，是指婚姻关系存续期间，实际取得或者已经明确可以取得的财产性收益。该条规定以财产性收益取得的时间为标准判断该财产性收益是否属于夫妻共同财产，而不论知识产权取得的时间。根据该条规定，只有财产性收益系夫妻关系存续期间实际取得或者已经明确取得，即使该知识产权系夫妻一方婚前创作产生，或者婚前已经取得知识产权，均认定该收益系夫妻共同所有，就此而言，该条规定更有利于保护知识产权人配偶一方。但是，仍存在不足之处：对于夫妻关系存续期间创作或者创造，甚至已取得知识产权，但尚未实际取得或者已经明确可以取得的财产性收益的，离婚后的取得的收益（一般称为期待利益）归属如何并不明确。严格按照该条规定，期待利益不应作为共同财产予以分割，但是，如此一来，则一旦出现离婚可能性时，知识产权人可能通过拖延申报知识产权，或者拖延确定财产性收益的办法来逃避分割该部分财产，这对于在夫妻关系存续期间一直支持知识产权人创作、研究的配偶一方而言亦不公平。

对于知识产权的期待利益是否应属于夫妻共同财产存在争议。有观点认为，在婚姻关系存续期间，夫妻一方就其知识产权尚未与他人订立使用合同，该项知识产权的经济利益只是一种期待利益，知识产权中的获得报酬权也只是期待权，该项财产性权利不能归夫妻共有；如作为知识产权人的夫妻一方已经与他人订立了使用合同，无论知识产权人是否已实际取得了报酬，应属夫妻共同财产之利，归夫妻共有。[①] 也有观点认为，虽然知识产权中的人身权不能由夫妻共同所有，但知识产权的收益即财产权应归夫妻共同所有，在实践中可考虑对婚姻关系存续期间形成的知识产权规定期待权：即离婚后一定时间内，若婚姻关系存续期间的知识产权产生了收益，一方有对所生成的价值分割的请求权。[②]

笔者认为，对于知识产权的期待利益应认定为夫妻共同财产。其主要理由有如下两点：第一，在婚姻关系存续期间，知识产权人的创作与科研离不开配偶一方在生活、精神上的关心与支持，知识产权人取得的成果离不开配偶一方的贡献，因此，只要是知识产权人在婚姻关系存续期间完成的劳动成果，配偶一方理应参与共同分配。第二，如此认定，可以避免知识产权人为达到避免离婚时对知识产权收益进行分割的目的，而拖延申报知识产权，或者拖延确定知识产权人的收益，从而不利于知识产权的迅速转化为经济效益。但是，考虑到知识产权的期待利益到底有多大，需要多长时间才能产生财产性收益难以确定，如果不论经过多长时间，都允许配偶一方要求对财产性收益进行分割，权利将具有极大的不确定性。因此，笔者也认同，只能对离婚后一定时间内实际产生

① 尚晨光：《婚姻法司法解释（二）的理解与适用》，中国法制出版社2004年版，第33页。

② 邱忠献、韩枚：《司法实践中夫妻财产分割的几个问题》，载《人民法院报》2009年11月10日，第6版。

或者明确可以产生的财产性收益认定为夫妻共同财产，如十年，考虑到科研的不断进步，其他人也可能创作同样的或者类似的作品，研究出同样的或者类似的技术，知识产权人一方应当不会拖延十年以上的时间申报知识产权，或者确定知识产权的收益，故如此一来，有利于兼顾知识产权人和配偶一方的利益。

【典型案例】

刘某坤诉郑某秋离婚及财产分割纠纷案

原告：刘某坤

被告：郑某秋

〔基本案情〕

原告刘某坤因与被告郑某秋离婚及财产分割一案，向黑龙江省齐齐哈尔市中级人民法院提起诉讼。

原告刘某坤诉称：原告与被告郑某秋婚后性格不合，彼此对理想、事业、志趣均有所不同，结婚13年始终没有培养和建立起真正的夫妻感情。被告对原告参加一些社会必要活动、残疾身体的治疗，横加干涉。1984年以后，原告克服了常人难以想象的困难，曾在全国首届残疾人运动会上夺取3枚金牌。这些荣誉使被告心理反差增大，进而粗暴地干涉原告参加比赛，将原告打伤住院。原告与被告自1992年5月分居至今，感情确已破裂，请求法院判决离婚，财产依法分割。

被告郑某秋辩称：被告与原告婚姻基础好，在原告失去双腿的时候，是被告主动与其结婚。婚后家务活、带孩子以及原告的生活起居等都由被告承担。原告能在国际国内残疾人运动会上多次获奖牌，是与被告对其支持和照顾分不开的。如果原告实在坚持离婚，但孩子要由被告抚养，原告必须每月给付抚养费150元，房子由被告居住，奖牌17块被告应分一半，奖金29万元，被告要19万元，婚后共同财产依法分割。

齐齐哈尔市中级人民法院经审理查明：原告刘某坤与被告郑某秋在同一单位工作，于1979年初自由恋爱，同年6月10日登记结婚，次年生一男孩郑某。由于双方性格、志趣各不相同，在处理一些家庭事务上互不协商，常因一些琐事吵架，致使夫妻感情逐渐破裂，1992年5月双方分居。1993年1月29日，双方发生口角，在撕打中郑某秋将刘某坤左眼打伤住院治疗，双方关系进一步恶化。1993年2月16日，刘某坤以夫妻感情破裂为由，向本院提起离婚诉讼，经多次调解无效。刘某坤坚持离婚，郑某秋不同意离婚。婚生子郑某，现年14岁，表示愿随母亲刘某坤生活。现住二室一厨楼房为重型机械厂所有。家庭共同财产有：金戒指1枚、金项链1条，各式轮椅（车）3辆，自行车1辆，洗衣机、电冰箱、彩电、游戏机、录音机、录放机各1台，组合家具、角式沙发、3人沙发各1套，单人及双人床各1张，写字台1张，地毯2块，等等。刘某坤参加历次国际国内残疾人运动会获奖牌17块（其中金牌16

块、铜牌1块），获奖金59012元。奖金用于在假肢公司做假肢一副22000元，治病、旅游等项费用38612.83元。

以上事实，有中国残联、国家体委、黑龙江省体委、省残联，齐齐哈尔市体委、市残联，广州市体委及假肢公司出具的材料及有关物品单据证实。

〔一审裁判理由与结果〕

齐齐哈尔市中级人民法院认为：原告刘某坤、被告郑某秋虽结婚多年，并生有一子，但是在共同生活中不能互谅互让，分居达一年之久，夫妻感情确已破裂，且无和好可能。依照《婚姻法》（1980年）第25条之规定，夫妻双方感情确已破裂，调解无效，应准予离婚。婚生子郑某表示愿随母亲刘某坤生活，应尊重子女的意愿。承租的楼房为重型机械厂自管房屋，应由产权单位依照《妇女权益保障法》第44条第3款的规定，按照“照顾女方和子女权益的原则”进行调整。奖牌系刘某坤个人取得的荣誉象征，不应作为夫妻共同财产分割。已查实的奖金59012元，已用于刘某坤做假肢、治病、旅游等，现已无存款。郑某秋所诉刘某坤有奖金29万元，查无实据，不予认定。据此，该院依照《婚姻法》（1980年）第31条关于“离婚时，夫妻的共同财产由双方协议处理；协议不成时，由人民法院根据财产的具体情况，照顾女方和子女权益的原则判决”的规定，于1994年5月6日判决如下：

一、准予原告刘某坤与被告郑某秋离婚；

二、婚生子郑某（14岁）由刘某坤抚养，郑某秋每月承担抚养费60元，至郑某独立生活为止；

三、共同财产：金戒指、金项链、轮椅、洗衣机、吸尘器等物品归刘某坤所有；自行车、组合家具、电冰箱、彩电、录音机等物品归郑某秋所有。原、被告各人衣物归个人所有；

四、奖牌17块归刘某坤所有；

诉讼费50元，刘某坤、郑某秋各负担25元。

〔当事人上诉及答辩意见〕

一审宣判后，被告郑某秋以要求平分婚姻关系存续期间原告刘某坤所获得的奖牌和奖金等为由，向黑龙江省高级人民法院提出上诉。

〔二审裁判理由与结果〕

黑龙江省高级人民法院审理认为，上诉人郑某秋与被上诉人刘某坤夫妻感情确已破裂，经原审法院多次调解无效，判决刘某坤与郑某秋离婚，婚生子郑某由刘某坤抚养是正确的，共同财产分割是合理的。关于刘某坤参加国际、国内残疾人体育比赛所获奖牌、奖金问题，经向国家体委、中国残联调查证实，从1984年国内第一届残运会至1992年残疾人奥运会期间，刘某坤共获奖牌17块、奖金59012元。以上奖牌和奖金，虽然是在夫妻关系存续期间所得，但奖牌系刘某坤作为残疾人运动员的一种荣誉象征，有特定的人身性，不应作为夫妻共同财产予以分割，所得奖金，因已用于支付刘某坤制作假肢、治病等费用，系家庭的共同支出，已无财产可分，郑某秋要求平分，于法无据。综上，一审法院判决事实清楚，适用法律正确。上诉人郑某秋上诉理由不充分，本院不予支持。据此，该院依照《民事诉讼法》（1991年）第153条第1款第1项之规定，于1994年11月21日判决驳回上诉人郑某秋的上诉，维持原判。

规则6：夫妻双方以各自所有的财产作为注册资本登记注册公司，在夫妻关系存续期间，夫或妻名下的公司股份属于夫妻双方共同共有的财产

——彭某静与梁某平、王某山、房地产公司股权转让侵权纠纷案[①]

【裁判规则】

夫妻双方共同出资设立公司，应当以各自所有的财产作为注册资本，并各自承担相应的责任。因此，夫妻双方登记注册公司时应当提交财产分割证明。未进行财产分割的，应当认定为夫妻双方以共同共有财产出资设立公司，在夫妻关系存续期间，夫或妻名下的公司股份属于夫妻双方共同共有的财产，作为共同共有人，夫妻双方对该项财产享有平等的占有、使用、收益和处分的权利。

【规则理解】

由夫或妻在婚姻关系存续期间投资公司而产生的股权，系夫妻共有财产，故夫或妻一方与第三人之间发生股权转让关系，涉及《公司法》与《民法典》的交叉适用。依法设立的有限责任公司，其股东的权利义务应按照公司法及公司章程的相关规定进行调整，所涉股权转让关系，应受《公司法》调整；当公司系夫妻双方出资设立，离婚时所涉财产的处理，应受《民法典》调整。

一、我国《民法典》关于夫妻财产制的规定及其理解

夫妻财产制，是确认和调整有关夫妻婚前财产、特有财产和婚后所得财产的所有、管理、使用、收益、处分以及夫妻债务的清偿、婚姻终止时财产的清算、分割等方面财产关系的法律制度。我国《民法典》第1062条、第1063条、第1065条规定了夫妻财产制。第1062条、第1063条规定了有限的共同财产制

① 《中华人民共和国最高人民法院公报》2009年第5期。

作为法定财产制，即以夫妻在婚姻关系存续期间所得财产共同所有为原则，特定情形下夫或妻所得财产为个人所有，第1065条规定了约定财产制。其中关于婚姻关系存续期间所得财产归属的规定，是夫妻财产制的核心内容。

无论是夫妻共同财产制，还是约定的限定的夫妻共同财产制、分别财产制等，都是财产（权利）在夫妻关系内部的一种分配，并基于此而对债务的承担的一种分配。在婚姻关系中，实行何种财产制，这不仅关系到夫妻一方本人的利益，关系到夫妻共同的利益，更关系到与夫妻发生各种民事交往的第三人的利益。从事民事交易的婚姻当事人一方通过夫妻财产制的规定，可以明确其权利与义务范围，避免配偶他方的不适当干涉，保证交易的顺利进行。而当夫妻以个人或双方的身份从事民事交易活动时，交易相对人有必要了解与自己做交易的对方以何种身份与之做交易，以及以何种性质财产进行交易，以使正在进行或者将来进行的民事交易，不至于因无权处分或交易相对方配偶的干涉而归于无效。

在共同财产制下，夫妻全部共有财产系与夫妻进行交易的第三人债权得以清偿的保障，而如果夫妻约定了分别财产制，则第三人债权受偿的保障可能只是夫或妻一方的财产。为保护善意第三人利益，《民法典》第1065条第3款规定，夫妻对婚姻关系存续期间所得的财产约定归各自所有，夫或妻一方对外所负的债务，相对人知道该约定的，以夫或者妻一方的个人财产清偿。也即，约定分别财产制的婚姻关系当事人只有在将其约定进行了宣示或告知他人后，才能实现以一方财产清偿相应债务的目的，否则，仍将以夫妻共同财产清偿债务。这与现代民商法未经公示不得对抗第三人的基本规则、维护交易安全的基本理念是一致的。

同上论述的精神，如果夫妻双方以各自所有的财产来投资设立公司，但并未就各自的财产明确、分别在登记机关进行登记的，只能视为夫妻双方以共有财产出资设立公司，形成的股权为夫妻共有财产。

二、关于夫妻共同共有股权转让的相关问题

（一）夫或妻一方持有股权权利归属的认定

股权在性质上兼具财产性与身份性。夫或妻一方持有的公司股权，对其权利归属主体的认定，除应适用《民法典》外，还应当适用《公司法》的规定。从《民法典》调整的夫妻之间的平等法律关系的角度来说，公司股权不论是登记在夫或妻谁的名下，该股权财产权益为夫妻共有财产；但从《公司法》调整的股东之间财产关系的角度来说，公司股权归谁持有，持有名义人之外的另一方是否系“股东”则应根据《公司法》的规定来认定。基于有限责任公司的人

合性，除非公司其他股东知晓并同意持有名义人之外的另一方成为公司股东，该另一方并不当然成为公司的股东；再者，商法的“外观主义”原则在公司法中体现之一就是，非经工商机关登记，该另一方也不得以公司内部股东认可为由对抗第三人。因此，仅由夫或妻一方持有的股权，能够依据《民法典》认定为共有财产的只是该股权中的财产权益部分。当然，如果共同共有股权系登记在夫妻双方名下，则是另一种情形。

（二）夫妻共有股权的转让能否适用《民法典》上的家事代理权制度

家事代理权，也称日常家事代理权，是大陆法系中的概念，系配偶权中的重要内容，指夫妻一方在日常家事的范围内，得代理一方与第三人为一定法律行为的权利，其法律后果是，夫妻双方对此行为共同连带地承受权利和义务。从我国1950年、1980年制定的两部《婚姻法》及2001年对1980年《婚姻法》所作的修改来看，涉及家事代理权的内容，体现在对“财产处理”的规定上，归入夫妻财产制的规定之下，十分笼统。最高人民法院在2001年12月25日发布的《婚姻法司法解释一》第17条中指出，婚姻法第17条第2款应当理解为：（1）夫或妻在处理夫妻共同财产上的权利是平等的。因日常生活需要而处理夫妻共同财产的，任何一方均有权决定。（2）夫或妻非因日常生活需要对夫妻共同财产做重要处理决定，夫妻双方应当平等协商，取得一致意见。他人有理由相信其为夫妻双方共同意思表示的，另一方不得以不同意或不知道为由对抗善意第三人。这个解释是当时法律体系中涉及家事代理权内容最为明确的规定，使得司法实践中的很多纠纷在解决时有规则可循。

之后，我国《民法典》首次在立法上规定了日常家事代理制度。《民法典》第1060条规定：“夫妻一方因家庭日常生活需要而实施的民事法律行为，对夫妻双方发生效力，但是夫妻一方与相对人另有约定的除外。夫妻之间对一方可以实施的民事法律行为范围的限制，不得对抗善意相对人。”该规定能够起到维护交易安全的作用，也能保障善意第三人的权益。同时也为夫妻日常共同家庭行为提供了法律保障。笔者认为，家事代理权应紧紧围绕家庭日常生活需要。在认定是否属于家事代理的问题上，可以一般社会生活习惯及夫妻共同生活的状态作参考。同时可将对夫妻家庭生活有重大影响的民事法律行为排除在家事代理权的范围外。如大额家庭财产的处置、高风险的投资行为等。

如上所述，由于家事代理权适用的范围是“日常家事”，即为家庭成员（夫妻及未成年子女）共同的日常生活所通常必需的事务，那么从理论上来说，由于股权转让不属于为日常生活而进行的必要的交易活动，对于夫妻而言，应当属于涉及其财产的重大处理行为，因此这种交易中没有家事代理权的适用空间。也即在这种商事交易中，第三人不能仅因为交易相对人系夫妻关系，就认可夫或妻一方所为的意思表示当然代表另一方的意思，而应当审查交易中是否存在：一方有另一方的授权，或另一方明确由一方代为处理的意思表示，或者其他能判断交易确为另一方同意的合理依据，否则，将不能要求夫或妻对另一方与自己所为的交易行为承担责任，甚至可能面对未参加交易一方提出的确认交易行为无效等诉求。

（三）夫或妻一方转让共有股权行为的效力

在夫妻共同财产制下，夫或妻一方在婚姻关系存续期间出资设立公司、转让股权等行为，都属于对共有财产的重要处理，必须经过夫妻双方同意，才能进行。夫或妻一方在另一方不知情的情况下对共有财产的处置，除符合家事代理权适用范围的情形外，应当视具体情形分别适用民商事法律的其他相关规定进行处理。如果夫或妻一方未经另一方同意以自己的名义转让共有财产，那么，转让人构成无权处分；如果夫或妻一方未经另一方同意以双方名义转让，则构成无权代理。基于保护善意第三人利益、维护交易安全的价值目标，如第三人有理由相信夫或妻一方转让股权为夫妻双方共同意思表示的，一方的处置行为应当视为有权处分、有权代理，以保护该第三人的利益。善意取得、表见代理等都是这种价值权衡的制度安排。《民法典》第 1060 条第 2 款也是以这种理论为基础作出的规定。因此，在第三人有理由相信夫或妻一方与其的交易行为系夫妻双方共同意思表示的，该交易行为依法有效，并且对夫妻双方均具有约束力，夫妻双方对该行为的法律后果承担连带责任。在司法实践中如何认定第三人“有理由”，即善意第三人如何认定，如果另一方对交易行为的进行是明知的，如曾参加过协商、提出过关于交易方式、对价等的建议，或者第三人告知过另一方，该方却未提出异议，或者交易财产对外公示与财产实际权属不一致而第三人对公示合理信赖等情形，应当认定第三人“有理由”相信交易系夫妻双方共同意思表示，其与该夫或妻进行交易是基于善意。

就股权转让的特定情形来说，股权转让行为是公司运营过程中较为常见的一类法律行为，其效力认定必须考虑《公司法》的规定。我国《公司法》规范有限责任公司股权转让的规定主要是第三章第 71 条，该条规定，有限责任公司的股东之间可以相互转让其全部或部分股权，股东向股东以外的人转让股权，应当经其他股东过半数同意；其他股东对转让的股权享有优先购买权。

如果共有股权系登记在夫妻双方名下，夫或妻一方在转让股权时，应当取得另一方的同意，并共同在股权转让协议、股东会决议和公司章程上签名。这也才符合公司法对股东转让股权的形式要求，但基于夫妻之间的特殊关系，如果第三人能证明另一方对股权转让是明知的，应当认定第三人“有理由”相信转让行为系夫妻双方共同意思表示，形式上的瑕疵不应当影响股权转让行为的效力。

如果共有股权系登记在夫或妻一方名下，名义持有人在向第三人转让股权时，第三人可以信赖工商登记的股东，而与其进行交易，而无须再去查明该股权是否系持有人以家庭或夫妻共同财产出资，并征得其他婚姻法上的共有人的同意，否则有悖商法的外观主义原则，对交易效率和交易安全都极为不利。实际上，从《民法典婚姻家庭司法解释（一）》的规定来看，其着眼点亦在保护交易安全。因此，笔者认为，股权仅登记在夫或妻一方名下的，第三人对工商登记的合理信赖，可以认定为第三人相信夫或妻一方有权处分股权的正当理由。在这种情况下，如果没有其他影响股权转让效力的因素，股权转让应当认定为有效。

总之，如夫妻一方的诉讼请求系基于登记在其名下的股权被转让而产生，则其请求权基础并非其对夫妻一方名下股权应享有的共有权。夫妻一方在转让股权时，除以自己的名义外，还以另一方的名义作出了有关法律行为。因此，这种情况下，夫妻一方的行为能否代表另一方涉及一般代理制度下的问题，如是否构成表见代理等，当然，由于其股权的共有属性，这种代理与普通民事主体之间的代理在表现上有所差异。人民法院则根据案件具体事实，认定涉案股权转让系夫妻双方的真实意思表示，有效保护了善意第三人的合法权益。另外，从目前的股权转让纠纷审理的司法实践来看，夫或妻一方在婚姻关系存续期间就登记在另一方名下的股权对外转让后，以未经其同意为由主张转让无效的情形很少。这说明商事交易保护交易安全、促进交易效率的理念已为商事交易主体所认可。

【拓展适用】

一、夫妻公司法律地位的争议

我国《民法典》第 1062 条第 2 款规定：“夫妻对共同财产，有平等的处理权。”夫妻对共同财产依法享有占有、使用、管理、收益和处分权。因此，夫妻以其共有财产设立公司、从事商业活动是法律允许的。但由于我国《公司法》在 2005 年修订以前，不允许设立一人公司，因此在我国原来司法实践中，由未分割的夫妻共同财产设立的夫妻公司，其法人资格常常被法院以夫妻以共同共有财产出资不构成复数的股东，因此不符合《公司法》关于公司股东必须在二人以上的规定为由，予以否认。这种以夫妻、家庭共同财产投资设立的公司被法院视为私营独资企业，并要求股东对该公司债务以家庭共同财产承担无限清偿责任。[①] 在《公司法》修订后，允许设立一人公司，原来理论界和实务界争论夫妻公司法人格的法律基础不再存在，[②] 但在司法实务中，这一问题仍然成为当事人争论的重要问题，只是法院对此主张已经基本一致，即认可夫妻公司的法人格地位。[③]

从理论上来说，只要公司具备独立的财产、意思能力、能够独立承担责任，就可以认定其具有法人资格。所谓公司财产的独立性，是指相对设立公司的股东而言，公司应当具有属于公司的独立财产，即公司财产和股东财产相分离，公司财产由公司享有直接的支配权，股东在将财产投入公司后就丧失对投入财产的所有权，转化为股权，不能再直接支配其投入的财产。我国《公司法》所要求的公司财产独立性主要体现在该法第 3 条："公司是企业法人，有独立的法人财产，享有法人财产权。公司以其全部财产对公司的债务承担责任。"

夫妻在婚姻关系存续期间以其共同共有的财产投资设立公司是否会影响公司财产的独立性？应当说，夫妻财产的共同共有与公司财产的独立性是两种法律制度的内容。只要夫妻双方将财产投入公司后，即受《公司法》的约束，这与一般人将财产投入设立公司是一样的，并不具有特殊性。所以如果出资的财产已经办理财产转移的手续，或者满足了足够的程序要件，则可以认为财产的权属已经转移到公司，公司拥有物权法上的所有权，形成了公司的独立财产。因此，公司财产的独立性应当不因股东的夫妻身份而受到影响。

事实上，一直以来有关夫妻公司法律地位最大的争议在于其股东人数的认定，在现行法律制度认可一人公司后，不论是认为夫妻公司的股东应当认定为一人或二人，确认夫妻出资设立公司的独立法人格都不再存在法律障碍。笔者所要讨论的是，具有夫妻身份关系的两人出资设立的公司是两名股东的普通有限责任公司还是公司法作出特殊规制的一人公司？由于公司法对一人公司与普通有限公司的要求不同，这种性质争论有很强的实践意义，即对司法实践中相

---

① 参见中华人民共和国最高人民法院民事审判庭编：《民事审判指导与参考》（2000 年第 4 卷），法律出版社 2000 年版，第 315~318 页。

② 关于原《公司法》下探讨夫妻公司法律人格的论断，参见蒋大兴：《公司法律报告（一）》，中信出版社 2003 年版，第 98 页。

③ 如在本案中，房地产公司的法人资格问题也是当事人争论的焦点之一。

关纠纷的处理有相当的指导作用。

有学者认为应属于有两个股东的普通公司，夫妻并非独立的法律主体，而是表明某些单个的自然人之间依法结合成配偶关系的特定联系，按照我国民事立法的规定，“夫妻共同财产制”即民法中的共同共有关系，共同共有并不意味着法律主体的单一，恰恰相反，共同二字本来即表明主体有两个以上。[①] 也有人认为，《公司法》中对公司股东个数的要求，实际上是对不同财产所有权的要求，如果出资财产上只有一个所有权，那么就只能认定为一个股东，只能适用一人公司的规定。因此如果是夫妻以共同共有的财产出资设立公司，由于财产上只有一个所有权，该权利在夫妻关系存续期间不能分割，所以，此种情形下的夫妻公司应当认定为一人公司。[②] 这两种观点都有一定的道理。前者强调夫妻公司股东人数形式上的多数性，也与公司法的“外观主义”原则相一致，从《公司法》的角度来说，股东人数的认定是以登记机关登记的人数为准，除非在登记中作出明确声明，第三人信赖登记作出的判断应当被认定是合理的；后者强调夫妻公司实质上的特殊性及夫妻共同财产制的影响，认为夫妻是一个集合整体，互相之间并不构成股东关系，使夫妻公司受到公司法一人公司的特殊规制。

从理论逻辑上来说，夫妻以共有财产设立公司的，认定该公司实质上为一人公司的理由更充分。从夫妻共有财产的角度来说，我国夫妻财产以共同共有为一般原则，即使夫妻双方实行约定的分别财产制，如果该约定不为第三人知晓，亦不能对抗第三人。那么夫妻出资设立公司，除形式上股东有两人外，与一个主体单独出资设立公司没有不同；而在婚姻关系存续期间，共同共有财产一般不得在夫妻之间进行分割，不能份额化，那么夫妻之间实际上无法划分股权比例，如果强行要求夫妻之间划分股权比例，只有两种结果，一是仅作名义上的分割，二是夫妻之间被迫实行约定的分别财产制并通过适当的方式公示，前一种情形在夫妻之间没有实际的法律意义，仅是符合了形式要求，后一种情形则违背了夫妻财产制度的意思自治的原则。从公司内部治理结构的角度来说，股东之间具有夫妻特殊关系，将使公司实质上无法适用有关多元化股东之间的权利制约与平衡的机制，此时，如认定这种夫妻公司为一人公司，更符合立法

---

① 蒋大兴：《公司法律报告（一）》，中信出版社 2003 年版，第 289 页。

② 王盟：《夫妻公司的法律地位和股份共有相关法律问题》，载民商法律网，http：//www. civillaw. com. cn/Article/default. asp? id=35977，2023 年 8 月 11 日访问。

精神。

但在我国现行法律规定下，要直接确认夫妻公司的一人公司地位，有一定的难度。夫妻共同投资设立公司的行为属于商事行为，对公司设立及行为后果主要应适用《公司法》的规定。而《公司法》对设立公司的股东的身份、出资来源等没有要求，且明确规定“只有一个自然人股东或者一个法人股东”的有限责任公司为一人公司，而不是以“所有权”个数来确定公司股东人数。夫妻作为一个整体在现行法律上无法归入“自然人”或“法人”作为一人股东。① 另外，实践中，夫妻共同出资设立公司的情况很多，大多自行对股权做了分割，并且在争议时涉及不在其名下的那部分股权的情形很少，对第三人而言，在不将夫妻公司认定为一人公司的情况下，如果夫妻公司确实存在夫妻财产与公司财产的混同，也可以适用《公司法》第 20 条第 3 款的规定，否定特定情形下的公司人格，由夫妻共同财产清偿债务，那么第三人利益也不会因夫妻公司未遵守关于一人公司的特殊要求而受到损害。再者，约定分别财产制的夫妻分别以各自的财产出资设立公司并以适当方式公示时，夫妻公司的普通有限责任公司性质是没有争议的。

二、家事代理权的相关问题

（一）家事代理权性质及法律特征

家事代理权是基于婚姻的缔结而产生的，其在不同的夫妻财产制度下，都有生存空间，发挥作用的机制基本近似，是婚姻身份效力的一种体现，其系夫妻具备配偶身份，依法律的特别规定取得，非因法定情由不受限制和剥夺，所以应是一种法定代理权，其法律特征体现在：（1）基于特殊的身份关系即夫妻身份而产生；（2）夫或妻一方与第三人为交易行为时无须向第三人明示；（3）代理范围具有法定性，为日常家事范围；（4）代理行为所产生的责任由夫妻二人连带承担，权利由夫妻二人共享。

家事代理与普通代理存在很大的区别：第一，家事代理适用的主体具有特定性，系在婚姻关系中的夫妻双方；普通代理适用的主体具有不特定性，为所有民事主体。第二，家事代理中，夫或妻一方以自己的名义与第三人为法律行

---

① 有人认为，可以将夫妻看作类似于合伙的独立经济形式，视为自然人主体。如我国台湾地区 2001 年 11 月修改的“公司法”规定，一人有限责任公司的股东包括所有民事主体，而不仅仅限于一个自然人和一个法人。参见王盟：《夫妻公司的法律地位和股份共有相关法律问题》，载民商法律网，http：//www.civillaw.com.cn/Article/default.asp？id=35977，2011 年 9 月 24 日访问。

为，合同主体为该行为人与第三人，但该行为后果由夫妻双方承担共同连带责任；普通代理中，代理人以被代理人的名义与第三人为法律行为，合同主体为被代理人与第三人，行为后果由被代理人承担，在通常情况下代理人不必与被代理人共同承担连带责任。第三，家事代理中，夫或妻一方能代理的事项范围为“日常家事”，范围广，具有不确定性，其授权具有法定性，非因法定情由不受限制和剥夺；普通代理中，代理人的代理事项、权限由被代理人通过约定确定，被代理人可以随时予以限制或变更。第四，最本质的不同在于，家事代理权强调夫妻一方处分行为的有权性，承担责任时的连带性，其目的在于保护善意第三人的利益，保护交易安全；普通代理的制度设置主要源于代理人是被代理人进行民事交易活动的“手臂之延长”，目的在于保障被代理人的利益，维护交易的简便与快捷。

（二）之前法律涉及家事代理权制度的规定及其局限

我国《婚姻法》没有对家事代理权作出明确规定，但经济生活中的家事代理行为是客观存在的，并且有许多模糊地带，涉及夫或妻的财产所有权等权利与善意第三人权利的衡量。为了统一司法实践中此类纠纷的裁判标准，《婚姻法司法解释一》第 17 条作了涉及家事代理权制度的规定。该条规定：“婚姻法第十七条关于‘夫妻对夫妻共同所有的财产，有平等的处理权’的规定，应当理解为：（一）夫或妻在处理夫妻共同财产上的权利是平等的。因日常生活需要而处理夫妻共同财产的，任何一方均有权决定。（二）夫或妻非因日常生活需要对夫妻共同财产做重要处理决定，夫妻双方应当平等协商，取得一致意见。他人有理由相信其为夫妻双方共同意思表示的，另一方不得以不同意或不知道为由对抗善意第三人。”但由于《婚姻法司法解释一》中的上述规定是在《婚姻法》对家事代理权制度没有明确规定的情形下应实践的需要而作出的。从该条规定来看，其系统性、完备性存在以下局限：第一，系从夫妻共同财产平等处理权角度出发，其适用范围局限于夫妻共同财产，而如前述，不同夫妻财产制的选择对家事代理权的适用不应产生影响；第二，没有明确因日常生活的处理与非因日常生活的重要处理之间的界限，更谈不上界定日常家事与重大家事的内涵，也没有作出任何列举；第三，没有涉及家事代理权的行使与限制；第四，没有涉及夫或妻一方超越家事代理权范围与第三人为交易行为的法律后果。

《民法典》第 1060 条对家事代理进行了明确规定：“夫妻一方因家庭日常生活需要而实施的民事法律行为，对夫妻双方发生效力，但是夫妻一方与相对人另有约定的除外。夫妻之间对一方可以实施的民事法律行为范围的限制，不得对抗善意相对人。”人民法院在司法实践中遇到夫或妻一方处分财产或涉及其他家事代理行为的纠纷，应当根据案件的具体情况，并依据《民法典》的有关规定，遵照诚实信用、公平等基本民商事法律原则的要求来作出处理。我国《民法典》第1060条在首次立法上规定了家事代理制度。弥补了之前《婚姻法》的空白。

（三）“日常家事”范围的界定

“日常家事”的外延决定了夫妻之间能够相互代理家事的范围，因此这是确定家事代理权内涵时应当界定的核心内容。对此，各国立法的表述存在着一定的差异，如《法国民法典》强调日常家事为家庭日常生活与子女教育；《德国民法典》强调日常家事是能使家庭的生活需求得到满足的事务；日本民法则没有在立法上明确日常事务的范围；我国《婚姻法》也没有明确“日常家事”的范围，但《民法典》第1060条第1款规定了“夫妻一方因家庭日常生活需要而实施的民事法律行为，对夫妻双方发生法律效力，但夫妻一方与相对人另有约定的除外”，由此可推断“日常家事”当理解为“满足家庭日常生活需要有关的事务”。在理论认识上，一般认为，“日常家事”即夫妻双方及其未成年子女日常共同生活所必需的事项，进一步的界定则往往是通过列举的方式来阐述。[①] 这与“日常家事”外延广泛、难以就其作出确切的概括有关。因此，期待立法者对“日常家事”的范畴作出确切的界定是不现实的，[②] 人民法院在具体个案的处理中，可以以一般社会生活习惯及夫妻共同生活的状态，以及从价值高低、是否必备、事项性质等方面予以综合判断。

（四）行使家事代理权的限制

强调日常家事处理中夫妻责任的连带性，其价值目标主要在于保护善意第三人的利益，维护交易安全。这种价值考量是以夫妻两人之间的特殊关系为前提的，即具有夫妻关系的两个主体比该两主体与第三人之间的关系更为密切，夫妻之间利益具有更大的同一性。但在实践中，确实存在配偶一方利用家事代理权来达到减损另一方利益的情形。因此，在各国民法上，一般都设有夫妻一方在滥用日常家事代理权时，另一方可对此加以限制的权利。但这一限制能否对抗第三人，则应根据不同的情况而定。例如，《德国民法典》第1357条第2

---

① 史尚宽：《亲属法论》，中国政法大学出版社2000年版，第284页。

② 如法国民法典虽然有何为“日常家事”的相关规定，但案件审理中对日常家事的判断仍主要是由法官完成的。参见《法国民法典》（上册），罗结珍译，法律出版社2005年版，第207~210页。

款规定："婚姻一方可以限制或排除婚姻另一方处理其效力及于自己的事务的权利；如果此种限制或排除无充分理由，则经申请，由监护法院撤销之。此种限制或排除仅依照本法第 1412 条的规定相对于第三人有效。"《瑞士民法典》规定："妻对于家务，滥用法律上赋予的代表权或被证明无行使该权利的能力时，夫可全部或部分地剥夺其代表权。妻被剥夺代表权，并经主管官厅公告该权利被剥夺后，始有对抗善意第三人的效力。"《日本民法典》第 761 条也有类似规定。从上述规定内蕴精神可知，家事代理权属于夫妻关系信赖的一种表现，当出现有违这种信赖关系的情势时，他方有权利限制这种家事代理权，但基于保护善意第三人的需要，可以以是否登记或为第三人所知来区分情形，规定是否适用连带责任。[①]

【典型案例】

彭某静与梁某平、王某山、房地产公司股权转让侵权纠纷案

上诉人（原审原告）：彭某静

被上诉人（原审被告）：梁某平

被上诉人（原审被告）：王某山

被上诉人（原审被告）：房地产公司

法定代表人：王某山，该公司执行董事

〔基本案情〕

河北省高级人民法院审理查明：2005 年 11 月 7 日，彭某静和梁某平作为甲方，与作为乙方的王某山和王军师签订了一份合同书，就转让房地产公司股权及其相关事宜达成协议。其中：1. 公司经营项目状况：1.1 房地产公司于 2005 年 1 月 27 日成立。注册资金 800 万元。梁某平和彭某静分别出资 640 万元和 160 万元，各自持有 80%和 20%。1.2 2005 年 2 月 5 日，经河北陆军预备役步兵师（以下简称预备役师）通过土地有偿转让竞价销售的形式转让其在高庄营区的土地，由房地产公司中标；同年 3 月 8 日房地产公司与预备役师签订《军用土地转让合同》；同年 3 月 8 日某部门以（2005）后营字第 568 号"关于河北陆军预备役步兵师转让部分土地事项"的批复，同意预备役师将位于河北省鹿泉市获鹿镇高庄村，京冀字第 2819、2766、2767 号三个坐落的 277014.3 平方米土地（拆除房屋 38232 平方米）转让给房地产公司。目前转让手续正在办理之中，房地产公司已经向"某部门土地管理局"、"北京军区联勤部"以及"预备役师"缴纳土地转让费及定金共计 864.03 万元，仍尚需再

① 转引自曹险峰：《论家事代理权的内涵》，载民商法律网，http://www.civillaw.com.cn/article/default.asp? id=47323，2011 年 9 月 26 日访问。

支付 2043. 24 万元的土地转让费，并负责处理承租（住）户清退等遗留问题。2. 股权价值及股权份额：2. 1 甲方梁某平、彭某静为该项目的取得投入了大量的人力和财力。经甲乙双方协商同意，房地产公司原股东梁某平、彭某静股权价值被认定为 6120 万元（含前期支付给部队的土地转让费及定金 864. 03 万元和尚需再支付预备役师 2043. 24 万元土地转让费），并将该股权价值转让给乙方王某山和王军师。2. 2 6120 万元的股权总价值中梁某平持有 80%的股份，股权价值为 4896 万元，彭某静持有 20%的股份，股权价值 1224 万元。3. 股权转让：3. 1 合同签订后，20 日内甲方梁某平及乙方王某山开始履行 80%股权转让手续（王某山暂不出股权转让金，按 7. 1 条约定的条款支付），甲方协助乙方王某山进行房地产公司的工商登记变更，费用由乙方王某山承担。变更后的房地产公司法定代表人为王某山。同时甲方梁某平按双方认可的交接清单内容，将房地产公司所有账目、报表、印章、中标通知书等有关资料交乙方王某山处理。3. 2 当乙方支付本合同 7. 1 条中所指债款最后一笔欠款时，甲方彭某静与乙方王军师进行房地产公司 20%的股权转让手续。甲方彭某静协助乙方王军师进行房地产公司的工商登记变更，费用由乙方王军师承担。3. 3 本合同签订后，双方严格执行，如有违约，违约方除应赔偿守约方的直接损失外，另处 200 万元的罚金。4. 剩余土地转让费支付：4. 1 合同签订后 20 日内，乙方以房地产公司的名义支付预备役师土地转让费 1500 万元（包括前期已打入预备役师指定账户的 200 万元），乙方支付此款之日起合同生效。剩余 543. 24 万元由乙方王某山代表房地产公司直接与预备役师协商。4. 2 因剩余土地转让费支付问题，致使《军用土地转让合同》无法履行时，乙方向甲方支付违约金 3000 万元，由雅虹公司、隆基公司承担连带保证责任。5. 未付股权转让金变债权的确立：甲方梁某平、彭某静股权价值折合人民币 6120 万元，甲方梁某平将其持有的房地产公司的 80%股权转让给乙方王某山，其转让金折合人民币为 4896 万元（含应支付给预备役师 2043. 24 万元土地转让费），剩余欠款 2900. 76 万元由王某山按合同 7. 1 条约定期限以负债的方式支付给甲方梁某平；甲方彭某静将持有的房地产公司的 20%的股权转让给乙方王军师，其转让金折合人民币为 1224 万元，由王军师按本合同 7. 1 条的约定期限以负债方式支付给甲方彭某静。6. 其他费用：房地产公司在清理本项目土地上出租（住）户过程中，所发生的清偿费用 188. 5 万元由变更后的房地产公司承担，超出部分由甲乙双方协商解决。7. 债权债务的处理：7. 1 土地使用权证变更至变更后的房地产公司名下后，10 日内乙方王某山向甲方梁某平支付 1000 万元的债款，其余 3076. 76 万元（含欠甲方彭某静的 1224 万元），乙方在支付给甲方 1000 万元后每三个月支付 1000 万元，最后一笔为 1076. 76 万元，于 2006 年 12 月 30 日前结清。13. 本合同自甲乙双方四人、房地产公司签字后生效，各保证人盖章后保证合同生效。梁某平、王某山、房地产公司、石家庄市远大市政工程有限公司（以下简称远大公司）、雅虹公司、隆基公司签字、盖章。彭某静、王军师没有在合同书上签字。庭审中，彭某静对该证据的真实性予以认可，但不认可该合同书的内容，认为其合同主体不合格，意思表示不真实，梁某平没有当然的代理权代表彭某静，王某山也没有书面证据证明彭某静参与了股权转让过程。

2005 年 11 月 8 日，房地产公司召开股东会，通过了变更股东和转让出资额的决议，决定由原股东梁某平出让其 80%的股权给新股东王某山，其他股东放弃优先购买权。决议上有梁某平、彭某静、王某山三人签字和手印。庭审调查中，各方对该证据的真实性没有异议。彭某静不认可其签字和手印，认为系王某山和梁某平伪造。梁某平承认彭某静的签字和手印是其代签和代按的。

2005 年 11 月 23 日，彭某静、梁某平、王某山三人通过了房地产公司章程修正案，将房地产公司住所地由石家庄市建设北大街××号修正为石家庄市红旗大街××号；将公司股东姓名由梁某平和彭某静修正为王某山和彭某静。修正案有梁某平、彭某静、王某山三人签字和手印。庭审调查中，各方对该证据的真实性没有异议。彭某静不认可其签字和手印，认为系王某山和梁某平伪造。梁某平承认修正案上彭某静的签字和手印是其代签和代按的。

股权转让合同签订后，2005 年 11 月 23 日，双方变更了公司工商登记，将原股东梁某平变更为王某山，占公司 80%的股权，彭某静仍持有公司 20%的股权。王某山先后向梁某平夫妇二人支付了股权转让款 4944 万元。其中，以房地产公司的名义在 2005 年 9 月 28 日、9 月 29 日、12 月 1 日分三次向预备役师支付土地转让金 2043.24 万元，向梁某平夫妇二人支付股权转让金 2900.76 万元（含 2005 年 9 月 30 日彭某静借款 10 万元），合计 4944 万元。庭审中，彭某静对付款收据的真实性没有异议，但认为在所有履行股权转让合同的书面证据中，除 2005 年 9 月 30 日，彭某静借款 10 万元的单据上有彭某静的签字外，再没有其他签字，王某山没有证据证明彭某静接收了股权转让款，所以股权转让款与本案无关。彭某静只是借款 10 万元，但借款单不是股权转让合同，与股权转让款无关。梁某平对于股权转让款 4944 万元及付款收据的真实性没有异议。但认为款项的流动完全是由自己支配的，与他人无关。并且承认彭某静在最初参与了股权转让的协商，但后来由于存在分歧就中止了谈判。最后的股权转让合同是在彭某静不知情的情况下签订的，合同的履行及款项往来均由其一人经手。

2005 年 11 月 9 日，彭某静与梁某平在原房地产公司住所地新注册成立了河北海岸房地产开发有限公司（以下简称海岸公司），注册资金 800 万元，彭某静占公司的 20%股份，梁某平占公司的 80%股份，彭某静任执行董事，是该公司的法定代表人。

王某山为证明彭某静对股权转让一事明知，向法庭提供了两位证人，中间人尹某宗以及隆基公司的会计郄某娜。其中，中间人尹某宗系某市发改委行政项目管理中心的副主任，梁某平是通过他介绍认识的王某山，并且参与了房地产公司股权转让的整个过程。证人郄某娜是隆基公司的财务人员，参与了前期付款及房地产公司财务交接过程。庭审中，证人尹某宗陈述：“参加的人员有梁与彭及其律师，还有王及其律师。关于合同的起草是由一个姓赵的律师作的，双方都满意，在此框架下双方又进行了谈判修改，后拟定了合同。双方在王某山的办公室签字。签字后，王某山提出要求看部队批的原件，因为谈判过程中梁某平带的都是复印件，因此彭某静带着我们到部队看的原件，看过原件后双方按合同约定往下继续履行，办理了过户，王某山付款第一次 10 万元，第二次 200 万元，后面付款情况就不清楚了。办完一年后，彭某静、梁某平夫妇二人又找我，彭某静要求在原合同基础上再要 10 亩地建房子，双方对此不愉快，彭某静、梁某平一块到我办公室，我给他们两个做工作，让双方都让让步。但后来诉讼的事就不清楚了。”证人郗某娜陈述：“2005 年 9 月 28 日，我受王总委托与梁某平到桥东支行交支票，给部队 100 万元，9 月 29 日我到银行交了另外一张支票给部队，金额是 100 万元。这 200 万元分别从雅虹公司和隆基公司汇出。雅虹公司与隆基公司当时的法定代表人都是王某山。我向梁某平要收据，他让我向部队要收据。我去要时部队放假了，所以到第二次付款时一块开的，后来在 12 月 1 日第二次付款时把原款项的收据给补上了，我让他分两次开的。9 月 30 日，王总要我拿 10 万元到他办公室，当时彭某静和梁某平都在场，彭某静接了 10 万元并打了欠条。2006 年 1 月 14 日，我和公司其他两位同事到房地产公司交接财务账目。当时账目上有问题，房地产公司的会计打电话请示，称呼对方为彭总，出纳也说没有彭某静的同意不能出存根联。”

对于两位证人的证言，彭某静认为证人尹某宗在一开始就声称自己“记忆力不好、记不准”，几乎每一句话都有“好像”这种模糊的词汇，因此尹某宗不具备证人资格。证人郗某娜系王某山任股东和董事长的公司财务人员，与被告王某山有利害关系，故两位证人的证言不能作为证据使用。梁某平认为证人尹某宗的证言与被告王某山的说法不一致，不应采信。证人郗某娜的证言是孤证，法院也不应采信。

彭某静于 2007 年 3 月 23 日提起诉讼，请求：（1）确认梁某平与王某山签订的股权转让合同书及其附件中有关将彭某静在房地产公司的 20%的股权以 1224 万元人民币转让给他人的约定侵犯了其合法权益，对其没有法律约束力。（2）确认梁某平与王某山签订的股权转让合同书及其附件中有关将梁某平在房地产公司的 80%的股权以 4896 万元人民币转让给王某山的约定侵犯了彭某静的优先购买权等合法权益，属无效约定。并判令梁某平、王某山、房地产公司采取办理公司变更登记等必要手续，将王某山受让的梁某平在房地产公司的 80%股权过户至彭某静，保障彭某静依法实现优先购买权，确保其股权价值不受损害。（3）由梁某平、王某山、房地产公司承担全部诉讼费用。

〔一审裁判理由与结果〕

河北省高级人民法院审理认为：双方争议的重点在于：（1）房地产公司是否具备法人人格；（2）作为房地产公司的股东，梁某平是否有权代理彭某静订立股权转让合同、股东会决议、公司章程修正案，该股权转让合同书对彭某静是否具有约束力。(3) 股权转让合同书的效力。

关于房地产公司法人人格的认定问题。通过庭审调查可知，梁某平与彭某静系夫妻关系，夫妻二人将共同共有财产中的一部分作为其各自在有限责任公司的出资，注册成立了房地产公司。对此王某山认为彭某静、梁某平夫妇二人没有将夫妻共同共有财产进行分割，虽然登记的股东为两人，实质是一个集合整体，夫妻之间不构成真正意义上的《公司法》上的股东关系，主张房地产公司法人人格应予否定。需要明确的是，我国《公司法》对股东之间并没有身份上的限制，夫妻双方共同投资设立有限责任公司并不违反法律禁止性规定。而国家工商行政管理局①公布的《公司登记管理若干问题的规定》② 第23条又规定："家庭成员共同出资设立有限责任公司，必须以各自拥有的财产作为注册资本，并各自承担相应的责任，登记时需要提交财产分割的书面证明或者协议。"因此，夫妻可以共同出资设立有限责任公司。实际上，以未分割的夫妻共同共有财产出资设立公司并不必然构成对公司法人财产独立性的损害，只是设立公司的需要，满足的是登记部门的要求。其在工商登记中显示的投资比例并不是对夫妻共同共有财产作出的改变和分割，也并不能当然地将工商登记中载明的投资比例简单地等同于夫妻之间的财产约定。所以彭某静和梁某平用未分割的夫妻共同共有财产出资成立房地产公司，符合公司法的规定，房地产公司具备独立法人人格。王某山的主张不能成立，该院不予采信。

关于梁某平是否有权代理彭某静的问题。由于彭某静与梁某平均否认存在授权委托的事实，也无其他直接证据证明双方存在代理关系。但本案的特殊之处在于，彭某静与梁某平系夫妻关系，而房地产公司又是由其夫妇二人开办的，这种特殊的、特定的身份关系导致房地产公司的内部治理不同于一般的有限责任公司。梁某平、彭某静夫妇二人的关系相对于第三人而言是非常密切的，无论对家庭事务还是对其个人事务，但是仅凭这一层特殊关系来径行认定梁某平必然具有代理权是不够的，尤其在处理非日常性事务时。《婚姻法司法解释一》第17条第2款规定："夫或妻非因日常生活需要对夫妻共同财产做重要处理决定，夫妻双方应当平等协商，取得一致意见。他人有理由相信其为夫妻双方共同意思表示的，另一方不得以不同意或不知道为由对抗善意第三人。"由上可知，梁某平代彭某静签字订立的股权转让协议是否对彭某静产生拘束力，关键在于王某山是否有理由相信这一处分家庭共同共有财产的行为，属于夫妻双方共同意思的表示，同时王某山是否属于善意，即王某山作为相对人，当时是否明确知道梁某平的行为属于无权代理的行为。

原审法院认为，梁某平有权代理彭某静签订股东会决议、公司章程修正案、股

① 【典型案例】部分出现的国家机关名称均为案件裁判当时情况，下文对此不再提示。

② 此文件已于2006年6月23日被废止。

权转让合同，有权处分彭某静持有的房地产公司20%的股权。理由如下：

1. 彭某静与梁某平夫妻二人为向预备役师缴纳土地出让金，由中间人尹某宗介绍认识了王某山，双方在中间人尹某宗的撮合下开始洽商股权转让事宜。这一事实表明彭某静对股权转让之事不是不知情，相反对于转让股权之事积极参与，转让股权正是夫妻二人的真实意思表示。

2. 王某山在签订协议前就以房地产公司的名义向预备役师支付土地出让金200万元，用实际行动表示了其接收股权的诚意。而梁某平与王某山签订了房地产公司股权转让协议后，收取了后续的股权转让款。在已经存在夫妻二人共同协商准备将股权转让给王某山的前提下，足以使人相信梁某平这一处分公司全部股权的行为，正是彭某静、梁某平夫妻二人共同意思表示的体现，是梁某平代表夫妻双方处分共同共有财产的行为而非梁某平个人的擅自行为。需要说明的是，王某山与房地产公司之间并无其他业务往来，王某山是在中间人尹某宗的介绍下认识的梁某平，王某山向梁某平支付股权转让款，履行的是股权转让合同，而非其他。

3. 彭某静从起诉至今，没有向法庭举证证明王某山在股权转让过程中是非善意的，仅主张其不知股权转让之事，没有在股权转让合同书上签字。梁某平在庭审中陈述洽商过程中彭某静曾因意见分歧而中止股权转让谈判，是其未告知彭某静而私下转让，但没有举证证明自己的主张。而王某山对其夫妻二人的陈述不予认可。相反，王某山提供的证人尹某宗在法庭上陈述说，股权转让合同签订后，彭某静曾带王某山和他专程到预备役师核对过出让土地的相关手续的原件，并且在合同履行一年后，彭某静、梁某平夫妇二人曾到其办公室要求其给王某山做工作，再给10亩地自己盖房使用。虽然彭某静和梁某平对证人尹某宗的证言予以否认，虽然证人尹某宗在陈述时一再声明“时间久远，可能会记不清楚”“不是自己的事”，但不能否认的是，作为中间人，尹某宗的陈述是客观的、真实的。即彭某静对股权转让一事是明知的，其夫妇二人转让房地产公司的意思表示是一致的、真实的。王某山提供的一系列证据证明自己有理由相信梁某平有权代理彭某静在股权转让合同书上签字，而彭某静以不知道为由否认股权转让事实违背常理，梁某平仅在法庭上陈述彭某静曾中途停止谈判，股权不再转让，但不能举证证明自己曾通知王某山和中间人尹某宗中止谈判，所以彭某静与梁某平的陈述不能成立。

4. 彭某静主张王某山未尽审查义务，应在股权转让合同书签订后，向其催告追认。但诉讼后，彭某静与梁某平分别致函给王某山，均催促其办理土地过户手续。彭某静更是将王某山称为“房地产公司的控股股东”。这一事实表明彭某静自己对房地产公司股权转让不仅是明知的，而且对梁某平代其签字的行为进行了事后追认，认可了股权转让合同书。

5. 股权转让合同书第4.1条约定：“合同签订后20日内，乙方（王某山）以房地产公司的名义支付预备役师土地转让费1500万元（包括前期已打入预备役师指定账户的200万元)，乙方支付此款之日起合同生效。”这一条款的约定，对于要求优先购买权的彭某静来讲具有同等条件，但彭某静在当时的条件下不可能有能力支付此款，所以其要求优先购买权的理由不能成立。

综合上述事实及理由，梁某平转让房地产公司股权的行为虽然在程序上存在瑕疵，即没有彭某静的签字手续，但对于善意的第三人王某山，不具备约束力。梁某平的处置行为构成表见代理，推定其有权代彭某静在股东会决议、公司章程修正案、股权转让合同书签字，处置公司股权。彭某静主张王某山侵犯其优先购买权和异议权的理由不能成立，该院不予采信。

退一步讲，即便梁某平无权代理彭某静在股权转让合同书、股东会议决议、公司章程修正案上签字转让股权，但王某山已举证证明自己为善意第三人，有足够的理由相信被告梁某平有代理权，而且王某山已向梁某平支付了4944万元的股权转让款，有偿支付了对价，变更了房地产公司的股东手续。《最高人民法院关于贯彻执行〈中华人民共和国民法通则〉若干问题意见》第89条规定：“在共同共有关系存续期间，部分共有人擅自处分共有财产的，一般认定无效。但第三人善意、有偿取得该财产的，应当维护第三人的合法权益，对其他共有人的损失，由擅自处分共有财产的人赔偿。”也就是说，即便梁某平无权处分共同共有财产，从公平的角度出发，为保护交易安全，也应当保护王某山的合法权益。至于梁某平的行为由此给彭某静造成的损失，应另行要求梁某平赔偿。更何况房地产公司是彭某静、梁某平夫妇二人以共同共有财产注册成立的，夫妻二人对共有财产，不是按比例共有，更不是分别所有，而是共同共有。依照法律规定，夫妻作为共同共有人，对共有财产享有平等的占有、使用、处分、收益权。梁某平已经收取的王某山支付的房地产公司的股权转让款，属于梁某平、彭某静夫妻共同共有财产范围。所以彭某静的主张不能成立，该院不予采信。

关于股权转让合同书效力的问题。股权转让合同书第13条约定：本合同自甲乙双方四人、房地产公司签字后生效，各保证人盖章后保证合同生效。彭某静依此主张合同书未满足约定的生效要件和有效成立的法定条件，不应受法律保护。但实际上，该股权转让合同书约定了两个生效条款，除上述条款外，合同书第4.1条还约定了：“合同签订后20日内，乙方（王某山）以房地产公司的名义支付预备役师土地转让费1500万元（包括前期已打入预备役师指定账户的200万元)，乙方支付此款之日起合同生效。”在这两个条款中，合同书第4.1条的约定相对于整个合同书是实质性的附条件的合同生效条款，即合同签订后的20日内，王某山必须以房地产公司的名义向预备役师支付土地转让费1500万元，一旦王某山支付此款，则股权转让合同书生效。事实上，王某山也确实在签订合同书后的20日内向预备役师支付了土地转让款，实现了合同书约定的生效要件。而且在合同书订立之前，王某山已先行以房地产公司的名义向预备役师支付土地转让款200万元，已经实际履行了合同的主要义务。彭某静、梁某平对此是明知的，并且没有提出任何异议欣然接受。依照《合同法》第37条的规定，采用合同书形式订立合同，在签字或盖章之前，当事人一方已经履行了主要义务，对方接受的，该合同成立。股权转让合同书第13条的约定，相对于整个合同书来讲仅是一个形式要件，彭某静、王军师也确实未在合同书上签字，合同书存在形式上的瑕疵。但梁某平已在合同书上签字，王某山也已经履行了主要的合同义务，而且是善意的。而梁某平作为彭某静的丈夫，有权代表原告彭某静在股权转让合同书、股东会议决议、公司章程修正案上签字。因此合同书生效并实际履行。至于彭某静诉称股权转让合同书内容违法，理由是梁某平和王某山恶意串通，侵犯了其优先购买权、法定的股权转让权，为无效合同。但在庭审中，彭某静并没有提供证据证明王某山与梁某平恶意串通，又基于前述理由，梁某平的行为不存在侵权，构成表见代理，所以股权转让合同书是双方当事人真实意思表示，内容不违反法律法规，为有效约定。彭某静的请求缺乏事实及法律依据，该院不予支持。

彭某静所诉的是股权转让纠纷，股权转让主体是房地产公司的股东，而非房地产公司。并且在股权转让过程中，房地产公司不存在侵害彭某静的事实，彭某静也没有证据证明房地产公司在股权转让过程中存在任何的过错。所以彭某静的此项请求没有任何事实及法律依据，该院不予支持。

原审法院依据《民事诉讼法》第128条、第138条，《合同法》第37条、第45条第1款，《婚姻法司法解释一》第17条第2款，《最高人民法院关于贯彻执行〈中华人民共和国民法通则〉若干问题意见》第89条的规定，判决驳回彭某静的诉讼请求；案件受理费316010元，保全费5000元由彭某静负担。

〔当事人上诉及答辩意见〕

彭某静不服原审法院的上述民事判决，向最高人民法院提起上诉称：（1）一审法院违反了《最高人民法院关于民事诉讼证据的若干规定》第79条、第64条的规定，一审判决书既没有明确采纳了哪些证据，更没有阐明是否采纳证据的理由。王某山为证明彭某静对股权转让一事明知，向法庭提供了两位证人，中间人尹某宗的陈述不是没有其他证据予以印证就是与其他证据相冲突。证人郗某娜系王某山任股东和董事长的公司财务人员，与王某山有利害关系。一审判决书采信了证言，但是没有阐明任何理由。（2）一审判决书查明的事实或者没有任何有效证据予以支持，或者与有效证据能够证明的事实完全相悖。2005年11月7日，彭某静和梁某平作为甲方，与作为乙方的王某山、王军师签订了一份合同书，就转让房地产公司股权及其相关事宜达成协议。这份合同书只有梁某平与王某山签字，彭某静与王军师均未签字。一审认定，合同书订立之前，王某山已先行以房地产公司的名义向预备役师支付土地转让款200万元，已经实际履行了合同的主要义务，王某山先后向梁某平夫妇二人支付了股权转让款4944万元，但是彭某静从未知道王某山支付股权转让款及其数额的事实。(3) 一审判决书中在法律适用方面的错误。①本案的一个关键的问题是：王某山是否属于善意第三人，应当证明其有理由相信转让股权是彭某静与梁某平夫妻双方的共同意思表示，一审法院将这一举证责任倒置于彭某静，没有法律依据。②在提起诉讼后，彭某静曾致函给王某山，催促其办理土地过户手续。在函件中，彭某静将王某山称为“房地产公司的控股股东”。一审法院依据这份函件的表述来认定：彭某静自己对房地产公司股权转让不仅是明知的，而且对被告梁某平代其签字的行为进行了事后追认，认可了股权转让合同书。一审法院以此函件认定没有依据。③一审法院无视彭某静和王军师均未签署合同书、彭某静的股权被侵犯的事实，认为“彭某静在当时的条件下不可能有能力支付此款，所以其要求优先购买权的理由不能成立”的结论，没有事实和法律依据。④关于股权转让合同书效力，一审判决书认为，股权转让合同书第 13 条、第 4.1 条都约定了合同生效条件，既然该合同书有两个条款涉及合同的生效，根据《公司法》原理，股权转让须以书面合同为之。基于合同及《合同法》原理，当事人签字或者盖章是合同成立的必备要件，合同的生效须以合同的成立为前提。因此，即使合同书第 4.1 条的约定相对于整个合同书是实质性的附条件的合同生效条款，也须以合同书成立为前提。换言之，如果涉案的股权转让合同尚未满足第 13 条约定的有效成立要件，何谈依第 4.1 条生效。因此，一审法院仅仅依第 4.1 条认定王某山支付款项合同即生效，而置第 13 条于不顾，违背了《合同法》的基本原理。综上所述，一审法院在证据审核、采纳及阐明理由方面，在事实认定方面，在法律适用方面，都存在严重的违法之处。请求裁定撤销一审判决并在查清事实后依法改判。

梁某平答辩称：(1) “股权转让协议书”上彭某静的签字及手印，确非彭某静本人所出，是其与王某山共同伪造，签字时梁某平、王某山还有尹某宗在场，彭某静和王军师都没有到场，彭某静对此协议内容并不知情。(2) “股东会决议”上彭某静的签字也是虚假的，当时就在王某山处，彭某静并没有到场，由梁某平当着王某山、尹某宗的面签的字，按的手印，签字内容和手印不是彭某静的，三人都知道。(3) 办理工商登记，主要是尹某宗出面办理的，一系列文件上的签字、手印都是三人商量着伪造的，王某山对此非常清楚。(4) 彭某静开始是参与了谈判，但后来她不同意转让，就退出了，她也不同意梁某平再与王某山谈转让的事，梁某平口上答应，但实际上却与王某山一起办理了转让事宜，整个过程彭某静并不知情。(5) 彭某静在股权转让之前，向王某山借了 10 万元钱，上面彭某静的签字是真实的，此 10 万元与股东转让无关，是个人借款。欠条上彭某静的签字与协议上的签字完全不同，王某山对此明知。(6) 在三人私下办理股权转让期间，彭某静因有孕在身，所以一直在家休养，并没有参与任何一个公司的经营管理，对于转让款的支付事宜，并不知情，等知道的时候，事情已经结束，知道后很生气，后来起诉了。(7) 尹某宗全程参与了转让协议、股东会决议、工商变更登记等文件签字伪造过程，尹某宗还是王某山公司聘请的总经理，其作证的内容是虚假的，不真实。综上，梁某平确实对不住彭某静，股权转让过程她确不知情，伪造签字也主要是听了王某山的意见，梁某平和王某山都不是善意第三人，请法院公正判决。

王某山答辩称：（1）一审判决对彭某静和王某山提交的全部证据均是根据《最高人民法院关于民事诉讼证据的若干规定》的要求进行审核认定的。本案中转让房地产公司股权的《合同书》对彭某静是否具有法律约束力等问题，仅从单一的证据无法认定，只能依据彭某静提交的5份证据和王某山提交的22份证据以及梁某平、房地产公司的陈述综合起来才能对本案作出正确的裁判。一审判决正是根据各方当事人的陈述和提交的证据、经过质证，针对证据的不同形式综合进行了审查判断，对证据是否采纳及其理由已经明确地表述在“审理查明”和“本院认为”中。因此彭某静诉称的“一审判决书既没有明确采纳了哪些证据，更没有阐明是否采纳证据的理由”不能成立。（2）一审判决认定了“彭某静、王军师没有在合同上签字”的事实；结合彭某静提供的5份证据和王某山提供的22份证据以及梁某平的陈述得出的结论为：“股权转让合同书是双方当事人的真实意思表示，内容不违反法律法规，为有效约定。”一审判决认定在《合同书》订立之前，彭某静明知王某山已先行以房地产公司的名义向预备役师支付土地转让款200万元而其并未提出任何异议，王某山已经实际履行了合同的主要义务。王某山向彭某静、梁某平夫妇支付4944万元的转让款彭某静是明知的。彭某静、梁某平夫妇的另外两个夫妻共同共有的公司远大公司、海岸公司收取了王某山后续股权转让款2890.76万元。远大公司、海岸公司收取王某山巨额股权转让费，彭某静当然应当知道股权转让的事实。（3）关于一审判决适用法律的问题。关于彭某静提出的王某山应对其是否善意承担举证责任问题。王某山在一审法院规定的举证期限内提供了22份证据，且它们之间形成了完整的证据链条，足以证明王某山在该次股权转让过程中是善意的第三人。根据“谁主张，谁举证”的原则，如果彭某静主张王某山是恶意的，她应当对王某山是恶意予以举证，但彭某静却至今也未提供王某山在受让房地产公司的股权时具有恶意的任何证据。关于彭某静的优先购买权问题。房地产公司的全部股权属于彭某静、梁某平夫妇共同共有，这是彭某静和王某山均认可的事实，根据我国民事法律的规定，在共有关系存续期间共同共有人不享有分出或转让权、分割请求权和优先购买权等，彭某静主张她的丈夫梁某平转让其夫妻共同共有的房地产公司的股权时享有优先购买权是没有依据的。关于梁某平代理权问题。一审判决在假设梁某平无权代理彭某静在股权转让合同书、股东会议决议、公司章程修正案上签字转让股权的同时，认为王某山已证明自己的善意和有理由相信梁某平有代理权，从而认定应保护王某山的合法权益。关于股权转让《合同书》成立、生效问题。一审判决是根据王某山已按照《合同书》的约定履行了合同主要义务的事实，依据《合同法》第37条的规定认定彭某静虽未在《合同书》上签字，《合同书》也已依法成立；根据王某山已按

《合同书》第4.1条约定的生效条件履行了“以房地产公司名义向预备役步兵师支付土地转让费1500万元”的义务，认定该《合同书》已生效是正确的。

房地产公司答辩称：（1）彭某静将房地产公司作为本案的被上诉人没有事实依据和法律依据，一审判决驳回其对房地产公司的诉讼请求是正确的。彭某静起诉的是股权转让侵权纠纷，本案中转让人是彭某静、梁某平夫妇，受让人为王某山、王军师，而非房地产公司。房地产公司根据转让双方签订的股权转让协议等法律文件，依法办理股权变更登记的行为不存在侵犯彭某静权利的事实，没有过错，因此彭某静对房地产公司提起侵权诉讼毫无法律根据，一审判决驳回其对答辩人诉讼请求是正确的。（2）彭某静、梁某平夫妇将房地产公司的全部股权转让给王某山是双方的真实意思表示，其转让行为合法有效，应受到法律保护。一审判决确认2005年11月7日股权转让《合同书》合法有效，对彭某静有法律约束力是正确的。（3）彭某静申请一审法院查封房地产公司的土地没有任何依据，且已给房地产公司的开发经营带来了巨大的经济损失，二审法院应当尽快予以解封；房地产公司还将依法追究彭某静因此给房地产公司造成的损失。（4）房地产公司同意王某山的所有答辩意见。

〔二审查明的事实〕

最高人民法院经审理认定一审查明的事实。

〔二审裁判理由与结果〕

最高人民法院经审理认为，本案股权转让合同的内容和形式并不违反法律法规的强制性规定，股权转让已经实际履行，并办理了公司变更登记手续，应当认定股权转让合同合法有效。彭某静主张其未在股权转让合同上签名，股权转让合同无效。本案涉及的股权转让合同书第13条约定：本合同自甲乙双方四人、房地产公司签字后生效，各保证人盖章后保证合同生效。彭某静主张合同书未满足约定的生效要件和有效成立的法定条件，不应受法律保护。但是，该股权转让合同书约定了两个生效条款，除上述条款外，合同书第4.1条还约定了：“合同签订后20日内，乙方（王某山）以房地产公司的名义支付预备役师土地转让费1500万元（包括前期已打入预备役师指定账户的200万元），乙方支付此款之日起合同生效。”在这两个条款中，合同书第4.1条的约定是附条件的合同生效条款，王某山实际履行了合同。股权转让合同的条件成就，该合同有效成立。因此股权转让合同生效并实际履行。彭某静未在股权转让合同上签名，只是股东在办理股份转让和公司变更手续方面存在瑕疵，而这一瑕疵并未影响股权转让合同的实际履行。彭某静对此明知，且并未提出异议，因此，股权转让的瑕疵不影响股权转让合同的效力。

关于梁某平代彭某静订立股权转让合同、签署股东会决议、公司章程修正案的效力问题。本案彭某静与梁某平系夫妻关系，房地产公司是其夫妻二人共同开办的，丈夫梁某平占80%的股份，妻子彭某静占20%的股份。夫妻二人共同出资设立公司，应当以各自所有的财产作为注册资本，并各自承担相应的责任。因此，夫妻二人登记注册公司时应当提交财产分割证明。但是，本案当事人夫妻二人在设立公司时并未进行财产分割，应当认定是以夫妻共同共有财产出资设立公司。彭某静和梁某平用夫妻共同共有财产出资成立公司，在夫妻关系存续期间，丈夫或者妻子的公司股份是双方共同共有的财产，夫妻作为共同共有人，对共有财产享有平等的占有、使用、收益和处分的权利。根据《婚姻法司法解释一》第 17 条第 2 项规定："夫或妻非因日常生活需要对夫妻共同财产做重要处理决定，夫妻双方应当平等协商，取得一致意见。他人有理由相信其为夫妻双方共同意思表示的，另一方不得以不同意或不知道为由对抗善意第三人。"彭某静与梁某平转让房地产公司股权的行为属于对夫妻共同财产做重要处理，二人均应在股权转让合同、股东会决议、公司章程修正案上签名。但是，对于梁某平代彭某静订约、签名的效力问题应当综合本案事实，根据彭某静对于股权转让是否明知、王某山是否为善意等因素予以分析认定。本案查明的事实是，彭某静与梁某平夫妻二人由中间人尹某宗介绍认识了王某山，共同协商股权转让事宜；王某山在签订股权转让协议前，通过上诉人夫妇提供的部队账户，以房地产公司的名义向预备役师支付土地出让金 200 万元；在签订股权转让协议时，夫妇共同开办的远大公司提供保证；在股权转让协议签订后，向夫妇共同开办的远大公司和海岸公司交付股权转让款；王某山持有彭某静的身份证复印件，办理股权变更的工商登记；王某山持有房地产公司的全部证照、印章、资料原件，房地产公司的住所地进行变更；王某山已经支付了 4944 万元的股权转让款，变更了房地产公司的股东手续，股权转让合同履行后实际控制了房地产公司。上述事实证明彭某静参与股权转让的签订和履行，转让股权是夫妻二人的真实意思表示。王某山有理由相信梁某平能够代表妻子彭某静签订股权转让合同、股东会决议、公司章程修正案。梁某平陈述彭某静曾中途停止谈判，股权不再转让。但是，彭某静不能举证证明其是否通知王某山终止股权转让。彭某静知道股权转让的事实，并未提出异议和阻止其丈夫梁某平转让其股份，应当视为同意转让，梁某平代彭某静订约、签名转让股权，对于彭某静有约束力。彭某静上诉主张股权转让合同的当事人梁某平和王某山恶意串通，侵犯了其优先购买权，但是，彭某静并没有提供证据证明王某山与梁某平恶意串通构成侵权的事实。因此，彭某静以其没有在股权转让合同、股东会决议上签名，请求确认转让合同无效，梁某平和王某山恶意串通侵犯其优先购买权，没有事实和法律依据，其上诉理由不能成立，不予支持。

综上所述，一审法院认定事实清楚，证据充分，适用法律正确。彭某静的上诉主张和理由，没有事实根据和法律依据，上诉理由不能成立，不予支持。根据《民事诉讼法》第 153 条第 1 款第 1 项之规定，判决：驳回上诉，维持原判。

规则7：婚姻当事人以离婚为前提对财产的处理，因婚姻关系未解除，已变更权利人的财产仍属于夫妻婚姻存续期间的共同财产

——莫某飞诉李某兴离婚纠纷案[①]

【裁判规则】

婚姻当事人之间为离婚达成的协议是一种要式协议，即双方当事人达成离婚合意，并在协议上签名才能使离婚协议生效。双方当事人对财产的处理是以达成离婚为前提，虽然已经履行了财产权利的变更手续，但因离婚的前提条件不成立而没有生效，已经变更权利人的财产仍属于夫妻婚姻存续期间的共同财产。

【规则理解】

离婚是夫妻双方生存期间依照法定的条件和程序解除婚姻关系的法律行为。根据我国《民法典》的规定，离婚的方式有两类，协议离婚与诉讼离婚。[②]

一、协议离婚

协议离婚又称双方自愿离婚，是指夫妻双方自愿离异，并就离婚的法律后果达成协议，经过有关部门认可即可解除婚姻关系。[③] 我国《民法典》第1076条规定："夫妻双方自愿离婚的，应当签订书面离婚协议，并亲自到婚姻登记机关申请离婚登记。离婚协议应当载明双方自愿离婚的意思表示和对子女抚养、财产以及债务处理等事项协商一致的意见。"第1077条规定："自婚姻登记机关收到离婚登记申请之日起三十日内，任何一方不愿意离婚的，可以向婚姻登记机关撤回离婚登记申请。前款规定期限届满后三十日内，双方应当亲自到婚姻登记机关申请发给离婚证；未申请的，视为撤回离婚登记申请。"第1078条规定："婚姻登记机关查明双方确实是自愿离婚，并已经对子女抚养、财产以及债务处理等事项协商一致的，予以登记，发给离婚证。"以上是我国《民法典》关于协议离婚的规定。与原《婚姻法》相比，增加了离婚冷静期的规定。在原《婚姻法》中，只要双方自愿离婚，到婚姻登记机关申请离婚，符合离婚条件的，可当场办理离登记并发放离婚证。这在一定程度上给"冲动"离婚创

---

① 《中华人民共和国最高人民法院公报》2011年第12期。

② 杨大文主编：《婚姻家庭法》，中国人民大学出版社2000年版，第155页。

③ 杨大文主编：《婚姻家庭法》，中国人民大学出版社2000年版，第166页。

造了机会。而离婚冷静期的规定考虑到当下高离婚率的实际情况，有利于维护家庭稳定。

（一）协议离婚的条件

协议离婚必须符合下列条件：第一，双方必须是合法夫妻关系。离婚是以合法的婚姻关系存续为前提，故必须是具备合法的夫妻身份的双方当事人才可协议离婚。无效婚姻、同居关系均不存在“离婚”问题。第二，双方必须具备完全的民事行为能力。协议离婚不适用于双方或一方为无民事行为能力人或限制民事行为能力人。无民事行为能力人或限制民事行为能力人的离婚必须经过诉讼程序。第三，夫妻双方必须具备离婚的合意。《民法典》第 1076 条第 1 款规定：“夫妻双方自愿离婚的，应当签订书面离婚协议，并亲自到婚姻登记机关申请离婚登记。”事实上，协议离婚的实质即为自愿离婚，如果双方当事人没有离婚的合意，也就不存在协议离婚。第四，双方当事人对子女的抚养、财产及债务处理等事项协商一致的。《民法典》第 1078 条规定：“婚姻登记机关查明双方确实是自愿离婚，并已经对子女抚养、财产以及债务处理等事项协商一致的，予以登记，发给离婚证。”

（二）协议离婚的程序

协议离婚系要式行为，根据我国《民法典》及《民政部关于贯彻落实〈中华人民共和国民法典〉中有关婚姻登记规定的通知》的规定，离婚必须经过以下程序：

第一，申请。夫妻双方自愿离婚的，应当签订书面离婚协议，亲自到其中一方户口所在地的婚姻登记机关申请离婚登记。并提供以下证件和证明材料：（1）内地婚姻登记机关或者中国驻外使（领）馆颁发的结婚证；（2）符合《婚姻登记工作规范》第 29 条至第 35 条规定的有效身份证件；（3）在婚姻登记机关现场填写的《离婚登记申请书》。

第二，受理。婚姻登记机关根据《婚姻登记工作规范》有关规定对当事人提交的上述材料进行审查，符合受理条件的，发给《离婚登记受理回执单》。不符合离婚登记受理条件的，不予受理。

第三，冷静期。《民法典》新增离婚冷静期规则。《民法典》第 1077 条规定：“自婚姻登记机关收到离婚登记申请之日起三十日内，任何一方不愿意离婚的，可以向离婚登记机关撤回离婚登记申请。前款规定期限届满后三十日内，双方应当亲自到婚姻登记机关申请发给离婚证；未申请的，视为撤回离婚登记申请”。

第四，审查。对离婚登记当事人出具的证件、证明材料进行审查并询问相关情况。如双方当事人对于离婚以及子女抚养、财产及债务处理等事项是否协商一致等。对不符合离婚登记条件的，不予办理。

第五，登记（发证）。对符合离婚登记条件的，予以登记，发给离婚证。

二、诉讼离婚

诉讼离婚是指夫妻双方对待离婚或离婚后子女扶养或财产分割等问题不能达成协议，由一方向人民法院提起诉讼，经人民法院审理，调解或判决的一种离婚制度。[①]《民法典》第1079条第1款规定："夫妻一方要求离婚的，可以由有关组织进行调解或者直接向人民法院提出离婚诉讼。"

（一）诉讼离婚的条件

《民法典》第1079条第2款规定："人民法院审理离婚案件，应当进行调解；如果感情确已破裂，调解无效的，应当准予离婚"。《民法典》规定了应准予离婚的法定情形，主要包括：重婚或者与他人同居；实施家庭暴力或者虐待、遗弃家庭成员的；有赌博、吸毒等恶习屡教不改；因感情不和分居满二年；一方被宣告失踪，另一方提出离婚诉讼的；经人民法院判决不准离婚后，双方分居满一年，一方再次提起离婚诉讼的。此外，《民法典婚姻家庭司法解释（一）》第63条还规定："人民法院审理离婚案件，符合民法典第一千零七十九条第三款规定'应当准予离婚'情形的，不应当因当事人有过错而判决不准离婚。"可见，人民法院判决离婚的条件为："感情确已破裂"，至于何为"感情确已破裂"，参照最高人民法院有关司法解释的规定，并根据审判实践经验，导致夫妻感情破裂的情形，主要包括：（1）婚前缺乏了解，草率结婚，婚后未建立起夫妻感情，难以共同生活的。（2）双方办理结婚登记后，未同居生活，无和好可能的。（3）一方与他人通奸、非法同居，经教育仍无悔改表现，无过错一方起诉离婚，或者过错方起诉离婚，对方不同意离婚，经批评教育，处分，或在人民法院判决不准离婚后，过错方又起诉离婚，确无和好可能的。（4）一方被依法判处长期徒刑，或其违法、犯罪行为严重伤害夫妻感情的。（5）一方下落不明满2年，对方起诉离婚，经公告查找确无下落的。（6）其他难以维持夫妻共同生活的情形。例如，双方性格不合、志趣不投，难以继续共同生活等。客观情况并非一样，人民法院在办理案件时应根据案件的具体情况而定。

---

① 杨大文主编：《婚姻家庭法》，中国人民大学出版社2000年版，第171页。

（二）诉讼离婚的程序

《民法典》第 1079 条第 2 款规定："人民法院审理离婚案件，应当进行调解；如果感情确已破裂，调解无效的，应当准予离婚。"可见，诉讼离婚必须经过两个阶段：调解和判决。(1) 调解。调解是指双方当事人在人民法院的组织下，对其离婚诉讼进行协商处理。在离婚案件中，调解是必经程序。调解的结果可能有三种：调解和好，原告撤诉；双方当事人达成离婚协议，人民法院根据调解协议的内容制作调解书；调解不成，由法院判决。(2) 判决。如果双方当事人调解不成，人民法院可以作出判决。判决的结果则可能是驳回原告的离婚请求，或者支持其离婚请求。

三、婚姻存续期间夫妻财产归属与物权公示方式

关于夫妻间的财产归属问题，可以适用《民法典》及相关司法解释的规定予以确定，但同时，《民法典》对于财产的归属及变动规定了一定的公示方式。那么夫妻间的财产归属是否必须符合《民法典》规定的公示形式呢？

（一）《民法典》及其司法解释关于夫妻财产的规定

根据我国《民法典》第 1065 条第 1 款的规定，夫妻可以采用书面形式约定婚姻关系存续期间所得的财产以及婚前财产归各自所有、共同所有或部分各自所有、部分共同所有。没有约定或约定不明确的，则采取法定夫妻财产制。

具体而言，根据《民法典》及相关司法解释的规定，法定夫妻财产制下，夫妻在婚姻关系存续期间所得的下列财产，归夫妻共同所有：(1) 工资、奖金、劳务报酬；(2) 生产、经营、投资的收益；(3) 知识产权的收益；(4) 继承或者受赠的财产，但遗嘱或者赠与合同中确定只归夫或妻一方的财产除外；(5) 其他应当归共同所有的财产：①一方以个人财产投资取得的收益；②男女双方实际取得或者应当取得的住房补贴、住房公积金；③男女双方实际取得或者应当取得的基本养老金，破产安置补偿费。同时，《民法典》第 1063 条也明确规定下列财产归夫妻一方所有：(1) 一方的婚前财产，包括一方婚前所取得的工资、奖金，生产、经营的收益，知识产权的收益及婚前继承或者接受赠与的财产。(2) 一方因受到人身损害获得的赔偿或者补偿。(3) 遗嘱或者赠与合同中确定只归一方的财产。(4) 一方专用的生活用品。(5) 其他应当归一方的财产。

根据以上规定，在夫妻没有另行约定或约定不明确的情况下，《民法典》对于夫妻共同财产及个人财产作了直接的规定，并未规定以上财产的归属必须采取相应的物权公示方式。此外，《民法典》也认可夫妻可以采用书面形式约

定婚姻关系存续期间所得的财产以及婚前财产归各自所有、共同所有或部分各自所有、部分共同所有，但同样没有规定以上财产的归属或者变动必须采取相应的物权变方式。

（二）《民法典》关于财产归属及变动公示形式的规定

所谓物权公示，是指物权在设立、变动时，必须将物权设立、变动的事实通过一定公开的形式向社会公开，从而使第三人知道。[①] 物权的公示方法必须要由法律明确规定，而不能由当事人随意设定。我国《民法典》第209条规定："不动产物权的设立、变更、转让和消灭，经依法登记，发生效力；未经登记，不发生效力，但是法律另有规定的除外。依法属于国家所有的自然资源，所有权可以不登记"；第224条规定："动产物权的设立和转让，自交付时发生效力，但是法律另有规定的除外。"那么，夫妻间财产的归属是否需要按照《民法典》规定的方式予以公示呢？例如，夫妻一方继承的房产，是否需要去登记部门将房产登记在夫妻双方名下才是夫妻共同财产，夫妻婚后约定婚前一方房产共同所有，是否需要进行变更登记等，笔者在后文中予以讨论。

（三）婚姻存续期间夫妻财产的归属

笔者认为，夫妻共同财产的取得基于法律的规定与夫妻身份关系的确立，因此，关于夫妻财产的归属应当属于《民法典》第209条、第224条规定的"法律另有规定的除外"的情形。根据《民法典》规定的方式登记在夫妻双方或一方名下的不动产，在夫妻另有约定的情况下，应直接视为夫妻共同财产，无须另行登记；由夫妻双方共同或者一方占有的动产，在夫妻另有约定的情况下，也应视为夫妻共同财产。以上是夫妻财产归属的内部效力。

关于夫妻财产归属的外部效力，即如果夫妻共同财产仅登记在一方名下，而该方擅自处分该项财产，并且通过登记或者交付转移财产所有权的，第三人能否取得该项财产，则有待商榷。解决该问题的关键在于如何认定第三人的善意。如果认为第三人有义务对登记在出卖人名下的财产或者由出卖人直接占有的财产是否属于夫妻共同财产进行查明，如果第三人未对此进行查明则不能认为第三人善意，在此情况下，第三人不能依善意取得制度取得财产；如果认为第三人仅依不动产登记或动产占有的公示方式即可相信出卖人为有权处分人，则第三人即可依公示公信原则取得财产。对此，《民法典婚姻家庭司法解释（一）》第28条规定："一方未经另一方同意出售夫妻共同所有的房屋，第三

---

① 王利明：《物权法论》，中国政法大学出版社2003年版，第91页。

人善意购买、支付合理对价并已办理不动产登记，另一方主张追回该房屋的，人民法院不予支持。夫妻一方擅自处分共同所有的房屋造成另一方损失，离婚时另一方请求赔偿损失的，人民法院应予支持。”依照该条规定，应当可以认定第三人并无义务主动查明登记在夫妻一方名下的房产是否属于夫妻共同财产。夫妻共同财产仅登记在一方名下，而该方擅自处分该项财产，并且通过登记或者交付转移财产所有权的，第三人是善意的，可以认定其取得该项财产所有权。

四、以离婚为前提的财产处理协议的效力

离婚使夫妻之间因婚姻所发生的身份上、财产上的一切权利义务关系随之消灭，并产生子女的抚养教育、夫妻共同财产的分割、共同债务的清偿、一方对他方的经济帮助、离婚损害赔偿等问题的处理。夫妻之间的身份关系因离婚而解除，基于夫妻身份而产生的夫妻间的人身关系也随之消灭。这是离婚最为直接的法律后果。男女因结婚而创设夫妻身份关系，在经济生活中，亦要形成共同生活所必要的财产关系。无论是实行法定财产制或者约定财产制，夫妻间的财产关系因离婚而终止，进而发生夫妻财产的清算、共同财产的分割、共同债务的清偿、经济帮助的给付以及补偿请求权等财产处理问题。《民法典》第1087条第1款规定：“离婚时，夫妻的共同财产由双方协议处理；协议不成的，由人民法院根据财产的具体情况，按照照顾子女、女方和无过错方权益的原则判决。”离婚时，对于夫妻共同财产的分割，应当由夫妻双方协商解决。协商解决，是承认和尊重共有人的财产共有权的必然结果，体现了财产分割的私法属性，也是意思自治原则的具体体现。协议分割，便于财产的归属尽快落实，并利于婚姻纠纷的彻底解决。因此，只要夫妻共同财产分割协议是双方真实的意思表示，内容合法并未损害子女的利益，即应予以承认。

夫妻双方在离婚时，其中一方可能因为希望尽快离婚，或者希望友好分手，从而对财产问题作出一定的让步，但是，双方达成离婚协议后，并不一定就会依照离婚协议的约定离婚，而当事人是否依照约定离婚，应直接影响到双方对财产处理约定的效力。因此，当事人以离婚为前提的财产处理协议的效力可区分以下几种情况进行认定：

第一，双方达成离婚协议后，去登记机关登记离婚。如前文所述，离婚协议是一种要式协议，是婚姻当事人以离婚为目的的协议，是双方当事人达成离婚合意，婚姻当事人双方均在协议上签名才能使离婚协议生效。离婚协议生效并不意味着双方的婚姻关系就已解除，还必须按相关的法定程序，去登记机关办理登记手续，由登记机关发给离婚证，至此，双方解除婚姻关系。如果双方达成离婚协议后，去登记机关登记离婚，经登记机关审核登记离婚，此时，双方离婚协议生效，并且，其中关于财产分割、债务分担的约定也应生效，当事人应当按照协议的约定履行义务。如果双方关于财产的约定有其他法律规定的无效或可撤销的情形，则虽然双方离婚有效，但关于财产的约定也可能无效或者可以依法撤销。对此，《民法典婚姻家庭司法解释（一）》第 70 条还规定："夫妻双方协议离婚后就财产分割问题反悔，请求撤销财产分割协议的，人民法院应当受理。人民法院审理后，未发现订立财产分割协议时存在欺诈、胁迫等情形的，应当依法驳回当事人的诉讼请求。"

第二，双方达成离婚协议后放弃离婚。双方虽然达成离婚协议，但双方自愿放弃离婚导致双方婚姻关系未解除，由于双方当事人对财产的处理是以达成离婚为前提，虽然已经履行了财产权利的变更手续，而因离婚的前提条件不成立却没有生效，即离婚协议没有产生法律效力，双方的婚姻关系没有解除，即使已经变更权利人的财产仍属于夫妻婚姻存续期间的共同财产。因此，以离婚为目的的离婚协议失效，导致作为离婚结果出现的财产分割协议也失效。

第三，双方达成离婚协议后，一方反悔，不愿离婚。依照我国法律规定，夫妻身份关系不因双方约定解除，同时，离婚协议中关于离婚的约定也不能适用《民法典》的规定，一方当事人不能请求另一方当事人履行该协议，也不可以请求人民法院判令另一方当事人履行该协议，因此，双方当事人关于离婚的约定不生效。那么，如果一方当事人向人民法院起诉离婚，该离婚协议是否可以作为判决离婚的依据呢？首先，人民法院判决离婚的标准确是夫妻感情确已破裂，不可否认，离婚协议表示双方感情确实有问题，但是否达到已经感情破裂的程度，却不能仅仅根据离婚协议来判断，因此，单凭离婚协议不足以作为人民法院判决离婚的依据。其次，离婚协议中关于财产分割的约定虽可能是双方真实意思的表示，但该约定是作为离婚后果出现的，如果人民法院判决驳回原告离婚的诉讼请求，双方关于离婚的财产约定自无必要履行。同时，财产分割协议是以离婚为条件的，且从本质上说，应是以双方协议离婚为条件，如果双方最终未能通过协议离婚的方式解除婚姻关系，应当视为双方关于财产分割的协议因条件未成就而不生效，因此，即使人民法院判决离婚，该协议也不能单独作为人民法院处理财产问题的依据。对此《民法典婚姻家庭司法解释（一）》第 69 条第 1 款作了更为明确的规定："当事人达成的以协议离婚或者到人民法院调解离婚为条件的财产以及债务处理协议，如果双方离婚未成，一方在离婚诉讼中反悔的，人民法院应当认定该财产以及债务处理协议没有生效，并根据实际情况依照民法典第一千零八十七条和第一千零八十九条的规定判决。”

【拓展适用】

离婚协议是夫妻双方就解除婚姻关系及由此产生的子女扶养问题、财产分配、债务分担等事项达成的一致意见。关于离婚协议自何时生效，及效力如何，《民法典》及民法典司法解释并没有明确约定，应当从离婚协议的内涵、性质入手，结合民法的相关理论及规定予以具体分析。

一、离婚协议的内涵及性质

离婚协议一般包含三个方面的内容：（1）夫妻双方关于解除婚姻关系的合意。签订离婚协议是夫妻双方协议离婚的必备要件，离婚则是双方最直接的目的，因此，明确双方当事人离婚的合意则是离婚协议最核心的内容。（2）夫妻双方关于离婚后子女扶养问题的合意。在夫妻双方存在共同子女的情况下，离婚协议还应当包括对子女扶养问题达成的协议。根据《民法典》第 1084 条第 1 款、第 2 款的规定：“父母与子女间的关系，不因父母离婚而消除。离婚后，子女无论由父或母直接抚养，仍是父母双方的子女。离婚后，父母对于子女仍有抚养、教育、保护的权利和义务”。离婚后，双方均应当抚养子女，而且即使约定归一方抚养，也不当然免除另一方对子女的抚养义务。为了保障子女的利益，离婚协议应当对子女抚养问题作出具体约定。（3）夫妻双方关于离婚后财产分配及债务分担的合意。我国夫妻财产制，包括共同财产制与分别财产制两种。在分别财产制的情况下，夫妻双方的财产归各自所有，债务也应各自承担。但在共同财产制下，一旦离婚，双方基于夫妻身份而共同共有的财产则面临分配问题，夫妻共同债务也应予以分割。此外，夫妻双方还可以在离婚协议中对与解除婚姻关系相关的其他事项作出约定。

从离婚协议的内容可见，离婚协议既包括对人身关系的约定，也包括对财产关系的约定，既涉及夫妻双方的利益，也涉及子女及其他债权人的利益。并且，离婚协议以上三个方面的内容并不是并行的，而是有层次的。当事人关于离婚的合意是必备的，作为前提而存在，而关于子女抚养问题的合意、关于财产问题（包括债务问题）的约定则是作为离婚的后果安排而出现的。对于离婚协议的效力问题，既应当将离婚协议作为整体来对待，又应当区分离婚协议的具体内容予以认定。

二、离婚协议效力认定的依据

（一）婚姻家庭法

民法典婚姻家庭编是调整婚姻关系与家庭关系的法律，既调整婚姻家庭方面的人身关系，又调整婚姻家庭方面的财产关系。因此，毫无疑问，离婚协议的效力问题应当受到民法典婚姻家庭编的调整。从我国《民法典》及其司法解释来看，关于离婚协议效力认定的依据体现在以下条文中。

第一，《民法典婚姻家庭司法解释（一）》第69条第2款规定："当事人依照民法典第一千零七十六条签订的离婚协议中关于财产以及债务处理的条款，对男女双方具有法律约束力。登记离婚后当事人因履行上述协议发生纠纷提起诉讼的，人民法院应当受理。"上述规定中，离婚协议究竟自达成之时生效，还是登记离婚之日生效并无明确约定，关于财产分割的条款或者当事人因离婚就财产分割达成协议的"法律拘束力"是独立于离婚的合意，还是以离婚为条件也没有明确规定。最高人民法院的相关释义则指出：（1）适用本条的前提条件是当事人在婚姻登记机关协议离婚，并就财产分割问题达成了协议。（2）在双方当事人登记离婚后，其所签订的离婚协议已生效，故该协议中有关财产分割和债务负担问题的条款及协议，对离婚的双方当事人都具有法律约束力。（3）离婚后，男女双方因履行离婚协议发生纠纷向人民法院起诉的，人民法院应当作为民事案件受理。[①] 从释义看，最高人民法院主流观点认为，离婚协议中关于财产分割的条款或者当事人因离婚就财产分割达成的协议发生"法律拘束力"的前提是当事人在婚姻登记机关协议离婚，但离婚协议作为整体何时生效并不明确。

第二，《民法典婚姻家庭司法解释（一）》第69条第1款规定："当事人达成的以协议离婚或者到人民法院调解离婚为条件的财产以及债务处理协议，如果双方离婚未成，一方在离婚诉讼中反悔的，人民法院应当认定该财产以及债务处理协议没有生效，并根据实际情况依照民法典第一千零八十七条和第一千零八十九条的规定判决。"实践中，主张离婚的当事人为了达到离婚的目的，可能会在离婚协议中对财产分割、子女抚养、债务承担等方面作出一定的让步，此时，双方当事人关于子女抚养、财产分割、债务承担的协议成为附生效条件的合同，其生效条件则是登记离婚或者到人民法院协议离婚。然而实践中，由

---

① 最高人民法院民事审判第一庭编著：《最高人民法院民法典婚姻家庭编司法解释（一）理解与适用》，人民法院出版社2021年版。

于种种原因，双方并未到婚姻登记机关办理离婚登记，或者到法院离婚时一方反悔不愿意按照原协议履行，却要求法院依法进行裁判。此时，当事人双方事先达成的离婚协议，其效力问题往往成为离婚案件争议的焦点。离婚问题事关重大，涉及当事人的终身幸福和社会安定，应当允许当事人反复考虑、协商，只有在双方最终达成一致意见并到民政部门登记离婚或者到法院自愿办理协议离婚手续时，所附条件才可视为已经成立。“登记离婚”可解释为双方当事人以平和的方式和态度到民政部门的婚姻登记机关作离婚登记。“到人民法院协议离婚”应如何理解？是仅指到法院调解离婚，还是包括到法院判决离婚？根据文义解释，协议系双方合意的结果，“到人民法院协议离婚”只能是指经人民法院调解后，夫妻双方达成调解协议离婚。而判决则是人民法院根据法律和事实依职权作出，既不与当事人协商，也不以当事人同意为前提。因此，“到人民法院协议离婚”不应包括协商不成，经人民法院审理后的判决离婚，不可将“到人民法院协议离婚”扩张解释为包含“人民法院判决离婚”。故当事人诉至法院后，如果双方协议离婚未成，一方当事人有反悔的权利，事先达成的离婚协议没有生效，对夫妻双方自始不发生法律效力，对双方自不产生约束力，该协议不能作为人民法院处理离婚案件的依据。

（二）民法的其他规定

原《民法通则》第 2 条明确规定：“中华人民共和国民法调整平等主体的公民、法人、公民和法人之间的财产关系和人身关系”，《民法总则》第 2 条规定：“民法调整平等主体的自然人、法人和非法人组织之间的人身关系和财产关系”。《民法典》第 2 条沿用了《民法总则》第 2 条的规定。可见，民法典相较于民法通则而言，(1) 增加了非法人组织；(2) 将公民改为自然人；(3) 将人身关系与财产关系互换顺序，坚持以人为本，但不能以此认为人身关系比财产关系更重要。应当注意的是，“人身关系”包括人格关系和身份关系，“身份关系”是指婚姻、家庭关系等，不是所谓的“人身权关系”。显然夫妻之间的人身关系与财产关系应当属于民法的调整范围。婚姻家庭法与民法之间的关系是特别法与单行法的关系，因此，原则上说，婚姻家庭关系应当首先适用于婚姻家庭法的规定，婚姻家庭法没有规定的，应当可以适用民法的一般性规定。但也有例外。如有学者提出，如法律行为的附条件、期限的规定就不能适用于婚姻法中身份行为中，而有关死亡宣告、违反公序良俗或强制禁止的法律行为无效的规定则可以适用。[①] 因此，离婚协议的效力，应当适用于民法关于合同效力的一般规定。主要体现如下。

1.《民法典》总则编的规定

第一，原《民法通则》第55条规定："民事法律行为应当具备下列条件：（一）行为人具有相应的民事行为能力；（二）意思表示真实；（三）不违反法律或者社会公共利益。"原《民法总则》第143条规定："具备下列条件的民事法律行为有效：（一）行为人具有相应的民事行为能力；（二）意思表示真实；（三）不违反法律、行政法规的强制性规定，不违背公序良俗。"《民法典》第143条沿用了原《民法总则》第143条的规定，从正面规定民事法律行为有效的条件，《民法典》较《民法通则》而言，应当注意：一是规定的三项要件应同时具备。二是不能简单地从反面理解不符合三项要件该民事法律行为即无效。如违反第三项时为无效；违反前两项中一项或两项时可能为无效、可撤销或效力待定等。三是将"社会公共利益"修改为"公序良俗"，包括社会公德和善良风俗的内容。四是将"违反法律"修改为"违反法律、行政法规的强制性规定"。适用时注意：（1）"相应"是指行为人所实施的民事法律行为应与其行为能力相匹配；（2）注意管理性强制性规定与效力性强制性规定的区分；（3）已成立但尚未生效的民事法律行为对当事人仍然具有约束力，如附条件的民事法律行为条件尚未成就时[②]。夫妻双方签订离婚协议亦应符合民法关于民事法律行为的基本条件。

第二，《民法典》第153条规定："违反法律、行政法规的强制性规定的民事法律行为无效。但是，该强制性规定不导致该民事法律行为无效的除外。违背公序良俗的民事法律行为无效。"第144条规定："无民事行为能力人实施的民事法律行为无效"；第146条规定："行为人与相对人以虚假的意思表示实施的民事法律行为无效。以虚假的意思表示隐藏的民事法律行为的效力，依照有关法律规定处理"；第154条规定："行为人与相对人恶意串通，损害他人合法权益的民事法律行为无效。"此外，《民法典》还对可撤销的民事法律行为进行了具体规定。其中第145条规定："限制民事行为能力人实施的纯获利益的民事法律行为或者与其年龄、智力、精神健康状况相适应的民事法律行为有效；实

① 王洪：《婚姻家庭法》，法律出版社2003年版，第18页。

② 江必新、何东宁：《民法总则与民法通则条文对照及适用提要》（全新修订版），法律出版社2017年版，第89~90页。

施的其他民事法律行为经法定代理人同意或者追认后有效。相对人可以催告法定代理人自收到通知之日起三十日内予以追认。法定代理人未作表示的，视为拒绝追认。民事法律行为被追认前，善意相对人有撤销的权利。撤销应当以通知的方式作出”；第 147 条规定：“基于重大误解实施的民事法律行为，行为人有权请求人民法院或者仲裁机构予以撤销”；第 148 条规定：“一方以欺诈手段，使对方在违背真实意思的情况下实施的民事法律行为，受欺诈方有权请求人民法院或者仲裁机构予以撤销”；第 149 条规定：“第三人实施欺诈行为，使一方在违背真实意思的情况下实施的民事法律行为，对方知道或者应当知道该欺诈行为的，受欺诈方有权请求人民法院或者仲裁机构予以撤销”；第 150 条规定：“一方或者第三人以胁迫手段，使对方在违背真实意思的情况下实施的民事法律行为，受胁迫方有权请求人民法院或者仲裁机构予以撤销”；第 151 条规定：“一方利用对方处于危困状态、缺乏判断能力等情形，致使民事法律行为成立时显失公平的，受损害方有权请求人民法院或者仲裁机构予以撤销。”

第三，《民法典》第 156 条规定：“民事法律行为部分无效，不影响其他部分效力的，其他部分仍然有效。”民事法律行为部分无效的构成要件：（1）可分为不同部分；（2）一部分无效；（3）部分无效不影响其他部分的效力；（4）其他部分有效在民法上有意义。应当注意的是，部分无效否属于整体民事法律行为成立生效的必要条款或者部分无效的事实并非与其他部分不可分割。离婚协议涉及的内涵非常广泛，既有财产关系，又有人身关系。究竟其中一部分无效，是否影响其他部分的效力，应当视具体情况而定。

2.《民法典》合同编的规定

尽管离婚协议是夫妻双方达成的合意，符合合同的本质特征，但离婚协议毕竟涉及解除双方婚姻关系即人身关系的约定，不同于一般的合同，这类合同是否可以适用《民法典》有待商榷。我国《民法典》第 464 条规定：“合同是民事主体之间设立、变更、终止民事法律关系的协议。婚姻、收养、监护等有关身份关系的协议，适用有关该身份关系的法律规定；没有规定的，可以根据其性质参照适用本编规定。”该条明确规定，婚姻关系的协议，原则上不适用《民法典》合同编的规定。但是，笔者认为，因为离婚协议通常包括双方离婚的合意，及对子女抚养问题与财产分割问题达成的协议，因此，离婚协议是否全部不受《民法典》合同编的调整不能一概而论。

离婚协议中关于离婚的约定，是直接涉及身份关系的约定，不应适用《民法典》合同编的规定。此外，因为父母子女关系并不因离婚而改变，也不因是否与父母一方共同生活而改变，因此，离婚协议中关于子女抚养的协议，并不涉及父母与子女身份关系的变动，但是，该协议涉及由哪一方具体行使监护权，这部分应当不能适用《民法典》合同编的相关规定。但是，离婚协议中的财产约定，属于契约自由约定的内容，是当事人的意思表示，根据合同的内涵和法律属性，涉及财产关系的变更，是双方对共有财产的处置，符合合同双方当事人处分自己民事权利的原则和内容。因此，离婚协议中关于财产的约定可以适用《民法典》合同编的规定。

【典型案例】

莫某飞诉李某兴离婚纠纷案

原告：莫某飞

被告：李某兴

〔基本案情〕

原告莫某飞因与被告李某兴发生离婚纠纷，向广东省怀集县人民法院提起诉讼。

原告莫某飞诉称：原告与被告李某兴于2002年上半年经人介绍相识，2003年3月双方登记结婚，同年10月21日生育一子李某。由于婚前双方缺乏了解，草率结合，婚后双方性格完全不合，被告性格自私、多疑，把妻子当作个人财产。原告作为一名教师，见到同学、同事或学生家长时，难免要互谈几句，但被告对原告的正常交往均干涉限制，对原告恶言相向，甚至侮辱原告人格。平时，原、被告之间很少谈心，原告得病，被告也漠不关心，双方根本无法建立应有的夫妻感情。2007年暑假，原告为了家庭生活及缓解夫妻矛盾，向被告提出外出做家教，遭到被告的反对，并经原告母亲出面制止原告外出，声称“如果要外出家教，必须先办离婚手续”等等。由于原、被告夫妻感情不断恶化，双方曾于2010年5月协议离婚，但因财产等问题协商未果。2010年7月，被告为在离婚时霸占夫妻共有财产，骗取原告将（2006）第0036号《土地使用证》范围内的土地使用权全部变更给被告。2010年8月初，被告将原告赶出家门，并将家里的门锁全部换掉，原告被迫在外租房与儿子共同生活。原、被告的夫妻感情彻底破裂，无和好可能，原告坚决要求离婚。原、被告在夫妻关系存续期间的财产有坐落在怀城镇育秀居委会的宅基地〔（2006）第0036号《土地使用证》范围内的土地使用权〕价值15万元及电器、家具等，应依法分割处理。为此，特向法院提起诉讼，请求：（1）判决原告与被告离婚；（2）儿子李某由原告抚养，抚养费用由原、被告共同承担；（3）依法平分夫妻共同财产（价值约15万元）；（4）本案受理费由被告负担。

被告李某兴辩称：原告莫某飞与被告经人介绍相识后，经一年的自由恋爱，双方对对方的性格已完全了解，应有牢固的婚前基础。婚后，双方生育有儿子李某，被告通过人事关系两次为原告调动工作。在 2009 年 12 月原告因病住院 15 天，被告每天陪护至原告康复，可见夫妻感情深厚、牢固。原、被告还有和好可能，被告坚决不同意离婚，请求法官多做原告的思想工作，使原告放弃离婚念头，挽救原、被告的婚姻关系。

广东省怀集县人民法院一审查明：

原告莫某飞与被告李某兴于 2002 年上半年经人介绍相识，2003 年 3 月双方登记结婚，同年 10 月 21 日生育一子李某。婚后，原、被告的夫妻感情较好。2007 年暑假，李某兴阻止莫某飞外出做家教，双方发生言语争执。之后，夫妻关系时好时坏。2010 年 5 月，莫某飞草拟离婚协议一份交给李某兴。李某兴答应如果儿子由其抚养和夫妻关系存续期间购买的宅基地（使用权登记为女方，价值 20 万元）归男方所有的，愿意去办离婚手续。同年 7 月，原、被告双方到土地管理部门将原登记在莫某飞名下的（2006）第 00××号《土地使用证》范围内的土地使用权全部变更给李某兴名下。但是，李某兴反悔，不同意离婚。同年 8 月初，莫某飞搬离家中在外租屋居住，并向法院提起诉讼，请求判决准许离婚，并分割共同财产。

经广东省怀集县人民法院主持调解，因原告莫某飞要求离婚，被告李某兴则不同意离婚，调解未果。

〔一审裁判理由与结果〕

广东省怀集县人民法院一审认为：本案一审的争议焦点是，原告莫某飞与被告李某兴草拟的离婚协议是否生效，变更后的财产是否仍是夫妻共同财产。

原告莫某飞与被告李某兴经人介绍相识并恋爱，双方经一段时间相互了解并自愿登记结婚，双方具有较好的感情基础。婚后，原、被告在生活和工作上能相互扶持，双方建立有一定的夫妻感情；原、被告生育的儿子尚年幼，从双方诉讼中反映的情况，现儿子需要父母的爱护，双方离婚，对儿子会造成伤害，因此，莫某飞主张离婚的诉讼请求，不予支持。

对于双方当事人是否达成离婚协议问题。离婚协议是解除夫妻双方人身关系的协议，该协议是一种要式协议，必须经双方当事人签名确认才能生效，即双方在协议上签名画押是其成立的前提条件。否则，即使有证人在场见证，证明双方达成离婚合意，但由于一方没有在离婚协议上签名确认，在法律上该离婚协议是没有成立的。原告莫某飞于 2010 年 5 月草拟离婚协议一份交给被告李某兴，虽然李某兴口头答应离婚，且双方履行了共同财产分割的部分，可以认定双方对离婚达成了合意，但是由于李某兴并没有在协议上签名导致离婚协议欠缺合同成立的要件，且事后李某兴反悔不愿离婚，因此不能根据仅有一方签名的离婚协议判决双方离婚。

对于双方当事人在离婚前作出的财产处理问题。本案离婚协议是属于婚内离婚协议，所谓婚内离婚协议，是指男女双方在婚姻关系存续期间，以解除婚姻关系为基本目的，并就财产分割及子女抚养问题达成的协议。婚内离婚协议是以双方协议离婚为前提，一方或者双方为了达到离婚的目的，可能在子女抚养、财产分割等方面作出有条件的让步。在双方未能在婚姻登记机关登记离婚的情况下，该协议没有生效，对双方当事人均不产生法律约束力，其中关于子女抚养、财产分割的约定，不能当然作为人民法院处理离婚案件的直接依据。原告莫某飞与被告李某兴在协议离婚过程中经双方协商对财产分割进行处理，是双方真实意思表示，并且已经进行了变更登记，但由于李某兴并未在离婚协议上签名，达不到离婚协议的成立要件，因此，该婚内离婚协议无效，即按该协议所进行的履行行为也可视为无效。虽然（2006）第00××号《土地使用证》范围内的土地使用权变更在李某兴名下，但该土地使用权还是莫某飞和李某兴婚姻存续期间的共同财产，与原来登记在莫某飞名下的性质是一样的。

综上，只要双方珍惜已建立的夫妻感情，慎重对待婚姻家庭问题，做到互相尊重、互相关心，夫妻是有和好可能的。据此，广东省怀集县人民法院依照《民事诉讼法》第128条，《婚姻法》第32条第2款的规定，于2010年12月2日判决：

驳回原告莫某飞的离婚诉讼请求。

案件受理费人民币150元，由原告莫某飞负担。

一审判决后，原告莫某飞与被告李某兴均没有提起上诉，判决已经生效。

第五章　夫妻婚内财产分割协议

规则8：在不涉及婚姻家庭以外第三人利益的情况下，按照夫妻之间达成的婚内财产分割协议履行，可优先保护事实物权人，不宜以产权登记作为确认不动产权属的唯一依据

——唐某诉李某某、唐某乙法定继承纠纷案①

【裁判规则】

夫妻之间达成的婚内财产分割协议是双方通过订立契约对采取何种夫妻财产制所作的约定，是双方协商一致对家庭财产进行内部分配的结果，在不涉及婚姻家庭以外第三人利益的情况下，应当尊重夫妻之间的真实意思表示，按照双方达成的婚内财产分割协议履行，优先保护事实物权人，不宜以产权登记作为确认不动产权属的唯一依据。

【规则理解】

一、物权公示与公信原则

（一）物权公示原则

物权公示原则是指立法者为了使物权法律关系更加清晰，保证法律交易安全而确立的一项物权法中的基本原则。物权公示原则意味着无论动产还是不动产上的物权，都应当可以从外部加以认识，因法律行为导致物权的取得、变更或丧失的，须通过法定的方式向外界加以展示，使他人得以知悉，否则无法产生一定的法律效果。② 物权公示原则源于物权的支配性与对世性。物权的对世性是指物权的权利人可以直接支配物，无须依赖于其他人的意思或者行为的介入，权利人可以直接作用于权利客体之上，而物权的对世性是指物权的权利人可以对权利人之外的每一个人产生效力，任何人都不得干涉权利人对物权的行

① 《中华人民共和国最高人民法院公报》2014年第12期。

② 王利明、杨立新、王轶：《民法学》，法律出版社2016年版，第216页。

为。鉴于物权的绝对性和对世性，物权不同于债权，并且优先于债权。债权一般是发生于特定的当事人之间，而物权的义务人是不特定的，包括权利人之外的任何人。因此，为了标志物权的权利主体，以及物权的种类、范围，有必要对物权加以公示，以利于他人了解，从而知晓自己行为的边界，避免侵害到他人的物权。

我国民法典对物权公示原则进行了规定。《民法典》第 208 条规定："不动产物权的设立、变更、转让和消灭，应当依照法律规定登记。动产物权的设立和转让，应当依照法律规定交付"；第 209 条第 1 款规定："不动产物权的设立、变更、转让和消灭，经依法登记，发生效力；未经登记，不发生效力，但是法律另有规定的除外"；第 214 条规定："不动产物权的设立、变更、转让和消灭，依照法律规定应当登记的，自记载于不动产登记簿时发生效力"；第 224 条规定："动产物权的设立和转让、自交付时发生效力，但是法律另有规定的除外"。据此，除非法律另有规定的情形，物权的设立和变动应当采取物权公示的方法，否则不发生物权设立或变更的效力。至于法律规定的特殊情形，主要见于《民法典》第 229 条至第 331 条[①]。

（二）物权公信原则

物权公信原则是指对依赖令人推翻物权存在的表象（即登记、占有等公示方法）的依赖人，即使在该外观表现并不伴随实质物权而为空虚存在的情形下，也保护该依赖利益的原则。尽管法律规定物权的设立和变动应当采用法定的方法进行公示，但在现实生活中权利的外观与真正的权利人不一致的情况亦时有发生。此时，如果交易的相对人基于对公示的信赖，而与根据公示方法推定的权利人进行交易，应当保护善意相对人的利益，这是降低交易成本，提高交易效率，维持交易安全的必然要求。

我国民法典对物权公信原则也进行了明确规定。首先是民法典从正面明确规定不动产簿登记的公示效力。《民法典》第 216 条第 1 款规定："不动产登记簿是物权归属和内容的根据。"第 217 条规定："不动产权属证书是权利人享有该不动产物权的证明。不动产权属证书记载的事项，应当与不动产登记簿一致；记载不一致的，除有证据证明不动产登记簿确有错误外，以不动产登记簿为

---

① 《民法典》第 229 条规定："因人民法院、仲裁机构的法律文书或者人民政府的征收决定等，导致物权设立、变更、转让或者消灭的，自法律文书或者征收决定等生效时发生效力。"第 230 条规定："因继承取得物权的，自继承开始时发生效力。"第 231 条规定："因合法建造、拆除房屋等事实行为设立或者消灭物权的，自事实行为成就时发生效力。"

准。”其次，民法典还通过善意取得制度规定了非真实权利人处分的情况下，物权公信原则的具体适用。《民法典》第311条规定：“无处分权人将不动产或者动产转让给受让人的，所有权人有权追回；除法律另有规定外，符合下列情形的，受让人取得该不动产或者动产的所有权：（一）受让人受让该不动产或者动产时是善意；（二）以合理的价格转让；（三）转让的不动产或者动产依照法律规定应当登记的已经登记，不需要登记的已经交付给受让人。受让人依照前款规定取得不动产或者动产的所有权的，原所有权人有权向无处分权人请求损害赔偿。当事人善意取得其他物权的，参照适用前两款规定。”根据上述规定，物权一旦公示，便推定公示的权利人为真正的权利人，如果公示的权利人与真实的权利人不符，善意第三人与公示的权利人进行交易的，只要符合法律规定的情形，善意第三人可以取得与真实权利人交易相同的法律效果，取得物权，而真实的权利人只能向无处分权人请求赔偿损失，不可以追回相应的动产或者不动产。

二、物权公示与公信原则的适用范围

（一）物权公示公信原则应仅适用于基于法律行为产生的物权变动领域

民事法律行为是指当事人旨在设立、变更或者消灭民事法律关系的行为。只有基于民事法律行为产生的物权变动才需要适用物权公示公信原则。如前所述，物权公示的作用在于使他人知悉权利人，以及权利的范围。在基于民事法律行为发生物权变动时，需要通过特定的方法对权利变动的结果予以确认，并使他人明确物权变动的状态，以防交易相对人无法明确知晓物权的状态，从而无法保障交易的安全。而在非因民事法律行为发生物权变动的情形下，并不会产生交易安全的问题。例如，在继承的领域，被继承人死亡，丧失权利主体资格，交易相对人并无与被继承人交易，从而损害他人合法权益，或者导致交易无效的情形。因此，《民法典》第230条规定：“因继承取得物权的，自继承开始时发生效力。”即在发生继承时，在被继承人死亡，继承开始时，物权即自动由被继承人转移给继承人，无须通过物权的公示方法。又如基于生效法律文书导致物权设立或变动的情形，生效法律文书即是确权的最终法律依据，法律文书一经生效，物权的归属即在相关当事人之间确定，无须登记。如果物权登记或者占有的状态与生效法律文书认定不一致，权利人可以申请变更登记。对此，《民法典》第229条有明确规定：“因人民法院、仲裁机构的法律文书或者人民政府的征收决定等，导致物权设立、变更、转让或者消灭的，自法律文书或者征收决定等生效时发生效力。”此外，《民法典》第231条规定：“因合法建造、拆除房屋等事实行为设立或者消灭物权的，自事实行为成就时发生效力。”合法建造系所有权的原始取得，而非继受取得，不发生原权利人与现权利人的混淆问题，权利人基于合法建造的事实，自然取得房屋的权利，相对人应当与从事建造行为的人进行交易。

（二）物权公示公信原则应主要适用于物权变动的交易人之间，而非适用于就物权归属发生争议的相对人之间

物权公示公信原则，在于对外公示物权的权利人与权利范围，使交易相对人通过物权的公示方法即可知悉权利的状态，从而进行交易，无须另行调查真实的权利人，并可基于公示的效力，通过民事法律行为取得相应效果，这些均是发生于物权交易的相对人之间。如果当事人就物权的归属发生争议，真实的权利人提出异议，认为登记的权利人并非真正的权利人，自己才是真正的权利人，此时不发生交易效率与交易安全的问题，因此不适用物权公示公信原则。对此，《民法典物权司法解释（一）》第2条也有规定：“当事人有证据证明不动产登记簿的记载与真实权利状态不符、其为该不动产物权的真实权利人，请求确认其享有物权的，应予支持。”司法实践中，如果原告以其为真实的权利人为由，起诉被告，要求人民法院予以确权，人民法院应当对权利的真实状态进行调查，不能以登记簿记载的内容直接判断权利的实际归属。需要注意的是，基于不动产登记权利簿的推定效力，原告主张其为真实权利人的，要提供证据予以证明，即证明真实权利状态的举证责任应由原告承担。

三、物权公示公信原则在夫妻财产领域中的效力

（一）在夫妻对外交易中，应当适用物权公示公信原则

根据我国民法典的规定，除夫妻另有约定的外，夫妻关系存续期间取得的财产，均为夫妻共同财产。同时，根据《民法典》第301条的规定，处分共有的不动产或者动产以及对共有的不动产或者动产作重大修缮、变更性质或用途的，应当经占份额2/3以上的按份共有人或者全体共同共有人同意，但是共有人之间另有约定的除外。根据上述规定，夫妻对外处置共同财产，应当征得夫妻同意。如何认定夫妻双方同意，以及一方未经另一方同意处分财产法律效力如何，是司法实践中的难点问题。

夫妻双方同意，一般而言，应当包括书面的方式，口头的方式，以及其他方式。如果双方均在处分财产的协议上签字，自然表示双方均同意处分财产；一方表示处分财产，另一方明知或者应当知道，但未反对的，应当视为同意。此外，对于一般财产，属于家事代理范围内的事项，一方应有权代理另一方

处分。

至于一方未经另一方同意处置共同财产的效力，对于交易相对人而言，应当遵守公示公信原则。即交易相对人基于公示公信原则取得财产的，应当予以保护。《民法典婚姻家庭司法解释（一）》第28条规定："一方未经另一方同意出售夫妻共同所有的房屋，第三人善意购买、支付合理对价并已办理不动产登记，另一方主张追回该房屋的，人民法院不予支持。夫妻一方擅自处分共同所有的房屋造成另一方损失，离婚时另一方请求赔偿损失的，人民法院应予支持。"

（二）在夫妻财产关系内部，公示公信原则并不必然具有强制适用的效力

1. 在夫妻内部，并不涉及交易效率与交易安全的问题，也不涉及对善意第三人的保护，况且，夫妻内部关于财产权利的确定并不必然以登记为准。如房屋的所有权，除夫妻双方另有约定的外，只要是夫妻关系存续期间所购房屋，无论登记在夫妻双方名下或是夫妻一方名下，均属夫妻共同财产。这是因为结婚作为客观事实，已经具备了公示效力，同时基于我国婚姻法关于财产制的约定，夫妻关系存续期间购房这一事实，即自动产生房屋归夫妻二人共有的法律效果。

2. 我国《民法典》允许当事人实施夫妻分别财产制，也即允许夫妻约定婚姻存续期间所得财产归一方所有，或归双方共有。如果双方约定财产归一方所有的，只要该约定是双方当事人的真实意思表示，不具有《民法典》规定的无效情形，该约定即对夫妻二人有拘束力。夫妻关于财产归属的约定，即使不具备物权法上的公示形式，只要不涉及第三人利益，即可发生物权变动的效力。

综上，当夫妻婚后取得的不动产物权归属发生争议时，应当根据不动产物权变动的原因行为是否有效，有无涉及第三人利益等因素进行综合判断，不宜以产权登记作为确认不动产权属的唯一依据，只要有充分证据足以确定该不动产的权属状况，且不涉及第三人利益，就应当尊重夫妻之间的真实意思表示，按照双方达成的财产分割协议履行，优先保护事实物权人。

【拓展适用】

一、夫妻的财产制概说

夫妻财产制又称婚姻财产制，是关于夫妻婚前财产和婚后所得财产的归属、管理、使用、收益、处分，以及债务的清偿、婚姻终止时的财产清算等方面的法律制度。从发生的角度说夫妻财产制分为法定财产制和约定财产制。法定夫

妻财产制是指在配偶双方婚前和婚后均未就财产关系作出约定，或是所作财产约定无效的情况下，依照法律规定当然适用的夫妻财产制。约定财产制是指夫妻以合法约定的形式确定婚姻财产关系的制度。[①] 目前，大部分国家均是法定财产制与约定财产制并存，也有若干国家的法律不允许夫妻进行财产约定，即法定财产制是唯一适用的夫妻财产制。

《民法典》第 1065 条第 1 款规定："男女双方可以约定婚姻关系存续期间所得的财产以及婚前财产归各自所有、共同所有或者部分各自所有、部分共同所有。约定应当采用书面形式。没有约定或者约定不明确的，适用本法第一千零六十二条、第一千零六十三条的规定。"《民法典》第 1062 条、第 1063 条是对夫妻财产归属的具体规定。可见，我国是法定财产制与约定财产制并存。

二、我国的法定夫妻财产制

《民法典》第 1062 条第 1 款规定："夫妻在婚姻关系存续期间所得的下列财产，为夫妻的共同财产，归夫妻共同所有：（一）工资、奖金、劳务报酬；（二）生产、经营、投资的收益；（三）知识产权的收益；（四）继承或者受赠的财产，但是本法第一千零六十三条第三项规定的除外；（五）其他应当归共同所有的财产"。第 1063 条规定："下列财产为夫妻一方的个人财产：（一）一方的婚前财产；（二）一方因受到人身损害获得的赔偿或者补偿；（三）遗嘱或者赠与合同中确定只归一方的财产；（四）一方专用的生活用品；（五）其他应当归一方的财产。"在夫妻双方没有就财产进行约定或者约定无效的情形下，夫妻双方应当依照上述规定确定财产归属。

（一）共同所有的财产

1. 工资、奖金、劳务报酬。既包括从事劳务活动所产生的固定收入，也包括从事固定工作或者临时劳动所获得的定额或不定额的其他金钱、实物或其他报酬。

2. 生产、经营、投资的收益。在夫妻关系存续期间，夫妻双方既可能以一方面的名义从事生产、经营、投资，也可能以夫妻双方的名义从事生产、经营、投资。根据现有法律规定，无论是一方从事生产、经营、投资，还是双方共同从事生产、经营、投资，所得收益均应为夫妻共同财产，与之相对应，所负债务也应为夫妻共同债务。

3. 知识产权的收益。知识产权既包括人身权，也包括财产权。其中的人身

---

① 杨大文：《亲属法与继承法》，法律出版社 2013 年版，第 114~115 页。

权，如署名权，改编权等，具有特定的人身属性，只能归一方所有，但其中的财产权，如稿费、专利转让费、许可使用费等，属于夫妻共同财产。由于知识产权的收益具有长期性与不确定性，《民法典婚姻家庭司法解释（一）》第 24 条进一步明确规定“民法典第一千零六十二条第一款第三项规定的‘知识产权的收益’，是指婚姻关系存续期间，实际取得或者已经明确可以取得的财产性收益。”

4. 继承或者受赠的财产。婚姻关系存续期间继承或者受赠的财产，除遗嘱或者赠与合同中确定只归一方所有的外，应属于夫妻共同财产。司法实践中，最容易产生争议的是父母对子女房产的赠与。对此，《民法典婚姻家庭司法解释（一）》第 29 条规定：“当事人结婚前，父母为双方购置房屋出资的，该出资应当认定为对自己子女个人的赠与，但父母明确表示赠与双方的除外。当事人结婚后，父母为双方购置房屋出资的，依照约定处理；没有约定或者约定不明确的，按照民法典第一千零六十二条第一款第四项规定的原则处理。”即原则上父母为购置房屋出资发生在当事人结婚前的，除父母明确表示赠与双方的外，应当认定为对自己子女的个人赠与。婚后的赠与，有约定依照约定，没有约定或者约定不明，按照《民法典》1062 条第 4 项的规定归为夫妻共同财产，由夫妻共同所有。

5. 其他应当归共同所有的财产。根据《民法典婚姻家庭司法解释（一）》第 25 条的规定，其他应当归共同所有的财产，包括一方以个人财产投资取得的收益；男女双方实际取得或者应当取得的住房补贴、住房公积金；男女双方实际取得或者应当取得的基本养老金、破产安置补偿费。

（二）一方所有的财产

1. 一方的婚前财产。除双方另有约定的外，一方婚前的财产属于该方所有。婚前的财产应当包括婚前的不动产和动产。司法实践中争议较多的是，一方婚前以个人名义买房，婚后共同还贷的房产的归属。对此，《民法典婚姻家庭司法解释（一）》第 78 条规定：“夫妻一方婚前签订不动产买卖合同，以个人财产支付首付款并在银行贷款，婚后用夫妻共同财产还贷，不动产登记于首付款支付方名下的，离婚时该不动产由双方协议处理。依前款规定不能达成协议的，人民法院可以判决该不动产归产权登记一方，尚未归还的贷款为不动产登记一方的个人债务。双方婚后共同还贷支付的款项及其相应财产增值部分，离婚时应根据民法典第一千零八十七条第一款规定的原则，由不动产登记一方对另一方进行补偿。”

2. 一方因受到人身损害获得的赔偿或者补偿。该类财产具有人身性，与身体受到伤害一方的生存、生活密不可分，只能属于该方单独所有。《民法典婚姻家庭司法解释（一）》第30条还明确规定："军人的伤亡保险金、伤残补助金、医药生活补助费属于个人财产。"

3. 遗嘱或者赠与合同中确定只归一方的财产。一般而言，认定是夫妻共同财产还是一方单独所有的财产，在夫妻关系存续期间意义不大，一般发生争议均是在双方夫妻关系终结之日。现实生活中，遗嘱继承和赠与一般发生于近亲属之间，通常被继承人或者赠与人基于与继承人或者受赠人之间的血缘关系或者特殊感情因素而将财产赠与夫妻一方，如果夫妻关系终结，应当根据被继承人或者赠与人本身的意愿，认定财产归继承人或者受赠人一方所有。

4. 一方专用的生活用品。一方专用的生活用品属于一方所有。关键是如何认定一方专用的生活用品。笔者认为，一方专用的生活用品应是指日常生活中用到的物品，包括衣服、鞋子、药品、化妆品等，而不包括家具、电器等，也不应包括具有重大价值的奢侈品，如珠宝等。

5. 其他应当归一方的财产。根据最高人民法院民一庭的观点，一方婚后用个人财产购置房屋，离婚时该房屋属于"个人财产的替代物"，应认定为个人财产，其自然增值也属于个人财产（但一方个人所有的房屋婚后用于出租，其租金收入属于经营性收入，应认定为夫妻共同财产）①，此外，当事人以生产、经营之外的其他方式使用自己的婚前个人财产，即使该财产的形式因此发生了变化，不导致上述财产所有权及其自然增值归属的变化。②

三、我国的约定财产制

《民法典》第1065条规定："男女双方可以约定婚姻关系存续期间所得的财产以及婚前财产归各自所有、共同所有或者部分各自所有、部分共同所有。约定应当采用书面形式。没有约定或者约定不明确的，适用本法第一千零六十二条、第一千零六十三条的规定。夫妻对婚姻关系存续期间所得的财产以及婚前财产的约定，对双方具有法律约束力。夫妻对婚姻关系存续期间所得的财产约定归各自所有，夫或者妻一方对外所负的债务，相对人知道该约定的，以夫或者妻一方的个人财产清偿。"根据上述约定，我国约定财产制优先于法定财

---

① 最高人民法院民事审判第一庭编：《民事审判指导与参考》（总第56辑），人民法院出版社2014年版，第123页。

② 最高人民法院民事审判第一庭编：《民事审判指导与参考》（总第53辑），人民法院出版社2013年版，第145页。

产制，在夫妻没有约定或者约定不明确时，才适用夫妻法定财产制。夫妻约定财产制应当注意以下问题。

（一）约定的主体

约定的主体是夫妻，即只有夫妻之间对财产的约定才适用婚姻法关于夫妻约定财产制的规定。其他男女朋友、未婚夫妻等对没有结婚之前的财产的约定不属于夫妻约定财产制的调整范围，适用平等民事主体之间合同的相关规定。

（二）约定财产的范围

约定的财产，可以是双方婚前的财产，也可以是夫妻关系存续期间所得的财产。可以约定部分财产共同所有，部分财产一方所有，也可以约定全部财产共同所有，或者所有财产归一方所有，如可以约定不动产归双方所有，动产归一方所有，或者约定共同劳动所得归共同所有，一方继承所得归一方所有等。需要注意的是，夫妻对财产所有的约定，也属平等民事主体之间关于财产的约定，应当受到《民法典》的调整，即夫妻对财产归属的约定也应符合以下条件：双方具备民事行为能力，意思表示真实，不属于《民法典》规定的无效情形。

（三）约定的形式

约定应当采用书面形式。采用书面形式的意义在于，约定具体明确，双方发生争议时有据可查。另外，夫妻一方与第三方发生争议时，一方主张适用夫妻约定财产制对抗第三人的，有明确具体的依据，防止发生债务时，夫妻双方串通损害债权人的利益，也避免夫妻一方没有证据证明约定财产制，从而无法维护自己的合法权益。

（四）约定的效力

就约定的效力而言，可以从两个方面进行理解：对内而言，该约定对双方具有约束力。如果发生婚姻关系终止的情形，财产的归属应当依照双方的约定确定。对外而言，夫妻对婚姻关系存续期间所得的财产约定归各自所有的，夫或妻一方对外所负的债务，第三人知道该约定的，以夫或妻一方所有的财产清偿。即实行夫妻分别财产制，且第三人知道的，一方所负债务不属夫妻共同债务，第三人无权要求配偶承担。

四、基于夫妻财产约定的不动产物权在未经登记下的司法保护

根据法律规定，夫妻可以约定婚姻存续期间所得的财产以及婚前财产归各自所有、共同所有，或者部分各自所有、部分共同所有。同时，《民法典》规定，不动产物权的设立、变更、转让和消灭，经依法登记，发生效力，未经登记，不发生效力。那么，如果夫妻对一方名下的财产所有权约定进行变更，或者离婚协议中对财产所有权进行变更，但未履行登记手续，该变更是否产生物权变动的效力？在司法实践中，有关法院对此作出相应的认定，如有法院的判决认为："关于涉案房屋归属的约定，虽然无须另行经过不动产物权变动登记手续，即在二人之间发生了物权变动的效力，但在未办理登记手续的情形下，其显然无法对抗善意第三人主张的物权。例如，王某琪申请执行涉案房屋的依据是债权，且王某英对涉案房屋实际占有，不存在善意第三人情形，因物权优于债权，故对王某英要求解除对涉案房屋的查封措施的诉讼请求，予以支持"。[①] 根据该判决，司法实践中认可夫妻关于财产约定的归属，未经变更登记的，依然产生物权变动的效力，但是无法对抗善意第三人的物权。司法实践中，也存在不同观点。在付金华诉吕秋白、刘剑锋案外人执行异议之诉案[②]中，法院认定：根据《物权法》[③] 规定，不动产物权变动原则上以登记完成为生效要件。夫妻双方签订的离婚协议中对不动产归属的约定并不直接发生物权变动的效果，一方仅可基于债权请求权向对方主张履行房屋产权变更登记的契约义务。在不动产产权人未依法变更的情况下，离婚协议中关于不动产归属的约定不具有对抗外部第三人债权的法律效力。

【典型案例】

唐某诉李某某、唐某乙法定继承纠纷案

原告：唐某

被告：李某某

被告：唐某乙

法定代理人：李某某（唐某乙之母）

〔基本案情〕

原告唐某因与被告李某某、唐某乙发生法定继承纠纷，向北京市朝阳区人民法院提起诉讼。

原告唐某诉称：唐某甲于2011年9月16日在外地出差期间猝死，未留下遗嘱。名下财产有位于北京市朝阳区东三环北路23号财富中心某房屋（以下简称财富中心房屋）等多处房产、银行存款、轿车等。唐某甲的继承人是配偶李某某及子女唐某、

---

① 张纪云：《基于夫妻财产约定的不动产物权在未经登记下的司法保护—北京大兴法院判决王某英诉王某琪、赵某阳执行异议之诉案》，载《人民法院报》2016年11月10日，第6版。

② 《中华人民共和国最高人民法院公报》2017年第3期。

③ 案件裁判当时有效。

唐某乙。现诉至法院，请求判令：由唐某、唐某乙、李某某共同依法继承唐某甲的全部遗产。

被告李某某、唐某乙辩称：认可李某某、唐某、唐某乙作为唐某甲的继承人参与继承，但登记在唐某甲名下的财富中心房屋并非唐某甲的财产，不应作为其遗产予以继承。虽然该房屋是以唐某甲名义购买并向中国银行贷款，但根据唐某甲与李某某签订的《分居协议书》，财富中心房屋属于李某某的个人财产，之所以没有变更登记至李某某名下，是因为有贷款没有还清。这份协议书没有以离婚为前提，属于双方对婚后共同财产的安排，在唐某甲去世前，双方均未对此协议反悔。因此该协议书是有效的，财富中心房屋是李某某的个人财产，不属于唐某甲的遗产。对于唐某甲名下的其他财产同意依法予以分割继承。

北京市朝阳区人民法院一审查明：

唐某甲与被告李某某系夫妻关系，二人生育一子唐某乙。唐某甲与前妻曾生育一女唐某，离婚后由其前妻抚养。唐某甲父母均早已去世。唐某甲于 2011 年 9 月 16 日在外地出差期间突发疾病死亡，未留下遗嘱。

2010 年 10 月 2 日，唐某甲与被告李某某签订《分居协议书》，双方约定："唐某甲、李某某的感情已经破裂。为了不给儿子心灵带来伤害，我们决定分居。双方财产作如下切割：现在财富中心和慧谷根园的房子归李某某拥有。李某某可以任何方式处置这些房产，唐某甲不得阻挠和反对，并有义务协办相关事务。湖光中街和花家地的房产归唐某甲所有。唐某甲可以任何方式处置这些房产，李某某不得阻挠和反对，并有义务协办相关事务。儿子唐某乙归李某某所有。唐某甲承担监护、抚养、教育之责。李某某每月付生活费 5000 元。双方采取离异不离家的方式解决感情破裂的问题。为了更好地达到效果，双方均不得干涉对方的私生活和属于个人的事务。"2012 年 11 月 28 日，北京民生物证司法鉴定所出具司法鉴定意见书，鉴定意见为该《分居协议书》上唐某甲签名为其本人所签。

关于财富中心房屋，2002 年 12 月 16 日，唐某甲作为买受人与北京香江兴利房地产开发有限公司签订了《商品房买卖合同》，约定：唐某甲购买北京香江兴利房地产开发有限公司开发的财富中心房屋，总金额为 1579796 元。庭审中，原告唐某、被告唐某乙、李某某均认可截至唐某甲去世时间点，该房屋仍登记在唐某甲名下，尚欠银行贷款 877125.88 元未偿还。此外，李某某与唐某甲名下还有其他两处房产、汽车及存款等财产。

〔一审裁判理由与结果〕

本案一审的争议焦点是：如何确定唐某甲的遗产范围。

北京市朝阳区人民法院一审认为：

原告唐某、被告唐某乙作为被继承人唐某甲的子女，被告李某某作为被继承人唐某甲的配偶，均属于第一顺序继承人，三人对于唐某甲的遗产，应予以均分。本案中，应对哪些财产属于唐某甲的遗产予以界定。关于财富中心房屋，唐某甲与李某某虽然在《分居协议书》中约定了该房屋归李某某拥有，但直至唐某甲去世，该房屋仍登记在唐某甲名下。故该协议书并未实际履行，因此应根据物权登记主义原则，确认该房屋属于唐某甲与李某某夫妻共同财产。该房屋价值应根据评估报告确定的数额减去唐某甲去世时该房屋尚未还清的贷款数额，该数额的一半为李某某夫妻共同财产，另一半为唐某甲遗产，属于唐某甲遗产的份额应均分为三份，由李某某、唐某乙和唐某均分。考虑到唐某乙尚未成年，而唐某要求获得折价款，故法院判决该房屋归李某某所有，由李某某向唐某支付折价款并偿还该房屋剩余未还贷款。关于唐某甲名下的其他房屋、车辆及银行存款等遗产，法院按照法定继承的相关规定予以分割。

综上，北京市朝阳区人民法院依照《继承法》第 2 条、第 3 条、第 5 条、第 10 条、第 13 条之规定，于 2014 年 4 月 8 日判决：

一、被继承人唐某甲遗产车牌号为京 KN××××号北京现代牌轿车由被告李某某继承，归被告李某某所有，被告李某某于本判决生效后十日内向原告唐某支付折价款 16666. 67 元；

二、被继承人唐某甲遗产位于北京市朝阳区湖光中街某房屋归被告李某某所有，被告李某某于本判决生效后十日内向原告唐某支付折价款 180 万元；

三、被继承人唐某甲遗产位于北京市朝阳区东三环北路 23 号财富中心某房屋归被告李某某所有，并由李某某偿还剩余贷款，被告李某某于本判决生效后十日内向原告唐某支付折价款 885180. 69 元；

四、被告李某某于本判决生效后十日内向原告唐某支付被继承人唐某甲遗产家属一次性抚恤金 18366. 67 元；

五、被告李某某于本判决生效后十日内向原告唐某支付被继承人唐某甲遗产工会发放的家属生活补助费 5366. 67 元；

六、驳回原告唐某其他诉讼请求。

〔当事人上诉及答辩意见〕

李某某、唐某乙不服一审判决，向北京市第三中级人民法院提起上诉称：唐某甲与李某某签订的《分居协议书》的性质应属婚内财产分割协议，财富中心房屋无论登记在何方名下，都应以唐某甲与李某某的有效婚内财产约定确定其归属。请求二审法院撤销原审判决，改判财富中心房屋为李某某个人所有，不属于唐某甲遗产范围。

被上诉人唐某辩称：一审法院认定事实清楚，适用法律正确，请求二审法院依法判决。

〔二审查明的事实〕

北京市第三中级人民法院经二审，确认了一审查明的事实。

〔二审裁判理由与结果〕

本案二审的争议焦点是：财富中心房屋的权属问题及其应否作为唐某甲的遗产予以继承。

北京市第三中级人民法院二审认为：

解决该争议焦点的关键在于厘清以下三个子问题：

第一，唐某甲与上诉人李某某于2010年10月2日签订的《分居协议书》的法律性质。

上诉人李某某、唐某乙认为该协议属于婚内财产分割协议，是唐某甲与李某某对其婚姻关系存续期间所得财产权属的约定，该约定合法有效，对双方均具有约束力；唐某认为该协议系以离婚为目的达成的离婚财产分割协议，在双方未离婚的情况下，该协议不发生法律效力。法院认为，本案中唐某甲与李某某签订的《分居协议书》是婚内财产分割协议，而非离婚财产分割协议。理由如下。

首先，从《分居协议书》内容来看，唐某甲与上诉人李某某虽认为彼此感情已经破裂，但明确约定为不给儿子心灵带来伤害，采取"离异不离家"的方式解决感情破裂问题，双方是在婚姻关系存续的基础上选择以分居作为一种解决方式并对共同财产予以分割，并非以离婚为目的而达成财产分割协议。其次，从文义解释出发，二人所签《分居协议书》中只字未提"离婚"，显然不是为了离婚而对共同财产进行分割，相反，双方在协议书中明确提出"分居"、"离异不离家"，是以该协议书来规避离婚这一法律事实的出现。再次，《婚姻法》第19条第1款对夫妻约定财产制作出明确规定："夫妻可以约定婚姻关系存续期间所得的财产以及婚前财产归各自所有、共同所有或部分各自所有、部分共同所有。约定应采用书面形式。没有约定或者约定不明确的，适用本法第17条、第18条的规定。"本案所涉及的《分居协议书》中，唐某甲与李某某一致表示"对财产作如下切割"，该约定系唐某甲与李某某不以离婚为目的对婚姻关系存续期间所得财产作出的分割，应认定为婚内财产分割协议，是双方通过订立契约对采取何种夫妻财产制所作的约定。

第二，本案应当优先适用物权法还是婚姻法的相关法律规定。

上诉人李某某、唐某乙认为，应适用《婚姻法》第19条之规定，只要夫妻双方以书面形式对财产分割作出约定即发生法律效力，无须过户登记；被上诉人唐某主张，本案应适用《物权法》第9条之规定，不动产物权的权属变更未经登记不发生法律效力。法院认为，该问题首先要厘清《物权法》与《婚姻法》在调整婚姻家庭领域内财产关系时的衔接与适用问题，就本案而言，应以优先适用婚姻法的相关规定处理为宜。理由如下。

物权领域，法律主体因物而产生联系，《物权法》作为调整平等主体之间因物之归属和利用而产生的财产关系的基础性法律，重点关注主体对物的关系，其立法旨在保护交易安全以促进资源的有效利用。而《婚姻法》作为身份法，旨在调整规制夫妻之间的人身关系和财产关系，其中财产关系则依附于人身关系而产生，仅限于异性之间或家庭成员之间因身份而产生的权利义务关系，不体现直接的经济目的，而是凸显亲属共同生活和家庭职能的要求。故《婚姻法》关于夫妻子女等特别人伦或财产关系的规定不是出于功利目的创设和存在，而是带有“公法”意味和社会保障、制度福利的色彩，将保护“弱者”和“利他”价值取向直接纳入权利义务关系的考量。

因此，婚姻家庭的团体性特点决定了《婚姻法》不可能完全以个人为本位，必须考虑夫妻共同体、家庭共同体的利益，与《物权法》突出个人本位主义有所不同。在调整夫妻财产关系领域，《物权法》应当保持谦抑性，对《婚姻法》的适用空间和规制功能予以尊重，尤其是夫妻之间关于具体财产制度的约定不宜由物权法过度调整，应当由《婚姻法》去规范评价。本案中，唐某甲与上诉人李某某所签协议关于财富中心房屋的分割，属于夫妻内部对财产的约定，不涉及家庭外部关系，应当优先和主要适用《婚姻法》的相关规定，物权法等调整一般主体之间财产关系的相关法律规定应作为补充。

第三，物权法上的不动产登记公示原则在夫妻财产领域中是否具有强制适用的效力。

上诉人李某某、唐某乙认为，婚内财产分割协议只涉及财产在夫妻之间的归属问题，依双方约定即可确定，无须以公示作为物权变动要件；被上诉人唐某则主张财富中心房屋的产权人是唐某甲，即使唐某甲与李某某曾约定该房屋归李某某拥有，也因未办理产权变更登记而未发生物权变动效力，该房屋仍应纳入唐某甲的遗产范围。本院认为，唐某甲与李某某所签《分居协议书》已经确定财富中心房屋归李某某一人所有，虽仍登记在唐某甲名下，并不影响双方对上述房屋内部处分的效力。理由如下。

《物权法》以登记作为不动产物权变动的法定公示要件，赋予登记以公信力，旨在明晰物权归属，保护交易安全和交易秩序，提高交易效率。但实践中，由于法律的例外规定、错误登记的存在、法律行为的效力变动、当事人的真实意思保留以及对交易习惯的遵从等原因，存在大量欠缺登记外观形式，但依法、依情、依理应当给予法律保护的事实物权。《物权法》第28条至第30条对于非基于法律行为所引起的物权变动亦进行了例示性规定，列举了无须公示即可直接发生物权变动的情形。当然，这种例示性规定并未穷尽非因法律行为而发生物权变动的所有情形，《婚姻法》及其司法解释规定的相关情形亦应包括在内。

在夫妻财产领域，存在大量夫妻婚后由一方签订买房合同，并将房屋产权登记在该方名下的情形，但实际上只要夫妻之间没有另行约定，双方对婚后所得的财产即享有共同所有权，这是基于《婚姻法》规定的法定财产制而非当事人之间的法律行为。因为结婚作为客观事实，已经具备了公示特征，无须另外再为公示。而夫妻之间的约定财产制，是夫妻双方通过书面形式，在平等、自愿、意思表示真实的前提下对婚后共有财产归属作出的明确约定。此种约定充分体现了夫妻真实意愿，系意思自治的结果，应当受到法律尊重和保护，故就法理而言，亦应纳入非依法律行为即可发生物权变动效力的范畴。因此，当夫妻婚后共同取得的不动产物权归属发生争议时，应当根据不动产物权变动的原因行为是否有效、有无涉及第三人利益等因素进行综合判断，不宜以产权登记作为确认不动产权属的唯一依据，只要有充分证据足以确定该不动产的权属状况，且不涉及第三人利益，就应当尊重夫妻之间的真实意思表示，按照双方达成的婚内财产分割协议履行，优先保护事实物权人。需要指出的是，此处的第三人主要是相对于婚姻家庭关系外部而言，如夫妻财产涉及向家庭以外的第三人处分物权，就应当适用《物权法》等调整一般主体之间财产关系的相关法律规定。而对于夫妻家庭关系内的财产问题，应当优先适用《婚姻法》的相关规定。

本案中，《分居协议书》约定"财富中心房屋归李某某拥有，李某某可以任何方式处置这些房产，唐某甲不得阻挠和反对，并有义务协办相关事务。"该协议书系唐某甲与上诉人李某某基于夫妻关系作出的内部约定，是二人在平等自愿的前提下协商一致对家庭财产在彼此之间进行分配的结果，不涉及婚姻家庭以外的第三人利益，具有民事合同性质，对双方均具有约束力。财富中心房屋并未进入市场交易流转，其所有权归属的确定亦不涉及交易秩序与流转安全。故唐某虽在本案中对该约定的效力提出异议，但其作为唐某甲的子女并非《物权法》意义上的第三人。因此，虽然财富中心房屋登记在唐某甲名下，双方因房屋贷款之故没有办理产权过户登记手续，但《物权法》的不动产登记原则不应影响婚内财产分割协议关于房屋权属约定的效力。且结合唐某甲与李某某已依据《分居协议书》各自占有、使用、管理相应房产之情形，应当将财富中心房屋认定为李某某的个人财产，而非唐某甲之遗产予以法定继承。一审法院根据物权登记主义原则确认财富中心房屋为唐某甲与李某某夫妻共同财产实属不妥，应予调整。

据此，北京市第三中级人民法院依照《物权法》第 9 条，《婚姻法》第 19 条，《继承法》第 2 条、第 3 条、第 5 条、第 10 条、第 13 条，《民事诉讼法》第 170 条第 1 款第 2 项之规定，于 2014 年 8 月 25 日判决：

一、维持北京市朝阳区人民法院（2013）朝民初字第 30975 号民事判决第一项、第二项、第四项、第五项；

二、撤销北京市朝阳区人民法院（2013）朝民初字第 30975 号民事判决第六项；

三、变更北京市朝阳区人民法院（2013）朝民初字第 30975 号民事判决主文第三项为：位于北京市朝阳区东三环北路 23 号财富中心某房屋归李某某所有，并由李某某偿还剩余贷款。

四、驳回唐某其他诉讼请求。

本判决为终审判决。

第六章 离婚财产分割

规则 9：在离婚诉讼期间或离婚诉讼前，一方隐藏、转移、变卖、毁损夫妻共同财产，或伪造债务企图侵占另一方财产的，离婚分割夫妻共同财产时，可以少分或不分财产

——雷某某诉宋某某离婚纠纷案①

【裁判规则】

一方在离婚诉讼期间或离婚诉讼前，隐藏、转移、变卖、毁损夫妻共同财产，或伪造债务企图侵占另一方财产的，离婚分割夫妻共同财产时，依照《婚姻法》第 47 条②的规定可以少分或不分财产。

【规则理解】

一、离婚财产分割概述

离婚意味着夫妻婚姻关系终止，双方基于共同关系而产生的财产共有失去基础，一般而言，共有财产应予分割。《民法典》第 1087 条规定："离婚时，夫妻的共同财产由双方协议处理；协议不成的，由人民法院根据财产的具体情况，按照照顾子女、女方和无过错方权益的原则判决。对夫或者妻在家庭土地承包经营中享有的权益等，应当依法予以保护。"需要注意的是此处财产分割是以离婚为前提，只有在双方离婚时才涉及离婚财产分割的问题，双方在夫妻关系存续期间对于财产的分配属于夫妻约定财产制的范围，不属于离婚财产分配。司法实践中，经常出现夫妻双方已经感情破裂，但是为了小孩健康成长，或者不伤害双方父母的感情，而采取"离婚不离家"的方式，或者虽未登记离婚，但实际双方财产各自独立的情形，需要正确适用法律。在依法登记离婚或者判决离婚时，才属于离婚财产分割，其他情形，或者属于夫妻财产约定，或

① 最高人民法院指导案例 66 号。

② 对应《民法典》第 1092 条。

者属于离婚后财产分割。

离婚时财产分割的对象是夫妻双方共有的财产。部分情况下，夫妻和一方父母共同生活，甚至共同经营，财产相互没有独立。此时，进行财产分割时，就应当首先将夫妻共同财产从家庭共同财产中分割出来，再对夫妻共同财产进行分配。属于其他家庭成员个人所有的财产不属于夫妻共同财产，不能作为共同财产分割；未成年子女通过继承、受遗赠或者赠与所得的财产是其个人财产，不属于夫妻共同财产，亦不应作为夫妻共同财产分割。对于哪些属于夫妻共同财产，哪些属于夫妻一方所有的财产，本书其他章节另有详细论述，本章不再赘述。

二、财产分割的原则

根据《民法典》的相关规定，在离婚财产分割时应遵循以下原则。

（一）协议优先原则

《民法典》第1087条明确规定，离婚时，夫妻的共同财产由双方协议处理，协议不成的，由人民法院根据财产的具体情况，按照照顾子女、女方和无过错方权益的原则判决。可见，离婚财产分割的首要原则是协议优先原则，在当事人对财产分割有约定时，应当按照约定处理。协议优先原则是当事人意思自治原则在婚姻法领域的具体体现。同时，当事人权利的自由行使亦应受到民法相关规则的调整，如当事人的协议不得具备《民法典》上的无效情形，或者可撤销情形。(1) 如果协议存在《民法典》第153条规定的以虚假的意思表示实施的民事法律行为，第153条规定的违反法律、行政法规的强制性规定，违背公序良俗，第154条规定的恶意串通，损害他人合法权益的情形，该协议无效，人民法院应当依法判决。(2)《民法典婚姻家庭司法解释（一）》第70条规定："夫妻双方协议离婚后就财产分割问题反悔，请求撤销财产分割协议的，人民法院应当受理。人民法院审理后，未发现订立财产分割协议时存在欺诈、胁迫等情形的，应当依法驳回当事人的诉讼请求。"根据上述规定，如果当事人关于离婚财产分割的协议存在欺诈、胁迫等情形，当事人可以向人民法院起诉请求撤销该财产分割协议。

（二）男女平等原则

《民法典》第1041条第2款规定："实行婚姻自由、一夫一妻、男女平等的婚姻制度"。男女平等作为我国民法典婚姻家庭编的基本制度，应当贯彻于结婚、家庭关系、离婚的全部过程中。在离婚财产分割中，亦必须坚持男女平等这一原则。男女平等是指男女双方地位平等，在离婚财产分割时，享有平等的权利，不因创造财富的多少而确定财产的分配份额。在很多家庭中，女方照顾老人、小孩居多，相比较男方收入可能更多，在此情况下，并不能因为男方收入多，家庭大部分经济财富是男方创造而向男方分配更多的财产。具体而言，男女平等原则体现为在离婚财产分割时，一般情况下，男女双方应均等分割。

（三）有利生产、方便生活的原则

随着经济的发展，人们的生产资料、生活用品日益丰富，在离婚财产分割时，应注意按照有利生产、方便生活的原则进行分配。一方面，对夫妻共同财产中的生产资料，分割时不应损害其效用和价值，以保证生产活动和财产流通的正常进行；另一方面，对于夫妻共同财产中的生活资料，分割时也应视各自的实际需要，做到方便生活，物尽其用。[①] 如对不宜分割的生产资料和生活资料，应当分配给实际需要的一方，对不需要该生产资料和生活资料的一方折价补偿，而不宜直接进行实物分割；对于实际经营中的种植业或者养殖业，应分配给实际经营的一方，由分得生产资料的一方给予相应货币补偿；对于无法进行实际分割，一方需要但又因价值过大而无法一次性给予对方货币补偿的生产资料，应当分配给有需要的一方，并根据使用情况分期给对方补偿，而不宜直接对该生产资料进行拍卖，并对价款进行分割。

（四）适当照顾子女和女方权益的原则

《民法典》第 1041 条第 3 款规定："保护妇女、未成年人、老年人、残疾人的合法权益"，第 1087 条第 1 款规定，离婚时夫妻共同财产的处理要照顾子女、女方和无过错方权益。可见，照顾子女和妇女权益也应是离婚财产分割时应当遵循的原则。一方面，在实际生活中，女方和未成年子女处于较为弱势的地位，离婚对其生活的影响较大；另一方面，女方在夫妻关系存续期间，一般为照顾老人、小孩付出较多，因此，在离婚财产分割时，应当适当照顾女方和子女的合法权益。

三、离婚时妨害夫妻共同财产分割的法律责任

离婚诉讼中，夫妻一方妨害夫妻共同财产分割，企图多分财产，损害对方合法权益的情形时有发生，对此，我国法律规定了相关的救济途径和法律责任。《民法典》第 1092 条规定："夫妻一方隐藏、转移、变卖、毁损、挥霍夫妻共同财产，或者伪造夫妻共同债务企图侵占另一方财产的，在离婚分割夫妻共同财产时，对该方可以少分或者不分。离婚后，另一方发现有上述行为的，可以

① 杨大文：《亲属法与继承法》，法律出版社 2013 年版，第 161 页。

向人民法院提起诉讼，请求再次分割夫妻共同财产。”

（一）可以少分或者不分

对隐藏、转移、变卖、毁损、挥霍夫妻共同财产或伪造夫妻共同债务企图侵占财产的一方，可以少分或者不分。需要注意的是，应如何认定一方隐藏、转移、变卖、毁损、挥霍夫妻共同财产或者伪造夫妻共同债务，以及如何把握少分或者不分的界限。（1）一方面，作为当事人，夫妻一方在夫妻关系存续期间，特别是夫妻感情出现问题时，应当注意保存证据，包括收集家庭共有财产购买凭证，或者通过公证、摄影拍照的方式保存家庭共有财产的证据。进入诉讼程序后，可以申请人民法院调取另一方银行流水。另一方面，作为法官，应当依法分配举证责任，并认真审查证据。一方主张对方隐藏、转移、变卖、毁损、挥霍夫妻共同财产的，应当对该事实负有举证证明责任，但如果一方提供了对方大宗银行转账的凭证，则应由另一方对该笔支出的用途进行说明，如果不能进行合理说明并提供相应证据证明的，应认定为另一方转移财产。同理，如果一方已经举证证明购买了家庭财产，且由对方保管，而对方不能合理说明该财产的去向并提供证据证明的，应当认定另一方为隐藏夫妻共同财产。（2）何时不分、何时少分、少分多少，则应根据隐藏、转移、变卖、毁损、挥霍夫妻共同财产的性质、数额、主观过错等情况综合认定，对此，应由法官根据案情进行自由裁量。

（二）可请求再次分割

离婚后发现有上述行为的，可以向人民法院提起诉讼，请求再次分割共同财产。离婚时对夫妻共同财产的分割，只能以当时查明的事实为基础。但既然是隐藏、转移财产，另一方往往很难及时发现，因此，《民法典》规定，离婚后，另一方发现有上述行为的，可以起诉请求再次分割夫妻共同财产。关于请求再次分割夫妻共同财产的诉讼时效，《民法典婚姻家庭司法解释（一）》第84条规定，当事人依据民法典第1092条的规定向人民法院提起诉讼，请求再次分割夫妻共同财产的诉讼时效期间为三年，从当事人发现之日起计算。

（三）可依法制裁

夫妻一方隐藏、转移、变卖、毁损夫妻共同财产，妨害民事诉讼的，人民法院可依照民事诉讼法的规定予以制裁。《民事诉讼法》第114条第1款第1项、第2项、第3项规定：“诉讼参与人或者其他人有下列行为之一的，人民法院可以根据情节轻重予以罚款、拘留；构成犯罪的，依法追究刑事责任：（一）伪造、毁灭重要证据，妨碍人民法院审理案件的；（二）以暴力、威胁、贿买方法阻止证人作证或者指使、贿买、胁迫他人作伪证的；（三）隐藏、转移、变卖、毁损已被查封、扣押的财产，或者已被清点并责令其保管的财产、转移已被冻结的财产的”。在离婚诉讼中，如果一方当事人通过伪造、毁灭重要证据，以暴力、威胁、贿买方式阻止证人作证或者指使、贿买、胁迫他人作伪证，或者隐藏、转移、变卖、毁损已被人民法院采取财产保全措施的财产，除可以对其少分或者不分财产外，还可以依照《民事诉讼法》的规定，给予其罚款或者拘留的强制措施，如果构成犯罪，还应依法追究刑事责任。

【拓展适用】

一、离婚财产分割的具体规则

除了前所原则外，《民法典》及相关司法解释还对离婚财产分割中的一些具体情形进行了明确规定。

（一）军人名下特殊费用的分配

军人名下的复员费、自己择业费等一次性费用的具体分配。人民法院审理离婚案件，涉及分割发放到军人名下的复员费、自主择业费等一次性费用的，以夫妻婚姻关系存续年限乘以年平均值，所得数额为夫妻共同财产。其中年平均值，是指将发放到军人名下的上述费用总额按具体年限均分得出的数额，其具体年限为人均寿命70岁与军人入伍时实际年龄的差额。

（二）有价证券的分割

夫妻双方分割共同财产中的股票、债券、投资基金份额等有价证券以及未上市股份有限公司股份时，协商不成或者按市价分配有困难的，人民法院可以根据数量按比例分配。

（三）有限责任公司出资额的分割

人民法院审理离婚案件，涉及分割夫妻共同财产中以一方名义在有限责任公司的出资额，另一方不是该公司股东的，按以下情形分别处理：（1）夫妻双方协商一致将出资额部分或者全部转让给该股东的配偶，过半数股东同意、其他股东明确表示放弃优先购买权的，该股东的配偶可以成为该公司股东；（2）夫妻双方就出资额转让份额和转让价格等事项协商一致后，过半数股东不同意转让，但愿意以同等价格购买该出资额的，人民法院可以对转让出资所得财产进行分割。过半数股东不同意转让，也不同意以同等价格购买该出资额的，视为其同意转让，该股东的配偶可以成为该公司股东。用于证明前款规定的过半数股东同意的证据，可以是股东会决议，也可以是当事人通过其他合法途径取得的书面声明材料。

（四）合伙企业出资的分割

人民法院审理离婚案件，涉及分割夫妻共同财产中以一方名义在合伙企业中的出资，另一方不是该企业合伙人的，当夫妻双方协商一致，将其合伙企业中的财产份额全部或者部分转让给对方时，按以下情形分别处理：（1）其他合伙人一致同意的，该配偶依法取得合伙人地位；（2）其他合伙人不同意转让，在同等条件下行使优先受让权的，可以对转让所得的财产进行分割；（3）其他合伙人不同意转让，也不行使优先受让权，但同意该合伙人退伙或者退还部分财产份额的，可以对退还的财产进行分割；（4）其他合伙人既不同意转让，也不行使优先受让权，又不同意该合伙人退伙或者退还部分财产份额的，视为全体合伙人同意转让，该配偶依法取得合伙人地位。

（五）独资企业中共同财产的分割

夫妻以一方名义投资设立独资企业的，人民法院分割夫妻在该独资企业中的共同财产时，应当按照以下情形分别处理：（1）一方主张经营该企业的，对企业资产进行评估后，由取得企业一方给予另一方相应的补偿；（2）双方均主张经营该企业的，在双方竞价基础上，由取得企业的一方给予另一方相应的补偿；（3）双方均不愿意经营该企业的，按照《中华人民共和国个人独资企业法》等有关规定办理。

（六）房产的分割

《民法典婚姻家庭司法解释（一）》第76条规定："双方对夫妻共同财产中的房屋价值及归属无法达成协议时，人民法院按以下情形分别处理：（一）双方均主张房屋所有权并且同意竞价取得的，应当准许；（二）一方主张房屋所有权的，由评估机构按市场价格对房屋作出评估，取得房屋所有权的一方应当给予另一方相应的补偿；（三）双方均不主张房屋所有权的，根据当事人的申请拍卖、变卖房屋，就所得价款进行分割"；第77条规定："离婚时双方对尚未取得所有权或者尚未取得完全所有权的房屋有争议且协商不成的，人民法院不宜判决房屋所有权的归属，应当根据实际情况判决由当事人使用。当事人就前款规定的房屋取得完全所有权后，有争议的，可以另行向人民法院提起诉讼。"

（七）对养老保险金的分割

根据《民法典婚姻家庭司法解释（一）》第80条规定，离婚时夫妻一方尚未退休、不符合领取基本养老金条件，另一方请求按照夫妻共同财产分割基本养老金的，人民法院不予支持；婚后以夫妻共同财产缴纳基本养老保险费，离婚时一方主张将养老金账户中婚姻关系存续期间个人实际缴纳部分及利息作为夫妻共同财产分割的，人民法院应予支持。

二、特殊情况下婚姻存续期间财产的分割

夫妻财产共同所有系基于夫妻关系而产生，一般情况下，非因夫妻关系终止的原因，不得就夫妻共同财产进行分割，但是，在某些特殊情况下，夫妻感情尚未完全破裂，双方并未决定离婚，但是不对共同财产进行分割将严重损害另一方利益或者导致一方无法履行法定义务，此时应当准许在不离婚的情况下对夫妻共同财产进行分割。对此，《民法典》第1066条进行了规定："婚姻关系存续期间，有下列情形之一的，夫妻一方可以向人民法院请求分割共同财产：(一）一方有隐藏、转移、变卖、毁损、挥霍夫妻共同财产或者伪造夫妻共同债务等严重损害夫妻共同财产利益的行为；（二）一方负有法定扶养义务的人患重大疾病需要医治，另一方不同意支付相关医疗费用的。"适用该条规定时，应注意以下几点：

1. 原则上婚姻存续期间，一方起诉请求分割夫妻共同财产的，人民法院不予支持。

2. 现行法律规定的特殊情况只有两类。一类是一方有隐藏、转移、变卖、毁损、挥霍夫妻共同财产或者伪造夫妻共同债务等严重损害夫妻共同财产利益的行为。在司法实践中，根据"谁主张谁举证"的举证规则，主张对方有严重损害夫妻共同财产利益行为的一方当事人应对该事实承担举证责任，且须注意的是，该损害夫妻共同财产利益的行为须是严重的，而不是一般、轻微的损害行为。另一类是一方负有法定义务的人患重大疾病需要医治，另一方不同意支付相关医疗费用的情形。在此情况下，一方负有法定的扶养义务，必须支付相关医疗费用，而同时，基于夫妻财产共同所有，该义务人无法独自处分共同财产，无法履行法定义务，因此应当允许分割共同财产。财产分割之后，义务人可以独自处分其财产，履行法定义务，也不会损害配偶的合法权益。需要注意的是，一方所负义务必须是法定的扶养义务，而非其他的义务。根据《民法典》第26条的规定，父母对未成年子女负有抚养、教育和保护的义务，成年子女对父母负有赡养、扶助和保护的义务；第1074条规定："有负担能力的祖父母、外祖父母，对于父母已经死亡或者父母无力抚养的未成年孙子女、外孙子女，有抚养的义务。有负担能力的孙子女、外孙子女，对于子女已经死亡或者子女无力赡养的祖父母、外祖父母，有赡养的义务"；第1075条规定："有负担能力的兄、姐，对于父母已经死亡或父母无力抚养的未成年的弟、妹，有扶养的义务。由兄、姐扶养长大的有负担能力的弟、妹，对于缺乏劳动能力又缺乏生活来源的兄、姐，有扶养的义务”。以上是我国《民法典》关于法定抚养义务的规定。

3. 婚姻关系存续期间的财产分割，不得损害债权人的利益。夫妻共同债务应由夫妻共同财产清偿，夫妻双方不得通过婚内财产分割的方式损害债权人利益。

三、一方对他方的经济补偿和适当帮助

离婚时，除对共同财产进行分割外，法律还规定了一定情况下，一方应对另一方进行经济补偿和适当帮助。

（一）夫妻分别财产所有制下，一方因抚育子女、照料老年人、协助另一方工作等负担较多义务的，可以请求另一方补偿

根据《民法典》第 1088 条的规定，夫妻一方因抚育子女、照料老年人、协助另一方工作等负担较多义务的，离婚时有权向另一方请求补偿，另一方应当给予补偿。具体办法由双方协议；协议不成的，由人民法院判决。适用该条的条件是：（1）一方因抚育子女、照料老年人、协助另一方工作负担较多义务。（2）基于为家务较多的一方请求而发生。离婚时，为家务付出较多的一方可以请求补偿，另一方应当补偿。在当事人没有提出请求的情况下，人民法院一般不主动适用该条规定。

（二）对生活困难一方给予适当帮助

《民法典》第 1090 条规定：“离婚时，如果一方生活困难，有负担能力的另一方应当给予适当帮助。具体办法由双方协议；协议不成的，由人民法院判决。”该条的适用不以夫妻分别财产所有制为前提，基本保留原《婚姻法》第 42 条的规定，增加以另一方“有负担能力”作为经济帮助的给付条件，同时删去“从其住房等个人财产中”给予帮助的表述，取消了对承担经济帮助义务的责任财产的限制，但应具备以下三个条件：一是要求适当经济帮助的一方确有困难。原《婚姻法司法解释一》第 27 条第 1 款、第 2 款规定：“婚姻法第四十二条所称‘一方生活困难’，是指依靠个人财产和离婚时分得的财产无法维持当地基本生活水平。一方离婚后没有住处的，属于生活困难。”二是提供经济帮助的一方应当有经济负担能力，不仅指实际生活水平，而且包括住房条件等；三是接受帮助的一方没有再婚，也没有与他人同居。[①] 给予帮助的具体办法，

---

① 王利明等：《民法学》，法律出版社 2015 年版，第 635 页。

可以由双方协议，双方协议不成的，人民法院予以判决，可以是给予财产补偿，也可以是金钱补偿。

四、因一方过错而产生的损害赔偿

《民法典》第1091条规定："有下列情形之一，导致离婚的，无过错方有权请求损害赔偿：（一）重婚；（二）他人同居的；（三）实施家庭暴力；（四）虐待、遗弃家庭成员；（五）有其他重大过错。"该条确立了我国的离婚损害赔偿制度，对于维持婚姻家庭秩序，保障人们在婚姻家庭生活中的合法权益具有十分重要的意义。适用该条时，应注意以下问题：

1. 适用于法条中列举的五种情形：即一方重婚或者与他人同居；家庭暴力；虐待、遗弃家庭成员；有其他重大过错。一方重婚或者与他人同居违反了夫妻之间最根本的忠诚义务，也违反了我国一夫一妻的婚姻制度，实施家庭暴力以及虐待、遗弃家庭成员均直接威胁到另一方的身体健康和人身安全，违反了家庭成员间敬老爱幼、互相帮助的传统美德，导致无法建立平等、和谐、文明的婚姻家庭关系。上述行为直接威胁家庭关系的存续，且严重损害其他家庭成员的合法权益，因此应对无过错方进行损害赔偿。有其他重大过错属于兜底条款，扩大了离婚过错损害赔偿责任的适用范围，更有利于保护受损害一方的合法权益。

2. 上述行为是导致离婚的原因，即上述行为与夫妻离婚之间具有因果关系。如果夫妻一方有上述行为，但之后一方悔改，另一方接受，之后因为其他原因导致离婚的，不适用该条进行损害赔偿。

3. 夫妻一方有上述行为，而非双方均有上述行为。《民法典婚姻家庭司法解释（一）》第90条规定："夫妻双方均有民法典第一千零九十一条规定的过错情形，一方或者双方向对方提出离婚损害赔偿请求的，人民法院不予支持。"即一方有过错情形，另一方则为赔偿权利人，有权请求损害赔偿，如果双方均有过错，则对双方向对方提出的损害赔偿请求，均不予支持。

4. 损害赔偿，包括物质损害赔偿和精神损害赔偿。对此，《民法典婚姻家庭司法解释（一）》第86条有明确规定。根据该条规定，涉及精神损害赔偿的，适用《最高人民法院关于确定民事侵权精神损害赔偿责任若干问题的解释》的有关规定。

5. 该处损害赔偿以判决离婚为前提。根据《民法典婚姻家庭司法解释（一）》第87条第2款、第3款的规定，人民法院判决不准离婚的案件，对于当事人基于《民法典》第1091条提出的损害赔偿请求，不予支持。在婚姻关系存续期间，当事人不起诉离婚而单独依据《民法典》第 1091 条提起损害赔偿请求的，人民法院不予受理。

6. 关于提出请求的程序。《民法典婚姻家庭司法解释（一）》第 88 条对适用离婚损害赔偿还作了如下规定："人民法院受理离婚案件时，应当将民法典第一千零九十一条等规定中当事人的有关权利义务，书面告知当事人。在适用民法典第一千零九十一条时，应当区分以下不同情况：（一）符合民法典第一千零九十一条规定的无过错方作为原告基于该条规定向人民法院提起损害赔偿请求的，必须在离婚诉讼的同时提出。（二）符合民法典第一千零九十一条规定的无过错方作为被告的离婚诉讼案件，如果被告不同意离婚也不基于该条规定提起损害赔偿请求的，可以就此单独提起诉讼。（三）无过错方作为被告的离婚诉讼案件，一审时被告未基于民法典第一千零九十一条规定提出损害赔偿请求，二审期间提出的，人民法院应当进行调解；调解不成的，告知当事人另行起诉。双方当事人同意由第二审人民法院一并审理的，第二审人民法院可以一并裁判。"

【典型案例】

雷某某诉宋某某离婚纠纷案

原告：雷某某

被告：宋某某

〔基本案情〕

原告雷某某（女）和被告宋某某于 2003 年 5 月 19 日登记结婚，双方均系再婚，婚后未生育子女。双方婚后因琐事感情失和，于 2013 年上半年产生矛盾，并于 2014 年 2 月分居。雷某某曾于 2014 年 3 月起诉要求与宋某某离婚，经法院驳回后，双方感情未见好转。2015 年 1 月，雷某某再次诉至法院要求离婚，并依法分割夫妻共同财产。宋某某认为夫妻感情并未破裂、不同意离婚。

雷某某称宋某某名下在中国邮政储蓄银行的账户内有共同存款 37 万元，并提交存取款凭单、转账凭单作为证据。宋某某称该 37 万元，来源于婚前房屋拆迁补偿款及养老金，现尚剩余 20 万元左右（含养老金 14322.48 元），并提交账户记录、判决书、案款收据等证据。

宋某某称雷某某名下有共同存款 25 万元，要求依法分割。雷某某对此不予认可，一审庭审中其提交在中国工商银行尾号为 4179 账户自 2014 年 1 月 26 日起的交易明细，显示至 2014 年 12 月 21 日该账户余额为 262.37 元。二审审理期间，应宋某某的申请，法院调取了雷某某上述中国工商银行账号自 2012 年 11 月 26 日开户后的银行流水明细，显示雷某某于 2013 年 4 月 30 日通过 ATM 转账及卡取的方式将该账户内的195000元转至案外人雷某齐名下。宋某某认为该存款是其婚前房屋出租所得，应归双方共同所有，雷某某在离婚之前即将夫妻共同存款转移。雷某某提出该笔存款是其经营饭店所得收益，开始称该笔款已用于夫妻共同开销，后又称用于偿还其外甥女的借款，但雷某某对其主张均未提供相应证据证明。另，雷某某在庭审中曾同意各自名下存款归各自所有，其另行支付宋某某10万元存款，后雷某某反悔，不同意支付。

〔裁判结果〕

北京市朝阳区人民法院于2015年4月16日作出（2015）朝民初字第04854号民事判决：准予雷某某与宋某某离婚；雷某某名下中国工商银行尾号为4179账户内的存款归雷某某所有，宋某某名下中国邮政储蓄银行账号尾号为7101、9389及1156账户内的存款归宋某某所有，并对其他财产和债务问题进行了处理。宣判后，宋某某提出上诉，提出对夫妻共同财产雷某某名下存款分割等请求。北京市第三中级人民法院于2015年10月19日作出（2015）三中民终字第08205号民事判决：维持一审判决其他判项，撤销一审判决第三项，改判雷某某名下中国工商银行尾号为4179账户内的存款归雷某某所有，宋某某名下中国邮政储蓄银行尾号为7101账户、9389账户及1156账户内的存款归宋某某所有，雷某某于本判决生效之日起七日内支付宋某某12万元。

〔裁判理由〕

法院生效裁判认为：婚姻关系以夫妻感情为基础。宋某某、雷某某共同生活过程中因琐事产生矛盾，在法院判决不准离婚后，双方感情仍未好转，经法院调解不能和好，双方夫妻感情确已破裂，应当判决准予双方离婚。

本案二审期间双方争议的焦点在于雷某某是否转移夫妻共同财产和夫妻双方名下的存款应如何分割。《婚姻法》第17条第2款规定："夫妻对共同所有的财产，有平等的处理权。"第47条规定："离婚时，一方隐藏、转移、变卖、毁损夫妻共同财产，或伪造债务企图侵占另一方财产的，分割夫妻共同财产时，对隐藏、转移、变卖、毁损夫妻共同财产或伪造债务的一方，可以少分或不分。离婚后，另一方发现有上述行为的，可以向人民法院提起诉讼，请求再次分割夫妻共同财产"。这就是说，一方在离婚诉讼期间或离婚诉讼前，隐藏、转移、变卖、毁损夫妻共同财产，或伪造债务企图侵占另一方财产的，侵害了夫妻对共同财产的平等处理权，离婚分割夫妻共同财产时，应当依照《婚姻法》第47条的规定少分或不分财产。

本案中，关于双方名下存款的分割，结合相关证据，宋某某婚前房屋拆迁款转化的存款，应归宋某某个人所有，宋某某婚后所得养老保险金，应属夫妻共同财产。雷某某名下中国工商银行尾号为4179账户内的存款为夫妻关系存续期间的收入，应作为夫妻共同财产予以分割。雷某某于2013年4月30日通过ATM转账及卡取的方式，将尾号为4179账户内的195000元转至案外人名下。雷某某始称该款用于家庭开销，后又称用于偿还外债，前后陈述明显矛盾，对其主张亦未提供证据证明，对钱款的去向不能作出合理的解释和说明。结合案件事实及相关证据，认定雷某某存在转移、隐藏夫妻共同财产的情节。根据上述法律规定，对雷某某名下中国工商银行尾号4179账户内的存款，雷某某可以少分。宋某某主张对雷某某名下存款进行分割，符合法律规定，予以支持。故判决宋某某婚后养老保险金14322.48元归宋某某所有，对于雷某某转移的19.5万元存款，由雷某某补偿宋某某12万元。

第七章 夫妻共同债务

规则 10：涉及内部财产关系的纠纷时，主张夫或妻一方的对外债务属于夫妻共同债务的当事人，负有证明该项债务确为夫妻共同债务的举证责任

——单某远、刘某林诉胡某花、单甲、单乙法定继承纠纷案[①]

【裁判规则】

人民法院在处理涉及夫妻内部财产关系的纠纷时，不能简单依据《婚姻法司法解释二》第24条规定将夫或妻一方的对外债务认定为夫妻共同债务，其他人民法院依据该规定作出的关于夫妻对外债务纠纷的生效裁判，也不能当然地作为处理夫妻内部财产纠纷的判决依据，主张夫或妻一方的对外债务属于夫妻共同债务的当事人仍负有证明该项债务确为夫妻共同债务的举证责任。[②]

【规则理解】

夫妻共同债务，是指在婚姻关系存续期间，夫妻双方或一方为维持共同生活的需要，或出于为共同生活的目的从事经营活动所引起的债务[③]。《民法典》第1089条规定："离婚时，夫妻共同债务应当共同偿还。共同财产不足清偿或者财产归各自所有的，由双方协议清偿；协议不成的，由人民法院判决。"根据该条规定，离婚时，夫妻共同债务，应当共同偿还。《民法典》第1064条进一步对夫妻共同债务规定："夫妻双方共同签名或者夫妻一方事后追认等共同意思表示所负的债务，以及夫妻一方在婚姻关系存续期间以个人名义为家庭日常生活需要所负的债务，属于夫妻共同债务。夫妻一方在婚姻关系存续期间以

---

① 《中华人民共和国最高人民法院公报》2006年第5期。

② 《民法典》第1064条对夫妻共同债务的规定与《婚姻法司法解释二》第24条的规定有所不同。但根据本案例归纳的裁判规则主要是适用于家庭内部财产纠纷中夫妻债务的认定问题，故仍有参考价值。本文结合民法典及其司法解释的相关规定予以分析。

③ 马原主编：《新婚姻法案例评析》，人民法院出版社2002年版，第382页。

个人名义超出家庭日常生活需要所负的债务，不属于夫妻共同债务；但是，债权人能够证明该债务用于夫妻共同生活、共同生产经营或者基于夫妻双方共同意思表示的除外。”

一、关于夫妻债务制度的演进

1950 年《婚姻法》第 24 条对夫妻债务制度进行了规定：“离婚时，原为夫妻共同生活所负担的债务，以共同生活时所得财产偿还；如无共同生活时所得财产或共同生活时所得财产不足清偿时，由男方清偿。男女一方单独所负债务，由本人偿还。”该条明确夫妻共同债务的标准是“为夫妻共同生活所负担的债务”，并明确夫妻共同债务“以共同生活时所得财产偿还”为原则，并基于当时女性经济能力较弱的实际情况，规定若无共同生活所得财产或共同生活时所得财产不足清偿时，由“男方清偿”。1980 年《婚姻法》第 32 条规定：“离婚时，原为夫妻共同生活所负的债务，以共同财产偿还。如该项财产不足清偿时，由双方协议清偿；协议不成时，由人民法院判决。男女一方单独所负债务，由本人偿还。”该规定与之前婚姻法在夫妻共同债务的认定标准上保持一致，仍将“为夫妻共同生活所负”作为认定夫妻共同债务的标准。但将夫妻共同财产不足清偿共同债务时，“由男方清偿”改为“由双方协议清偿；协议不成时，由人民法院判决”，体现了中华人民共和国成立后，夫妻双方地位平等的原则。之后《民法通则意见》第 43 条规定：“在夫妻关系存续期间，一方从事个体经营或者承包经营的，其收入为夫妻共有财产，债务亦应以夫妻共有财产清偿”，即对婚姻关系存续期间一方经营所负债务问题进行专门规定。从该条条文表述看，一方从事个人经营或者承包经营的，产生的债务并没有明确为夫妻共同债务，但明确了夫妻共同财产为该债务的责任财产。2001 年《婚姻法》修改时对夫妻共同债务的认定标准与之前婚姻法保持一致，对夫妻共同债务的偿还规则略有变动。其中第 41 条规定：“离婚时，原为夫妻共同生活所负的债务，应当共同偿还。共同财产不足清偿的，或财产归各自所有的，由双方协议清偿；协议不成时，由人民法院判决”，即将原来的“以共同财产偿还”改为“应当共同偿还”。根据该规定，在对外关系上，夫妻双方均有以自己全部财产承担清偿义务的责任，即“共同偿还”。《婚姻法司法解释二》第 25 条又规定：“当事人的离婚协议或者人民法院的判决书、裁定书、调解书已经对夫妻财产分割问题作出处理的，债权人仍有权就夫妻共同债务向男女双方主张权利。一方就共同债务承担连带清偿责任后，基于离婚协议或者人民法院的法律文书向另一方主张追偿的，人民法院应当支持。”根据该规定，在夫妻双方的内部关系中，可以划分各自应承担的份额。

由于原《婚姻法》第41条并未明确如何认定“共同生活所负的债务”，司法实践中存在模糊认识，各地做法不一，还出现部分夫妻串通逃避债务，损害债权人利益的情形。为此，原《婚姻法司法解释二》第24条规定：“债权人就婚姻关系存续期间夫妻一方以个人名义所负债务主张权利的，应当按夫妻共同债务处理。但夫妻一方能够证明债权人与债务人明确约定为个人债务，或者能够证明属于婚姻法第十九条第三款规定情形的除外。”根据该条规定，婚姻关系存续期间夫妻一方以个人名义所负债务，应当按照夫妻共同债务处理。但夫妻一方能够证明债权人与债务人明确约定为个人债务，或者能够证明第三人知道夫妻双方属于约定分别财产制的除外。该条在当时背景下有利于遏制夫妻恶意逃债损害债权人利益的现象。但是审判实践中，又发现夫妻一方伪造婚姻关系存续期间的债务，侵害配偶一方权益的情形。为平衡债权人与未举债一方的利益，最高人民法院2017年又发布了《关于适用〈中华人民共和国婚姻法〉若干问题的解释（二）的补充规定》，明确“夫妻一方与第三人串通，虚构债务，第三人主张权利的，人民法院不予支持。夫妻一方在从事赌博、吸毒等违法犯罪活动中所负债务，第三人主张权利的，人民法院不予支持。”2018年1月，最高人民法院又在总结审判实践经验的基础上制定发布了《关于审理涉及夫妻债务纠纷案件适用法律有关问题的解释》，进一步细化和完善了夫妻共同债务认定的标准。该司法解释施行后，总体上得到了社会各界的一致肯定。《民法典》第1064条吸收上述司法解释的内容对夫妻共同债务进行了明确规定。

二、关于夫妻共同债务的认定

根据《民法典》第1064条的规定：“夫妻双方共同签名或者夫妻一方事后追认等共同意思表示所负的债务，以及夫妻一方在婚姻关系存续期间以个人名义为家庭日常生活需要所负的债务，属于夫妻共同债务。夫妻一方在婚姻关系存续期间以个人名义超出家庭日常生活需要所负的债务，不属于夫妻共同债务；但是，债权人能够证明该债务用于夫妻共同生活、共同生产经营或者基于夫妻双方共同意思表示的除外。”根据该规定：夫妻共同债务有以下三类。

（1）夫妻双方共同签名或者夫妻一方事后追认等共同意思表示所负的债务。该条体现了民法上意思自治原则。共同意思表示包括夫妻双方共同签字和夫妻一方事后追认两种形式，对于夫妻双方共同意思表示所负的债务，无论是否用于共同生活，均应认定为夫妻共同债务。

（2）夫妻一方在婚姻关系存续期间以个人名义为家庭日常生活需要所负的债务。该规定的理论基础为夫妻相互具有的家事代理权。关于日常家事代理权，《民法典》第1060条进行了规定："夫妻一方因家庭日常生活需要而实施的民事法律行为，对夫妻双方发生效力，但是夫妻一方与相对人另有约定的除外。夫妻之间对一方可以实施的民事法律行为范围的限制，不得对抗善意相对人。"既然在家庭日常生活范围内，夫妻双方互为代理人，一方所作行为，对另一方产生效力，那么，由此产生的债务属于夫妻共同债务。该条未区分夫妻财产制，即不论是共同财产制，还是分别财产制，基于日常生活需要，对外则言，夫妻一方以个人名义所负债务，应认定为夫妻共同债务，由夫妻共同偿还。

（3）债权人能够证明用于夫妻共同生活、共同生产经营或者基于夫妻双方共同意思表示的债务。即使夫妻一方以个人名义所负债务超出家庭日常生活需要，只要债权人能够证明债务用于夫妻共同生活、共同生产经营或者基于夫妻双方共同意思表示，则人民法院应认定该债务属夫妻共同债务。

三、夫妻债务的司法审查

对于夫妻个人债务，由负债一方偿还，债权人向债务人的配偶主张权利的，人民法院不予支持。而对于夫妻共同债务，债权人则可向夫妻双方主张权利，即使双方离婚，债权人仍有权就夫妻共同债务向男女双方主张权利，或者一方死亡，生存一方仍应当对婚姻关系存续期间的共同债务承担连带清偿责任。因此，认定为夫妻一方个人债务，或者夫妻共同债务，对于债务人和夫妻双方均有十分重要的意义。既要保护债权人的利益，防止夫妻一方享有收益而不承担债务，或者通过离婚达到转移财产，逃避债务的目的，又要避免夫或妻一方通过虚增债务来损害另一方合法权益。司法实践中，对于夫妻债务的司法审查，应当分为以下两个步骤：

（一）对债务真实性的认定

对债务真实性的认定是判决是否属于夫妻共同债务的前提。《民事诉讼法》第67条第1款规定："当事人对自己提出的主张，有责任提供证据"；《最高人民法院关于适用〈中华人民共和国民事诉讼法〉的解释》第91条规定："人民法院应当依照下列原则确定举证证明责任的承担，但法律另有规定的除外：（一）主张法律关系存在的当事人，应当对产生该法律关系的基本事实承担举证证明责任；（二）主张法律关系变更、消灭或者权利受到妨害的当事人，应当对该法律关系变更、消灭或者权利受到妨害的基本事实承担举证证明责任。"上述系民事诉讼法关于举证规则的基本规定。据此，除法律另有规定的外，债务人主张债务存在，应当就存在债权债务关系的基本事实承担举证责任。

司法实践中，常见情形是民间借贷关系中的负债。由于民间借贷合同系实践合同，[①] 因此，债权人除要证明双方存在借款合意，还应举证证明其已实际提供借款。出借人仅提供借据佐证借贷关系的，应深入调查辅助性事实以判断借贷合意的真实性，如举债的必要性、款项用途的合理性等。出借人无法提供证据证明借款交付事实的，应综合考虑出借人的经济状况、资金来源、交付方式、在场见证人等因素判断当事人陈述的可信度。对于大额借款仅有借据而无任何交付凭证、当事人陈述有重大疑点或矛盾之处的，应依据证据规则认定“出借人”未完成举证义务，判决驳回其诉讼请求。

（二）对个人债务或共同债务的认定

在查明债务真实存在后，还应查明是夫妻一方个人债务，还是夫妻共同债务，以便确定债务人为夫妻一方或者夫妻双方。

根据《民法典》第1064条的规定，夫妻共同债务的表现形式有：夫妻共同签名或者夫妻一方事后追认等共同意思表示所负的债务；夫妻一方在婚姻关系存续期间以个人名义为家庭日常生活需要所负的债务；夫妻一方在婚姻关系存续期间以个人名义超出家庭日常生活需要所负的债务，该债务用于夫妻共同生活、共同生产经营或者夫妻双方共同意思表示的。

关于不属于夫妻共同债务的情形，司法解释也有规定。例如，《民法典婚姻家庭司法解释（一）》第33条规定：“债权人就一方婚前所负个人债务向债务人的配偶主张权利的，人民法院不予支持。但债权人能够证明所负债务用于婚后家庭共同生活的除外。”根据该规定，债权人以夫妻一方婚前个人债务为由主张由债务人配偶承担共同清偿责任的，如没有证据证明婚前个人债务系用于夫妻共同生活，人民法院应当驳回债权人的诉讼请求。如有证据证明婚前个人债务用于夫妻共同生活，应由夫妻双方共同承担清偿责任。对夫妻一方婚前个人债务用于共同生活的事实，应由债权人承担举证证明责任。判断一方婚前债务是否用于婚后共同生活，应当综合借款时债务人的声明、债务人所借款用的实际用途等因素予以认定。又如，上述司法解释第34条规定：“夫妻一方与第三人串通，虚构债务，第三人主张该债务为夫妻共同债务的，人民法院不予支持。夫妻一方在从事赌博、吸毒等违法犯罪活动中所负债务，第三人主张该债务为夫妻共同债务的，人民法院不予支持。”在离婚案件或者涉及配偶一方

① 《民法典》第679条规定：“自然人之间的借款合同，自贷款人提供借款时成立。”

利益的诉讼中，应注重对债权债务关系的实质审查。避免一方通过虚假诉讼损害另一方的利益。

【拓展适用】

一、夫妻共同债务的性质

夫妻共同债务属于连带之债。关于连带之债的法律效力，应从连带之债的外部效力和内部效力分别予以分析。

（一）连带之债的外部效力

《民法典》第178条第1款规定："二人以上依法承担连带责任的，权利人有权请求部分或者全部连带责任人承担责任。"该条沿用原《民法总则》第178条第1款的规定。在此之前的《民法通则》第87条也规定："债权人或者债务人一方人数为二人以上的，依照法律的规定或者当事人的约定，享有连带权利的每个债权人，都有权要求债务人履行义务；负有连带义务的每个债务人，都负有清偿全部债务的义务，履行了义务的人，有权要求其他负有连带义务的人偿付他应当承担的份额。"据此，在连带债务中，各债务人均负有全部清偿的义务，债权人得同时或先后向全部或者部分债务人请求履行债务，只要债务没有全部清偿，各连带债务人的债务不能免除。因此，作为连带债务的一种，夫妻共同债务也应遵循连带债务的一般规则，债权人有权向夫妻双方，或者夫妻一方主张债权，直至其债权全部实现。

（二）连带之债的内部效力

尽管对于债权人来说，连带债务人的债务不分份额，均有全部清偿的义务，但是，对于连带债务人内部而言，各债务人仍是按照一定的份额承担责任。对此，《民法典》第178条第2款、第3款规定："连带责任人的责任份额根据各自责任大小确定；难以确定责任大小的，平均承担责任。实际承担责任超过自己责任份额的连带责任人，有权向其他连带责任人追偿。连带责任，由法律规定或者当事人约定。"原《民法通则》第87条规定，履行了义务的人，有权要求其他负有连带义务的人偿付他应当承担的份额。连带责任与按份责任的区别，两者承担的外部责任有着本质的不同，连带责任是法定责任，连带责任人之间不能约定改变责任的性质，虽然连带责任的责任人之间也有份额的约定，具有内部性，但这属于对内责任份额的约定，对外不发生法律效力，对外每一个责任人都要向权利人承担全部责任；而按份责任的各个责任人的责任份额不具有独立性，只对自己的份额负责，不对整体责任负责。适用时应当注意：一是权利人可以要求连带责任人中的部分（一人）或者全体承担责任。二是对于连带责任人内部应当承担的责任，根据其各自责任的大小来确定份额；难以确定责任大小时，平均承担责任。三是如果某连带责任人实际承担的责任超过其应当承担的份额，可以向其他连带责任人行使追偿权。四是由于连带责任是一种较为严厉的民事责任方式，除法律直接作出规定或当事人可以约定外，不能采取推定和决定；如果当事人没有约定、法律没有明确规定时，就不能直接确定其承担连带责任。因此，尽管夫或者妻一方对夫妻共同债务均负有向债权人全部清偿的义务，但是，在夫妻内部，仍可以按照一定的方式划分各自份额，对于清偿超过自己份额的部分，一方可以向另一方追偿。

二、离婚协议中对夫妻共同债务约定的效力范围

离婚协议是夫妻双方就自愿离婚及由此产生的子女扶养、财产以及债务处理等事项达成的一致意见。离婚协议对夫妻共同财产和共同债务的约定，对双方当事人具有约束力，这是当事人意思自治的基本体现。因为离婚协议虽然由双方当事人签订，但内容可能涉及第三人利益，因此有必要区分离婚协议的对内效力和对外效力。对内，即针对夫妻双方，只要离婚协议符合民法关于民事法律行为效力的规定，即对夫妻双方产生拘束力，双方均应当履行，任何一方不得随意推翻离婚协议。对外，即针对夫妻之外的第三人，因离婚协议内容由夫妻双方决定，如果夫妻双方以逃避共同债务为目的，将夫妻共同债务约定由无清偿能力的一方负担，势必损害债权人的合法权利。因此，有必要对离婚协议的对外效力予以必要的限制，即离婚协议中关于夫妻共同债务的约定仅对夫妻双方有约束力，债权人仍有权就夫妻共同债务向夫妻双方主张权利，夫妻一方不得以离婚协议中关于夫妻共同债务的约定对抗债权人。针对司法实践中曾出现的未区分离婚协议的对内效力和对外效力的情况，原《婚姻法司法解释二》第25条规定，当事人的离婚协议已经对夫妻财产分割问题作出处理的，债权人仍有权就夫妻共同债务向男女双方主张权利。一方就共同债务承担连带清偿责任后，基于离婚协议向另一方主张追偿的，人民法院应当支持。《民法典婚姻家庭司法解释（一）》第35条沿用这一规定。

三、人民法院的生效判决书、裁定书、调解书对夫妻共同债务处理的效力

《民法典》第1087条第1款规定，离婚时，夫妻的共同财产由双方协议处理；协议不成的，由人民法院根据财产的具体情况，按照照顾子女、女方和无过错方权益的原则判决。第1089条规定，离婚时，夫妻共同债务应当共同偿

还。共同财产不足清偿或者财产归各自所有的，由双方协议清偿；协议不成，由人民法院判决。即夫妻离婚时，关于共同财产和共同债务的处理，均由双方协议优先，在协议不成的情况下，由人民法院判决。因为离婚之诉是复合之诉，既涉及夫妻双方之间关于离婚的处理，也涉及子女抚养问题和债权人的利益，而我国离婚之诉因大多涉及夫妻双方隐私，且为避免诉讼拖延，离婚之诉一般并不允许第三人参加诉讼。因此，人民法院在离婚纠纷中就夫妻共同债务的判决、裁定或调解书，是在债权人未参加诉讼的前提下作出的，为避免债权人利益受到损害，《婚姻法司法解释二》第 25 条明确规定共同债务不因裁判文书对共同财产的分割而免除连带清偿责任。该规定明确离婚之诉对夫妻共同财产和共同债务的处理仅对夫妻双方产生拘束力，属连带责任人之间的内部分担债务的问题，离婚判决对案外人不产生拘束力，对债权人之诉没有既判力。夫妻一方以人民法院生效判决书、裁定书、调解书中已对夫妻共同债务做处理，对抗债权人的，人民法院不予支持。《民法典婚姻家庭司法解释（一）》第 35 条作了相同规定。

四、司法实践中对夫妻共同债务的具体认定处理

最高人民法院 2017 年发布《最高人民法院关于依法妥善审理涉及夫妻债务案件有关问题的通知》（以下简称《通知》），《通知》对正确处理夫妻债务，为依法妥善审理好夫妻债务案件，仍有很强的指导意义。

（一）保障未具名举债夫妻一方的诉讼权利

对于司法实践中存在的下列 8 种情形之一时，即（1）对于夫妻一方与第三人串通，虚构债务，试图侵占夫妻共同财产；（2）第三人将夫妻一方的非法债务作为夫妻共同债务；（3）债权人将夫妻一方个人债务作为夫妻共同债务；（4）证人提供虚假书面证人证言试图证明：虚构债务为真实债务、非法债务为合法债务、夫妻一方个人债务为夫妻共同债务；（5）证人到庭后，提供虚假证人证言，妨碍法庭查明案件事实；（6）实务中存在的未具名举债一方虽怀疑债务的真实性、合法性和共同性，但无法提供证据证明的情形；（7）夫妻一方或第三人为虚构债务、掩盖违法债务或债务为个人债务而恶意处置证据；（8）在执行程序中，不当追加未举债夫妻一方作为被执行人执行其名下财产的情形等。应当严格按照《通知》第 2 条的规定执行，即在审理以夫妻一方名义举债的案件中，原则上应当传唤夫妻双方本人和案件其他当事人本人到庭；需要证人出庭作证的，除法定事由外，应当通知证人出庭作证。在庭审中，应当按照《最高人民法院关于适用〈中华人民共和国民事诉讼法〉的解释》的规定，要求有

关当事人和证人签署保证书，以保证当事人陈述和证人证言的真实性。未具名举债一方不能提供证据，但能够提供证据线索的，人民法院应当根据当事人的申请进行调查取证；对伪造、隐藏、毁灭证据的要依法予以惩处。未经审判程序，不得要求未举债的夫妻一方承担民事责任。

（二）审查夫妻债务是否真实发生

对于司法实践中存在的下列5种情形时，即（1）简单化审查债务是否真实存在的现象；（2）认定债务存在仅凭债权凭证的情形；（3）举债夫妻一方通过恶意自认，虚构债务，将违法债务转化为合法债务、侵害夫妻另一方合法权益；（4）夫妻一方通过与他人达成调解协议让法院出具有法律效力的调解书来确认虚假债务，损害夫妻另一方合法权益。（5）夫妻一方与第三人串通，通过人民调解确认虚假债务，进而请求法院司法确认，让其产生强制执行力，通过执行损害夫妻另一方合法权益等。应当严格按照《通知》第三条的规定执行，即债权人主张夫妻一方所负债务为夫妻共同债务的，应当结合当事人之间关系及其到庭情况、借贷金额、债权凭证、款项交付、当事人的经济能力、当地或者当事人之间的交易方式、交易习惯、当事人财产变动情况以及当事人陈述、证人证言等事实和因素，综合判断债务是否发生。防止违反法律和司法解释的规定，仅凭借条、借据等债权凭证就认定存在债务的简单做法。在当事人举证基础上，要注意依职权查明举债一方作出有悖常理的自认的真实性。对夫妻一方主动申请人民法院出具民事调解书的，应当结合案件基础事实重点审查调解协议是否损害夫妻另一方的合法权益。对人民调解协议司法确认案件，应当按照《最高人民法院关于适用〈中华人民共和国民事诉讼法〉的解释》的要求，注重审查基础法律关系的真实性。

（三）区分合法债务和非法债务，对非法债务不予保护

对于司法实践中存在的下列3种情形，即（1）夫妻一方正在实施赌博、吸毒等违法犯罪活动时所欠下的赌债、毒债等；（2）明知他人从事违法犯罪活动，而提供资金、费用等款项；（3）离婚时，夫妻一方主张其个人非法债务按夫妻共同债务处理。应当严格按照《通知》第4条的规定执行，即在案件审理中，对夫妻一方在从事赌博、吸毒等违法犯罪活动中所负的债务的，不予法律保护；对债权人知道或者应当知道夫妻一方举债用于赌博、吸毒等违法犯罪活动而向其出借款项的，不予法律保护；对夫妻一方以个人名义举债后用于个人违法犯罪活动，举债人就该债务主张按夫妻共同债务处理的，不予支持。实践中应当注意区分赌博与正常娱乐活动：（1）不以营利为目的，亲属之间进行带

有财物输赢的打麻将、玩扑克等娱乐活动，属于正常娱乐活动；亲属之外的其他人之间进行带有少量财物输赢的打麻将、玩扑克等娱乐活动，属于正常娱乐活动。（2）不以营利为目的，进行带有少量财物输赢的娱乐活动，以及提供棋牌室等娱乐场所只收取正常的场所和服务费用的经营行为等，不属于赌博。

（四）把握不同阶段夫妻债务的认定标准

依据有关夫妻共同财产制、分别财产制和债务偿还原则以及有关司法解释的规定，正确处理夫妻一方以个人名义对外所负债务问题。第一，夫妻在婚姻关系存续期间所得的下列财产，归夫妻共同所有：（1）工资、奖金；（2）生产、经营的收益；（3）知识产权的收益；（4）继承或赠与所得的财产，但遗嘱或赠与合同中确定只归夫或妻一方的财产除外；（5）其他应当归共同所有的财产。夫妻对共同所有的财产，有平等的处理权。第二，有下列情形之一的，为夫妻一方的财产：（1）一方的婚前财产；（2）一方因身体受到伤害获得的医疗费、残疾人生活补助费等费用；（3）遗嘱或赠与合同中确定只归夫或妻一方的财产；（4）一方专用的生活用品；（5）其他应当归一方的财产。第三，夫妻可以约定婚姻关系存续期间所得的财产以及婚前财产归各自所有、共同所有或部分各自所有、部分共同所有。约定应当采用书面形式。没有约定或约定不明确的，适用前述第一项、第二项的规定。夫妻对婚姻关系存续期间所得的财产以及婚前财产的约定，对双方具有约束力。夫妻对婚姻关系存续期间所得的财产约定归各自所有的，夫或妻一方对外所负的债务，第三人知道该约定的，以夫或妻一方所有的财产清偿。第四，离婚时，原为夫妻共同生活所负的债务，应当共同偿还。共同财产不足清偿的，或财产归各自所有的，由双方协议清偿；协议不成时，由人民法院判决。

（五）树立生存权益高于债权的理念

保护被执行夫妻双方基本生存权益不受影响，对夫妻共同债务的执行涉及夫妻双方的工资、住房等财产权益，甚至可能损害其基本生存权益的，应当保留夫妻双方及其所扶养家属的生活必需费用。执行夫妻名下住房时，应保障生活所必需的居住房屋，一般不得拍卖、变卖或抵债被执行人及其所扶养家属生活所必需的居住房屋。

（六）对虚假诉讼主体可适用妨碍民事诉讼的强制措施

夫妻一方与第三人串通伪造债务的虚假诉讼，应当对实施虚假诉讼的当事人、委托诉讼代理人和证人等，要加强罚款、拘留等对妨碍民事诉讼的强制措施的适用。对实施虚假诉讼的委托诉讼代理人，除依法制裁外，还应向司法行政部门、律师协会或者行业协会发出司法建议。对涉嫌虚假诉讼等犯罪的，应依法将犯罪的线索、材料移送侦查机关。

【典型案例】

单某远、刘某林诉胡某花、单甲、单乙法定继承纠纷案

原告：单某远、刘某林

被告：胡某花

被告：单甲、单乙

〔基本案情〕

原告单某远、刘某林因与被告胡某花、单甲、单乙发生法定继承纠纷，向江苏省连云港市中级人民法院提起诉讼。

原告单某远、刘某林诉称：其子单某兵因车祸死亡，遗留有家庭财产约300万元，均由单某兵的妻子、被告胡某花掌管，除去一半作为胡某花个人的财产，尚有约150万元的财产可以作为遗产分配，应由单某远、刘某林、胡某花、单甲、单乙等五位继承人均分，二原告应分得60万元左右。单某兵死亡后，原告多次与胡某花协商分割遗产，但未达成一致，请求法院依法作出判决。

被告胡某花辩称：首先，其所保管的单某兵遗产没有150万元。（1）单某兵死亡前，因买房、买车及经营生意欠下大量债务，其中一部分债务已由她以夫妻共同财产予以偿还；（2）单某兵死亡后，其经营的公司已不能营业，原告起诉中所列的公司财产（主要是化妆品）已基本报废；（3）单某兵死亡后的丧葬费用、修车费用等不少于20万元。以上三项均应从夫妻共同财产中扣除。其次，被告单甲、单乙系其与单某兵的子女，均尚未成年，需由其抚养。母子三人只能靠原夫妻共同财产生活，并无其他经济来源。二原告生活富足，不应与孙子女争夺遗产。

江苏省连云港市中级人民法院经审理查明：被继承人单某兵系原告单某远、刘某林之子，被告胡某花之夫，被告单甲、单乙之父。单某兵与胡某花于1987年10月26日结婚。2002年6月21日凌晨，单某兵因车祸死亡。此后，单某远、刘某林与胡某花因遗产继承问题发生纠纷，经多次协商未果，遂诉至法院。

对于单某兵死亡后遗留的夫妻共同财产，双方当事人共同认可的有：（1）位于连云港市新浦区“银城之都”×号楼102室的住宅1套及汽车库1间；（2）位于连云港市新浦区海连东路盐场医院东侧综合楼底层营业用房2间；（3）位于淮安市清河区太平东街××室住宅1套；（4）位于连云港市新浦区陇海步行中街××号楼××号底层营业用房1间；（5）车牌号为苏GB1×××的广州本田轿车1辆；（6）车牌号为苏GB5×××的长安小客车1辆；（7）化妆品公司34.5%的股份。以上财产均由胡某花保管。双方当事人对以上房产、车辆的价值存在争议，根据原告申请，一审法院委托连云港市价格认证中心进行评估。根据评估结果，法院确认以上房产、车辆共价值2601300元。

〔一审裁判理由与结果〕

江苏省连云港市中级人民法院认为，双方当事人对以下问题存在争议：（1）单某兵、胡某花所经营的某商场在单某兵死亡后尚存的财产数额；（2）某商场是否欠某银行货款；（3）某商场是否欠生物保健品公司货款；（4）单某兵生前是否欠贸易公司债务；（5）单某兵生前是否欠徐×生借款。

关于某商场在单某兵死亡后尚存的财产数额，原告单某远、刘某林称：单某兵死亡后，经化妆品公司和某商场会计对账，截至2002年6月30日，某商场库存商品价值904217.12元，应收账款245394.20元，现金183321.51元，合计1332923.23元。并提供了会计对账形成的《止2002年6月30日某商场收入、利润、流动资产一览表》（以下简称《对账表》）为证。在一审审理过程中，化妆品公司会计赵某香到庭作证，详细说明了当时同某商场会计侍某璋对账的情况及《对账表》的来历，并提供了当时侍某璋给其的2002年6月某商场的财务报表。被告胡某花辩称：原告方提供的《对账表》没有她本人签名，库存商品基本报废，相关财务报表已被她销毁。连云港市中级人民法院认为，胡某花未能按照法院的要求将某商场的会计侍×璋带到法庭，亦未能提供支持其诉讼主张的财务报表及库存商品报废的有关证据，根据民事诉讼相对优势证据原则，对胡某花所称某商场没有对账、库存不足、库存商品基本报废的辩解理由不予采纳，认定某商场在单某兵死亡后尚有财产1332923.23元。

关于某商场是否欠某银行货款的问题，被告胡某花称：单某兵生前经营某商场时，欠某银行货款486900元，她本人在单某兵死亡后已偿还货款235000元，尚欠251900元，并提供了某银行于2003年10月24日出具的证明，主张从单某兵遗产中扣除已偿还的该笔债务，并保留剩余债务份额。原告单某远、刘某林称胡某花所述与《对账表》不符，某商场对外没有债务。根据胡某花申请，连云港市中级人民法院前往某银行进行核实。经查，某银行现已更名为某公司，该公司称单某兵欠该公司48万余元化妆品货款，单某兵生前已还款25万余元，单某兵死亡后未再还款。该公司称没有详细账目可以提供，仅提供了1份《江苏连云港某商场记账簿》。连云港市中级人民法院认为，胡某花虽称单某兵生前经营某商场时欠某银行货款，她本人在单某兵死亡后已偿还货款235000元，但胡某花不能提供某商场的原始账目以证明该笔债务的存在；某公司虽证明单某兵生前已还款25万余元，在单某兵死亡后某商场未再偿还货款，但未向法院提供双方发生业务往来的详细账目，所提供的记账簿不能反映双方经济往来的真实情况，且该公司的证明内容与胡某花的陈述不一致。因此，现有证据不能充分证明该笔债务确实存在，不予认定。

关于某商场是否欠生物保健品公司货款的问题，被告胡某花称：单某兵生前经营某商场时，欠生物保健品公司货款354000元，她已于单某兵死亡后还款340000元，尚欠14000元，并提供了生物保健品公司于2003年10月24日出具的证明，主张从单某兵遗产中扣除已偿还的该笔债务，并保留剩余债务份额。原告单某远、刘某林称胡某花所述与《对账表》不符，某商场对外没有债务。经胡某花申请，连云港市中级人民法院前往生物保健品公司核实情况，该公司称单某兵欠该公司354000元化妆品货款，已经由胡某花在2003年10月24日用现金一次还款340000元，尚欠14000元。但该公司没有提供双方业务往来账目，称所有账目已经在2003年10月24日胡某花还款后销毁。此后，胡某花又向法院提供了生物保健品公司2003年10月24日出具的收款340000元的收条，但原告方认为已经超过举证期限而不予质证。在原告方要求胡某花提供偿还生物保健品公司340000元现金的来源时，胡某花的陈述前后矛盾。连云港市中级人民法院认为，胡某花不能提供某商场的原始账目证明该笔债务的存在，在法院核实情况时，生物保健品公司也未能提供双方发生业务往来的账目。胡某花所称偿还340000元货款的时间是在收到本案应诉通知和举证通知以后，其完全有条件提供与生物保健品公司的往来账目而未能提供，且其对于偿还该笔债务的现金来源的说法前后矛盾，仅凭其提供的生物保健品公司出具的证明和收条，不能充分证明该笔债务确实存在，故不予认定。

关于单某兵欠贸易公司债务的问题，被告胡某花称：单某兵生前欠贸易公司债务1190000元，并提供了2003年8月19日与贸易公司签订的协议，该协议约定以单某兵所有的连云港市新浦区海连东路盐场医院东侧综合楼底层营业用房、连云港市新浦区陇海步行中街××号楼××号底层营业用房冲抵债务，待条件成熟时办理过户手续，过户之前由胡某花使用，每月给付贸易公司租金11800元，租满12年该房屋归胡某花所有。原告单某远、刘某林对该协议不予认可，称该协议与《对账表》相矛盾，单某兵生前没有外债。经胡某花申请，连云港市中级人民法院前往贸易公司核实情况，因该公司总经理出国，公司其他人员称无法与其联系，与单某兵的合作是由总经理自己负责，有关合作合同、单某兵的借款手续等均由总经理保管。因无法对该笔债务进行核实，现有证据不能充分证明该笔债务确实存在，故不予认定。

关于单某兵是否欠徐某生借款的问题，被告胡某花称：为做化妆品生意，曾借其表哥徐某生现金200000元，并提供了借条，该借条载明："今借到徐某生大哥现金贰拾万元整，借款人：胡某花，2001年5月8日。"原告单某远、刘某林对此不予认可，称单某兵死亡前没有对外借款，且借条原件在胡某花手中，从借条内容来看是胡某花个人借款，与单某兵无关。连云港市中级人民法院认为，徐某生没有到庭，借条原件在胡某花手中，胡某花不能证明该笔借款现在仍然存在，且从借条内容看是胡某花个人借款，故对该笔债务不予认定。

综上，连云港市中级人民法院认定单某兵死亡后遗留的夫妻共同财产计3934223.23元，另有化妆品公司34.5%的股份及当期分红款270000元。从中扣除被告胡某花偿还的购车贷款268000元、修车款47916.6元，认定实有3888306.63元及化妆品公司34.5%的股份，其中一半（价值1944153.32元的财产及化妆品公司

17.25%的股份）应当作为单某兵的遗产。单某兵死亡后，继承开始，原告单某远、刘某林和被告胡某花、单甲、单乙作为单某兵的法定第一顺序继承人，均有权继承单某兵的遗产，单某兵的上述遗产应由五人均分，每人应得388830.66元的财产及化妆品公司3.45%的股份。二原告只主张分得其中600000元的财产，依法予以支持。法院认为，遗产分割应当有利于生产和生活的需要，并不损害遗产的效用。考虑到前述各项遗产均由胡某花使用和经营，且胡某花尚需抚养单甲、单乙，故前述各项遗产仍由胡某花继续使用、管理和经营为宜；二原告年龄较大，以分得现金为宜。据此，连云港市中级人民法院于2004年11月20日判决：

一、单某远、刘某林继承单某兵在化妆品公司6.9%的股份，胡某花于本判决生效之日起15日内给付单某远、刘某林现金60万元；

二、单甲、单乙各继承单某兵在化妆品公司3.45%的股份及12581元的现金，二人共同继承连云港市新浦区陇海步行中街××号楼××号底层营业用房，在单甲、单乙年满18周岁之前，以上财产由其法定代理人胡某花代为管理；

三、单某兵其余财产及化妆品公司20.7%的股份均归胡某花所有。

〔当事人上诉及答辩意见〕

一审宣判后，胡某花不服，向江苏省高级人民法院提出上诉，主要理由是：（1）一审认定单某兵死亡后尚存价值3888306.63元的夫妻共同财产及化妆品公司34.5%的股份缺乏事实依据；（2）一审对单某兵遗留的夫妻共同债务不予认定错误；（3）一审让被上诉人分得现金，让上诉人占有库存商品和应收账款，这种分割显失公正。请求二审法院撤销原判，依法改判。

被上诉人单某远、刘某林答辩称：（1）遗产作为财产，其金额应以评估结论为准，一审认定事实清楚；（2）一审关于某商场是否有债务的认定正确。上诉人如欠徐×生等人债务也是其个人债务，应由其个人来偿还。请求驳回上诉，维持原判。

〔二审查明的事实〕

江苏省高级人民法院经审理，确认了一审查明的事实。

二审的争议焦点为：（1）原审判决对单某兵死亡后遗留的夫妻共同财产价值的认定是否正确；（2）上诉人胡某花关于单某兵生前遗留债务的主张是否成立；（3）原审判决对遗产的分割方式是否公平合理。

〔二审裁判理由与结果〕

江苏省高级人民法院认为：

首先，一审判决对单某兵死亡后遗留的夫妻共同财产价值的认定，有评估报告等证据予以证明。上诉人胡某花虽持异议，但未能举出确有证明作用的证据，故对其该项上诉主张不予支持。

其次，上诉人胡某花虽主张单某兵生前遗留有债务，但未能举证证明这些债务真实存在，且属夫妻共同债务，故其该项上诉理由也不能成立。关于胡某花向徐×生的借款是否为夫妻共同债务的问题，胡某花在二审时提交了江苏省南京市雨花台区人民法院（2005）雨民一初字第28号民事判决书（系在本案一审判决后作出），该判决书虽然载明"此案系民间借贷纠纷，因被告胡某花经传票传唤无正当理由拒不到庭，法院遂依据原告徐某生的陈述以及借条等证据认定该笔债务为夫妻共同债务，判决由胡某花向徐某生偿还人民币20万元"，亦不足以在本案中证明胡某花向徐某生的借款是夫妻共同债务。该判决为处理夫妻对外债务关系，将胡某花对徐某生的借款认定为单某兵与胡某花的夫妻共同债务并无不当，也符合《婚姻法司法解释二》第24条之规定。但前述规定的本意是通过扩大对债权的担保范围，保障债权人的合法利益，维护交易安全和社会诚信，故该规定一般只适用于对夫妻外部债务关系的处理，在处理涉及夫妻内部财产关系的纠纷时，不能简单地依据该规定，将夫或妻一方的对外债务认定为夫妻共同债务，其他人民法院依据该规定作出的关于夫妻对外债务纠纷的生效裁判，也不能当然地作为处理夫妻内部财产纠纷的判决依据，主张夫或妻一方的对外债务属于夫妻共同债务的当事人仍负有证明该项债务确为夫妻共同债务的举证责任。本案中，由于单某兵已经死亡，该笔债务是否认定为夫妻共同债务会直接影响其他继承人的权益，胡某花应就其关于该笔借款属夫妻共同债务的主张充分举证。根据现有证据，胡某花提供的借条的内容不能证明该笔借款系夫妻共同债务，且在本案一审期间，亦即南京市雨花台区人民法院（2005）雨民一初字第28号民事判决作出之前，该借条不在债权人手中，反被作为债务人的胡某花持有，有违常情。鉴于二审中胡某花不能进一步举证证明该笔债务确系夫妻共同债务，故对其该项上诉主张不予支持。

其三，原审判决以查明事实为基础，综合考虑各继承人的实际情况，将除一处营业用房外的各项遗产判归上诉人胡某花继续管理使用，判决被上诉人单某远、刘某林分得现金，这种对遗产的分割方式既照顾到各继承人的利益，又不损害遗产的实际效用，并无不当。故对胡某花的该项上诉请求不予支持。

综上，江苏省高级人民法院认为原判认定事实清楚，适用法律正确，依照《中华人民共和国民事诉讼法》第153条第1款第1项之规定，于2005年5月15日判决：

驳回上诉，维持原判。

规则 11：夫妻一方具有与第三人恶意串通、通过虚假诉讼虚构婚内债务嫌疑的，该夫妻一方单方自认债务，并不必然免除“出借人”对借贷关系成立并生效的事实应承担的举证责任

——赵某诉项某敏、何某琴民间借贷纠纷案[①]

【裁判规则】

1. 夫妻一方具有和第三人恶意串通、通过虚假诉讼虚构婚内债务嫌疑的，该夫妻一方单方自认债务，并不必然免除“出借人”对借贷关系成立并生效的事实应承担的举证责任。

2. 借款人配偶未参加诉讼且出借人及借款人均未明确表示放弃该配偶可能承担的债务份额的，为查明案件事实，应依法追加与案件审理结果具有利害关系的借款人配偶作为第三人参加诉讼，以形成实质性的对抗。

3. 出借人仅提供借据佐证借贷关系的，应深入调查辅助性事实以判断借贷合意的真实性，如举债的必要性、款项用途的合理性等。出借人无法提供证据证明借款交付事实的，应综合考虑出借人的经济状况、资金来源、交付方式、在场见证人等因素判断当事人陈述的可信度。对于大额借款仅有借据而无任何交付凭证、当事人陈述有重大疑点或矛盾之处的，应依据证据规则认定“出借人”未完成举证义务，判决驳回其诉讼请求。

【规则理解】

一、当事人自认的内涵与效力

（一）当事人自认的内涵

民事诉讼法上的当事人自认，是指在诉讼中一方当事人就另一方当事人所主张的不利于自己的事实的承认。具体包括：（1）一方当事人就另一方当事人所主张的事实直接承认。（2）对一方当事人陈述的事实，另一方当事人既未表示承认也未否认，经审判人员充分说明并询问后，其仍不明确表示肯定或者否定的，视为对该项事实的承认。（3）当事人委托代理人参加诉讼的，代理人的承认视为当事人的承认。但未经特别授权的代理人对事实的承认直接导致承认对方诉讼请求的除外，当事人在场但对其代理人的承认不作否认表示的，视为

① 《中华人民共和国最高人民法院公报》2014 年第 12 期。

当事人的承认。

（二）当事人自认的效力

对于当事人自认的法律效力，《民事诉讼法》有明确规定。《最高人民法院关于适用〈中华人民共和国民事诉讼法〉的解释》第92条第1款规定："一方当事人在法庭审理中，或者在起诉状、答辩状、代理词等书面材料中，对于己不利的事实明确表示承认的，另一方当事人无需举证证明。"2020年5月1日起施行的《最高人民法院关于民事诉讼证据的若干规定》第3条规定："在诉讼过程中，一方当事人陈述的于己不利的事实，或者对于己不利的事实明确表示承认的，另一方当事人无需举证证明。在证据交换、询问、调查过程中，或者在起诉状、答辩状、代理词等书面材料中，当事人明确承认于己不利的事实的，适用前款规定。"第9条第1款规定："有下列情形之一，当事人在法庭辩论终结前撤销自认的，人民法院应当准许：（一）经对方当事人同意的；（二）自认是在受胁迫或者重大误解情况下作出的。"根据上述规定，对于当事人自认的事实，对方当事人可以免除举证责任，当事人不得在之后的诉讼中随意否认，人民法院可以不再对自认事实进行调查核实而予以确认。即当事人自认不但对自己产生约束力，对法院也产生相应拘束力。原则上，当事人对于己不利的事实予以自认，人民法院应当确认该事实，这既是法律的规定，也是当事人意思自治原则、处分原则的具体体现。

需要注意的是，当事人自认产生免除对方举证责任需要符合以下条件：（1）当事人自认发生于诉讼过程中。（2）应当向人民法院明确表示的自认。首先指自认是向人民法院作出的自认，其次该自认应通过明确的意思表示作出。（3）自认应当是当事人真实意思表示。自认是在受胁迫或者重大误解情况下作出的，当事人可以在法庭辩论终结前撤销。（4）自认不得与公共利益或者他人利益相冲突，不得违背法律法规的强制性规定。

二、人民法院对当事人自认的审查

一方面，当事人自认规则的适用是当事人意思自治、权利处分原则的体现。另一方面，民事诉讼中虚假诉讼不断发生，损害他人合法权益，破坏社会诚信，也扰乱正常的诉讼秩序，损害司法权威和司法公信力，在此情形下，当事人的意思自治、权利处分，应当受到案外人合法权益和公共利益的限制。为此，《最高人民法院关于适用〈中华人民共和国民事诉讼法〉的解释》第92条第2款、第3款规定："对于涉及身份关系、国家利益、社会公共利益等应当由人民法院依职权调查的事实，不适用前款自认的规定。自认的事实与查明的事实不符的，人民法院不予确认”；第 96 条规定，涉及可能损害国家利益、社会公共利益，当事人有恶意串通损害他人合法权益可能的，以及涉及依职权追加当事人、中止诉讼、终结诉讼、回避等程序性事项的证据，人民法院应当调查收集。即《民事诉讼法》已明确规定，涉嫌虚假诉讼，或者损害国家利益、社会公共利益的，人民法院可以不适用自认规则，且应当调查取证。《最高人民法院关于民事诉讼证据的若干规定》第 8 条也明确规定：“《最高人民法院关于适用〈中华人民共和国民事诉讼法〉的解释》第九十六条第一款规定的事实，不适用有关自认的规定。自认的事实与已经查明的事实不符的，人民法院不予确认。”可见，民事诉讼法在规定一方当事人陈述的于己不利的事实，对方当事人无需举证证明的同时，也对不适用自认规则的情形进行了明确规定。

三、涉及夫妻债务认定中虚假诉讼的防范

人民法院在处理涉及夫妻内部财产关系的纠纷时，不能简单依据夫或妻一方自认确定夫妻共同债务，其他人民法院作出的关于夫妻对外债务纠纷的生效裁判，也不能当然地作为处理夫妻内部财产纠纷的判决依据，主张夫或妻一方的对外债务属于夫妻共同债务的当事人仍负有证明该项债务确为夫妻共同债务的举证责任。

原则上，对于当事人自认的事实，人民法院应当认定。但是，夫妻债务认定中，一方面出现夫妻双方“假离婚、真逃债”的现象，另一方面也出现不少夫妻一方伪造债务，损害配偶一方利益的情形。后者具体又可有两种情形：(1) 债权人仅起诉夫妻一方，该方取得确认债权债务的生效法律文书后，以此为依据在离婚诉讼中要求作为共同债务分配。(2) 债务人同时起诉夫妻双方，名义借款人一方对借款事实予以认可，但认为应作为共同债务由夫妻共同清偿。人民法院审理类似案件中，发现夫妻一方具有和第三人恶意串通，通过虚假诉讼虚增债务嫌疑的，该夫妻一方单方自认债务，不必然免除债权人对借贷事实的举证责任，债权人仍应就借贷事实存在承担举证责任。司法实践中，应特别注意识别该类虚假诉讼。

民间借贷纠纷中，当事人企图利用虚假诉讼损害配偶一方利益的情形比较突出。对此，《最高人民法院关于审理民间借贷案件适用法律若干问题的规定》第 18 条规定：“人民法院审理民间借贷纠纷案件时发现有下列情形之一的，应当严格审查借贷发生的原因、时间、地点、款项来源、交付方式、款项流向以及借贷双方的关系、经济状况等事实，综合判断是否属于虚假民事诉讼：(一) 出借人明显不具备出借能力；(二) 出借人起诉所依据的事实和理由明显不符合常理；（三）出借人不能提交债权凭证或者提交的债权凭证存在伪造的可能；（四）当事人双方在一定期限内多次参加民间借贷诉讼；（五）当事人无正当理由拒不到庭参加诉讼，委托代理人对借贷事实陈述不清或者陈述前后矛盾；（六）当事人双方对借贷事实的发生没有任何争议或者诉辩明显不符合常理；（七）借款人的配偶或者合伙人、案外人的其他债权人提出有事实依据的异议；（八）当事人在其他纠纷中存在低价转让财产的情形；（九）当事人不正当放弃权利；（十）其他可能存在虚假民间借贷诉讼的情形。”

最高人民法院民一庭认为，如果在审理案件中存在下列情形就要提防是否涉嫌虚假诉讼：(1）原、被告双方对借据无异议的所谓“手拉手”式诉讼，即被告一方对原告一方的诉讼请求不持任何异议，迅速达成调解意向；(2）被告下落不明或者拒不应诉，代理人对借贷事实语焉不详；(3）当事人对借款事实叙述不清，陈述内容前后矛盾；(4）大额诉讼，仅有一张借据或欠据，没有任何支付凭证；(5）借款人资不抵债或涉及多起诉讼，而坚持与出借人轻易达成调解意向；(6）出借人只起诉担保人不起诉债务人的；(7）原告或被告在其他案件中曾有虚假诉讼、恶意诉讼的。①

在离婚案件或者涉及配偶一方利益的案件中，人民法院应注重对借款事实的实质审查，出借人仅提供借据佐证借贷关系的，应深入调查辅助性事实以判断借贷合意的真实性，如举债的必要性、款项用途的合理性等。出借人无法提供证据证明借款交付事实的，应综合考虑出借人的经济状况、资金来源、交付方式、在场见证人等因素判断当事人陈述的可信度。对于大额借款仅有借据而无任何交付凭证、当事人陈述有重大疑点或矛盾之处的，应依据证据规则认定出借人未完成举证义务，判决驳回其请求。

【拓展适用】

一、债务人配偶的诉讼地位

在涉及夫妻共同债务的诉讼中，债务人配偶的诉讼地位可为共同被告，也可为第三人。

（一）共同被告

共同诉讼是指当事人一方或双方为二人以上，诉讼标的共同或者属于同一种类，法院认为可以合并审理并经当事人同意的诉讼形态。在共同诉讼中，复

---

① 最高人民法院民事审判第一庭编：《民间借贷纠纷裁判思路与裁判规则》，法律出版社2016年版，第534页。

数当事人即为共同诉讼人。原告一方为二人以上的，称为共同原告；被告一方为二人以上的，称为共同被告。[①] 债权人同时起诉夫妻双方，要求双方共同清偿债务的，夫妻双方为共同被告。由于夫妻双方对诉讼标的有共同的权利义务，根据《民事诉讼法》的规定，夫妻一方的诉讼行为经配偶承认，对配偶发生效力。

（二）第三人

关于第三人的概念，国内学术界一般引用《民事诉讼法》的规定，即对当事人双方的诉讼标的有独立请求权的，为有独立请求权的第三人；对当事人双方的诉讼标的虽然没有独立请求权，但案件处理结果同他有法律上的利害关系的，为无独立请求权的第三人。在债权人起诉名义债务人的案件中，如果债务人配偶未参加诉讼且债权人、名义债务人均未明确表示放弃该配偶可能承担的债务份额的，基于夫妻共同财产制，案件处理结果与配偶一方存在法律上利害关系。因此，人民法院应当依法追加与案件审理结果具有利害关系的借款人配偶作为第三人参加诉讼，以形成实质性的对抗。

二、夫妻共同债务举证责任分配的探讨

（一）举证责任分配的一般规定

举证责任，是指当事人对自己的主张负有提出证据加以证明，以及如果不能证明，应当承担不利后果的责任，包括两方面的含义：（1）行为责任，即证据由谁提出；（2）结果责任，即如果证明不了，谁来承担不利后果。[②] 根据《民事诉讼法》关于“当事人对自己提出的主张，有责任提供证据”的规定，我国《民事诉讼法》关于举证责任负担的一般原则为“谁主张，谁举证”，即凡主张权利或者法律关系存在的当事人应对产生权利或者法律关系的事实负证明责任，凡主张原来存在的权利或者法律关系变更或者消灭的当事人应就变更或者消灭的事实负证明责任，如果当事人不能提供证据证明其主张的，应当承担败诉的法律风险。以上是对举证责任的一般规定。

在某些特别的情况下，如果按照“谁主张，谁举证”的规则分配举证责任，结果将与公平正义的价值严重冲突时，法律规定举证责任由对方当事人负担，如高危作业致人损害的侵权诉讼、因环境污染引起的损害赔偿诉讼等特殊侵权诉讼中，法律明确规定不适用“谁主张，谁举证”的原则，而适用举证责

---

① 赵钢、占善刚、刘学在：《民事诉讼法》，武汉大学出版社2010年版，第128页。

② 张淑兰主编：《民事诉讼法学》，中国政法大学出版社1999年版，第168页。

任倒置的原则。

（二）夫妻共同债务举证责任分配的探讨

在债权人起诉请求夫妻共同偿还债务的案件中，债权人主张夫妻所欠债务为共同债务，基于“谁主张，谁举证”的原则，债权人本应就其债权客观真实存在，即该债务为夫妻共同债务承担举证责任。如果按照这一标准，债权人除了必须证明债权客观真实外，还须证明以下事实中的一种：其一，证明夫妻二人有举债的合意，共同参与了借债的行为。其二，证明债务系在婚姻关系存续期间为家庭日常生活需要所负。其三，证明债务确系用于夫妻共同生活、共同生产经营或者基于夫妻双方共同意表示发生。在此基础上，非以自己名义借债的一方需举证证明其不是债务人，以反驳债权人的主张，其反驳的事实可以是债权人与债务人明确约定了该债务为个人债务，或者债权人明知夫妻约定财产各自所有等。

第一，在债权债务关系发生之时，债权人相对于债务人的配偶一方而言处于优势地位。虽然一般而言，夫妻共同生活，应当对彼此的情况更为了解，但是，即使共同生活，夫妻仍是彼此独立的民事主体，其仍有各自独立的空间，况且，随着思想观念的变化，夫妻之间各自从事自己事业的情况亦越来越多，彼此并不一定完全了解对方经济上的情况，故对于夫或妻以一方名义所负的债务，配偶一方可能完全不知情，其完全无法防范风险。而债权人对于债权债务的发生却是知情的，如果其认为有必要由夫妻共同偿还该债务，完全可以采取要求债务人配偶一方签字的方式来防范风险，达到要求夫妻共同偿还债务的目的。

第二，在债权债务关系发生之时，一般情况下，债权人相对于债务人而言具有优势地位，如果债权人要求债务人提供其配偶一方同意借债，并愿意一起承担责任的要求，债务人一般可予以接受。除非，债务人明知该债务其配偶一方不可能同意，或者其有意隐瞒其配偶一方，如果真是如此，则配偶一方根本没有参与借债的意愿，也没有借债的行为，其不应对该行为承担责任。况且，如果债务人不愿配合取得配偶一方对该债务的认可，债权人就应知道该债务配偶一方并不知情，或不予认可。债权人亦可选择是否与债务人之间形成债权债务关系。

第三，配偶一方对于债权人与债务人之间的债权债务关系完全可能不知情，更难以清楚债权人与债务人之间是否明确约定为个人债务。对于债权人与债务人之间的约定，债务人的配偶不清楚，特别是在债务人有意与债权人串通伪造共同债务的情况下，不论是债权人还是债务人都不可能承认他们之间的约定。而关于夫妻约定财产各自所有方面，“债权人知道”系主观态度，我国法律亦不要求夫妻就财产制度进行公示，债务人的配偶很难证明债权人知道夫妻已经约定财产归各自所有。因此，应当由债权人提供证据证明债务为夫妻共同债务。在债权提供证据的情况下，才由配偶一方提供反驳证据，证明债务为举债一方个人债务而不是共同债务。

第四，根据原《婚姻法》的规定，如果夫妻并未实行分别财产制度，债权人与债务人也没有明确约定为个人债务，但有其他证据证明该债务不可能是为共同生活所负，亦不应认定为夫妻共同债务。例如，夫妻感情不和，已经长期分居，此时夫或妻一方所借债务便不宜直接认定为共同债务，或者夫或妻一方借钱是为了去参与赌博，则该债务如由夫妻共同偿还亦为不妥。因此，最高人民法院对原《婚姻法司法解释二》第24条增加了两款除外情形，即“夫妻一方与第三人串通，虚构债务，第三人主张权利的，人民法院不予支持。夫妻一方在从事赌博、吸毒等违法犯罪活动中所负债务，第三人主张权利的，人民法院不予支持。”《民法典婚姻家庭司法解释（一）》第34条吸收上述规定，并予以明确：“夫妻一方与第三人串通，虚构债务，第三人主张该债务为夫妻共同债务的，人民法院不予支持。夫妻一方在从事赌博、吸毒等违法犯罪活动中所负债务，第三人主张该债务为夫妻共同债务的，人民法院不予支持。”

三、另案生效裁判文书对夫妻内部债务分配的效力

在夫妻内部关于共同债务的分配中，另案生效裁判文书并不必然对夫妻双方具有拘束力。

（一）程序上的效力

在涉及第三人的案件中，人民法院就是否属于夫妻二人的共同债务作出判决，夫妻双方相互之间能否就债务问题再行起诉，人民法院是否应基于“一事不再理”的原则驳回原告起诉？司法实践中具有不同做法。有法院认为，根据“一事不再理原则”驳回原告的诉讼主张；也有法院认为，夫妻双方对外形成的生效文书确认的是双方对外债务的负担问题，不同于夫妻内部债务的分配问题，因为夫妻就债务分担问题提起诉讼不违反“一事不再理”的原则。笔者认为，另案生效裁判文书对夫妻双方诉讼并不必然具有既判力。

1. 如果夫妻二人均参加了诉讼，且配偶一方提出了主张。（1）配偶主张债务不属实，或不属于夫妻共同债务，其不应承担清偿责任。此时，配偶的主张仍是对外而言，并不涉及夫妻内部份额问题。因此，即使人民法院查明债务属实，并属于共同债务，应由夫妻共同偿还。夫或妻一方仍可就该债务的内部分担问题提起诉讼，此时，案件原被告分别为夫妻二人，而非另案中的夫妻二人

与第三人。审理的事情并非债务是否属实或是否属于共同债务，而是夫妻相互之间的债务分担份额问题，即两案的当事人和待审理的事实并不相同，因此夫妻相互间提起诉讼并不违反“一事不再理的原则”。（2）配偶不但提起了诉讼，且主张根据夫妻内部协议其不应负担债务，或虽应对外承担债务，但根据内部协议最终应由另一方承担债务。此时配偶提出的主张与债权人提出的主张并非基于同一事实与法律关系，但两者相互关联，人民法院可以合并审理。如果人民法院对此进行了审理，且作出了判决，则配偶主张的事实和法律关系实际已经在该案中得到审理与判决，配偶一方不得基于同样的事实和理由再行起诉。

2. 配偶一方未参加诉讼。如果配偶未参加该案诉讼，则其主张无法在该案中得到体现，人民法院也不会主动审查夫妻二人之间的债务分担问题，则该案对配偶一方并不具备既判力。配偶一方基于内部债务分担问题再行起诉的，不违反“一事不再理”的原则，人民法院应当受理。

（二）实体上的效力

在第三人作为债权人起诉夫妻双方或夫妻一方的案件中，人民法院基于对该案事实的审查，可作出由夫妻二人共同清偿，或夫妻一人清偿的判决结果，该判决结果对夫妻内部的财产分割是否具有既判力？

由于夫妻共同债务应区分对外效力与对内效力，因此，人民法院在第三人与夫妻双方或者夫妻一方的债权债务纠纷中对债务性质的认定以及清偿的判决并不必然对夫妻内部债务分担具有既判力。对外而言，属于夫妻共同债务的，夫妻双方应对第三人承担共同清偿责任；但对内而言，夫妻可能基于双方的约定由其中一方最终承担债务。反之，一方个人债务，应由一方对债权人承担责任，但也不排除夫妻基于婚前或婚后的约定由双方共同承担。况且，在仅有夫妻一方参与的诉讼中，不能排除夫妻一方与第三人恶意串通损害配偶一方利益的情形，因此，另案生效文书对于夫妻双方内部债务的分担并不必然具有拘束力。根据《最高人民法院关于适用〈中华人民共和国民事诉讼法〉的解释》第93条的规定，已为人民法院发生法律效力的裁判所确认的事实，当事人无须举证，对方当事人有相反证据足以推翻的除外。因此，夫妻离婚时就债务分担问题提起诉讼，另案生效文书可以作为证据在离婚诉讼中提出，人民法院应对该证据进行实质性审查。

基于上述同样的理由，人民法院关于夫妻相互间债务分割作出的生效判决或者夫妻关于债务分配的离婚协议同样不能对抗第三人。当事人的离婚协议或者人民法院的判决书、裁定书、调解书已经对夫妻财产分割问题作出处理的，债权人仍有权就夫妻共同债务向男女双方主张权利。但一方就共同债务承担连带清偿责任后，可以基于离婚协议或者人民法院的法律文书向另一方追偿。

四、夫妻一方对外提供担保所形成的债务是否属于夫妻共同债务

对于婚姻关系存续期间，夫妻一方对外提供担保所形成的债务是否属于共同债务。司法实践中亦存在不同做法。有观点认为，根据原《婚姻法司法解释二》第24条的规定，除非担保人与债权人明确约定系个人债务，或者夫妻之间系分别财产制，且债权人知道这一情形的，均应认定为夫妻共同债务。也有观点认为，现实生活中经常出现夫妻一方为他人无偿提供担保，且担保的债务与家庭共同生活无关。因此，不宜直接认定上述情形之外的担保均为夫妻共同债务。对于该问题，最高人民法院民一庭对福建省高级人民法院关于再审申请人宋某、叶某与被申请人叶某某及一审被告陈某、李某民间借贷纠纷案的请求答复如下："同意你院审判委员会多数意见，即夫妻一方对外担保之债不应当适用《最高人民法院关于适用〈中华人民共和国婚姻法〉若干问题的解释（二）》第24条的规定认定为夫妻共同债务"。[①]

《民法典》第1064条对夫妻共同债务进行了明确规定："夫妻双方共同签名或者夫妻一方事后追认等共同意思表示所负的债务，以及夫妻一方在婚姻关系存续期间以个人名义为家庭日常生活需要所负的债务，属于夫妻共同债务。夫妻一方在婚姻关系存续期间以个人名义超出家庭日常生活需要所负的债务，不属于夫妻共同债务；但是，债权人能够证明该债务用于夫妻共同生活、共同生产经营或者基于夫妻双方共同意思表示的除外。"根据该规定，夫妻一方以个人名义对外的负债务一般不宜直接认定为夫妻共同债务。司法实践中，夫妻对外提供担保所形成的债务是否属于夫妻共同债务应根据以下因素判断：（1）夫妻双方是否有举债的合意；（2）夫妻双方是否有对外提供担保的合意；（3）所担保的债务是否与家庭生活有关或者相应对价用于夫妻共同生活、共同生产经营。

【典型案例】

赵某诉项某敏、何某琴民间借贷纠纷案

原告：赵某

被告：项某敏、何某琴

---

① 《最高人民法院民一庭关于夫妻一方对外担保之债能否认定为夫妻共同债务的复函》（［2015］民一他字第9号）。

〔基本案情〕

原告赵某因与被告项某敏、何某琴发生民间借贷纠纷，向上海市长宁区人民法院提起诉讼。

原告赵某诉称：原告与被告项某敏系朋友关系。2007 年 7 月 20 日，项某敏以装修房屋为由向其借款人民币 20 万元，双方约定以年利率 5%计息，期限为两年。当日，原告从家中保险柜中取出现金 20 万元，步行至项某敏经营的干洗店内向其交付借款，项某敏当场出具借条。2009 年 7 月 23 日，项某敏在原告的催讨下支付利息 2 万元，并请求延长借款期限两年。2011 年 7 月 27 日，原告再次向项某敏催讨借款，但其仍未能还款。原告认为，因本案借款系项某敏向其所借，借条和催款通知单亦由项某敏签名确认，故其仅起诉项某敏。至于被告何某琴是否应当承担共同还款责任，其不予表态。请求法院判令项某敏归还借款 20 万元，并以 20 万元为本金，支付自 2009 年 7 月 23 日起至判决生效之日止按照年利率 5%计算的利息。

被告项某敏辩称：对原告赵某诉称的事实均无异议，但其目前无力归还借款。至于涉案借款的用途，其中 10 万借款用于装修两被告名下房屋，另外 10 万元于 2007 年 8 月 2 日用于提前偿还购买该房屋时的银行贷款。因此，涉案借款是夫妻共同债务，应由两被告共同偿还。

被告何某琴辩称：首先，原告赵某主张的借款事实不存在。两被告在 2007 年期间自有资金非常充裕，无举债之必要。原告提供的借条是项某敏事后伪造的，何某琴原已申请对该借条的实际形成时间进行鉴定，但因不具备鉴定条件而无法进行。且原告当时并不具备出借 20 万元的经济能力，其也未提供任何借款交付证据。其次，何某琴对原告主张的借款始终不知情。两被告于 2009 年 6 月 18 日签订协议书，约定对外债务任何一方不确认则不成立。故该笔借款即使存在，也应当是项某敏的个人债务。再次，两被告于 2005 年 9 月 20 日结婚，2010 年 7 月开始分居。何某琴曾分别于 2010 年 8 月 25 日、2011 年 5 月 12 日向法院提起离婚诉讼。在这两次诉讼中，项某敏均未提及本案借款。目前，两被告的第三次离婚诉讼已在审理中。然而，除本案系争债务以外，另有两位债权人突然诉至法院要求归还借款。显然，本案是原告和项某敏通过恶意串通，企图转移财产的虚假诉讼，应追究两人的法律责任。

上海市长宁区人民法院经审理查明：

原告赵某与被告项某敏系朋友关系，两被告系夫妻关系，于 2005 年 9 月 20 日登记结婚。项某敏向原告出具落款日期为 2007 年 7 月 20 日的《借条》一张，载明："今我项某敏向赵某借人民币 200000 元正（贰拾万元正），于 2009 年 7 月 20 日前归还，利息按 5%计算"，落款处由项某敏以借款人身份签名。后原告书写一份《催款通知单》，载明："今项某敏向赵某借款（贰拾万元正），于 2009 年 7 月 20 日前归还，但已超过期限，至今没还，特此向项某敏催讨借款"，落款日期为 2009 年 7 月 23 日。项某敏在该份《催款通知单》上加注："我知道，因经营不善无钱归还，恳求延长两年，利息照旧”。此后，原告再次书写一份《催款通知单》，载明：“今项某敏借赵某贰拾万元正，经多次催款至今没还，特此向项某敏再次催讨借款及利息”，落款日期为2011年7月27日。项某敏则在该份《催款通知单》上加注：“因经营不善无钱归还，恳求延长两年，利息照旧”，并签署其姓名。

另查明，2007年7月19日，被告项某敏名下账号为1001×××××××××××3366的中国工商银行账户内余额为167545.34元。2007年8月2日，项某敏自上述银行账户内支取100000元。当日，项某敏向中国建设银行偿还个人购房贷款100000元。

再查明，2009年6月18日，两被告签署《协议书》一份，确认双方生意经营、房产状况、房屋贷款等事宜，未涉及本案系争借款。双方同时约定“其他债务事宜，双方任何一方不确认则不成立”。2010年7月，两被告开始分居。2010年9月28日、2011年6月1日，何某琴分别起诉至上海市长宁区人民法院，要求与项某敏离婚。上述两案诉讼过程中，项某敏均未提及本案系争借款，后该两次离婚诉讼均经调解不予离婚。2012年8月31日，何某琴第三次起诉要求与项某敏离婚，目前该案正在审理中。

上述事实，有原告赵某提供的、落款日期为2007年7月20日的借条、2009年7月23日的《催款通知单》、2011年7月27日的《催款通知单》，被告项某敏提供的中国建设银行《个人贷款还款凭证》、被告何某琴提供的2009年6月18日两被告《协议书》、2010年10月13日法院调解笔录、2011年6月1日法院调解笔录、上海市长宁区人民法院依职权调取的被告项某敏名下账号为1001×××××××××××2009的中国工商银行账户交易明细以及双方当事人的当庭陈述在案佐证，足以认定。

〔一审裁判理由与结果〕

本案的争议焦点为：原告赵某与被告项某敏之间的借贷关系是否成立并生效以及在此前提之下被告何某琴是否负有还款义务。

上海市长宁区人民法院一审认为：根据民事诉讼证据规则，在合同纠纷案件中，主张合同关系成立并生效的一方当事人对合同订立和生效的事实承担举证责任。同时，根据《合同法》的规定，自然人之间的借款合同，自贷款人提供借款时生效。故原告赵某主张其与被告项某敏之间存在有效的借款合同关系，其应就双方之间存在借款的合意以及涉案借款已实际交付的事实承担举证责任。现原告提供《借条》意在证明其与项某敏之间存在借款的合意。关于借款交付，其主张因其无使用银行卡的习惯，故家中常年放置大量现金，200000元系以现金形式一次性交付给项某敏。对于原告的上述主张，被告项某敏均表示认可，并称其收到借款后同样以现金形式存放，并于2007年8月2日以其中的10万元提前归还房屋贷款。被告何某琴则明确否认涉案借款的真实性。

本案中，首先，原告赵某在本案中虽表示向被告项某敏主张还款，但项某敏辩称涉案借款用于两被告夫妻共同生活，应由两被告共同偿还。事实上，经法院调查，在两被告的第三次离婚诉讼中，项某敏也始终将本案借款作为夫妻共同债务要求何某琴承担相应的还款责任。基于本案处理结果与何某琴有法律上的利害关系法院依法将其追加其为第三人参加诉讼。后因项某敏的上述抗辩，原告申请追加何某琴为被告。在此过程中，原告及项某敏一再反对何某琴参加本案诉讼，不仅缺乏法律依据，亦有违常理。何某琴作为本案被告以及利害关系人，当然有权就系争借款陈述意见并提出抗辩主张。

其次，基于两被告目前的婚姻状况以及利益冲突，被告项某敏对系争借款的认可，显然亦不能当然地产生两被告自认债务的法律效果。并且，项某敏称其于2007年8月2日用涉案借款中的100000元提前归还房贷。然而，经法院依职权调查，项某敏银行交易记录却显示当天有100000元存款从其名下银行账户支取，与其归还的银行贷款在时间、金额上具有对应性。此外，项某敏银行账户在同期存有十余万元存款，其购房银行贷款也享有利率的七折优惠，再以5%的年利率向他人借款用以冲抵该银行贷款，缺乏必要性和合理性。本案于2013年3月7日开庭时，项某敏经法院合法传唤明确表示拒绝到庭。上述事实和行为足以对项某敏相关陈述的真实性产生怀疑。故基于以上原因，原告赵某仍需就其与项某敏之间借贷关系成立并生效的事实，承担相应的举证义务。

最后，原告赵某自述其名下有多套房产，且从事经营活动，故其具有相应的现金出借能力。但其亦表示向被告项某敏出借200000元时，其本人因购房负担着巨额银行贷款。为此，法院给予原告合理的举证期限，要求其提供相应的证据证明其资产状况和现金出借能力，并释明逾期举证的法律后果。嗣后，原告明确表示拒绝提供相应的证据。法院认为，原告明确表示放弃继续举证权利，而其提供的现有证据亦并未能证明涉案借款的交付事实以及原告本人的资金出借能力，其陈述的借款过程亦不符合常理，故应承担举证不能的法律后果。对于原告的诉讼请求，法院依法不予支持。至于项某敏个人对涉案借款的认可，因其与原告之间对此并无争议，其可自行向原告清偿，法院对此不予处理。

据此，依照《合同法》第196条、第210条、《民事诉讼法》第144条、《最高人民法院关于民事诉讼证据的若干规定》第2条、第5条之规定，上海市长宁区人民法院于2013年4月19日判决如下：

驳回原告赵某的全部诉讼请求。

案件受理费人民币4300元，由原告赵某负担。

一审判决后，双方均未提起上诉，该判决已经发生法律效力。

第八章 赡 养

规则 12：子女对父母赠与的房屋行使物权，将损害父母生活的，人民法院不予支持

——刘某诉刘某某、周某共有房屋分割案①

【裁判规则】

父母出资购房将产权登记在子女名下，具有赠与性质。子女不仅应在物质上赡养父母，也应在精神上慰藉父母，努力让父母安宁、愉快地生活。子女对父母赠与的房屋依《民法典》物权编行使物权，将损害父母生活的，人民法院可依《民法典》总则编的规定不予支持。

【规则理解】

一、我国关于对老年人赡养的主要法律规定

随着世界范围内老龄化的突出，老年人的生活日益成为世界各国的一大社会问题。我国自古以来讲究子女孝顺父母，讲究“百善孝为先”，孝道是我国古代文化中极为突出的文化，也是我国古代法律文化的重要理论基础。时至今日，家庭赡养依然是我国老年人生活的基本保障，子女赡养父母既是中华民族的传统美德，也是我国现行法律的明确规定。

1.《宪法》第 49 条第 3 款规定：“成年子女有赡养扶助父母的义务。”这是我国根本大法对于子女赡养义务的规定。

2.《民法典》第 26 条第 2 款规定：“成年子女对父母负有赡养、扶助和保护的义务”；第 1043 条规定：“……家庭成员应当敬老爱幼，互相帮助，维持平等、和睦、文明的婚姻家庭关系”；第 1067 条第 2 款规定：“成年子女不履行赡养义务，缺乏劳动能力或者生活困难的父母，有要求成年子女付给赡养费的权利”；第 1069 条规定：“子女应当尊重父母的婚姻权利，不得干涉父母离

---

① 《中华人民共和国最高人民法院公报》2016 年第 7 期。

婚、再婚以及婚后的生活。子女对父母的赡养义务，不因父母的婚姻关系变化而终止”；第 1074 条第 2 款规定：“有负担能力的孙子女、外孙子女，对于子女已经死亡或者子女无力赡养的祖父母、外祖父母，有赡养的义务”。

3.《老年人权益保障法》第 13 条规定：“老年人养老以居家为基础，家庭成员应当尊重、关心和照料老年人”；第 14 条规定：“赡养人应当履行对老年人从经济上供养、生活上照料和精神上慰藉的义务，照顾老年人的特殊需要。赡养人是指老年人的子女以及其他依法负有赡养义务的人。赡养人的配偶应当协助赡养人履行赡养义务”。

二、赡养的义务

（一）被赡养人即权利人

根据《宪法》和《民法典》的规定，被赡养人包括赡养人的“父母”和“祖父母”。有观点认为，被赡养人特指“无劳动能力的或生活困难的父母”，以及“子女已经死亡或子女无力赡养的祖父母、外祖父母”，理由是根据《民法典》第 1067 条的规定，只有缺乏劳动能力或者生活困难的父母，有要求子女付给赡养费的权利。同时，根据第 1074 条的规定，孙子女、外孙子女只对子女已经死亡或子女无力赡养的祖父母和外祖父母有赡养的义务。笔者不赞同这一观点。笔者认为，赡养的内涵应不仅指于经济上的供养，还包括生活上的照料，以及精神上的慰藉，那么受赡养的父母或祖父母、外祖父母显然不应仅指在物质上无法得到供养的人。即使物质条件好的父母或者祖父母、外祖父母亦需要生活上的照料，特别是精神上的慰藉。况且，尊敬长辈一直是我国的传统美德，也是《民法典》第 1043 条明确规定的要求。

司法实践中，还须注意的是，子女对未尽扶养义务的父母仍应履行赡养义务。[①] 理由是对父母赡养既是法定义务，也是我国传统伦理道德的要求，是公民对家庭和社会应尽的责任，体现了我国法律对老年人这一特定社会弱势群体的保护。在现实生活中，还存在夫妻离婚时，约定各自抚养部分子女，这是夫妻双方对共一扶养子女方式的约定，不能认定未直接抚养子女的一方未尽到抚养义务，更不能免除法定赡养义务。

（二）义务人即赡养人

赡养人包括子女、孙子女和外孙子女。子女包括婚生子女，也包括非婚生

---

① 夏奕、贺同新：《对未尽抚养义务的父母仍应履行赡养义务》，载《人民法院报》2016 年 9 月 1 日，第 6 版。

子女，还包括养子女和继子女。其中生子女对生父母的赡养义务因血缘关系而成立，继子女与继父母的赡养义务因继父母在其与生父母之间的婚姻关系存续期间的扶养关系而形成，养子女对养父母的赡养义务则依照拟制血亲关系产生，三者均是同等责任。子女不能以自己对父母的亲疏好恶等看法来选择是否赡养父母，养子女、继子女也不能以要赡养亲生父母为由拒绝赡养养父母和继父母。此外，继子女对形成抚养关系的继父母的赡养义务，也不因继父母与其生父母的婚姻关系终止而免除。孙子女和外孙子女是指有负担能力的孙子女和外孙子女。应当注意的是，因为赡养内容的多元化，导致衡量赡养能力的标准亦应多元化，可以是经济上的负担，也可以是生活上的照料，以及精神上的支持。经济条件不好的子女或者孙子女、外孙子女可以与父母或者祖父母、外祖父母同住，在生活上照料父母或者祖父母、外祖父母，而不是给付赡养费。因此，经济条件并不是衡量子女或者孙子女、外孙子女有无负担能力的唯一标准，义务人不能仅仅因为经济条件不好而免除赡养义务。

还有一种情况需要注意，即在中国古代的宗法制度中，男女双方结婚后，进入女方“宗族”，即夫“入赘”妻家，此时，夫成为女方家庭成员，对妻之父母、祖父母承担赡养义务。现在，此种现象仍然存在，并有人主张其入赘妻家，放弃继承生父母的家产，因此，不应承担赡养对父母的赡养义务。[①] 该观点是不能成立的。根据我国现行法律规定，入赘女婿仍是亲生父母的儿子，是赡养父母的义务人，其对亲生父母的赡养义务并不能免除。

（三）赡养的内容

根据《老年人权益保障法》第 14 条的规定，对老年人的赡养应当包括经济上供养、生活上照料和精神上慰藉三个主要方面，并应当照顾老年人的特殊需要。该法第 15 至第 18 条，还对赡养的具体内容进行了规定。第 15 条规定：“赡养人应当使患病的老年人及时得到治疗和护理；对经济困难的老年人，应当提供医疗费用。对生活不能自理的老年人，赡养人应当承担照料责任；不能亲自照料的，可以按照老年人的意愿委托他人或者养老机构等照料”；第 16 条规定：“赡养人应当妥善安排老年人的住房，不得强迫老年人居住或者迁居条件低劣的房屋。老年人自有的或者承租的住房，子女或者其他亲属不得侵占，不得擅自改变产权关系或者租赁关系。老年人自有的住房，赡养人有维修的义

① 司家宏、苇苇：《入赘妻家仍需赡养生父母》，载《人民法院报》2009 年 12 月 31 日，第 8 版。

务”；第17条规定：“赡养人有义务耕种或者委托他人耕种老年人承包的田地，照管或者委托他人照管老年人的林木和牲畜等，收益归老年人所有”；第18条规定：“家庭成员应当关心老年人的精神需求，不得忽视、冷落老年人。与老年人分开居住的家庭成员，应当经常看望或者问候老年人。用人单位应当按照国家有关规定保障赡养人探亲休假的权利。”根据上述规定，给付赡养费，照料老年人的生活，给付老年人的治疗费，保障老年人的居住环境，承担维修住房，耕种老年人承包的土地，照管老年人的林木、牲畜，看望、问候老年人均是赡养老人的题中之义。

（四）赡养的方式

中华民族传统的幸福家庭生活模式莫过于“四世同堂”，儿孙承欢膝下。但随着社会经济的发展，个人的生活方式发生了巨大变化，且因人而异。大部分子女并不在父母所在地工作，也不与父母同住，因此，传统的赡养方式亦相应发生改变。（1）对于可以独立生活的父母、祖父母、外祖父母，可以定期给付生活费。（2）对于生活不能自理的老年人，应当予以照料，也可以按照老年人的意愿委托他人或者养老机构照料。（3）经常看望或者问候不与之同住的老年人。（4）根据《老年人权益保障法》第20条的规定，经老年人同意，赡养人之间可以就履行赡养义务签订协议，但赡养协议的内容不得违反法律的规定和老年人的意愿。在多个子女时，经老年人同意，赡养人可以对履行赡养义务进行约定，可以约定部分子女给付赡养费，部分子女直接照料父母，也可以约定轮流照料父母，或者约定各自己承担部分赡养费，委托他人照料老人。需要注意的是，赡养义务是法律规定的强制性义务，任何形式的赡养协议都不能对抗、规避或免除。[①] 赡养协议是子女间就赡养义务的实际履行作出的事先安排，基于赡养协议产生的按份赡养义务之债属于赡养人的内部约定，并不拘束被赡养人，即使子女订立了赡养协议，父母在实际生活发生变化的情况下，亦有权要求子女承担与协议约定内容和份额不同的赡养义务。[②]

司法实践中，法院在审理赡养纠纷时应酌情考量被赡养人的身体情况、日常生活水平、当地消费水平、赡养人是否可以正常工作等情况对赡养数额予以酌定，尤其在存在多名赡养人的情况下，因为经济条件不同，将可能承担不同

---

① 吴晓芳：《婚姻家庭、继承案件裁判要点与观点》，法律出版社2016年版，第289页。

② 李益松：《子女签订的分别赡养父母协议无效》，载《人民司法》2014年第12期。

金额的赡养费。[①]

三、怠于履行赡养义务的救助措施和法律责任

如前所述，赡养老人既是中华民族的传统美德，中国古代法律文化的重要伦理基础，也是我国现行法律的明确规定。义务人怠于履行赡养义务的，法律亦规定了相应的救助措施和法律责任。

（一）救助措施

《民法典》第1067条第2款规定，成年子女不履行赡养义务，缺乏劳动能力或者生活困难的父母，有要求子女付给赡养费的权利。《反家庭暴力法》第13条规定："家庭暴力受害人及其法定代理人、近亲属可以向加害人或者受害人所在单位、居民委员会、村民委员会、妇女联合会等单位投诉、反映或者求助。有关单位接到家庭暴力投诉、反映或者求助后，应当给予帮助、处理。家庭暴力受害人及其法定代理人、近亲属也可以向公安机关报案或者依法向人民法院起诉。单位、个人发现正在发生的家庭暴力行为，有权及时劝阻。"根据上述规定，义务人不尽赡养义务，甚至虐待、遗弃老年人的，受害人及其法定代理人、近亲属可以向加害人或者受害人所在单位、居民委员会、村民委员会、妇女联合会等单位投诉、反映或者求助，也可以请求公安机关制止，或者向人民法院提起诉讼，要求义务人给付赡养费。其中，依诉讼程序追索赡养费是对遗弃行为受害人最有效的、不可缺少的民法上的救济手段。同时，根据《民事诉讼法》的规定，对于追索赡养费的案件，人民法院根据当事人的申请，可以裁定先予执行。

（二）法律责任

法律责任包括民事责任、行政责任和刑事责任。

（1）民事责任。《民法典》第176条规定："民事主体依照法律规定或者按照当事人约定，履行民事义务，承担民事责任"；根据《民事诉讼法》的规定，发生法律效力的民事判决、裁定，当事人必须履行。一方拒绝履行的，对方当事人可以向人民法院申请执行，也可以由审判员移送执行员执行。调解书和其他应当由人民法院执行的法律文书，当事人必须履行。一方拒绝履行的，对方当事人可以向人民法院申请执行。根据上述规定，赡养属于法定义务，不履行该项义务，应当承担法律责任，首先是人民法院可以判决义务人给付赡养费，对于拒不履行生效判决、调解的，人民法院应当依法强制执行。此外，根据

---

① 吴晓芳：《婚姻家庭、继承案件裁判要点与观点》，法律出版社2016年版，第284页。

《民法典》第1130条第4款的规定，有扶养能力和有扶养条件的继承人，不尽扶养义务的，分配遗产时，应当不分或者少分。因此，放弃继承权不能成为不履行赡养义务的法定事由，但是有能力却不履行赡养义务可以构成继承权瑕疵的法定事由。

（2）行政责任。《反家庭暴力法》第15条规定："公安机关接到家庭暴力报案后应当及时出警，制止家庭暴力，按照有关规定调查取证，协助受害人就医、鉴定伤情"；第16条第1款规定："家庭暴力情节较轻，依法不给予治安管理处罚的，由公安机关对加害人给予批评教育或者出具告诫书。"《治安管理处罚法》第45条规定："有下列行为之一的，处五日以下拘留或者警告：（一）虐待家庭成员，被虐待人要求处理的；（二）遗弃没有独立生活能力的被扶养人的。"因此，对于子女对父母或有赡养义务的祖父母、外祖父母实施家庭暴力或进行虐待等显然违背赡养义务的行为，受害人及其法定代理人、近亲属可以向公安机关报案。对于情节较轻的，公安机关可以出具告诫书；对情节尚不足以追究刑事责任的，公安机关可依受害人的请求依法进行治安管理处罚。

（3）刑事责任。追究义务人的刑事责任，是不履行赡养义务者可能承担的最为严厉的法律责任。关于义务人的刑事责任，主要如下：①《刑法》第260条规定，虐待家庭成员，情节恶劣的，处2年以下有期徒刑、拘役或者管制；告诉的才处理，但被害人没有能力告诉，或者因受到强制、威吓无法告诉的除外。犯虐待罪，致使被害人重伤、死亡的，处2年以上7年以下有期徒刑；不受告诉才处理的限制。②《刑法》第261条规定，对于年老、年幼、患病或者其他没有独立生活能力的人，负有扶养义务而拒绝扶养，情节恶劣的，处5年以下有期徒刑、拘役或者管制。如果义务人虐待老人，拒绝赡养父母或有赡养义务的祖父母、外祖父母，情节恶劣的，要依照上述规定追究刑事责任。

【拓展适用】

一、精神赡养

有人认为，老年人精神需求包括三个维度的需求，即自尊的需求、期待的需求和亲情的需求，与此相对应的是满足老年人的人格的尊重、成就的安心和情感的慰藉。[①] 精神赡养则是指子女对老年人精神层面的照料，使老年人精神生活得到满足的一种行为。费孝通将中国文化中的亲子关系概括为"反馈模

① 穆光宗：《老龄人口的精神赡养问题》，载《中国人民大学学报》2004年第4期。

式”，即父母有抚育子女的义务，子女也有赡养父母的义务的双向模式。[①] 而这种“反馈”模式是代际之间基于交换的公平原则，子女的孝亲敬老是对扶养培育自己的父母的回报，这种代际交换不限于经济和物质性的方面，而是包含着仪式性交换、情感性交换、文化资本交换以及象征性交换等内容，并且遵循付出与报酬相衡的公平逻辑。[②] 很显然，在中国根植于人们内心深处的意识中，赡养父母不仅仅是指物质上的供养、生活上的照料，还应当包括精神的慰藉。但在目前的法律规范中，子女的赡养义务主要体现在物质上的供养，如《民法典》第1067条第2款规定：“成年子女不履行赡养义务，缺乏劳动能力或者生活困难的父母，有要求子女付给赡养费的权利”。该条规定更多的是从经济方面的考虑。但是，随着中国老年人口的急剧增加，“空巢老人”的不断增多，由此产生的社会问题也日益突出，我们开始越来越关注“空巢老人”的生活质量，从而开始反思子女对父母的精神赡养问题。

（一）精神赡养的法律依据

《老年人权益保障法》第1条明确规定“为了保障老年人合法权益，发展老龄事业，弘扬中华民族敬老、养老、助老的美德，根据宪法，制定本法”；第13条规定：“老年人养老以居家为基础，家庭成员应当尊重、关心和照料老人”；第14条第1款规定：“赡养人应当履行对老年人经济上供养、生活上照料和精神上慰藉的义务，照顾老年人的特殊需要”；第18条规定：“家庭成员应当关心老年人的精神需求，不得忽视、冷落老年人。与老年人分开居住的家庭成员，应当经常看望或者问候老年人。用人单位应当按照国家有关规定保障赡养人探亲休假的权利。”以上条款，均明确提到对老年人的精神赡养的问题，尤其是第18条第2款“与老年人分开居住的家庭成员，应当经常看望或者问候老年人”被人们形象地称为“常回家看看”条款，并被认为体现了现代社会立法对优秀传统文化的照应。

（二）关于“常回家看看”条款入法的争议

对于“常回家看看”是否应当由法律进行规定，一直存在争议。

一种观点认为，“常回家看看”不应当由法律进行规定，其主要理由如下：（1）“常回家看看”是子女对父母应尽的道德义务，而法律和道德属不同的社

① 费孝通：《家庭结构变动中的老年赡养问题——再论中国家庭结构的变动》，载《北京大学学报》（哲学社会科学版）1993年第2期。

② 郭于华：《代际关系中的公平逻辑及其变迁——对河北农村养老事件的分析》，载刘东主编：《中国学术》（总第八辑），商务印书馆2001年版。

会调整规范，有各自调整的领域和范围，有不同的功能与目的，由法律来规定“常回家看看”义务，反而削弱了人们意识中的道德义务，也降低了法律的效力。(2) 该条款规定不严谨，何为“经常”不明确。每个家庭的具体情况不同，有的家庭父母在国内，子女在国外，有的家庭父母子女均在同一个城市，根据不同的情况，对“经常”的理解肯定不一致。“经常看望或者是问候”也不明确，无法起到法律应有的规范作用。(3) 难以强制执行。如果法院以该条为依据，判决子女经常看望或者问候父母，子女不履行生效法律文书，人民法院无法强制子女问候或者看望父母。况且，由法院判决甚至强制执行，要求子女看望或者问候父母，也难以达到对父母进行精神慰藉的效果，甚至可能适得其反，让双方关系更不融洽。

也有观点认为，“常回家看看”条款入法一方面体现了法律给予老年人在精神赡养中的权利，另一方面在法律上确立了精神赡养父母的义务，这一立法的精妙之处就在于以立法的手段进而促进人们继承和发扬孝道文化。[①] 并且认为，赡养老人是普通的道德要求，精神赡养父母入法，体现了道德法律化的要求。

笔者赞同后一种观点。(1) 法律和道德既有联系，又有区别。法律必然要有道德的基础，否则法律规则将蜕变为立法者的专横任意。同时，法律又不同于道德，道德不但调整人的行为，还要求人们思想的纯洁高尚，法律只是道德的最低限度。因此，法律和道德并不可以相互替代，“常回家看看”入法，使人们认识到在精神上照顾父母的需求，不仅仅是道德的要求，也是法律的明确规定。(2)“孝”是中国传统法律文化的重要基础，而在“孝”的含义中，显然不只是经济上供养，还包括敬老、爱老等内容，“常回家看看”入法，体现了中国传统文化的要求，也符合人们的内心愿望。(3) 除强制性条款外，法律中还有很多倡导性条款，体现法律对人们行为的引导与教育作用，该条款能倡导尊老、敬老的立法精神，提醒人们除在物质上供养老人外，还应当关心老人的精神生活，在精神上赡养父母，有利于促进和谐的家庭关系。

二、房产的处分与赡养义务的履行

《民法典》第240条规定：“所有权人对自己的不动产或者动产，依法享有占有、使用、收益和处分的权利。”第297条至300条规定，不动产或者动产可

---

① 侯伟：《老年人精神赡养的道德责任与法律规制问题研究》，东北农业大学2015年硕士学位论文。

以由两个以上组织、个人共有。共有包括按份共有和共同共有。按份共有人对共有的不动产或者动产按照其份额享有所有权。共同共有人对共有的不动产或者动产共同享有所有权。在婚姻家庭关系中，家庭财产可能归某一人所有，也可以归部分家庭成员共有，或者归全体家庭成员共有。无论何种情况，所有权人对财产的处分除应遵循民法典的规定外，还应注意与赡养义务履行的协调。

根据《民法典》第 240 条的规定，单独所有的房产，所有权人应有权使用、收益和处分；根据第 301 条的规定，处分共有的不动产或者动产以及对共有的不动产或者动产作重大修缮、变更性质或者用途的，应当经占份额 2/3 以上的按份共有人或者全体共同共有人同意，但共有人之间另有约定的除外。此外，第 303 条规定，共有人约定不得分割共有的不动产或者动产，以维持共有关系的，应当按照约定，但共有人有重大理由需要分割的，可以请求分割；没有约定或者约定不明确的，按份共有人可以随时请求分割，共同共有人在共有的基础丧失或者有重大理由需要分割时可以请求分割。根据上述规定，原则上单独所有权人可以依其意志自由处分其所有的房屋，而按份共有人要以依照共有的份额行使所有权，共同共有人共同行使所有权。但在家庭关系中，基于家庭成员之间的抚养、扶养或者赡养义务，所有人处分房产时亦应考虑自身义务的履行。在现实生活中，父母基于对子女的疼爱，经常将在子女成年或者结婚时，出资为子女购买房屋，并将房屋登记在子女名下，此时，子女取得房屋的所有权。按照法律的规定，子女作为所有权人，有权对房屋进行占有、使用、收益和处分。但是，《老年人权益保障法》第 16 条第 1 款规定："赡养人应当妥善安排老年人的住房，不得强迫老年人居住或者迁居条件低劣的房屋。"因此，在此情况下，即使子女为房屋的所有权人，其行使所有权时还应考虑对父母赡养义务的履行。如果房屋一直为父母共同居住，父母又不愿意迁居其他地方，或者没有合适的迁居，子女所有权的行使应当受到限制。另外，根据中国的传统习惯，父母一方死亡时，一般由其子女继承房产，配偶一方不会要求继承房产，此时，继承房产的子女对房产的处分应不得损害配偶的居住利益。

三、父母出资房产的认定与分割

根据《民法典》婚姻家庭编的相关规定，关于夫妻财产，除双方另有约定外，原则上一方的婚前财产归一方所有，婚姻存续期间所得财产归双方所有，对于婚姻存续期间继承或者赠与所得的财产，则原则上属于夫妻双方共有，但遗嘱或者赠与合同中确定只归夫或妻一方的财产归夫或妻一方所有。现实生活中，关于赠与财产争议最多的是父母出资房产的归属问题。《民法典婚姻家庭司法解释（一）》第29条规定："当事人结婚前，父母为双方购置房屋出资的，该出资应当认定为对自己子女个人的赠与，但父母明确表示赠与双方的除外。当事人结婚后，父母为双方购置房屋出资的，依照约定处理；没有约定或者约定不明确的，按照民法典第一千零六十二条第一款第四项规定的原则处理。"根据上述规定，以及相关司法观点，对于父母赠与房产的归属可以认定如下：（1）当事人的约定优先，如果各方对于房产所有权有约定，则应按照各方约定处理。（2）没有约定依照法律规定处理：婚前，父母为购置房屋出资的，除明确表示赠与双方外，该出资应当认定为系对自己子女个人的赠与；婚后，父母为购置房屋出资的，明确约定只赠与一方的，系该方个人财产。一方父母出资为子女购买的房产，只登记出资人子女名下的，为只对一方的赠与，该房产属于出资方子女的个人财产；一方父母婚后出资，登记在夫妻双方名下的，视为对夫妻双方的赠与，归夫妻共同所有；双方父母出资购买的房产，即使产权登记在一方子女名下，该房屋也不属于登记一方所有，而属于夫妻按份共有，份额按照各自父母的出资份额确定。

四、夫妻共同出资以父母名义参加房改的房屋归属问题

根据《民法典婚姻家庭司法解释（一）》第79条的规定，婚姻关系存续期间，双方用夫妻共同财产出资购买以一方父母名义参加房改的房屋，产权登记在一方父母名下，离婚时另一方主张按照夫妻共同财产以该房屋进行分割的，人民法院不予支持，购买房屋时的出资，可以作为债权处理。根据该条规定，如果夫妻共同出资购买以一方父母名义参加房改的房屋，夫妻二人均有权获得房屋的所有权；如果夫妻离婚，其出资只能作为债权要求取得房屋所有权的父母返还。

【典型案例】

刘某诉刘某某、周某共有房屋分割案

原告：刘某

被告：刘某某、周某

〔基本案情〕

原告刘某因与被告刘某某、周某发生共有房屋分割纠纷，向重庆市綦江区人民法院提起诉讼。

原告刘某诉称：2011年11月，原、被告共同以28万元购买位于重庆市万盛经开区子如路×号×号楼×号房屋，其中原告占90%的房产，二被告各占5%的房产。2014年5月5日二被告未经原告同意，擅自对该房进行装修，损害了原告的合法权利。故请求依法分割位于重庆市万盛经开区子如路×号×号楼×号房屋，判决该房屋中属于二被告的10%的房屋产权部分分割归原告所有，由原告补偿二被告2.8万元；二被告赔偿其擅自装修给原告造成的损失5000元。

被告刘某某、周某辩称：该房屋系二被告出资购买，原告刘某还承诺给每平方10元的装修费，至今未给。由于原告担心二被告在死前将房屋送与他人，原告要求其享有90%的产权，二被告予以同意。因此，该房屋属二被告所有，不同意原告的诉讼请求。

重庆市綦江区人民法院经一审查明：

被告刘某某、周某系夫妻，原告刘某系二被告的独生女。2012年11月，刘某某、周某、刘某购买万盛经开区子如路×号×号楼×号房屋，合同约定刘某占90%，刘某某、周某各占5%。2014年5月，该房屋交付使用，同年8月办理了房屋产权证(×房地证×字第032××号)，载明该房屋为成套住宅，权利人为刘某某、周某、刘某，但未对产权份额予以明确。刘某与刘某某、周某因房屋装修发生争议，刘某于2014年6月2日书面通知二被告停止装修该房屋未果。审理中，二被告明确表示不愿将其拥有的房屋产权份额转让。另查明，二被告仅有与刘某共有的一套房屋居住，现暂住他人房屋。

〔一审裁判理由与结果〕

重庆市綦江区人民法院一审认为：公民的合法财产权益受法律保护。原告刘某、被告刘某某、周某按份共有的该房屋是双方基于居住目的而购买，该房屋系成套住宅，是一个整体，具有不可分性。双方虽作为按份共有人有权转让自己享有的份额，但不能未经其他按份共有人同意而强行购买他人享有的份额，二被告不同意将自己享有的份额转让，符合法律规定，原告应当尊重二被告的意见。现二被告无其他房屋居住，上述房屋是其唯一可行使居住权的场所，二被告为安度晚年生活，有权居住。二被告与原告间的父母子女特殊关系，从赡养关系上原告亦应支持二被告居住该房屋，且二被告装修房屋并未造成原告损失。综上，原告的诉讼请求从法律上、道义上均不能成立。

综上，重庆市綦江区人民法院依照《民法通则》第78条，《物权法》第93条、第94条、第99条之规定，于2014年9月9日判决：

驳回原告刘某的诉讼请求。

〔当事人上诉及答辩意见〕

刘某不服一审判决，向重庆市第五中级人民法院提出上诉称，刘某某、周某擅自装修涉案房屋，侵犯其知情权和处分权；刘某某、周某除涉案房屋外，可以到苏州与刘某共同居住，并非只有一套住房可居住；一审判决认定刘某强行购买他人份额不当，刘某只是要求分割共有财产。请求撤销一审判决，改判支持其诉讼请求。

刘某某、周某答辩称，一审判决正确，应予以维持。

〔二审法院查明的事实〕

重庆市第五中级人民法院经二审，确认了一审查明的事实。

另查明，被上诉人刘某某、周某在二审审理期间入住涉案房屋。

〔二审法院裁判理由与结果〕

重庆市第五中级人民法院二审认为：

该房屋产权证载明涉案房屋的权利人为被上诉人刘某某、周某及上诉人刘某，但未载明权利人是共同共有还是按份共有，故涉案房屋应为各权利人共同共有。虽然刘某某、周某、刘某在房屋买卖合同中约定了各自的权利份额，但该约定只能视为权利人内部约定，不具有公示效力。按照《物权法》第99条的规定："……共同共有人在共有的基础丧失或者有重大理由需要分割时可以请求分割。"本案中，刘某未举示证据证明其请求分割涉案房屋符合法律规定，故刘某上诉理由不成立，一审判决结果正确，应予维持。

综上，重庆市第五中级人民法院依照《民事诉讼法》第170条第1款第1项，于2015年1月14日作出判决：

驳回上诉，维持原判。

〔当事人申请再审及答辩意见〕

刘某仍不服，以有新证据证明原判错误为由，申请再审。重庆市第五中级人民法院于2015年5月11日裁定进行再审。

再审申请人刘某申请再审称：现有新证据证明涉案房屋系刘某与被申请人刘某某、周某按份共有，且刘某某、周某的退休金每月共计7000元左右，可以租房居住，也可以到苏州与刘某共同居住，涉案房屋并非刘某某、周某的唯一住房。刘某享有90%的份额，依据《物权法》第97条之规定，刘某有权主张折价分割该房屋，也有权处分该房屋。现愿意以4万元作价收购刘某某、周某的份额。

被申请人刘某某、周某答辩称：购买该房屋资金来源于变卖我们的其他房屋的价款和刘某返还我们的6万元。当时房屋购买合同中约定给予刘某90%的份额，是我们疼爱女儿的表现。我们与刘某性格不合，生活习惯不一样，双方关系不睦，不愿到苏州与刘某共同生活。该房屋系我们退休后养老居住房屋，不愿意租房居住。因担心刘某取得完全产权后处分房屋而致我们无房居住，不同意将我们享有的份额转让与刘某，并承诺有生之年不转让处分享有的份额，我们去世后其份额归刘某所有。主张维持原判。

〔再审法院查明的事实〕

重庆市第五中级人民法院经再审，确认原一、二审查明的事实。另查明，再审申请人刘某提供房地产管理部门对该房屋重新颁发的×房地证×字第016××号房屋产权证证明，涉案房屋系被申请人刘某某、周某及刘某按份共有，刘某某占产权的

5%、周某占产权的5%、刘某占产权的90%。刘某某、周某提供的房款收据证明，购房款大部分系刘某某、周某出资。

〔再审裁判理由与结果〕

重庆市第五中级人民法院再审认为：现有新证据证明，本案讼争房屋系被申请人刘某某、周某及再审申请人刘某按份共有。单从《物权法》第97条之规定看，刘某占份额90%，有权决定本案讼争房屋的处分，但本案中刘某某、周某与刘某系父母子女关系，双方以居住为目的购房，从购房的相关证据看，大部分房款由刘某某、周某出资，刘某某、周某购房时将大部分财产份额登记在刘某名下，超出刘某出资部分，具有赠与性质，系父母疼爱子女的具体表现。"百善孝为先"一直是中国社会各阶层所尊崇的基本伦理道德。孝敬父母乃"天之经、地之义、人之行、德之本"，是中国传统伦理道德的基石，是千百年来中国社会维系家庭关系的重要道德准则，是中华民族的优秀传统美德。亲子之爱是人世间最真诚、最深厚、最持久的爱，为人子女，不仅应在物质上赡养父母，满足父母日常生活的物质需要，也应在精神上慰藉父母，善待父母，努力让父母安宁、愉快地生活。从刘某陈述及提交的《承诺书》看，刘某仍存有赡养父母之念，值得肯定和发扬。目前刘某某、周某与刘某之间存在较深的误解与隔阂，双方生活习惯差距较大，刘某某、周某多年在本土生活，不愿去苏州与刘某共同居住生活，刘某某、周某对居住地和居住方式的选择应予尊重，他人不应强求。刘某虽然承诺财产份额转让后，可由刘某某、周某居住使用该房屋至去世时止，但双方目前缺乏基本的信任，刘某某、周某担心刘某取得完全产权后变卖房屋而导致其无房居住，具有一定合理性。刘某某、周某承诺有生之年不转让处分享有的份额，去世之后其份额归刘某所有，刘某某、周某持有的财产份额价值较小，单独转让的可能性不大，刘某担心父母将其财产份额转让他人，无事实根据，且刘某承诺该房由其父母继续居住，目前要求其父母转让财产份额并无实际意义，徒增其父母的担忧，不符合精神上慰藉父母的伦理道德要求，并导致父母与子女之间的亲情关系继续恶化。《物权法》第7条明确规定："物权的取得和行使，应当遵守法律，尊重社会公德，不得损害公共利益和他人合法权益。"综上，刘某要求其父母转让财产份额的诉求与善良风俗、传统美德的要求不符，法院不予支持。本院二审判决认定为共同共有不当，导致适用法律有瑕疵，应予纠正，但判决结果正确，应予维持。

综上，重庆市第五中级人民法院依照《民事诉讼法》第207条第1款、第170条第1款第1项，《最高人民法院关于适用〈中华人民共和国民事诉讼法〉的解释》第407条第1款，《物权法》第7条之规定，于2015年9月10日判决：

维持该院（2014）渝五中法民终字第06040号民事判决。

本判决为终审判决。

第九章　被抚养人

规则13："死者生前扶养的人"，既包括死者生前实际扶养的人，也包括应当由死者抚养，但因为死亡事故发生，死者尚未抚养的子女

——王某诉杨某、汽车二队交通事故损害赔偿纠纷案[①]

【裁判规则】

原《民法通则》第119条规定，侵害公民身体造成死亡的，加害人应当向被害人一方支付死者生前扶养的人必要的生活费等费用。"死者生前扶养的人"，既包括死者生前实际扶养的人，也包括应当由死者抚养，但因为死亡事故发生，死者尚未抚养的子女。

【规则理解】

一、被抚养人生活费的赔偿依据

被抚养人生活费，是指当加害人非法侵害受害人的生命权、身体权、健康权致使其丧失劳动能力时，由受害人扶养的第三人因此丧失生活来源而请求加害人或其他赔偿义务人予以赔偿的费用，既包括夫妻之间的相互扶养，也包括父母对子女的抚养，及子女对父母的赡养。[②] 通常情况下，平辈之间的互助关系，应用"扶养"一词来表述，如夫妻之间、有劳动能力的兄弟姐妹对无生活来源和无劳动能力的兄弟姐妹的互助。长辈对晚辈应用"抚养"一词来表述，如父母对子女的抚养、祖父母对孙子的抚养。晚辈对长辈用"赡养"一词来表述，如子女对父母的赡养，孙子女对祖父母、外祖父母的赡养。但我国相关法律或司法解释在使用"抚养"与"扶养"时有时通用。我国现行法律对被抚养人生活费的赔偿进行了明确的规定：

1.《民法典》及人身损害赔偿司法解释规定。《民法典》第1179条规定：

---

① 《中华人民共和国最高人民法院公报》2006年第3期。

② 张新宝：《侵权责任法原理》，中国人民大学出版社2005年版，第509页。

"侵害他人造成人身损害的，应当赔偿医疗费、护理费、交通费、营养费、住院伙食补助费等为治疗和康复支出的合理费用，以及因误工减少的收入。造成残疾的，还应当赔偿辅助器具费和残疾赔偿金；造成死亡的，还应当赔偿丧葬费和死亡赔偿金。"《最高人民法院关于审理人身损害赔偿案件适用法律若干问题的解释》第16条规定："被扶养人生活费计入残疾赔偿金或者死亡赔偿金"；第17条规定："被扶养人生活费根据扶养人丧失劳动能力程度，按照受诉法院所在地上一年度城镇居民人均消费支出标准计算。被扶养人为未成年人的，计算至十八周岁；被扶养人无劳动能力又无其他生活来源的，计算二十年。但六十周岁以上的，年龄每增加一岁减少一年；七十五周岁以上的，按五年计算。被扶养人是指受害人依法应当承担扶养义务的未成年人或者丧失劳动能力又无其他生活来源的成年近亲属。被扶养人还有其他扶养人的，赔偿义务人只赔偿受害人依法应当负担的部分。被扶养人有数人的，年赔偿总额累计不超过上一年度城镇居民人均消费支出额。"

2.《消费者权益保护法》的规定。该法第49条规定："经营者提供商品或者服务，造成消费者或者其他受害人人身伤害的，应当赔偿医疗费、护理费、交通费等为治疗和康复支出的合理费用，以及因误工减少的收入。造成残疾的，还应当赔偿残疾生活辅助具费和残疾赔偿金。造成死亡的，还应当赔偿丧葬费和死亡赔偿金。"

3.《产品质量法》的规定。该法第44条第1款规定："因产品存在缺陷造成受害人人身伤害的，侵害人应当赔偿医疗费、治疗期间的护理费、因误工减少的收入等费用；造成残疾的，还应当支付残疾者生活自助具费、生活补助费、残疾赔偿金以及由其扶养的人所必需的生活费等费用；造成受害人死亡的，并应当支付丧葬费、死亡赔偿金以及由死者生前扶养的人所必需的生活费等费用。"

4. 其他法律法规的规定。《医疗事故处理条例》第50条第8项规定："医疗事故赔偿，按照下列项目和标准计算……被扶养人生活费：以死者生前或者残疾者丧失劳动能力前实际扶养且没有劳动能力的人为限，按照其户籍所在地或者居所地居民最低生活保障标准计算。对不满16周岁的，扶养到16周岁。对年满16周岁但无劳动能力的，扶养20年；但是，60周岁以上的，不超过15年；70周岁以上的，不超过5年。"

以上法律规定均涉及致人损害情况下，对被扶养人的生活费的赔偿问题，尽管规定侧重点略有不同，但均认为在受害人死亡，或者丧失劳动能力的情形下，应赔偿受害人的扶养费。

二、被抚养人的范围

关于被抚养人的范围，根据《最高人民法院关于审理人身损害赔偿案件适用法律若干问题的解释》第17条第2款的规定，被扶养人是指受害人依法应当承担扶养义务的未成年人或者丧失劳动能力又无其他生活来源的成年近亲属。从字面解释，被抚养人仅指受害人负有法定扶养义务的人以及丧失劳动能力无其他生活来源的近亲属。但是，也有学者认为，我国上述立法的本意并非要包括事实上的扶养关系，因为事实上的扶养关系不好界定，应以法定扶养为限，确定被扶养人的范围。[①] 笔者认为，从法律的整体性和及时效性来看，2002年实施的《医疗事故处理条例》就被扶养人的认定主要是依照1987年实施的《民法通则》与1988年实施的《民法通则意见》第147条规定的“依靠受害人实际扶养而又没有其他生活来源的人”，而我国现行法律已将上述依据废止，按照最新司法解释《最高人民法院关于审理人身损害赔偿案件适用法律若干问题的解释》第17条第2款的规定，被抚养人应指受害人依法应当承担扶养义务的未成年人或者丧失劳动能力又无其他生活来源的成年近亲属。

根据《最高人民法院关于审理人身损害赔偿案件适用法律若干问题的解释》的解释，可将被扶养人分为以下两类。

（一）受害人依法应当承担抚养义务的未成年人

受害人依法应当承担抚养义务的未成年人主要包括以下几种

1. 未成年的子女。《民法典》第26规定：“父母对未成年子女负有抚养、教育和保护的义务。成年子女对父母负有赡养、扶助和保护的义务。”同时，该法第1067条第1款规定：“父母不履行抚养义务的，未成年子女或者不能独立生活的成年子女，有要求父母给付抚养费的权利。”第1071条规定：“非婚生子女享有与婚生子女同等的权利，任何组织或者个人不得加以危害和歧视。不直接抚养非婚生子女的生父或者生母，应当负担未成年子女或者不能独立生活的成年子女的抚养费。”第1111条第1款规定：“自收养关系成立之日起，养父母与养子女间的权利义务关系，适用本法关于父母子女关系的规定；养子女与养父母的近亲属间的权利义务关系，适用本法关于子女与父母的近亲属关系的规定。”第1072条第2款规定：“继父或者继母和受其抚养教育的继子女间的权利义务关系，适用本法关于父母子女关系的规定。”可见，受害人依法

① 杨立新：《人身损害赔偿司法解释释义》，人民出版社2004年版，第333~334页。

应当承担扶养义务的未成年人，包括未成年的亲生子女、养子女、具有扶养关系的继子女。

2. 父母已经死亡或父母无力抚养的未成年的孙子女、外孙子女。《民法典》第 1074 条第 1 款规定："有负担能力的祖父母、外祖父母，对于父母已经死亡或者父母无力抚养的未成年孙子女、外孙子女，有抚养的义务。"因此，受害人依法应当承担扶养义务的未成年人还包括父母已经死亡或父母无力抚养的孙子女、外孙子女。

3. 父母已经死亡或父母无力抚养的未成年的弟、妹。《民法典》第 1075 条第 1 款规定："有负担能力的兄、姐，对于父母已经死亡或者父母无力抚养的未成年弟、妹，有扶养的义务。"

（二）受害人依法应当承担抚养义务的丧失劳动能力又无其他生活来源的成年近亲属

受害人依法应当承担扶养义务的丧失劳动能力又无其他生活来源的成年近亲属，具体而言，应当包括以下以下几种

1. 丧失劳动能力又无其他生活来源的成年子女。《民法典婚姻家庭司法解释（一）》第 41 条的规定："尚在校接受高中及其以下学历教育，或者丧失、部分丧失劳动能力等非因主观原因而无法维持正常生活的成年子女，可以认定为民法典第一千零六十七条规定的'不能独立生活的成年子女'。"

2. 丧失劳动能力又无其他生活来源的父母、继父母。《民法典》第 1067 条第 2 款规定："成年子女不履行赡养义务的，缺乏劳动能力或者生活困难的父母，有要求成年子女给付赡养费的权利。"

3. 丧失劳动能力，又无其他生活来源的配偶。《民法典》第 1059 条规定："夫妻有相互扶养的义务。需要扶养的一方，在另一方不履行扶养义务时，有要求其给付扶养费的权利。"据此，丧失劳动能力，又无其他生活来源的配偶，也属于受害人的被扶养人。

4. 子女已经死亡或子女无力赡养的祖父母、外祖父母。《民法典》第 1074 条第 2 款规定："有负担能力的孙子女、外孙子女，对于子女已经死亡或者子女无力赡养的祖父母、外祖父母，有赡养的义务。"

5. 缺乏劳动能力又缺乏生活来源的兄、姐。《民法典》第 1075 条第 2 款规定："由兄、姐扶养长大的有负担能力的弟、妹，对于缺乏劳动能力又缺乏生活来源的兄、姐，有扶养的义务。"

三、抚养费的计算与支付

关于抚养费的计算标准与年限，不同的法律法规、司法解释略有不同的规定。《最高人民法院关于审理人身损害赔偿案件适用法律若干问题的解释》第17条第1款规定："被扶养人生活费根据扶养人丧失劳动能力程度，按照受诉法院所在地上一年度城镇居民人均消费支出标准计算。被扶养人为未成年人的，计算至十八周岁；被扶养人无劳动能力又无其他生活来源的，计算二十年。但六十周岁以上的，年龄每增加一岁减少一年；七十五周岁以上的，按五年计算。"第18条规定："赔偿权利人举证证明其住所地或者经常居住地城镇居民人均可支配收入高于受诉法院所在地标准的，残疾赔偿金或者死亡赔偿金可以按照其住所地或者经常居住地的相关标准计算。被扶养人生活费的相关计算标准，依照前款原则确定。"不同的法律、司法解释的规定略有不同。《医疗事故处理条例》第50条则规定，医疗事故中，被扶养人生活费按照户籍所在地或者居所地居民最低生活保障标准计算，对不满16周岁的，扶养到16周岁，对年满16周岁但无劳动能力的，扶养20年，但是，60周岁以上的不超过15年，70周岁以上的不超过5年。

关于被抚养人生活费的支付方式，可采取一次性支付与分期支付的方式。根据《最高人民法院关于审理人身损害赔偿案件适用法律若干问题的解释》第20条的规定，赔偿义务人请求以定期金方式给付残疾赔偿金、辅助器具费的，应当提供相应的担保。人民法院可以根据赔偿义务人的给付能力和提供担保的情况，确定以定期金方式给付相关费用。但是，一审法庭辩论终结前已经发生的费用、死亡赔偿金以及精神损害抚慰金，应当一次性给付。

【拓展适用】

一、胎儿利益保护的法律依据

（一）关于胎儿保护的立法方式

关于胎儿的保护，主要有三种立法主义。

一为总括保护主义，即认为只要胎儿活着出生，即具备和已出生的婴儿一样的民事权利能力。该立法主义起源于罗马法。罗马法学家保罗曾说过："当涉及胎儿利益时，母体中的胎儿像活人一样被对待，尽管在它出生以前这对它毫无裨益。”① 按罗马法规定，人的权利能力始于出生，终于死亡，但同时也规定，关于胎儿的利益，视为已经出生，根据这一原则，如果胎儿出生时完全符合出生条件，其开始享有权利能力的同时，即可上溯到受胎之时，并为了保护胎儿的利益，还可设置“胎儿保佐人”。② 《瑞士民法典》也采这一立法主义，规定只要胎儿活着出生，在出生前就享有权利能力。

二为个别保护主义，认为胎儿原则上无民事权利能力，但在若干例外情形下视为有民事权利能力，法、德、日等国采此主义。③ 例如，德国认为，因侵权人的侵权行为导致受害人死亡，使得受害人应抚养之人丧失被抚养权，受害人应抚养之人有主张侵权人给付赔偿金的权利。受害人受害死亡时其将来应抚养之人虽为尚未出生的胎儿，亦发生损害赔偿义务。

三为绝对主义，认为胎儿未出生，不具有民事权利能力。该立法主义下，因胎儿不属于民事法律关系中的主体，故胎儿利益不受法律保护。④

（二）我国民法关于胎儿利益的保护

我国法律对于胎儿利益的保护陆续进行了一些规定。

1.《民法典》第16条规定：“涉及遗产继承、接受赠与等胎儿利益保护的，胎儿视为具有民事权利能力。但是，胎儿娩出时为死体的，其民事权利能力自始不存在。”本条是关于胎儿利益特殊保护的规定。应当注意的是当涉及遗产继承、接受赠与等法律行为时（但不限于遗产继承、接受赠与），胎儿视为具有民事权利能力。“视为”是技术性概念，此处的含义是，胎儿因未出生，还不能算民事主体（自然人），为实现保护胎儿利益的立法目的，把胎儿当作已出生的自然人对待，使之具有民事权利能力。这样规定的结果是，如果胎儿在母亲怀胎期间遭受侵害，就可以行使损害赔偿请求权，向法院提起人身伤害的侵权之诉；如果在出生之前父亲死亡，胎儿可以享有继承权，作为第一顺序继承人参与遗产分配，或者在继承权受侵害时，向法院提起侵害继承权的侵权之诉。如果胎儿娩出时是死体，因为胎儿利益保护的立法目的落空，则胎儿自

---

① ［意］彼得罗·彭梵得：《罗马法教科书》，黄风译，中国政法大学出版社1992年版，第30页。

② 周枏：《罗马法原论》（上册），商务印书馆1994年版，第128页。

③ 王利明：《民法》，中国人民大学出版社2000年版，第53页。

④ 王泽鉴：《民法学说与判例研究》（第4卷），中国政法大学出版社2005年版，第236页。

母亲怀孕之时起从未有过民事权利能力。[①] 因此，根据上述规定，涉及遗产继承的，胎儿也是继承人之一，继承开始后，胎儿有权参与遗产继承，接受赠与的，胎儿可以作为受赠人，赠与合同不因胎儿身份受到影响。

2.《民法典》第1155条规定："遗产分割时，应当保留胎儿的继承份额。胎儿娩出时是死体的，保留的份额按照法定继承办理。"《民法典婚姻家庭司法解释（一）》第31条进一步规定："应当为胎儿保留的遗产份额没有保留的，应从继承人所继承的遗产中扣回。为胎儿保留的遗产份额，如胎儿出生后死亡的，由其继承人继承；如胎儿娩出时是死体的，由被继承人的继承人继承。"可见，我国《民法典》明确规定胎儿享有继承权，但是，对于胎儿的继承份额，在胎儿出生之前，由谁负责管理，如果继承时未保留胎儿份额，由何人主张权利，法律均未给予明确规定，致使胎儿应继份额的损害赔偿请求权有时难以实际行使。

二、胎儿利益保护的理论依据

事实上，究竟对胎儿利益的保护采取何种立法主义，取决于该国立法对胎儿利益保护的理论依据。对于胎儿利益的保护的理论依据，主要有以下几种学说。

（一）权利能力说

在大陆法系，权利能力是自然人享有权利的基础。因此，胎儿是否具备或在何种程度上具备民事权利能力是胎儿利益能否受到保护及在何种程度上受到保护的基础。根据胎儿是否享有民事权利，该学说又有几种不同观点：第一，完全权利能力说。该说认为只要胎儿活着出生，即具备完全民事权利能力，但是，如果胎儿未能活着出生，则胎儿不具备民事权利能力。在这种理论下，对胎儿权利的保护最为有利。总括保护主义立法模式则是以该理论为基础。第二，特别权利能力说。该说认为，一般情形下，胎儿不具备民事权利能力，但在特殊情况下，如接受遗赠、继承时等特殊情况下，认为胎儿具备民事权利能力。个别保护主义立法模式则以该理论为基础。第三，权利能力否定说。该说认为，自然人的民事权利能力始于出生，胎儿不具备民事权利能力，即使在某些情况下给予胎儿一定的保护，也是基于对他人（如孕妇）权利的保护。采权利能力否定说对胎儿利益保护最为不利。绝对主义立法模式即采纳这一观点。

---

① 江必新、何东宁：《民法总则与民法通则条文对照及适用提要》，法律出版社2017年版，第8~9页。

采民事权利能力说有其固有缺陷。无论是完全权利能力说，还是特别权利能力说，都无法很好地解释既然法律规定自然人的民事权利能力始于出生，为何胎儿未出生却可以享有民事权利能力，且该理论还存在另一矛盾，胎儿如果活着出生，即享有民事权利能力，可以享有相应的权利，而胎儿如果未能活着出生，则不享有民事权利能力，也不能享有相应的权利。因此，如果胎儿因受他人侵害而未能活着出生，其也不能享有相应的损害赔偿请求权。而采权利能力否定说，则根本不足以保护胎儿本身的利益。为此，有学者认为，如果在胎儿利益的保护上仍固守权利能力制度，不仅难以周到地保护胎儿的利益，而且会因固守权利能力制度而限制法律的进步与发展。①

（二）生命法益保护说

法益是指权利以外的受法律保护的利益。该说认为，胎儿是生命发展之过程，对胎儿利益的保护，实质上是对生命法益的保护。其理由是“生命法益系先于法律而存在，系人性之表现与自然创造的一部分。生命所表现者，系生物自体之本质，生物自体因此而获取其内容，任何人对生命法益均享有权利，故得主张不受任何妨害或阻碍。任何人对人类自然成长之妨碍或剥夺，皆构成对生命法益之侵害。之所谓对健康之侵害，即系对生命发展过程之妨碍。”②

生命法益保护说认为法律保护的是生命法益，而非胎儿的权利，避开了对胎儿权利进行保护与胎儿不具备民事权利能力之间的矛盾。但该学说在司法实践中，特别是成文法系国家的司法实践中必然存在无法回避的难题。法益究竟包括哪些？除生命法益外，是否还存在其他法益？如果法律未明确规定胎儿的生命法益，当胎儿的生命法益受到侵害时，究竟由谁主张，如何行使损害赔偿请求权？还有其他法律未予规定的权利受到侵害时，法律是否可以行使自由裁量权，以法益受到侵害为由予以保护？如果法律对胎儿的生命法益予以明确规定，则对于其他的法益是否也应予以明确规定？以上问题均难以回答。

（三）侵权责任说

该说认为，在处理胎儿损害赔偿的案件时，直接依侵权责任理论支持胎儿的损害赔偿请求权，无需适用权利能力理论。因为“未出生者之被侵害性与其权利能力无关。纵使吾人认为人因其出生而取得权利能力，法律意义上之人格

---

① 汪渊智：《胎儿利益的民法保护》，载《法律科学（西北政法学院学报）》2003年第4期。

② 王泽鉴：《民法学说与判例研究》（第4卷），中国政法大学出版社2005年版，第220页。

者因出生而存在，但此并不足改变人于出生前在生物体上存在之事实。人之生命自何时开始，自何时起应受法律保护，与其自何时起始得以一个具有个体之人而存在，而享有权利能力，系属二事。”①

侵权责任说从侵权责任的角度解释了为何胎儿利益受到损害时要进行赔偿，但是，该学说仍然存在理论缺陷：既然胎儿不具备民事权利能力，因此也不享有民事权利，其他受保护的原权利都不存在，何以存在基于原权利而存在的救济性权利，即损害赔偿请求权？

（四）人身权延伸保护说

该学说认为，民事主体在其出生前和消灭后，存在着与人身权利相区别的先期法益和延续法益，且人身法益与人身权利，互相衔接，统一构成民事主体完整的人身利益，民事主体人身利益的完整性与人身权利的系统性，决定了法律对民事主体人身保护必须以人身权利为基础，向前延伸和向后延伸。② 而对胎儿的保护即属于对人身权的延伸保护。

该学说虽然表明对胎儿利益进行保护，是基于该利益系自然人的人身权利的自然延伸，并不以胎儿的民事权利能力为前提，但该学说依然以胎儿的先期法益为基础，未能完全避免生命法益说的缺陷。

综上，目前关于胎儿利益保护的学说各有优点，同时也存在一定的缺陷，究竟法律基于什么，如何对胎儿的利益进行保护，还有待进一步探索。

三、原《侵权责任法》颁布后被抚养人生活费存废之争

在原《侵权责任法》颁布之前，我国既赔偿被抚养人生活费又赔偿残疾赔偿金，两者相互独立并无重合。但是，原《侵权责任法》未对被扶养人生活费进行规定。该法第 16 条规定：“侵害他人造成人身损害的，应当赔偿医疗费、护理费、交通费等为治疗和康复支出的合理费用，以及因误工减少的收入。造成残疾的，还应当赔偿残疾生活辅助具费和残疾赔偿金。造成死亡的，还应当赔偿丧葬费和死亡赔偿金。”该条未涉及被抚养人生活费。同时，该法第 18 条规定：“被侵权人死亡的，其近亲属有权请求侵权人承担侵权责任。被侵权人为单位，该单位分立、合并的，承继权利的单位有权请求侵权人承担侵权责任。”据此，当时有人认为，既然法律未对被抚养人生活费予以规定，且有权请求侵权赔偿的人为“近亲属”，而不是“被抚养人”，因此，应当视为原《侵

---

① 王泽鉴：《民法学说与判例研究》（第 4 卷），中国政法大学出版社 2005 年版，第 223 页。

② 杨立新、王海英、孙博：《论人身的延伸法律保护》，载《法学研究》1995 年第 2 期。

权责任法》颁布后，侵权人不再赔偿被抚养人生活费。同时，也有人认为，原《侵权责任法》未明确规定被抚养人生活费，不代表《侵权责任法》废除了对被抚养人生活费的赔偿。被抚养人生活费系原《民法通则》予以规定的，只要没有法律予以明确废止，则仍然存在。只是因为死亡赔偿金和残疾赔偿金包含了被抚养人的生活费，如果侵权人已支付了死亡赔偿金和残疾赔偿金，则被抚养人只能请求析分死亡赔偿金和残疾赔偿金。对于此问题的解决，原《最高人民法院关于适用〈中华人民共和国侵权责任法〉若干问题的通知》第 4 条予以了明确："人民法院适用侵权责任法审理民事纠纷案件，如受害人有被扶养人的，应当依据《最高人民法院关于审理人身损害赔偿案件适用法律若干问题的解释》第二十八条的规定，将被扶养人生活费计入残疾赔偿金或死亡赔偿金。"因此，原《侵权责任法》颁布后，被抚养人生活费依然应当赔偿，但是，该部分费用将不再单独列出，而是计入残疾赔偿金或死亡赔偿金予以支付。

《民法典》及其后最高人民法院发布的司法解释，对该问题也予以了明确。《民法典》第 1179 条规定："侵害他人造成人身损害的，应当赔偿医疗费、护理费、交通费、营养费、住院伙食补助费等为治疗和康复支出的合理费用，以及因误工减少的收入。造成残疾的，还应当赔偿辅助器具费和残疾赔偿金；造成死亡的，还应当赔偿丧葬费和死亡赔偿金。"《最高人民法院关于审理人身损害赔偿案件适用法律若干问题的解释》第 16 条规定："被扶养人生活费计入残疾赔偿金或者死亡赔偿金"；第 17 条规定，"被扶养人生活费根据扶养人丧失劳动能力程度，按照受诉法院所在地上一年度城镇居民人均消费支出标准计算。被扶养人为未成年人的，计算至十八周岁；被扶养人无劳动能力又无其他生活来源的，计算二十年。但六十周岁以上的，年龄每增加一岁减少一年；七十五周岁以上的，按五年计算。被扶养人是指受害人依法应当承担扶养义务的未成年人或者丧失劳动能力又无其他生活来源的成年近亲属。被扶养人还有其他扶养人的，赔偿义务人只赔偿受害人依法应当负担的部分。被扶养人有数人的，年赔偿总额累计不超过上一年度城镇居民人均消费支出额。"上述司法解释对残疾赔偿金、死亡赔偿金，被抚养人生活费的计算方法分别进行了规定，可见两者互不重合，只是将被抚养人生活费的金额计入残疾赔偿金或者死亡赔金的金额。

不过，由此，将产生一个问题，死亡赔偿金的权利请求人为近亲属，而被抚（扶）养人生活费的请求人应为被抚（扶）养人，两者并不必然完全重合。而司法实践中，死者的近亲属和被抚（扶）养人往往作为共同原告提起诉讼，而法院将被扶养人生活费与死亡赔偿金或残疾赔偿金统称为“死亡赔偿金”或者“残疾赔偿金”，并作为统一的数额予以认定的话，判决的执行依据将有可能不明确，从而在执行过程中产生新的矛盾。为解决这一矛盾，笔者认为，司法实践中，法院可在“本院认为”部分，对被抚（扶）养人生活费的数额及具体权利人予以说明，或者在判决主文中，明确说明死亡赔偿金支付给每一名权利请求人（原告）的具体金额。

【典型案例】

王某诉杨某、汽车二队交通事故损害赔偿纠纷案

原告：王某

法定代理人：牟某

被告：杨某

被告：汽车二队

法定代表人：肖某，该队经理

〔基本案情〕

原告王某因与被告杨某、汽车二队发生道路交通事故损害赔偿纠纷，由其法定代理人牟某代理向四川省泸州市江阳区人民法院提起诉讼。

原告王某的法定代理人代为诉称：在一次交通事故中，原告之父王某强被挂靠在被告汽车二队的被告杨某驾驶的汽车轧死。交警部门认定：杨某负此次交通事故的主要责任。依照《民法通则》第119条、《继承法》第28条的规定，原告必要的生活费、教育费，应当由杨某赔偿，汽车二队应当承担连带赔偿责任。由于杨某的反对，此项赔偿在原交通肇事一案的刑事附带民事判决中未解决。请求判令：（1）被告向原告支付生活费、教育费18458元；（2）被告向原告支付精神抚慰金10000元；（3）本案诉讼费由被告负担。

原告王某提交的证据有：（1）第2002065号道路交通事故责任认定书一份、2002年6月8日和7月1日的道路交通事故损害赔偿调解书各一份、第2002003号道路交通事故损害赔偿调解终结书一份、泸州市江阳区人民法院的（2002）江阳刑初字第234号刑事附带民事判决书一份、泸州市中级人民法院（2002）泸刑终字第101号刑事附带民事调解书一份，用以证明杨某在交通肇事一案中虽然承担了90%的赔偿责任，但不包括原告请求赔偿的项目。（2）泸州市江阳区蓝田镇上坝村凤凰山农业合作社的证明两份、对证人毛某华、王某林的调查笔录各一份，用以证明王某强和牟某自由恋爱多年，二人一起同居生活；王某强在与牟某办理结婚手续的过程中死亡，其时牟某已怀孕。（3）出生医学记录一份、医疗发票15张，用以证明牟某于2002年10月22日在四川省泸州市中医院生育王某，为此支出医疗费3238元。（4）证人牟某、唐某丽、邓某华、高某红、牟某的证言各一份、四川华西医学鉴定中心物2003-077号法医学鉴定报告书一份、鉴定发票两张，用以证明牟某从王某强身上提取血样交民警保存，以及经亲子鉴定，王某确系王某强亲生儿子。(5) 四川省泸州市民政局的证明一份，用以证明当地最低生活保障费为每人每月130元。

被告杨某辩称：王某强死时未婚，没有配偶，何来子女。《民法通则》第9条规定："公民从出生时起到死亡时止，具有民事权利能力，依法享有民事权利，承担民事义务。"原告即便算王某强的遗腹子，王某强死亡时其尚未出生，不是具有民事权利能力的、能够行使请求权的民事主体。《继承法》第28条规定："遗产分割时，应当保留胎儿的继承份额。胎儿出生时是死体的，保留的份额按照法定继承办理。"本案是交通肇事损害赔偿，不是继承案件，赔偿金不等于遗产，保留胎儿份额的规定不能在本案适用。《民法通则》第119条规定："侵害公民身体造成伤害的，应当赔偿医疗费、因误工减少的收入、残废者生活补助费等费用；造成死亡的，并应当支付丧葬费、死者生前扶养的人必要的生活费等费用。"在交通肇事一案中，王某强生前扶养的人的经济赔偿问题已经附带解决。原告不是王某强生前扶养的人，不能依照这条规定来请求赔偿，其诉讼请求应当驳回。

被告杨某提交四川省泸州市公安局蓝田派出所的常住人口登记表一份，用以证明王某强未婚，其与牟某不存在夫妻关系。

被告汽车二队辩称：即使能证明原告王某是被害人王某强的遗腹子，也只能按《道路交通事故处理办法》进行赔偿。1岁的孩子懂得什么精神损害，为什么要请求支付精神抚慰金？不能满足原告的全部诉讼请求。

被告汽车二队未举证。

法庭主持了质证、认证。被告方对原告方提交的1、2、3、5及4组中部分证据的真实性予以确认，但认为血样是在处理事故交警没有参与的情况下由原告亲属提取的，程序不合法，其真实性值得怀疑，由此对4组中其他证据与本案的关联性不予确认。原告方对被告杨某提交的王某强未婚证据无异议。

法庭认为，原告提交的大部分证据和被告杨某提交的证据，因双方当事人无异议，予以确认。关于血样采集问题，经审查，在交警部门主持调解交通事故赔偿纠纷时，由于孩子尚未出生，交警部门认为其无权解决遗腹子赔偿问题，也无须证明自己无权解决的问题，故未提取王某强的血样。但在王某强遗体被火化前，办案民警意识到如果不留血样，可能会给将来解决这一问题造成困难，故向死者亲友提醒。牟勇遂当众在王某强的身体上采集了血液，封好后当场交给办案民警保存。牟勇在特定情况下当众提取王某强血样，这个过程有唐某丽、牟某、邓某华、高某红等多个证人证实。牟某的取证真实、客观，且不违背法律规定，是有效的民事行为。根据牟某提取血样所作的鉴定，与本案有关联性，应予采信。

泸州市江阳区人民法院经审理查明：

2002年4月27日，挂靠在被告汽车二队的被告杨某驾驶川E07×××号小货车，从泸州市纳溪区安富镇沿泸纳二级公路向泸州方向行驶，当行至该公路3km+200m处会车时，由于对前方路面情况观察不够，将同向行走的赶猪人王某强撞倒，王某强经抢救无效死亡。泸州市公安局交通警察支队二大队认定，杨某负此次事故的主要责任。在解决杨某交通肇事应承担的民事赔偿责任时，被害人王某强的父母曾请求杨某和汽车二队连带赔偿“未生下来的小孩抚养费”。由于王某强至死未婚，没有妻子，且小孩尚未出生，无法断定其与王某强的关系，故在杨某反对下，未能满足此项赔偿请求。2002年10月22日，牟某生育了原告王某。2003年1月，牟颖代理王某提起本案诉讼。

审理期间，经原告王某方申请，法院提取了在交警处保存的被害人王某强血样和王某强母亲保存的王某强血衣，同时送至四川华西法医学鉴定中心鉴定。因血衣变质，丧失了检验条件，四川华西法医学鉴定中心只对血样进行了鉴定。结论为：王某强是王某的亲生父亲。

同时查明，原告王某的母亲牟某与王某强自由恋爱多年并同居生活。王某强死亡时，牟某已怀孕。2002年，泸州市的最低生活保障标准是每月130元，教育费年约需444元。

〔一审裁判理由与结果〕

泸州市江阳区人民法院认为：本案争议焦点是，对被害人死亡时遗留的胎儿，加害人有无赔偿责任？

本案证据证明，原告王某与被害人王某强之间存在着父子血缘关系。《婚姻法》第21条规定：“父母对子女有抚养教育的义务；子女对父母有赡养扶助的义务”。第25条规定：“非婚生子女享有与婚生子女同等的权利，任何人不得加以危害和歧视”。父母对子女的抚养教育义务，是由父母与子女间存在的血缘关系决定的，不因父母之间是否存在婚姻关系而发生实质性变化。

《民法通则》第119条规定，侵害公民身体造成死亡的，加害人应当向被害人一方支付死者生前扶养的人必要的生活费等费用。“死者生前扶养的人”，既包括死者生前实际扶养的人，也包括应当由死者抚养，但因为死亡事故发生，死者尚未抚养的子女。原告王某与王某强存在父子关系，是王某强应当抚养的人。王某出生后，向加害王某强的人主张赔偿，符合《民法通则》的这一规定。由于被告杨某的加害行为，致王某出生前王某强死亡，使王某不能接受其父王某强的抚养。本应由王某强负担的王某生活费、教育费等必要费用的二分之一，理应由杨某赔偿。生活费按泸州市2002年最低生活保障每月130元标准，教育费按每年444元标准，计算至王某18周岁时止。《民法通则》第131条规定：“受害人对于损害的发生也有过错的，可以减轻侵害人的民事责任。”考虑到在交通事故中，王某强也有一定过错，故可以减轻杨某10%的赔偿责任。被告汽车二队是杨某车辆的挂靠单位，在杨某不能给付赔偿金的情况下，应当承担垫付责任。

原告王某一方请求被告给付精神抚慰金，这一请求不符合《最高人民法院关于确定民事侵权精神损害赔偿责任若干问题的解释》的规定，不予支持。

据此，泸州市江阳区人民法院于2003年5月28日判决：

一、被告杨某在本判决书生效后10日内，一次性给付原告王某生活费12636元、教育费3600元，共计16236元；其余损失1804元，由王某自行负担；

二、被告汽车二队对上列赔偿款承担垫付责任；

三、驳回原告王某的其他诉讼请求。

诉讼费1712元、鉴定费4000元，合计5712元，由原告王某负担812元，被告杨某负担4900元。

一审宣判后，双方当事人均未上诉。判决生效后，被告一方已经自动履行了判决确定的给付义务。

第十章 事实婚姻关系配偶的继承权

规则 14：事实婚姻关系的一方死亡后，另一方可以配偶身份享有继承权

——谢某、郑某诉陈某等继承纠纷案①

【裁判规则】

男女双方生前以夫妻名义公开生活，已形成事实婚姻，应视为夫妻关系，其财产应为夫妻共同财产。一方（男或女）先于另一方死亡，依照《继承法》的规定，先死亡一方的遗产应由第一顺序继承人继承；另一方死亡后，其遗产应由其第一顺序继承人继承。

【规则理解】

一、事实婚姻的概念与内涵

根据 1972 年《最高人民法院关于贯彻执行民事政策法律的意见》（已失效）的规定，事实婚姻是指没有配偶的男女，未进行结婚登记，以夫妻关系同居生活，群众也认为是夫妻关系的。

有学者认为，事实婚姻的构成必须具备如下条件：第一，事实婚姻的男女均无配偶，有配偶则成为事实重婚；第二，事实婚姻的男女双方都具有终身共同生活的目的；第三，事实婚姻的男女双方，应当具备公开的夫妻身份；第四，事实婚姻未履行结婚登记手续。②

还有学者认为，事实婚姻具备如下特征：第一，符合婚姻的实质要件，包括：达到法定婚龄、共同生活的合意、不具有禁止结婚的障碍，比如血缘关系、禁婚疾病、婚姻关系等；第二，欠缺法定的形式要件，即没有在婚姻登记机关依法履行登记手续，也即不具有结婚所必备的形式要件；第三，具有永久共同生活的目的性和稳定性，即事实婚姻必须有着以夫妻名义长期共同生活的目的，

① 《中华人民共和国最高人民法院公报》1992 年第 3 期。

② 马原：《新婚姻法案例评析》，人民法院出版社 2002 年版，第 297~298 页。

并行夫妻生活之实；第四，具有相当的公示性，即男女之间夫妻关系的存在是公开的，并被特定空间内的亲戚、朋友、同事、邻居等群众所知道。[①]

根据事实婚姻的定义，及有关学者关于事实婚姻条件、特征的总结，可知事实婚姻的主要内涵表现为：男女双方存在结婚的意愿、以夫妻的名义公开共同生活，并且符合结婚的实质要件，该男女双方具备婚姻的实质内容，但是，因为该男女双方未按照法律规定的程序办理登记手续，因此，该婚姻关系欠缺法律规定的形式。

二、我国关于事实婚姻的立法沿革

我国法律对事实婚姻的态度经历了从完全承认，到有条件承认，然后再完全否认，再到有条件承认的不同阶段。笔者对中华人民共和国成立以来，我国法律及司法解释有关事实婚姻的立法沿革进行了梳理，大体上可以分为四个阶段：

（一）1950 年~1989 年 11 月 21 日“完全承认阶段”

1950 年《婚姻法》第 6 条第 1 款明确规定：“结婚应男女双方亲到所在地（区、乡）人民政府登记。凡合于本法规定的结婚，所在地人民政府应即发给结婚证。”可见，该《婚姻法》明确规定结婚登记是成立合法婚姻的必备形式要件。但是，1953 年中央人民政府法制委员会在《中央法制委员会、内务部有关婚姻问题对广州市人民政府的若干解答》中提到：1953 年 3 月贯彻婚姻法运动以前的事实婚姻，仅欠缺结婚登记手续的，仍承认其夫妻关系的效力。1956 年在《最高人民法院关于未登记的婚姻关系在法律上的效力问题的复函》中又重申，对仅欠缺结婚登记的事实婚姻关系应该予以承认，在发生纠纷时按照离婚案件处理。1979 年《最高人民法院关于贯彻执行民事政策法律的意见》中，又进一步明确：“人民法院审理这类案件，要坚持结婚必须进行登记的规定，不登记是不合法的，要进行批评教育。处理具体案件要根据党的政策和婚姻法的有关规定，从实际出发，实事求是地解决。双方或一方不满婚姻法结婚年龄的婚姻纠纷，如未生育子女的，在做好工作的基础上应解除其非法的婚姻关系；对双方已满婚姻法结婚年龄的事实婚姻的纠纷，应按一般的婚姻案件处理。”直到 1984 年《最高人民法院关于贯彻执行民事政策法律若干问题的意见》第 7 条，仍然规定：“没有配偶的男女，未按婚姻法规定办理结婚登记手续，即以夫妻名义同居生活……对起诉时双方都已达到婚姻法规定的婚龄和符合结婚的

---

① 张翠文：《事实婚姻探究》，吉林大学 2008 年硕士学位论文。

其他条件的，可按婚姻法第二十五条规定的精神处理，如经过调解和好或者撤诉的，应着其到有关部门补办结婚登记手续；起诉时双方或一方仍未达到法定婚龄或不符合结婚的其他条件的，应解除其同居关系。所生子女的抚养或财产的分割问题，按婚姻法的有关规定处理。”

从以上规定可以看出，尽管对于结婚不予登记的行为持否定态度，但对行符合结婚的实质条件，仅仅缺乏登记这一手续的婚姻，原则上承认其具备婚姻的法律效力，在离婚时可按解除婚姻关系处理。

（二）1989 年 11 月 21 日～1994 年 2 月 1 日“有条件地承认阶段”

1989 年《关于人民法院审理未办理结婚登记而以夫妻名义同居生活案件的若干意见》对事实婚姻的处理情况作出了比较完备的规定。该司法解释体现了逐步否认事实婚姻的态度。该意见第 1 条规定：“1986 年 3 月 15 日《婚姻登记办法》施行之前，未办结婚登记手续即以夫妻名义同居生活，群众也认为是夫妻关系的，一方向人民法院起诉‘离婚’，如起诉时双方均符合结婚的法定条件，可认定为事实婚姻关系；如起诉时一方或双方不符合结婚的法定条件，应认定为非法同居关系。”第 2 条规定：“1986 年 3 月 15 日《婚姻登记办法》施行之后，未办结婚登记手续即以夫妻名义同居生活，群众也认为是夫妻关系的，一方向人民法院起诉‘离婚’，如同居时双方均符合结婚的法定条件，可认定为事实婚姻关系；如同居时一方或双方不符合结婚的法定条件，应认定为非法同居关系。”

以上规定以 1986 年 3 月 15 日为时间点，对事实婚姻的认定采取了越来越严格的限制。对 1986 年 3 月 15 日以前未经登记即以夫妻名义公开同居的，如起诉前符合结婚的法定条件，则可认定为事实婚姻关系，而对于 1986 年 3 月 15 日之后，则要求同居时双方即符合结婚的法定条件，否则，只能认定为非法同居关系。

（三）1994 年 2 月 1 日～2001 年 4 月 28 日“绝对否认阶段”

1989 年《关于人民法院审理未办理结婚登记而以夫妻名义同居生活案件的若干意见》第 3 条规定：“自民政部新的婚姻登记管理条例施行之日起，未办结婚登记即以夫妻名义同居生活，按非法同居关系对待。”因此，自 1994 年 2 月 1 日，民政部《婚姻登记管理条例》实施之日起，我国法律已不再承认事实婚姻关系。同时，民政部《婚姻登记管理条例》第 24 条也规定：“未到法定结婚年龄的公民以夫妻名义同居的，或者符合结婚条件的当事人未经结婚登记以夫妻名义同居的，其婚姻关系无效，不受法律保护。”

（四）2001年4月28日至今“有条件地承认阶段”

2001年修正后的《婚姻法》改变了此前对于事实婚姻绝对不承认的做法，在第8条中规定：“……未办理结婚登记的，应当补办登记。”此后，2001年实施的《婚姻法司法解释一》作了进一步的规定。其中第4条规定：“男女双方根据婚姻法第八条规定补办结婚登记的，婚姻关系的效力从双方均符合婚姻法所规定的实质要件时起算。”第5条规定：“未按婚姻法第八条规定办理结婚登记而以夫妻名义共同生活的男女，起诉到人民法院要求离婚的，应当区别对待：（一）1994年2月1日民政部《婚姻登记管理条例》公布实施以前，男女双方已经符合结婚实质要件的，按事实婚姻处理；（二）1994年2月1日民政部《婚姻登记管理条例》公布实施以后，男女双方符合结婚实质要件的，人民法院应当告知其在案件受理前补办结婚登记；未补办结婚登记的，按解除同居关系处理。”

现行《民法典》第1049条规定：“……未办理结婚登记的，应当补办登记。”《民法典婚姻家庭司法解释（一）》第7条规定：“未依据民法典第一千零四十九条规定办理结婚登记而以夫妻名义共同生活的男女，提起诉讼要求离婚的，应当区别对待：（一）1994年2月1日民政部《婚姻登记管理条例》公布实施以前，男女双方已经符合结婚实质要件的，按事实婚姻处理。（二）1994年2月1日民政部《婚姻登记管理条例》公布实施以后，男女双方符合结婚实质要件的，人民法院应当告知其补办结婚登记。未补办结婚登记的，依据本解释第三条规定处理。”该司法解释第3条规定：“当事人提起诉讼仅请求解除同居关系的，人民法院不予受理；已经受理的，裁定驳回起诉。当事人因同居期间财产分割或者子女抚养纠纷提起诉讼的，人民法院应当受理。”根据这一规定，对于未依据《民法典》第1049条的规定办理结婚登记而以夫妻名义共同生活的男女，提起诉讼要求离婚的，人民法院应当以1994年2月1日为界按照时间先后予以区别对待。（1）对于1994年2月1日男女双方已经符合结婚实质要件的，人民法院按照合法有效的婚姻关系处理，即认可事实婚姻关系的合法性。（2）对于1994年2月1日以后，男女双方符合结婚实质要件却未办理结婚登记的，人民法院应当告知其补办结婚登记，补办登记完成后认可婚姻效力，可对离婚请求予以处理。如男女双方仍未补办结婚登记，则不认可事实婚姻的效力，一律将按照同居关系处理。

三、《民法典》中事实婚姻夫妻相互间的继承权

我国《民法典》第1061条规定：“夫妻有相互继承遗产的权利”，未对事

实婚姻下夫妻相互间的继承权另行做出规定，鉴于对事实婚姻的认定，即符合结婚实质要件，欠缺登记手续的婚姻关系，我国法律承认事实婚姻与经过登记的婚姻关系具有同等的法律效力，因此，事实婚姻下的夫妻亦应具有相互继承遗产的权利。此外，在《民法典》实施之前，原《最高人民法院关于人民法院审理未办结婚登记而以夫妻名义同居生活案件的若干意见》第13条也规定："同居生活期间一方死亡，另一方要求继承死者遗产，如认定为事实婚姻关系的，可以配偶身份按继承法的有关规定处理；如认定为非法同居关系，而又符合继承法第十四条规定的，可根据相互扶助的具体情况处理。"

根据《民法典》第1123条的规定："继承开始后，按照法定继承办理；有遗嘱的，按照遗嘱继承或者遗赠办理；有遗赠扶养协议的，按照协议办理。"因此，对于事实婚姻中夫妻相互间的继承法律关系，首先依照继承人的遗嘱或者遗赠扶养协议处理，如果没有遗嘱或者遗赠扶养协议的，则按照法定继承处理。在法定继承下，根据《民法典》第1127条第1款的规定："遗产按照下列顺序继承：（一）第一顺序：配偶、子女、父母；（二）第二顺序：兄弟姐妹、祖父母、外祖父母。"配偶系第一顺序的继承人，此处的配偶应当包括事实婚姻关系情形下的配偶。同时，对于该配偶，如果属于缺乏劳动能力又没有生活来源的，根据《民法典》第1141条的规定："遗嘱应当为缺乏劳动能力又没有生活来源的继承人保留必要的遗产份额。"即使存在继承人的遗嘱也不能剥夺缺乏劳动能力又没有生活来源的继承人的必要的遗产份额。根据《民法典》第1121条的规定："继承从被继承人死亡时开始。相互有继承关系的数人在同一事件中死亡，难以确定死亡时间的，推定没有其他继承人的人先死亡。都有其他继承人，辈份不同的，推定长辈先死亡；辈份相同的，推定同时死亡，相互不发生继承。"如果事实婚姻的夫妻双方在同一事件中死亡的，则应确定死亡先后时间，先死亡的一方为被继承人，后死亡的一方为继承人，后死亡一方可以继承先死亡一方的财产，继承之后，其财产可由后死亡一方的继承人再行继承。如果不能确定先后死亡顺序的，相互有继承关系的几个人在同一事件中死亡，如不能确定死亡先后时间的，推定没有继承人的人先死亡。死亡人各自都有继承人的，如几个死亡人辈分不同，推定长辈先死亡；几个死亡人辈分相同，推定同时死亡，彼此不发生继承，由他们各自的继承人分别继承。

【拓展适用】

一、事实婚姻合法化之讨论

从我国关于事实婚姻的立法沿革考察，可以看出中华人民共和国成立后，

《婚姻法》开始要求结婚必须进行登记，但是由于中国自古以来有仪式婚的传统，事实婚姻大量存在，之后的司法解释对于事实婚姻一定程度上给予与合法婚姻同样的法律效力，尽管有一段时间，婚姻法对事实婚姻持完全否定态度，但是，2001年颁布的《婚姻法》及现行《民法典》仍对于一定范围内的事实婚姻予以认可。立法态度表明了我国立法者对于事实婚姻是否认可的矛盾心理。直至今日，仍有不少学者提倡，应对事实婚姻持肯定态度。例如，有观点认为："事实上，中国几千年的历史证明，对于结婚这样的行为，国家放任礼教而不是法律干预，也未导致多严重的秩序失控；相反，国家并不是在所有的社会生活方面都能随心所欲，过度的干预会受到传统的顽强抵制……单一登记的制度在很大程度上无视了中国民众对待婚姻的态度和心理，无视了中国人结婚仪式中所蕴涵的观念价值。"① 还有观点认为："法律之所以对结婚设立形式要件，是想通过形式上的要求来达到公示的目的，减少一切使婚姻不安定的可能性的发生，使当事人在作出对自己今后的人生会产生重大影响的抉择之时慎重考虑。从这个角度而言，形式要件只是手段，符合婚姻的实质要件才是保障当事人婚姻质量、实现国家对婚姻监督和管理的最终目标。在形式要件的具体内容上，法律不妨采取开放式的态度，将婚姻的形式要件多元化，放弃以往将登记制作为唯一形式要件的做法，兼采登记制与仪式制作为婚姻的法定形式要件，给婚姻当事人以选择的自由。"② 关于事实婚姻存在的原因，则主要有以下几个方面：第一，法律观念的淡薄；第二，传统的聘娶婚习俗的影响；第三，婚姻登记制度本身不够完善。③

笔者认为，以上关于立法认可事实婚姻的理由不能成立。我国《民法典》既然已经确定登记作为婚姻成立的必要形式要件，除历史上遗留的问题可予以变通处理外，以后确立婚姻关系必须以登记为必要条件，否则，婚姻关系不能成立。其理由如下：第一，自从中华人民共和国成立以后，即通过法律的形式对登记要件予以规定，在其后的几十年里，登记形式已经深入人心，现今大部分人，特别是年轻人之所以没有进行登记，并非因为其不知道结婚应当进行登记，而不去登记，而主要是因为其尚未做好结婚的打算，尚未想好是否要以同居生活伴侣作为结婚对象共度一生。另外，如果确实法律意识淡薄，仍可通过

---

① 金眉：《事实婚姻考察——兼论结婚仪式的现代法律价值》，载《华东政法大学学报》2011年第1期。

② 吴慧娟：《论事实婚姻》，中国政法大学2007年硕士学位论文。

③ 吴慧娟：《论事实婚姻》，中国政法大学2007年硕士学位论文。

法律宣传等形式对结婚登记的形式要件予以普及，只要法律的立场坚持不变，越来越多的人会逐渐接受这一形式要件。因此，法律意识淡薄不能成为事实婚姻一直存在的理由。第二，传统聘娶婚习俗的存在。尽管法律规定登记为婚姻成立的必要形式要件，但是法律并不禁止聘娶婚的习俗，人们在办理婚姻登记的同时，仍会办理结婚仪式，况且，事实上，大部人也是这么做的。第三，婚姻登记制度本身不够完善亦不能成为放弃登记制度的理由。婚姻登记制度本身不够完善可以通过加强登记机关的建设、提供便利登记的条件等方式予以完善。第四，如果男女双方愿意不登记而共同生活，只要其同居不违反法律法规的强制性规定，法律并不会禁止这类行为，只是不赋予其与合法婚姻同等的效力，因此，不会导致法律过度干预人们自由的后果。第五，传统的结婚仪式已不足以对男女双方是否结婚进行公示。在中国古代社会，人际交往的范围比较狭窄，一般而言，举行结婚仪式，双方亲友及周围群众即可知双方已结婚，即可达到公示的目的，但是，在现代社会，地球尚且成为“村”，人际交往的范围如此之大，结婚仪式如何能在这么大的范围内起到公示作用，并达到足以使可能与之产生婚姻关系的其他人知晓其已经存在婚姻关系？事实上，传统的结婚仪式公示的范围过于狭窄，只有登记，且在全国范围内联网的登记方能实现公示的目的。况且，如果允许登记与仪式作为结婚登记的选择要件，将导致更多的善意相对人无法确定其欲结婚的对象是否存在婚姻关系，不利于对善意相对人的保护。综上，笔者认为，我国《民法典》坚持将登记作为结婚成立的必要形式要件方能切实维护一夫一妻的婚姻制度，保障婚姻当事人的合法权益。

二、事实婚姻关系的认定

在处理关于事实婚姻关系的案件中，首先面临的问题是确认事实婚姻关系是否成立，于何时成立等。

（一）事实婚姻关系的成立与否

法律认可的事实婚姻关系具备如下条件：第一，时间条件。根据《民法典婚姻家庭司法解释（一）》第7条的规定，必须是在1994年2月1日之前已经形成了事实婚姻关系，或者虽是在1994年2月1日之前以夫妻名义共同生活，但之后补办了结婚登记手续，则登记之前的婚姻关系可以认定为事实婚姻关系。第二，实质条件。事实婚姻关系必须符合法律规定结婚的实质要件，包括符合婚姻自由、一夫一妻的婚姻制度、我国法律关于法定结婚年龄的规定等，也包括不得具备《民法典》规定的禁止结婚的情形，如有禁止结婚的亲属关系，重婚等。第三，公示条件，即必须以夫妻名义共同生活。关于以夫妻名义共同生活的时间，法律虽无明文规定，但是考虑到事实婚姻必须有一定的公示效力，因此，男女双方共同生活的状态必须持续一定的时间，该时间必须长到足以使一定范围内的群众认为他们系夫妻关系。必须满足以上三个条件，方可成立法律上的事实婚姻，否则不能认定为事实婚姻关系，只能认定为同居关系。

（二）事实婚姻关系的成立时间

事实婚姻关系的成立时间应为男女双方符合结婚的实质条件之日。对于先有事实婚姻，后又补办登记手续的，也应以双方符合结婚的实质要件之日起为其婚姻关系开始的时间。对此，有关司法解释作了明确规定，如《民法典婚姻家庭司法解释（一）》第6条规定："男女双方依据民法典第一千零四十九条规定补办结婚登记的，婚姻关系的效力从双方均符合民法典所规定的结婚的实质要件时起算。"2002年《最高人民法院关于符合结婚条件的男女在登记结婚之前曾公开同居生活能否连续计算婚姻关系存续期间并依此分割财产问题的复函》曾指出："在民政部婚姻登记管理条例施行之前，对于符合结婚条件的男女在登记结婚之前，以夫妻名义同居生活，群众也认为是夫妻关系的，可认定为事实婚姻关系，与登记婚姻关系合并计算婚姻关系存续期间。"

（三）事实婚姻的离婚

根据我国《民法典》的规定，离婚有协议离婚与诉讼离婚两种形式，协议离婚需男女双方自愿离婚，并到婚姻登记机关进行离婚登记；诉讼离婚则由人民法院直接作出是否准许离婚的判决。由于事实婚姻关系成立时，男女双方未至婚姻登记机关进行结婚登记，故事实婚姻关系不能也无须通过去婚姻登记机关进行离婚登记的方式进行。那么，事实婚姻的离婚应采取何种方式呢？

首先，事实婚姻关系可以通过诉讼的方式离婚。《民法典婚姻家庭司法解释（一）》第7条规定："未依据民法典第一千零四十九条规定办理结婚登记而以夫妻名义共同生活的男女，提起诉讼要求离婚的，应当区别对待：（一）1994年2月1日民政部《婚姻登记管理条例》公布实施以前，男女双方已经符合结婚实质要件的，按事实婚姻处理。（二）1994年2月1日民政部《婚姻登记管理条例》公布实施以后，男女双方符合结婚实质要件的，人民法院应当告知其补办结婚登记。未补办结婚登记的，依据本解释第三条规定处理。"该司法解释第3条规定："当事人提起诉讼仅请求解除同居关系的，人民法院不予受理；已经受理的，裁定驳回起诉。当事人因同居期间财产分割或者子女抚养纠纷提起诉讼的，人民法院应当受理。"以上规定是人民法院处理事实婚姻的离婚案件的依据，即对于符合事实婚姻要件的案件，可以按照正常离婚案件办理，对于不符合事实婚姻要件仅请求解除同居关系的，人民法院不予受理，当事人因同居期间财产分割或者子女抚养纠纷提起诉讼的，人民法院应当受理。

其次，事实婚姻关系应可以通过双方终止以夫妻名义共同生活的事实予以解除。一般而言，依据我国法律，事实婚姻与合法婚姻的效力并无差别，因此，分居的事实不应足以解除婚姻关系。但是，由于事实婚姻未经登记而成立，仅基于双方以夫妻名义共同生活的事实而予以认可，如果双方当事人不再以夫妻名义共同生活，则周围群众也不会认可其夫妻关系，更何况，即使双方想“登记”离婚，而因双方并未登记结婚而无法进行。因此，如果双方不再以夫妻名义共同生活达到一定时间，应当认定事实婚姻关系自然解除。

三、事实婚姻关系中的身份关系与财产关系

我国法律规定对一定情形下男女双方未经登记而以夫妻名义共同生活的事实认定为事实婚姻关系，并未另行规定该事实婚姻关系与经登记成立的婚姻关系在效力上有何不同之处。因此，事实婚姻关系中男女双方的身份关系与财产关系应当完全等同于经登记而成立的婚姻关系中夫妻所具有的身份关系与财产关系。具体而言，身份关系上，事实婚姻关系的夫妻双方互相具有配偶的身份，在法律规定的条件下，可以互为监护人，互为继承人，并享有相互扶养的权利和义务，在事实婚姻关系存续期间所生子女应推定为婚生子女；在财产关系上，事实婚姻关系的夫妻双方可以约定采取共同财产制，也可以约定各自财产归各自所有。在离婚时，可以依照配偶的身份分得应有的财产。

四、事实婚姻关系与同居关系

（一）事实婚姻关系与同居关系的联系与区别

事实婚姻关系与同居关系都是以男女双方共同生活的事实为基础，两者有一定的相似之处，如两者都有同居的事实，两者都未经依法登记而共同生活，两者均涉及不同程度上财产的共有。但是，基于事实婚姻关系与同居关系法律效力上的截然不同，一旦发生纠纷，男女双方或利害关系人必然对两者关系的性质提出对其有利的主张，如收入较多的一方可能主张同居关系，以达到不按离婚与对方分配财产的目的，而对家庭付出较多或者收入较少的一方，则会主张两者为事实婚姻关系，以便达到平分或者多分财产的目的。事实上，事实婚姻关系与同居关系具有本质的区别。

第一，男女双方同居的目的不同。正如有观点所言：“事实婚姻关系的当事人双方以创设夫妻关系的合意为基础而共同生活，其所共同追求的私法效果就是缔结婚姻关系、在彼此之间产生夫妻的权利义务关系……同居关系则不然，同居的男女双方并不以创设夫妻关系为目的……并不希望以婚姻关系来束缚自己。”①

第二，男女双方是否符合结婚的实质要件不同。我国《民法典》所认可的事实婚姻关系必须符合《民法典》关于结婚的实质要件，否则不能认定为事实婚姻关系，而同居关系则不必然要求符合结婚的实质要件，甚至某些非法同居关系为法律所禁止。

第三，是否产生公示的夫妻关系不同。事实婚姻关系要求男女双方以夫妻名义共同生活，并要求周围群众也认可其夫妻关系；而同居关系则对男女双方是否以夫妻的名义共同生活、周围群众如何看待他们的同居在所不问。

第四，除以上区别外，司法实践中还可以从双方共同生活的时间，双方家庭是否互相认可姻亲关系，是否生育子女，双方是否共同购置住房等主要生活用品等方式来区分事实婚姻关系与同居关系。

（二）事实婚姻关系与同居关系法律效果的差异

事实婚姻关系与同居关系的法律性质截然不同，两者的法律效果亦差异颇大。第一，事实婚姻关系的男女双方互为配偶，在婚姻关系存续期间，双方享有配偶的身份，互负忠实的义务，任何一方均不得再行结婚，否则构成重婚。而同居关系则不同，同居关系存续期间，双方不具有配偶的身份，任何一方均可结束同居关系而另行结婚。第二，除法律另有规定或者双方另有约定外，事实婚姻关系中任何一方对对方的收入共同共有，在离婚时，可以依照配偶的身份而享有分割共有财产的权利。而同居关系中，同居期间的财产只能按照一般共有关系进行处理，解除同居关系时，不得请求按照夫妻共有财产进行分配。第三，一方死亡时，事实婚姻关系中生存一方可以配偶身份按继承法的规定作为法定继承人继承对方的遗产，而同居关系中生存一方，仅在依靠被继承人扶养又没有生活来源的情况下，或者是对另一方扶养较多的情况下，可以依照《民法典》第 1131 条的规定，适当分得另一方的遗产。

【典型案例】

谢某、郑某诉陈某等继承纠纷案

原告：谢某、郑某

被告：陈某、陈某 1、陈某 2、陈某 3

---

① 吴慧娟：《论事实婚姻》，中国政法大学 2007 年硕士学位论文。

〔基本案情〕

原告谢某、郑某为与被告陈某、陈某1、陈某2、陈某3继承纠纷一案，向陕西省西安市碑林区人民法院提起诉讼。

原告谢某、郑某诉称，女儿郑某某1985年经朋友介绍与被告之弟陈某4相识，不久相爱，感情很好。郑某某从1987年1月起就帮助陈某4料理家务并同居，至1989年4月11日2人被害死亡，已形成事实上的夫妻关系。在此期间，两人共同劳动，先后购置了彩电、冰箱、录音机、录像机、洗衣机等日常生活用品。请求法院判令原告依法继承女儿郑某某的遗产。

被告陈某、陈某1、陈某2、陈某3辩称，原告之女与其弟陈某4生前未进行结婚登记，不是合法的夫妻关系，其同居是非法的。现2人不幸被害死亡，所遗财产是陈某4的个人财产，不属夫妻共同财产。陈某4的遗产原告无权继承。

陕西省西安市碑林区人民法院经公开审理查明：原告谢某、郑某分别系被继承人郑某某的父母。被告陈某、陈某1、陈某2、陈某3分别系被继承人陈某4的兄姐。郑某某、陈某4从1987年1月起，即以夫妻名义公开同居生活，并购置生活用具。上述事实，有证人证言、陈某4生前信件等书证证明。1989年4月11日夜，郑某某、陈某4在家中被害死亡。郑某某、陈某4死亡后，遗有存款及现金12810元，债权1万元，彩电2台，冰箱、洗衣机、收录机、电视投影机、电风扇各1台，金项链1条及家具、生活日用品等。以上遗产，经西安市公安局核查后，由被告保管。

还查明，郑某某生前系西安市硅酸盐制品厂车间会计。陈某4生前系个体工商户。郑某某与陈某4共同生活期间，未生育子女。陈某4的父亲陈先民、母亲吴兰花已分别于1977年、1982年去世。

〔一审裁判理由与结果〕

陕西省西安市碑林区人民法院认为：《最高人民法院关于人民法院审理未办结婚登记而以夫妻名义同居生活案件的若干意见》第2条规定，1986年《婚姻登记办法》施行之后，未办结婚登记手续即以夫妻名义同居生活，如同居时双方均符合结婚的法定条件，可认定为事实婚姻。郑某某与陈某4未进行结婚登记即以夫妻名义同居生活已达两年之久，且符合结婚的法定条件，其婚姻关系应认定为事实婚姻。根据上述规定，郑某某、陈某4在同居期间的财产，应视为夫妻共同财产。原告谢某、郑某系被继承人郑某某的继承人，依照《继承法》第10条第1款的规定，有权继承郑某某的那部分遗产。被继承人陈某4的父母均已死亡，无子女，依照上述规定，其遗产应由第二顺序继承人陈某、陈某1、陈某2、陈某3继承。被告陈某、陈某1、陈某2、陈某3辩称，郑某某、陈某4家中财产全部属陈某4个人所有，证据不足，不予认定。郑某某与陈某4同居生活时间短，共同财产中较多系其与郑某某同居前所有，故其继承人应适当多分。据此，1989年11月27日，陕西省西安市碑林区人民法院判决：

原告谢某、郑某继承被继承人郑某某遗产债权人民币6000元，“夏普”20英寸彩电1台，被面4条、毛巾被1条。

被告陈某、陈某1、陈某2、陈某3继承被继承人陈某4遗产人民币16810元、彩电、电冰箱、洗衣机、电风扇、收录机、电视投影机、金项链及生活用具等共30余件。

〔当事人上诉及答辩意见〕

第一审宣判后，原告谢某、郑某以原审判决分割郑某某、陈某4遗产不合理，未体现权利义务相一致的原则为由，向陕西省西安市中级人民法院提出上诉。

〔二审查明的事实〕

陕西省西安市中级人民法院在审理中，除第一审查明的事实外，又查明，据公安机关对郑某某、陈某4被杀害时间出具的法医鉴定结论证实，陈某4的死亡时间先于郑某某20分钟左右。还查明，郑某某、陈某4被害后，上诉人谢某、郑某与被上诉人陈某等4人共同出资并主持了丧事，被上诉人送的花圈上称被害人郑某某为“弟媳”。陈某4生前借被上诉人陈某2人民币1000元未还。

〔二审裁判理由与结果〕

陕西省西安市中级人民法院认为：郑某某、陈某4生前以夫妻名义公开生活，已形成事实婚姻，应视为夫妻关系，其财产应为夫妻共同财产。《继承法》第2条规定“继承从被继承人死亡时开始”，第10条第2款规定，遗产继承，在“继承开始后，由第一顺序继承人继承，第二顺序继承人不继承。没有第一顺序继承人继承时，由第二顺序继承人继承”。陈某4死亡在郑某某之前约20分钟，依照《继承法》的规定，陈某4死亡后，其遗产应由第一顺序继承人郑某某继承。郑某某死亡后，其遗产应由第一顺序继承人即本案上诉人谢某、郑某继承。

陈某4所遗债务，由谢某、郑某用所得遗产清偿。陈某、陈某1、陈某2、陈某3系陈某4的第二顺序法定继承人，无权继承陈某4的遗产。但是，陈某等四被上诉人，对陈某4生前有一定扶助，陈某4、郑某某死亡后，与上诉人共同办理了丧事，依照《继承法》第14条的规定，可以分给他们适当的遗产。原审判决认定事实不清，适用法律不当，依法应予改判。据此，该院于1991年3月19日判决：

一、撤销第一审判决；

二、分给被上诉人陈某、陈某1、陈某2、陈某3每人2000元；

三、上诉人谢某、郑某继承其余全部遗产；

四、上诉人谢某、郑某在本判决生效后一个月内一次给付陈某2债务1000元。

第十一章 人工授精所生子女的继承权

规则 15：一方同意人工授精后又反悔，该受孕子女无论与夫妻双方或一方有无血缘关系，都应视为夫妻双方的婚生子女，享有继承权

——李某、范小某诉范某、滕某继承纠纷案①、李某、郭某阳诉郭某和、童某某继承纠纷案②

【裁判规则】

1. 夫妻关系存续期间，双方一致同意利用他人的精子进行人工授精并使女方受孕后，男方反悔，而女方坚持生出该子女的，不论该子女是否在夫妻关系存续期间出生，都应视为夫妻双方的婚生子女。

2. 如果夫妻一方所订立的遗嘱中没有为胎儿保留遗产份额，因违反法律规定，该部分遗嘱内容无效。分割遗产时，应当依照法律规定，为胎儿保留继承份额。

【规则理解】

一、继承概述

所谓继承是指被继承人死亡或被宣告死亡后，继承人按照法律的规定承接被继承人财产的一种法律制度和法律关系。《民法典》第 1123 条规定："继承开始后，按照法定继承办理；有遗嘱的，按照遗嘱继承或者遗赠办理；有遗赠扶养协议的，按照协议办理。"根据该条规定，继承有法定继承与遗嘱继承两种。遗赠扶养协议属于一项独特的法律制度，不属于继承的范围。

（一）法定继承

法定继承，是指由法律以明确规范形式直接规定继承人的范围、继承的先

① 《中华人民共和国最高人民法院公报》2006 年第 7 期。

② 最高人民法院指导案例 50 号。

后顺序和遗产分配原则或比例的一种继承方式。[①] 根据我国《民法典》的规定，法定继承具有如下特点：第一，继承人的法定性。《民法典》第 1127 条第 1 款规定："遗产按照下列顺序继承：（一）第一顺序：配偶、子女、父母；（二）第二顺序：兄弟姐妹、祖父母、外祖父母。"同时，根据该条第 3 款、第 4 款、第 5 款的规定，子女包括婚生子女、非婚生子女、养子女和有扶养关系的继子女；父母包括生父母、养父母和有扶养关系的继父母；兄弟姐妹包括同父母的兄弟姐妹、同父异母或者同母异父的兄弟姐妹、养兄弟姐妹、有扶养关系的继兄弟姐妹。以上是法律对继承人范围的明确规定，该规定基于一定血缘关系及扶养关系而确定，体现了男女平等、婚生子女与非婚生子女、亲生子女与养子女、有扶养关系的继子女平等的原则。同时，为了鼓励丧偶儿媳赡养公婆、丧偶女婿赡养岳父母的传统美德，《民法典》第 1129 条还规定"丧偶儿媳对公婆，丧偶女婿对岳父母，尽了主要赡养义务的，作为第一顺序继承人。"

第二，继承顺位的法定性。《民法典》第 1127 条第 2 款规定："继承开始后，由第一顺序继承人继承，第二顺序继承人不继承。没有第一顺序继承人继承的，由第二顺序继承人继承。"

第三，继承份额的法定性。《民法典》第 1130 条规定："同一顺序继承人继承遗产的份额，一般应当均等。对生活有特殊困难又缺乏劳动能力的继承人，分配遗产时，应当予以照顾。对被继承人尽了主要扶养义务或者与被继承人共同生活的继承人，分配遗产时，可以多分。有扶养能力和有扶养条件的继承人，不尽扶养义务的，分配遗产时，应当不分或者少分。继承人协商同意的，也可以不均等。"可见，我国同一顺序继承人的继承份额，以协商一致优先，以均等为原则，特殊情况例外。该规定就当事人对财产份额的自行约定优于法定的规定体现了当事人意思自治原则，而继承份额均等体现了平等原则，例外规定则体现了法律对扶养照顾被继承人行为的肯定评价，及对不尽扶养义务行为的否定评价。

（二）遗嘱继承

遗嘱继承是指按照被继承人生前所立的合法有效的遗嘱来确定继承人并继承其遗产的一种继承方式。[②] 遗嘱继承具有如下特点。

第一，遗嘱继承的优先性。根据《民法典》第 1123 条的规定："继承开始

---

① 曹诗权主编：《婚姻家庭继承法学》，中国法制出版社 2002 年版，第 399 页。
② 曹诗权主编：《婚姻家庭继承法学》，中国法制出版社 2002 年版，第 456 页。

后，按照法定继承办理；有遗嘱的，按照遗嘱继承或者遗赠办理；有遗赠扶养协议的，按照协议办理。”因此，在有遗嘱的情况下，应当先按遗嘱继承，没有遗嘱或者遗嘱无效的，才按法定继承进行。

第二，继承人的限定性。法定继承人的范围由法律进行明确规定，只限于被继承人的近亲属，及特定情况下的丧偶儿媳与丧偶女婿。而《民法典》第1133条第2款、第3款规定：“自然人可以立遗嘱将个人财产指定由法定继承人中的一人或者数人继承。自然人可以立遗嘱将个人财产赠与国家、集体或者法定继承人以外的组织、个人。”可见，遗嘱继承方式下，被继承人只可以在法定继承人的范围之内指定继承人，如果指定接受遗产的人属于法定继承人之外的人，则不构成遗嘱继承，而是构成遗赠。

第三，遗嘱继承的要式性。《民法典》第1134条规定：“自书遗嘱由遗嘱人亲笔书写，签名，注明年、月、日”；第1135条规定：“代书遗嘱应当有两个以上见证人在场见证，由其中一人代书，并由遗嘱人、代书人和其他见证人签名，注明年、月、日”；第1136条规定：“打印遗嘱应当有两个以上见证人在场见证。遗嘱人和见证人应当在遗嘱每一页签名，注明年、月、日”；第1137条规定：“以录音录像形式立的遗嘱，应当有两个以上见证人在场见证。遗嘱人和见证人应当在录音录像中记录其姓名或者肖像，以及年、月、日”；第1138条规定：“遗嘱人在危急情况下，可以立口头遗嘱。口头遗嘱应当有两个以上见证人在场见证。危急情况消除后，遗嘱人能够以书面或者录音录像形式立遗嘱的，所立的口头遗嘱无效”；第1139条规定：“公证遗嘱由遗嘱人经公证机构办理。”以上是民法典关于遗嘱形式的明确规定。只有符合民法典规定的形式要件，遗嘱才能认定为有效遗嘱。

二、必留遗产份额的情形

如前文所述，遗嘱继承必须遵循法定的形式，与此同时，遗嘱对财产的处分还必须受到法律的限制。具体表现为：《民法典》第1141条规定：“遗嘱应当为缺乏劳动能力又没有生活来源的继承人保留必要的遗产份额”。《民法典继承司法解释（一）》第25条规定：“遗嘱人未保留缺乏劳动能力又没有生活来源的继承人的遗产份额，遗产处理时，应当为该继承人留下必要的遗产，所剩余的部分，才可参照遗嘱确定的分配原则处理。继承人是否缺乏劳动能力又没有生活来源，应当按遗嘱生效时该继承人的具体情况确定。”根据以上规定，遗嘱必须为缺乏劳动能力又没有生活来源的继承人保留必须的遗产份额，否则应认定该部分遗嘱无效。上述规定中的“没有生活来源”应是指“继承人不具有独立维持最低物质生活的条件，该继承人在被继承人生前是靠被继承人的供养来维持生活的，被继承人死亡后，其生活处于没有保障的状态。”①

此外，《民法典继承司法解释（一）》第31条规定：“应当为胎儿保留的遗产份额没有保留的，应从继承人所继承的遗产中扣回。为胎儿保留的遗产份额，如胎儿出生后死亡的，由其继承人继承；如胎儿娩出时是死体的，由被继承人的继承人继承。”从立法体例来看，该条是规定在关于遗产的处理部分，并未明确是在法定继承方式下适用，还是在遗嘱继承方式下适用，笔者认为，应当理解为在两种方式下均适用，因此，如果遗嘱未为胎儿保留必要的遗产份额，则应认定该部分遗嘱无效。

三、人工授精子女的法律地位与继承权

关于人工授精子女的法律地位，目前尚存在一些未得到相关法律和司法解释明确规定的问题，对此，本书另辟相关部分予以探究，在此不作赘述。但可以肯定的是，对于夫妻关系存续期间双方一致同意进行人工授精所生子女视为婚生子女已得到司法解释的明确规定，也在司法实践中得到了贯彻执行。1991年《最高人民法院关于夫妻离婚后人工授精所生子女的法律地位如何确定的复函》认为：“在夫妻关系存续期间，双方一致同意进行人工授精，所生子女应视为夫妻双方的婚生子女，父母子女之间权利义务关系适用《婚姻法》的有关规定。”《民法典婚姻家庭司法解释（一）》第40条规定：“婚姻关系存续期间，夫妻双方一致同意进行人工授精，所生子女应视为婚生子女，父母子女间的权利义务关系适用民法典的有关规定。”既然夫妻关系存续期间双方一致同意进行人工授精所生子女视为婚生子女，自然按照婚生子女的相关规定享有继承权。对于其他人工授精子女的继承权问题则仍有赖于法律加以确定，如果可以认定该子女与夫妻双方或一方构成亲子关系，则不论其是婚生子女还是非婚生子女，依照《民法典》及司法解释的规定，均可享有相应的继承权。

至于在夫妻关系存续期间，双方一致同意进行人工授精，然后一方反悔，该子女的地位如何确定，应结合民法的相关理论予以分析。从法律行为的基本理论来看，法律行为是以发生私法上效果的意思表示为要素的行为，它是实现私法自治的工具，因此，法律行为制度就是通过赋予当事人自由意志以法律效力，使当事人能够自主安排自己的事务，从而实现作为任意法的功能。② 进行

---

① 孙若军：《继承法原理与案例教程》，中国人民大学出版社2008年版，第157页。

② 王利明等：《民法学》，法律出版社2008年版，第94页。

人工授精虽然不同于一般的民事行为，具备一定的人身性，但是，该行为依然是其自由意志的体现，是其自主安排实现其生育权的具体方式，只要该权利在法律规定的范围内行使，法律并不予以禁止。但是，夫妻决定通过人工授精的方式生育子女，及采用同质人工授精方式还是异质人工授精方式，应经双方协商一致同意。可见，该行为系双方法律行为，即必须经双方当事人意思表示一致才能成立的行为。一旦双方意思表示达成一致，基于此生育的子女，不论是采用何种人工授精方式，均成为双方的子女。一般而言，在双方法律行为下，双方达成合意后，一方反悔的，要解除该行为，应当经过双方协商一致同意。但鉴于人工授精具备较强的人身性，故双方关于同意进行人工授精的协议应不具备强制执行性。因此，如果在人工授精之前，一方当事人反悔的，应当允许；如果一方坚持进行人工授精，所生子女不能依据上述最高人民法院答复直接视为双方婚生子女。对于实践中，如果实施人工授精后，一方当事人反悔的，一般情况下是不应当允许的。因为，如果双方同意进行人工授精，实际上是双方达成自愿成为所生子女的父亲或者母亲的承诺，一旦实施人工授精，则人工授精行为与母亲的身体权、生育权已不要分割，如果丈夫反悔，则必须经过妻子的同意，如果妻子不同意终止妊娠的，丈夫不得单方面撤销其承诺，擅自决定其不再作为该子女的父亲。而一旦该子女出生，则其成为独立的民事主体，享有独立的民事权利，夫妻双方均必须依照相关的法律规定履行抚养教育该子女的义务。就继承而言，一旦实施人工授精，则无论丈夫是否反悔，该胎儿享有如同其他基于自然怀孕而孕育的胎儿同样的权利。被继承人丈夫（父亲）所立遗嘱中应当为胎儿保留必要的遗产份额，如果没有保留的，应从继承人所继承的遗产中扣回；如果该子女已出生，则其同样享有《民法典》规定的相应权利。

【拓展适用】

一、我国遗嘱自由原则的边界

如前所述，必留遗产份额制度是对遗嘱自由的限制，但是，该制度仅为遗嘱自由原则限制制度中的一种，实际上，对遗嘱自由制度的限制应不只此一种。具体而言，遗嘱自由原则至少应受到以下两方面的限制。

（一）现行法律对遗嘱自由原则的限制

任何自由都必须是在法律规定范围内的自由，遗嘱自由也不例外。因此，遗嘱必须受到法律的约束，不得违反《宪法》《民法典》等法律的规定。例如，

《宪法》第49条第3款作了根本性和原则性的规定：“父母有抚养教育未成年子女的义务，成年子女有赡养扶助父母的义务。”与此相适用，《民法典》第1141条规定：“遗嘱应当为缺乏劳动能力又没有生活来源的继承人保留必要的遗产份额。”《民法典继承司法解释（一）》第25条规定：“遗嘱人未保留缺乏劳动能力又没有生活来源的继承人的遗产份额，遗产处理时，应当为该继承人留下必要的遗产，所剩余的部分，才可参照遗嘱确定的分配原则处理……”因此，如果遗嘱没有为未成年子女留下任何财产，则该遗嘱应认定为部分无效。此外，《民法典》还明确规定了遗嘱继承人的范围仅限于法定继承人，而不能是法定继承人范围之外的人，以上限制，行为人订立遗嘱时必须予以遵守。

（二）社会主义道德与公序良俗对遗嘱自由的限制

除却法律明确规定对遗嘱自由的限制外，社会主义道德风尚与公序良俗同样应成为遗嘱自由原则的限制。道德准则与公序良俗是一个社会最普遍的道德规范，任何人都必须予以遵守，任何行为也必然受到道德准则与公序良俗的评价。对此，《民法典》第8条规定：“民事主体从事民事活动，不得违反法律，不得违背公序良俗。”第153条第2款也明确规定：“违背公序良俗的民事法律行为无效。”行为人订立遗嘱属于民事活动，其自由也应尊重社会公德即社会道德准则和公序良俗。因此，任何人均不得订立严重违反社会主义道德风尚与公序良俗的遗嘱，如行为人不得订立将所有财产赠与“小三”“二奶”等“第三者”的遗嘱。

二、现行法律对胎儿必留份额规定的不足

现行法律对胎儿必留份额的规定体现于《民法典》第1155条以及《民法典继承司法解释（一）》第31条的规定。《民法典》第1155条规定：“遗产分割时，应当保留胎儿的继承份额。胎儿娩出时是死体的，保留的份额按照法定继承办理。”《民法典继承司法解释（一）》第31条规定：“应当为胎儿保留的遗产份额没有保留的，应从继承人所继承的遗产中扣回。为胎儿保留的遗产份额，如胎儿出生后死亡的，由其继承人继承；如胎儿娩出时是死体的，由被继承人的继承人继承。”以上规定对胎儿必留份额进行了原则性规定，对于保障胎儿的权利起到了积极作用。但是，仅依据此条文，尚不足以满足对胎儿合法权益的保障。

（一）尚有部分情形下对于亲子关系的认定没有明确依据

依照传统的亲属法理论，原则上父母子女的关系是依照血统关系而认定，因此，必须为其保留必留财产份额的胎儿一般情况下应当是与被继承人具备血

缘关系的胎儿。对于该胎儿是否与被继承人具有血缘关系，应当首先采取推定原则。《民法典婚姻家庭司法解释（一）》第39条规定："父或者母向人民法院起诉请求否认亲子关系，并已提供必要证据予以证明，另一方没有相反证据又拒绝做亲子鉴定的，人民法院可以认定否认亲子关系一方的主张成立。父或者母以及成年子女起诉请求确认亲子关系，并提供必要证据予以证明，另一方没有相反证据又拒绝做亲子鉴定的，人民法院可以认定确认亲子关系一方的主张成立。"从上述规定可见，父或母任何一方主张亲子关系存在与否，提出主张的一方必须出示必要证据。所谓"必要证据"是指提出主张一方出具的证据，能够达到使法官内心确认其主张可以或接近可以得到支持的程度；具体应当提供何种证据，只能因案件而异，没有统一的标准。例如，孩子与自己之间的行为习惯相似，或者截然相反；与孩子共同生活很久但感情依然冷漠；孩子与自己很像或者根本不像等。如果另一方没有正当理由和证据反驳，又不同意做亲子鉴定，法院则可根据当事人提供的证据，依职权作出支持提出主张一方请求的判决。通常情况下，推定亲子关系成立与否，可以考虑是否符合一定的条件。如推定亲子关系成立，应当考虑三个必须同时具备的要件：一是提出亲子关系成立一方已经提供必要证据；二是另一方提出的证据不足以达到推翻主张一方证据的强度；三是另一方拒绝做亲子鉴定。如推定亲子关系不成立，应当考虑三个必须同时具备的要件：一是提出亲子关系不成立一方已经提供必要证据；二是另一方未能提供足以证明亲子关系成立的相反证据，或者提出的证据力度相对弱势，不足以完全证明或者反驳；三是另一方又拒绝做亲子鉴定。在司法实践中应当注意：由于亲子鉴定的结论不仅将直接影响到人与人之间亲情关系和家庭婚姻关系的稳定，而且可能引发诸多社会问题，从保护妇女、儿童权益出发，应当慎用鉴定，审理案件的法官只能根据相关法律和司法解释的规定，行使自由裁量权推定亲子关系成立与否，而不得强制当事人做亲子鉴定。当然，如果孩子已成年，具有辨别和识别自己行为的能力，一方提出亲子鉴定，应当尊重孩子的选择，并根据案件具体情况作出是否进行亲子鉴定的决定。

如果该胎儿系在被继承人与其配偶婚姻关系存续期间受孕，则应推定该胎儿与被继承人具有血缘关系，但是该推定应当允许当事人依据一定的事实予以否认。而否认的事实包括多种，如有证据证明妻受胎期间没有与被继承人同居的事实，或者夫具备生理缺陷而没有生育能力，或者通过亲子鉴定方式确认双方不存在血缘关系等。如果具备以上情形则一般可以认定该胎儿与被继承人无血缘关系。如果他人主张该胎儿与被继承人不存在血缘关系，应由其举证证明否认的事实。相反，如果与被继承人没有婚姻关系的第三人主张其所怀胎儿与被继承人有血缘关系，应为该胎儿保留必要财产份额，则应由其主张所怀胎儿与被继承人存在血缘关系。

尽管是否存在血缘关系是判断是否应为该胎儿保留必要财产份额的重要依据，但是，伴随着人工授精技术的发展，血缘关系已不再成为判断是否应为胎儿保留必留财产份额的唯一依据，妻受孕期间没有与被继承人同居的事实，或者夫具备生理缺陷而没有生育能力也不再可以作为胎儿必留份额的绝对否认事实。首先，人工授精技术改变了传统的自然生育方式，即使受孕期间没有与被继承人同居的事实，或夫具备不能生育的生理缺陷，妻仍可通过人工授精的方式生育与夫具备血缘关系的子女，甚至可以通过人工授精的方式生育与夫虽然没有血缘关系，但是依据法律规定仍应认定与夫具备亲子关系的子女。事实上，依据《民法典婚姻家庭司法解释（一）》第40条的规定，婚姻关系存续期间，夫妻双方一致同意进行人工授精，所生子女应视为婚生子女，父母子女间的权利义务关系适用民法典的有关规定。据此，在胎儿在未出生之前发生继承法律关系的，亦应按照婚生子女一样，享有必留份额的权利。与此同时，在异质人工授精情况下，即使捐精人与胎儿具备血缘关系，该捐精人与胎儿亦无法律上的亲子关系，故对于该捐精人的遗产，胎儿不享有保留必要份额的权利。

但是，在某些特定情况下，胎儿是否与被继承人有亲子关系，是否应当享有保留必要份额的权利仍存有争议。例如，该胎儿并非经双方一致同意经人工授精而怀，或者非婚姻关系存续期间，男方双方一致同意通过人工授精而怀，如此情形下，胎儿的法律地位如何，是否享有保留必要份额的权利，仍有待法律予以完善。

（二）现行法律缺乏胎儿必留份额的具体操作及救济途径的明确规定

《民法典》及相关司法解释规定过于笼统，缺乏操作性。

首先，胎儿的继承份额如何确定？在法定继承的情形下，尚可理解为按照第一顺序法定继承人的人数予以均分，那么在遗嘱继承的情况下又当如何呢？参照法定继承人的人数予以均分，胎儿的份额单独保留，其他部分按照遗嘱处分，从情理上考虑，也可勉强接受，但毕竟欠缺明确的法律依据。但是，如果被继承人的财产本来就不多，被继承人还订立遗嘱由其他人继承财产，或者将财产赠予他人，此时，仍按继承人的人数均分计算胎儿的必留份额，则仍可能导致胎儿的抚养费用不够，将本应由家庭承担的责任推向社会，对胎儿不公平，亦对社会不公平。不过，如果完全从胎儿抚养教育费用来考虑胎儿的必留份额，不考虑被继承人生前的意愿及其他遗嘱继承人的利益也不尽妥当。笔者认为，最好的办法应当是在法定继承的情况下，胎儿按照第一顺序法定继承人的人数均分，在遗嘱继承的情形下，根据遗产的数额多少、资产种类及当地的生活标准等情况，必须为胎儿保留特定比例的遗产份额。如此规定既考虑了胎儿的利益，也考虑了被继承人生前的意愿及遗嘱继承人的利益，而且一定程度上限制了人民法院的自由裁量权，统一了裁量尺度。

其次，胎儿的权利受到侵犯时如何救济？法律应当明确规定胎儿的权益受到损害时的救济措施。继承权恢复请求权，是指在发生继承权侵害情形时，真正继承权人所享有的请求侵害人或者通过法院诉讼程序，将自己的权利恢复到继承开始时状态的权利。[①] 事实上，胎儿权利的救济受到天然的限制。因为胎儿尚未出生，自然无法自行主张权利，那么，如果其权利受到损害，谁能名正言顺地代其主张救济的权利？胎儿的母亲吗？从心理上，可能大多数人可以认可，但是，仍然存在法律上的障碍。关于胎儿享有民事权利能力的条件。民法理论上存在两种不同的观点，第一种观点认为，胎儿在母亲怀胎期间并无民事权利能力，在胎儿活着出生后，再向前追溯至怀胎期间具有民事权利能力。例如，《瑞士民法典》第31条规定，子女，只要出生时尚生存，出生前即有权利能力。第二种观点认为，胎儿在母亲怀胎期间既具有民事权利能力，但是胎儿出生时为死体的，其民事权利能力自始不存在。例如，《日本民法典》第886条规定，(1) 胎儿就继承，视为已出生。(2) 前款规定不适用于胎儿以死体出生情形。一般而言，胎儿不具备民事权利能力，但根据《民法典》第16条的规定，在涉及遗产继承、接受赠与等胎儿利益保护的，胎儿视为具有民事权利能力。那么，在涉及遗产继承时，胎儿具有民事主体资格，但因为尚未出生，其父母可以作为其法定代表人接受继承财产，其应继份额受到损害时，其法定代理人也有权代理其提起诉讼。司法实践中可能产生的问题在于，胎儿尚未出生，没有名字与身份信息，原告应当如何列明？案件是否需要中止审理，待胎儿出生后再作出判决，以避免发生胎儿出生时为死体时，财产关系需要重新调整？

三、代孕子女的法律地位[②]及继承权

一般情况下，生育子女的妇女即为该子女的生母，但是该观点随着人工生

---

① 杨立新、朱呈义：《继承法专论》，高等教育出版社2006年版，第90页。

② 笔者在此只讨论与代孕者无血缘关系的人工授精情形。

育技术的发展受到挑战。现在生物遗传科学完全允许将精子与卵子在体外结合后形成胚胎然后植入他人子宫内进行妊娠，最终分娩。我国《人类辅助生殖技术管理办法》明确禁止实施代孕技术；尽管如此，关于代孕生育子女的新闻却也屡见不鲜，甚至有人通过“代孕”生育八胞胎子女。可见，“代孕”现象在现实生活中并未杜绝。尽管实施代孕技术为相关法规所禁止，可是，由此出生的子女却依然享有相应民事权利能力，那么，该子女法律上的父亲应当为谁？如果精子和卵子系相同的人提供，由不同的“代孕妈妈”生育，这些子女是否构成兄弟姐妹关系？有观点主张：“对于代孕母亲所生子女的法律地位，应明确规定：代理母亲对因代孕而出生的子女，不产生任何权利义务关系，亦不得提起确认子女之诉；该子女视为实施人工授精的夫妻双方共同的婚生子女，夫妻不得提起否认之诉。”①

笔者赞同以上观点，第一，尽管该子女系“代孕妈妈”十月怀胎所生，但该子女并不是“代孕妈妈”的子女。因为，首先，“代孕妈妈”与该子女没有生物学上的血缘关系，因此他们之间不具有自然血亲；其次，在我国法律规定的拟制血亲关系是基于收养或者再婚的法律行为及事实上的抚养关系而产生，而“代孕妈妈”虽然实施了怀孕、分娩的行为，但该行为并非基于想生育自己子女的意愿而产生，“代孕妈妈”与该子女也不存在抚养关系，因此，他们之间也不是拟制血亲关系。最后，在人工授精生育子女的情况下，父母与子女或者存在血缘关系，或者不存在血缘关系，但父母必须具备生育子女的意愿，且该意愿表明了其愿意作为该子女父母的承诺，而“代孕”却是基于“代孕妈妈”与子女父母之间的协议，只是起到了生育工具的作用，只是“代”他人生育子女而已，并非自己生育子女。第二，委托“代孕妈妈”生育子女者应为孩子法律上的父母。不论该子女与委托生育的人之间是否有血缘关系，既然其做出委托他人生育子女的行为，即表明其生育子女、承诺作为该子女父母的意愿，对于该委托及承诺行为，委托人应当承担相应的法律责任，即承担该子女的父母应承担的全部责任。此外，一般委托中，委托人可以随时撤销委托，但代孕这一行为具备特有的人身性，因此，一旦受托人接受委托，并且开始妊娠，除非受托人同意终止妊娠，否则委托人不得撤销委托。委托人即使反悔，也不能否认通过代孕生育孩子作为其子女的法律地位。在继承法上，该子女与其他子女具有同样的法律地位。第三，根据上述分析，通过代孕生育孩子的情形下，

① 胡平：《婚姻家庭继承法论》，重庆大学出版社2000年版，第347页。

子女与“代孕妈妈”不具备亲子关系，与其遗传学上的父母未必具备法律上的亲子关系，但与委托实施人工授精生育子女的人具备亲子关系，因此，在法律关系上，应认定该子女与委托人的亲生子女、养子女、具有抚养关系的继子女，及委托他人代孕所生子女应具备兄弟姐妹关系，而与捐献精子、卵子的人，及“代孕妈妈”的其他子女不存在兄弟姐妹关系。

【典型案例一】

李某、范小某诉范某、滕某继承纠纷案

原告：李某、范小某（2岁）

法定代理人：李某

被告：范某、滕某

〔基本案情〕

原告李某、范小某因与被告范某、滕某发生析产继承纠纷，向江苏省南京市秦淮区人民法院提起诉讼。

原告李某诉称：位于南京市安居里的××室房屋一套，是原告李某与被继承人范某某的夫妻共同财产。范某某因病死亡后，原告范小某出生。范某某的遗产，应当由妻子李某、儿子范小某与范某某的父母即被告范某、滕某等法定继承人共同继承。原告多次与被告协商分割遗产，均未达成一致意见，请求法院解决这一析产继承纠纷。在析产时，应当考虑范某、滕某有自己房产并有退休工资，而李某无固定收入还要抚养幼子的具体情况，对李某和范小某给予照顾。

原告李某提交以下证据：

1. 结婚证书，用以证明李某与范某某是夫妻关系；

2. 公房买卖契约、缴款单、房屋所有权证、国有土地使用证，用以证明安居里××室是范某某、李某夫妻关系存续期间，以范某某名义购置的一套房屋；

3. 不育夫妇人工授精申请书、人工授精协议书，用以证明经范某某签字同意后，李某以人工授精的方式怀孕，生育的范小某是范某某的合法继承人；

4. 居民死亡殡葬证，用以证明范某某于2004年5月23日病故；

5. 收条和欠据，用以证明范某某、李某夫妻购房时曾向范某、滕某借款1万元，2005年3月1日还款3300元。

被告范某、滕某辩称：第一，安居里××室是范家私房被拆迁后，政府安置给范家的公房；这套房屋虽以范某某的名义购买，但购买时二被告还出资1万元，占总购房款的2/3，故此房不是范某某、李某的夫妻共同财产，而是范家家产，二被告起码对该房享有2/3产权。第二，范某某生前留下遗嘱，明确将安居里××室赠予二被告，故对该房产不适用法定继承。第三，李某所生的孩子与范某某不存在血缘关系；这个孩子虽然是范某某签字同意通过人工授精的方式怀孕的，但范某某在得知自己患了癌症后，已经向李某表示过不要这个孩子，其时做人工流产为时不晚；李某坚持要生下这个孩子，当然应该由李某对这个孩子负责；范某某在遗嘱中声明他不要这个人工授精生下的孩子，该意愿应当得到尊重，故不能将这个孩子列为范某某的继承人。第四，李某声称是范某某的妻子，但在范某某病危期间，却不拿钱给范某某看病，不尽夫妻扶养义务，故无权继承范某某遗留的房产，该房产应按范某某的遗嘱进行处分。第五，范某某生前为开店经营，曾经向滕某借款 8500 元；范某某死亡时，留下的大笔存款被李某占有；李某只提继承房产，却不将其占有的存款拿出来分割和偿还范某某的债务，是不公平的；应当用范某某遗留的存款清偿范某某遗留的债务，其余按法定继承处理。

被告范某、滕某提交以下证据：

1. 2004 年 5 月 20 日范某某在医院自书的遗嘱，内容是：“（1）通过人工授精（不是本人精子），孩子我坚决不要；（2）1984 年私房拆迁后分的一套房子，座落在秦淮区安居里××室，是当时由母亲出资壹万伍按房改政策以我的名义购买的房子，赠予父母范某和滕某，别人不得有异议。”

2. 2004 年 5 月 22 日由某法律服务所工作人员袁某某代书的遗嘱，主要内容为：“立遗嘱人范某某，本人患癌症多年，目前病情加重，现住院治疗。因母亲对我付出太多，为感母恩，趁我目前头脑清醒之时，立遗嘱如下：（1）坐落在本市秦淮区安居里××室一小套房子，是 2003 年以我的名义，母亲出的钱购买的产权房，我去世后，我的全部份额产权，由我母亲继承。（2）2001 年因做生意，借母亲 8500 元。目前我在中国农业银行有存款约 6 万元，我去世后，我的一半 3 万元由母亲继承。”

3. 范某某书写的借条，内容为：“兹有范某某开店借母亲 8500 元，以后有钱再还。范某某，2001 年 3 月 12 日。”

4. 范某某书写的字条，主要内容为：“李某，我开送货车挣的 2.5 万元在你那里，现在我住院需要钱，请你拿出来给我用。范某某，2004 年 5 月 21 日。”

法庭组织了质证。在质证过程中，双方当事人曾对涉及事实认定的以下问题发生争论：（1）安居里××室是由范某某、李某夫妻购买，还是由范某某与被告范某、滕某共同出资购买。（2）范某某生病期间，李某是否尽到了妻子的扶养义务。（3）范某某死亡后，是否留下存款以及存款数额是多少。（4）范某某生前，是否为经营而向滕某借过款？

关于第一个问题，原告李某称：购房缴款单、票据、欠条和收条等证明，购房款 14582.16 元是范某某一个人交付的，其中 1 万元是向二被告借的款，不是与二被告共同出资购房；范某某死亡后，所借购房款已由我向二被告归还，二被告也接受了此款，现在又主张共同出资购房，没有事实根据。被告范某、滕某辩称：范某某的自书遗嘱和代书遗嘱均证实，房屋是共同出资购买的；后来在派出所解决纠纷时，为尊重派出所的调解意见，二被告才收下原告给付的款项；这样做是为解决矛盾，不代表承认借款事实成立。法庭认为：欠条、收条证明借款事实存在，且借款已在二被告追索下返还。范某某在自书遗嘱、代书遗嘱中称，购房款1.5万元全部由其母滕某出资，既与欠条和收条证明借款1万元的事实不符，也与范某、滕某关于其出资1万元共同购房的主张不符；况且代书遗嘱不仅将继承房产的房号错写为安居里××室，还存在着不是两个以上见证人在场见证，由其中一人代书，并由代书人、其他见证人和遗嘱人签名的问题，不符合《继承法》第17条第3款关于代书遗嘱形式要件的规定，不能作为证据使用。

关于第二个问题。被告范某、滕某称：范某某患上癌症，医院发下病危通知单后，原告李某马上将病危通知单拿去给范某某看，使病人心理承受了极大压力，病情急转直下；范某某病危期间，要求李某拿出钱来给他看病，甚至跪在地上求李某拿钱，李某始终不肯拿钱，不尽夫妻之间的扶养义务；李某的这些表现，医生都知道，法官应当向医生进行调查。李某称，范某、滕某所述不实。根据范某、滕某的申请，法官前往医院向范某某的主治医生进行了调查。据医生反映，在范某某住院期间，李某与范某某的姐姐一样，也是几乎天天到医院服侍病人，只是不太爱说话；在范某某的病危通知发出后，医生听范某某的姐姐说，李某把病危通知给范某某看了；至于李某是否真的给范某某看过病危通知，以及范某某是否向李某哀求要钱，医生不知道。故对范某、滕某关于李某不尽扶养义务的主张，法庭不予采信。

关于第三个问题。被告范某、滕某主张，范某某死亡时留下了大笔存款，这笔款被原告李某占有。李某承认，在范某某生病前，其存款是54800元，但扣除了范某某的医疗费、丧葬费，归还了购房款，再扣除生育范小某的费用、抚养范小某的费用以及此次交纳的律师费和预交的诉讼费，目前只剩下9000元。范某、滕某认可医疗费、丧葬费、购房款、生育费可以在存款中开支，对其他费用不予认可。法庭认为：李某所述医疗费、丧葬费、还购房款、生育费等项开支，均为家庭共同生活所支付，且有取款凭证、住院收据、墓园证明等证实，可以从夫妻共同存款中扣除，其他项目或者目前尚未开支，或者不属于家庭共同生活开支，不应从夫妻共同存款中扣除，据此认定李某保存的夫妻共同存款应为18705.4元。

关于第四个问题。被告滕某称：2001年3月12日，范某某以开店为由向其借款8500元，有范某某出具的借条为证。原告李某称：范某某开店时得到了居委会的帮助，不需要借款经营；借条虽然是范某某所写，但范某某在死前已经明显表现出维护其父母利益的倾向，因此借条反映的借款一事不真实。法庭认为：范某某、李某夫妇有开店经营的事实，而开店经营则需资本，李某在不能指证资本来源的情形下主张开店无需借款，理由不能成立；滕某以范某某书写的借条为证，主张范某某向其借款8500元用于开店，此事实应当认定。

经质证、认证，南京市秦淮区人民法院审理查明：

1998 年 3 月 3 日，原告李某与被告范某、滕某之子范某某登记结婚。

2002 年 8 月 27 日，范某某与秦淮区房产经营公司签订《南京市直管公有住房买卖契约》，购买位于本市秦淮区安居里、建筑面积为 45.08 平方米的××室房屋。同日，范某某交付购房款 14582.16 元，其中 1 万元系向被告范某、滕某所借。同年 9 月，范某某以自己的名义办理了房屋所有权证、国有土地使用证。2005 年 3 月、10 月，原告李某分两次向范某、滕某归还了 1 万元借款。2006 年 3 月，受法院委托，南京大陆房地产估价师事务所有限责任公司对安居里××室进行评估，评估的房产现价为 19.3 万元。

2004 年 1 月 30 日，原告李某和范某某共同与某医院生殖遗传中心签订了人工授精协议书。通过人工授精，李某于当年 10 月 22 日产一子，取名范小某。

2004 年 4 月，范某某因病住院。5 月 20 日，范某某在医院立下自书遗嘱，5 月 23 日病故。

另查明：被告范某、滕某现居住在安居里××室，产权人为范某。范某、滕某均享有退休工资。2001 年 3 月，范某某为开店，曾向滕某借款 8500 元。原告李某无业，每月领取最低生活保障金，另有不固定的打工收入，现持有夫妻关系存续期间的共同存款 18705.4 元。

〔一审裁判理由与结果〕

南京市秦淮区人民法院认为：本案争议焦点是：（1）范小某能否作为范某某的继承人；（2）在范某某留有遗嘱的情况下，对安居里××室应如何析产继承；（3）对李某持有的存款应如何处分。

关于争议焦点一。在 1991 年 7 月 8 日《最高人民法院关于夫妻离婚后人工授精所生子女的法律地位如何确定的复函》中规定，在夫妻关系存续期间，双方一致同意进行人工授精，所生子女应视为夫妻双方的婚生子女，父母子女之间权利义务关系适用《婚姻法》的有关规定。范某某因无生育能力，签字同意医院为其妻子即原告李某施行人工授精手术，表明了想通过人工授精方法获得其与李某共同的子女的意思表示。只要夫妻双方同意通过人工授精生育子女，所生子女无论是与夫妻双方还是与其中一方没有血缘关系，均应视为夫妻双方的婚生子女。《民法通则》第 57 条规定："民事法律行为从成立时起具有法律约束力。行为人非依法律规定或者取得对方同意，不得擅自变更或者解除。"范某某因病，对签字同意施行人工授精手术一事表示反悔，但此时妻子李某已经受孕。范某某要反悔此事，依法必须取得李某的同意；在未取得李某同意的情形下，范某某的签字不具有法律约束力，不得以其单方意志擅自变更或者解除。因此，范某某在遗嘱中否认其与李某所怀胎儿的父子关系，是无效民事行为。李某生育的原告范小某，是范某某的合法继承人。

关于争议焦点二。《继承法》第 5 条规定："继承开始后，按照法定继承办理；有遗嘱的，按照遗嘱继承或者遗赠办理；有遗赠扶养协议的，按照协议办理。"被继承人范某某死亡后，继承开始。鉴于范某某留有遗嘱，本案应当按照遗嘱继承办理。

《继承法》第26条规定："夫妻在婚姻关系存续期间所得的共同所有的财产，除有约定的以外，如果分割遗产，应当先将共同所有的财产的一半分出为配偶所有，其余的为被继承人的遗产。"《继承法司法解释》第38条规定："遗嘱人以遗嘱处分了属于国家、集体或他人所有的财产，遗嘱的这部分，应认定无效。"登记在被继承人范某某名下的安居里××室，已查明是范某某与原告李某夫妻关系存续期间取得的夫妻共同财产。范某某死亡后，该房屋的一半应归李某所有，另一半才能作为范某某的遗产。范某某在遗嘱中，将安居里××室全部房产处分归其父母，侵害了李某的房产权，遗嘱的这部分应属无效。

《继承法》第19条规定："遗嘱应当对缺乏劳动能力又没有生活来源的继承人保留必要的遗产份额。"第28条规定："遗产分割时，应当保留胎儿的继承份额。胎儿出生时是死体的，保留的份额按照法定继承办理。"被继承人范某某明知原告李某经其同意，已经通过人工授精手术受孕，但在立遗嘱时以其不要这个孩子为由，将自己遗留的房产全部交给父母继承。范某某死亡后，原告范小某出生。范小某是范某某的婚生子、合法继承人，出生后缺乏劳动能力又没有生活来源。范某某没有在遗嘱中为范小某保留必要的遗产份额，不符合继承法第19条的规定。因此在遗产处理时，应当为范小某留下必要的遗产，剩余部分才可以按遗嘱确定的分配原则处理。

安居里××室房产估价19.3万元。鉴于本案具体情况，去除原告李某应得的一半夫妻共同财产，另一半即估价9.65万元的房产，应作为被继承人范某某的遗产。在范某某遗留的房产中，以1/3作为给原告范小某保留的必要遗产份额，余下的2/3由被告范某和滕某共同继承。考虑到各继承人的实际需要及所占份额，安居里306室应归李某所有，由李某向范小某、范某、滕某各补偿现金32166.7元。

关于争议焦点三。范某某死亡后，夫妻关系存续期间的存款余下18705.4元，由原告李某持有。从这笔存款中向被告滕某偿还范某某、李某的夫妻共同债务8500元，再扣除李某应得的一半夫妻共同财产，余款5102.7元是范某某的遗产。对这部分遗产，范某某在自书遗嘱中未提及，应当按法定继承办理，由范某某的法定第一顺序继承人李某和原告范小某、被告范某、滕某4人均分，每人得1275.7元。

据此，南京市秦淮区人民法院于2006年4月20日判决：

一、位于南京市秦淮区安居里的××室房屋归原告李某所有；

二、原告李某于本判决生效之日起30日内，给付原告范小某33442.4元，该款由范小某的法定代理人李某保管；

三、原告李某于本判决生效之日起30日内，给付被告范某33442.4元；

四、原告李某于本判决生效之日起30日内，给付被告滕某41942.4元。

案件受理费3764元，鉴定费1000元，调查费100元，合计4864元，由原告李某、范小某负担2918元，被告范某、滕某负担1946元。

一审宣判后，双方当事人均未提出上诉，一审判决已发生法律效力。

【典型案例二】

李某、郭某阳诉郭某和、童某某继承纠纷案

关键词：民事 继承 人工授精 婚生子女

裁判要点

1. 夫妻关系存续期间，双方一致同意利用他人的精子进行人工授精并使女方受孕后，男方反悔，而女方坚持生出该子女的，不论该子女是否在夫妻关系存续期间出生，都应视为夫妻双方的婚生子女。

2. 如果夫妻一方所订立的遗嘱中没有为胎儿保留遗产份额，因违反《继承法》第十九条规定，该部分遗嘱内容无效。分割遗产时，应当依照《继承法》第二十八条规定，为胎儿保留继承份额。

相关法条

1. 《中华人民共和国民法通则》第五十七条

2. 《中华人民共和国继承法》第十九条、第二十八条

〔基本案情〕

原告李某诉称：位于江苏省南京市某住宅小区的××室房屋，是其与被继承人郭某顺的夫妻共同财产。郭某顺因病死亡后，其儿子郭某阳出生。郭某顺的遗产，应当由妻子李某、儿子郭某阳与郭某顺的父母即被告郭某和、童某某等法定继承人共同继承。请求法院在析产继承时，考虑郭某和、童某某有自己房产和退休工资，而李某无固定收入还要抚养幼子的情况，对李某和郭某阳给予照顾。

被告郭某和、童某某辩称：儿子郭某顺生前留下遗嘱，明确将××室赠予二被告，故对该房产不适用法定继承。李某所生的孩子与郭某顺不存在血缘关系，郭某顺在遗嘱中声明他不要这个人工授精生下的孩子，他在得知自己患癌症后，已向李某表示过不要这个孩子，是李某自己坚持要生下孩子。因此，应该由李某对孩子负责，不能将孩子列为郭某顺的继承人。

法院经审理查明：1998 年 3 月 3 日，原告李某与郭某顺登记结婚。2002 年，郭某顺以自己的名义购买了涉案建筑面积为 45. 08 平方米的××室房屋，并办理了房屋产权登记。2004 年 1 月 30 日，李某和郭某顺共同与某医院生殖遗传中心签订了人工授精协议书，对李某实施了人工授精，后李某怀孕。2004 年 4 月，郭某顺因病住院，其在得知自己患了癌症后，向李某表示不要这个孩子，但李某不同意人工流产，坚持要生下孩子。5 月 20 日，郭某顺在医院立下自书遗嘱，在遗嘱中声明他不要这个人工授精生下的孩子，并将 306 室房屋赠与其父母郭某和、童某某。郭某顺于 5 月 23 日病故。李某于当年 10 月 22 日产下一子，取名郭某阳。原告李某无业，每月领取最低生活保障金，另有不固定的打工收入，并持有夫妻关系存续期间的共同存款

18705.4元。被告郭某和、童某某系郭某顺的父母，居住在同一个住宅小区的××室，均有退休工资。2001年3月，郭某顺为开店，曾向童某某借款8500元。

南京大陆房地产估价师事务所有限责任公司受法院委托，于2006年3月对涉案××室房屋进行了评估，经评估房产价值为19.3万元。

〔裁判结果〕

江苏省南京市秦淮区人民法院于2006年4月20日作出一审判决：涉案的××室房屋归原告李某所有；李某于本判决生效之日起30日内，给付原告郭某阳33442.4元，该款由郭某阳的法定代理人李某保管；李某于本判决生效之日起30日内，给付被告郭某和33442.4元、给付被告童某某41942.4元。一审宣判后，双方当事人均未提出上诉，判决已发生法律效力。

〔裁判理由〕

法院生效裁判认为：本案争议焦点主要有两方面：一是郭某阳是否为郭某顺和李某的婚生子女？二是在郭某顺留有遗嘱的情况下，对××室房屋应如何析产继承？

关于争议焦点一。《最高人民法院关于夫妻离婚后人工授精所生子女的法律地位如何确定的复函》中指出："在夫妻关系存续期间，双方一致同意进行人工授精，所生子女应视为夫妻双方的婚生子女，父母子女之间权利义务关系适用《婚姻法》的有关规定。"郭某顺因无生育能力，签字同意医院为其妻子即原告李某施行人工授精手术，该行为表明郭某顺具有通过人工授精方法获得其与李某共同子女的意思表示。只要在夫妻关系存续期间，夫妻双方同意通过人工授精生育子女，所生子女均应视为夫妻双方的婚生子女。《民法通则》第57条规定："民事法律行为从成立时起具有法律约束力。行为人非依法律规定或者取得对方同意，不得擅自变更或者解除。"因此，郭某顺在遗嘱中否认其与李某所怀胎儿的亲子关系，是无效民事行为，应当认定郭某阳是郭某顺和李某的婚生子女。

关于争议焦点二。《继承法》第5条规定："继承开始后，按照法定继承办理；有遗嘱的，按照遗嘱继承或者遗赠办理；有遗赠扶养协议的，按照协议办理。"被继承人郭某顺死亡后，继承开始。鉴于郭某顺留有遗嘱，本案应当按照遗嘱继承办理。《继承法》第26条规定："夫妻在婚姻关系存续期间所得的共同所有的财产，除有约定的以外，如果分割遗产，应当先将共同所有的财产的一半分出为配偶所有，其余的为被继承人的遗产。"《继承法司法解释》第30条规定："遗嘱人以遗嘱处分了属于国家、集体或他人所有的财产，遗嘱的这部分，应认定无效。"登记在被继承人郭某顺名下的××室房屋，已查明是郭某顺与原告李某夫妻关系存续期间取得的夫妻共同财产。郭某顺死亡后，该房屋的一半应归李某所有，另一半才能作为郭某顺的遗产。郭某顺在遗嘱中，将××室全部房产处分归其父母，侵害了李某的房产权，遗嘱的这部分应属无效。此外，《继承法》第19条规定："遗嘱应当对缺乏劳动能力又没有生活来源的继承人保留必要的遗产份额。"郭某顺在立遗嘱时，明知其妻子腹中的胎儿而没有在遗嘱中为胎儿保留必要的遗产份额，该部分遗嘱内容无效。《继承法》第 28 条规定："遗产分割时，应当保留胎儿的继承份额。"因此，在分割遗产时，应当为该胎儿保留继承份额。综上，在扣除应当归李某所有的财产和应当为胎儿保留的继承份额之后，郭某顺遗产的剩余部分才可以按遗嘱确定的分配原则处理。

第十二章　继子女的继承权

规则 16：已解除关系的继子女以符合法律规定的“具有抚养关系的继子女”情形为由，主张继承继父母遗产的，人民法院不予支持

——邹某蕾诉高某某、孙某、陈某法定继承纠纷案①

【裁判规则】

离婚中，作为继父母的一方对受其抚养教育的继子女，明确表示不继续抚养的，应视为继父母与继子女关系自此协议解除。继父母去世时，已经解除关系的继子女以符合法律规定的“具有抚养关系的继子女”情形为由，主张对继父母遗产进行法定继承的，人民法院不予支持。

【规则理解】

《民法典》第 1072 条规定：“继父母与继子女间，不得虐待或者歧视。继父或者继母和受其抚养教育的继子女间的权利义务关系，适用本法关于父母子女关系的规定。”该条是对继父母与继子女之间的法律关系的规定。该条规定源于 1980 年《婚姻法》，该法第 21 条规定：“继父母与继子女间，不得虐待或歧视。继父或继母和受其抚养教育的继子女间的权利和义务，适用本法对父母子女关系的有关规定。”之后 2001 年修正《婚姻法》时保留这一规定。

一、继子女的内涵及法律特征

（一）继子女的内涵

通说认为，继子女是相对于继父母而言，指配偶一方与前配偶所生育的子女。对夫而言，继子女，是指妻子与前夫或其他男性所生的女子，对妻而言，继子女是指丈夫与其他女性所生的子女。严格而言，根据《民法典》第 1072 条的规定，继子女应当包括夫或妻婚前收养的子女。

① 《中华人民共和国最高人民法院公报》2020 年第 6 期。

（二）继子女的法律特征

继子女有以下法律特征：第一，继父母与继子女之间并没有自然血亲关系。继父母与继子女关系产生的原因有两个：一是由于父母一方死亡，另一方再婚；二是由于父母离婚，父亲或母亲再婚。第二，结婚当事人双方至少有一方有子女，才可形成继父母子女关系。两个无子女的人结婚，不论是初婚还是再婚，都不发生继父母子女关系问题。第三，继父母子女是因子女的生父或者生母再婚形成，继父母子女关系是由于父亲或母亲再婚而形成的姻亲关系，是由婚姻派生出来的一种亲属关系，不需要经过特定的法定程序确认。

二、继父母与继子女之间的关系

（一）继父母与继子女之间适用父母子女关系的要件

继父母与继子女之间是否适用《民法典》关于父母子女关系的规定，取决于是否形成抚养教育的关系。继父母与继子女形成抚养教育关系的，适用《民法典》关于父母子女关系的规定。对未形成抚养教育关系的继父母子女，《民法典》未作明确规定，一般认为，在此情况下，双方仅具有名义上的继父母子女身份，不具有法律上的权利义务关系。未实际抚养教育继子女的继父母，对继子女不承担抚养、教育和保护的法定义务，成年继子女对未形成抚养教育关系的继父母，也不承担赡养、扶助的法定义务。当继父或继母与生母或生父离婚，继父母子女关系也随之消除。

（二）继父母子女关系的现实情形

现实生活中，继父母子女关系有不同情形：第一，父或母再婚时，继子女成年并已独立生活；第二，父或母再婚时，继子女未成年或未独立生活，再婚后，继子女与继父母长期共同生活，由继父或继母抚养教育；第三，父或母再婚时，继子女未成年或未独立生活，但继子女未与继父母共同生活或未受继父母抚养教育。根据《民法典》第 1072 条规定，只有在上述第二种情形下，继父母与继子女之间适用《民法典》关于父母子女关系的规定。

（三）继父母与继子女之间形成拟制血亲关系的条件

关于继父母与继子女之间是否可以形成拟制血亲关系的问题。《民法典》第 1103 条规定："继父或者继母经继子女的生父母同意，可以收养继子女……"根据该条规定，继父母与继子女之间可以形成拟制直系血亲关系。通过收养行为，继父母与继子女之间的亲属关系由直系姻亲关系，转变为拟制直系血亲关系。继父母在法律上的地位为养父母，对子女有法定的抚养教育和保护义务，继子女则为养子女，负有赡养的法定义务。

三、继父母与继子女权利义务具体规定

（一）继父母与继子女间不得虐待或者歧视

中华人民共和国成立前，由于受封建宗法制度的影响，继子女的社会地位低下，正当权益得不到保护。中华人民共和国成立后，破除了旧的社会意识和观念，1950 年《婚姻法》虽然没有提出“继子女”的称谓，但是在第 16 条规定“夫对于其妻所抚养与前夫所生的子女或妻对于其夫所抚养与前妻所生的子女，不得虐待或歧视”。1980 年《婚姻法》第 21 条第 1 款明确规定：“继父母与继子女间，不得虐待或歧视。”这是尊老爱幼、保护儿童和老年人合法权益的必然要求。[①] 需要注意的是，“不得虐待或者歧视”不以形成抚养教育关系为前提。即无论是否形成抚养教育关系，继父母不得虐待或者歧视继子女，继子女亦不得虐待或者歧视继父母。

（二）继父母与继子女之间的法定权利义务

形成抚养教育关系的继父母与继子女之间的权利义务，适用《民法典》关于父母子女关系的规定。具体而言，双方具有如下权利义务：

1. 继父母抚养、教育、保护未成年继子女的权利和义务。《民法典》第 26 条第 1 款规定，父母对未成年子女负有抚养、教育和保护的义务。第 1068 条规定，父母有教育、保护未成年子女的权利和义务，未成年子女造成他人损害的，父母应当依法承担民事责任。继父母对形成抚养教育关系的继子女有教育、保护的权利和义务。如果未成年继子女造成他人损害，继父母应当依法承担民事责任。

2. 继子女对继父母的赡养扶助义务。《民法典》第 26 条第 2 款规定，成年子女对父母有赡养、扶助和保护的义务。第 1067 条第 2 款规定，成年子女不履行赡养义务的，缺乏劳动能力或者生活困难的父母，有要求成年子女给付赡养费的权利。上述规定同样适用于形成抚养教育关系的继父母与继子女之间。即继父母对继子女尽了先养教育义务的，继子女成年后，应当赡养继父母。继子女不尽赡养义务的，缺乏劳动能力或者生活困难的继父母，可以要求成年继子女给付赡养费。

3. 继父母和继子女之间相互继承的权利。《民法典》第 1070 条规定：“父母和子女有相互继承遗产的权利。”第 1127 条规定：“遗产按照下列顺序继承：（一）第一顺序：配偶、子女、父母；（二）第二顺序：兄弟姐妹、祖父母、外

---

① 余延满：《亲属法原论》法律出版社 2007 年版，第 430 页。

祖父母。继承开始后，由第一顺序继承人继承，第二顺序继承人不继承；没有第一顺序继承人继承的，由第二顺序继承人继承。本编所称子女，包括婚生子女、非婚生子女、养子女和有扶养关系的继子女。本编所称父母，包括生父母、养父母和有扶养关系的继父母。本编所称兄弟姐妹，包括同父母的兄弟姐妹、同父异母或者同母异父的兄弟姐妹、养兄弟姐妹、有扶养关系的继兄弟姐妹。”根据上述规定，继父母和形成抚养关系的继子女互为第一顺位的法定继承人。同时，根据《民法典继承司法解释（一）》第 11 条的规定，继子女继承了继父母遗产的，不影响其继承生父母的遗产。继父母继承了继子女遗产的，不影响其继承生子女的遗产。

四、继父母和继子女之间关系的解除

《民法典婚姻家庭司法解释（一）》第 54 条规定：“生父与继母离婚或者生母与继父离婚时，对曾受其抚养教育的继子女，继父或者继母不同意继续抚养的，仍应由生父或者生母抚养。”该条规定明确了生父或者生母的抚养义务，以及继父或继母抚养义务的终止。继父母与继子女间权利义务基于姻亲关系产生，因此在姻亲关系结束时，继父母并不承担继续抚养的法定义务。但是，这一规定并不当然意味着曾受期抚养教育的继子女免除对继父母的赡养扶助义务。对此，《最高人民法院关于继母与生父离婚后仍有权要求已与其形成抚养关系的继子女履行赡养义务的批复》中，针对辽宁省高级人民法院关于王淑梅诉李春景姐弟等人赡养费一案处理意见的请示答复如下：“经我们研究认为：王淑梅与李春景姐弟五人之间，既存在继母与继子女间的姻亲关系，又存在由于长期共同生活而形成的抚养关系。尽管继母王淑梅与生父李明心离婚，婚姻关系消失，但王淑梅与李春景姐弟等人之间已经形成的抚养关系不能消失。因此，有负担能力的李春景姐弟等人，对曾经长期抚养教育过他们的年老体弱、生活困难的王淑梅应尽赡养扶助的义务。”根据该答复的精神，继父母对继子女履行了抚养教育义务的，继子女对继父母的赡养义务并不因为生父与继母离婚，或者生母与继父离婚而当然免除。该意见符合公平和诚实信用的原则，因为继父母已经对继子女履行了抚养教育的义务，继子女从中受益，因此继父母年老之后，继子女就履行赡养扶助的义务，符合中华民族传统美德。但是，需要注意的是，离婚后，作为继父母的一方对受其抚养教育的继子女，明确表示不继续抚养的，应视为继父母不愿再继续承担其该继子女的抚养教育义务，因此当然也应当视为其不愿将其财产交由该继子女继承。因此，该继父母去世时，该继子女主张对继父母遗产进行法定继承的，人民法院应不予支持。

【拓展适用】

一、抚养教育关系的认定

（一）理论界对抚养教育关系认定主要观点

根据《民法典》第1072条第2款的规定，继父或者继母与继子女之间的权利义务关系，适用《民法典》关于父母子女关系的规定的前提条件是：继父或者继母对继子女进行了“抚养教育”。但如何判断继父母与继子女形成抚养教育关系，法律并未作出明确规定。理论中认识不一。

关于抚养教育关系的认定，理论界主要有如下观点：继父母与继子女共同生活持续3年以上的。[①] 继父母对继子女抚养教育达5年以上的。[②] 继子女与继父母共同生活，且继父母承担了继子女全部或者部分生活费和教育费；或者成年继子女在事实上对继父母长期进行了赡养扶助，亦视为形成了抚育关系。[③] 继子女与继父母共同生活，继父母对继子女给予生活上的照料与扶养；或者虽未与继父母共同生活，但继父母对其承担了部分或者全部生活费、教育费；或者成年继子女事实上长期赡养扶助继父母。[④] 继父母负担了继子女全部或者部分生活费和教育费；继父母与未成年继子女共同生活，对继子女进行了教育和生活上的照料，即使未负担抚养费用，也应认为形成了抚养关系。[⑤] 在判断扶养关系是否形成时，应当综合考虑扶养时间的长期性、经济与精神扶养的客观存在、家庭身份融洽程度，以及继子女与继父母来往紧密度等因素。[⑥] 受抚养教育的对象为未成年人，通常情况下，双方存在共同生活的事实就可以判定形成抚养教育关系，继父母支付抚养费可以作为认定因素，抚养时间不宜过于严格，当事人的主观愿望通常不能作为认定形成抚养教育关系的因素。[⑦] 也有观点认为，判断继父母与子女之间是否形成抚养教育关系的主要标准是继父母是否承担了继子女全部或者部分生活费和教育费。如果未承担任何费用，即使对继子女进行了教育和生活上的照料，亦不能认为他们之间形成了抚养教育关系，

---

① 王利明主编：《中国民法典学者建议稿及立法理由——人格权编·婚姻家庭编·继承编》，法律出版社2005年版，第397页。

② 王歌雅：《抚养与监护纠纷的法律救济》，法律出版社2001年版，第89页。

③ 巫昌祯主编：《婚姻家庭法新论》，中国政法大学出版社2002年版，第245页。

④ 杨遂全等：《婚姻家庭法新论》，法律出版社2003年版，第171页。

⑤ 王洪：《婚姻家庭法》，法律出版社2003年版，第240页。

⑥ 王葆时：《论继父母子女之间的法定继承权——〈民法典〉第1072条和第1127条解释论》，载《法学》2021年第9期。

⑦ 房绍坤、肖縢恺：《论〈民法典〉中的事实抚养》，载《法学》2022年第6期。

而只是一种姻亲关系。[①] 还有观点认为，形成抚养关系的司法裁量，应当考虑抚养意愿（即扶养和接受扶养的意思表示）和扶养事实（包括经济上供养、生活上照料和精神上抚慰引导，以及扶养时间（以两年期限为合理）。[②]

（二）司法实践中对抚养教育关系认定的考量因素

理论界关于抚养教育关系认定主要观点，主要强调共同生活、支付生活费和教育费、生活上照料等因素。司法实践中，可以考量以下因素。

1. 继子女是否成年或是否可以独立生活。受抚养教育的主体应限于未成年继子女，已经成年的继子女，一般不需要继父母对其抚养教育，故一般不会形成抚养教育关系。但也存在例外情形，即虽成年但不能独立生活的继子女。在继子女因生病或者其他原因不能独立生活的情况下，继父母和继子女之间，可以形成父母子女关系。以最高人民法院于 2015 年 12 月 4 日公布婚姻家庭纠纷典型案例[③]中“韩某控告张某新遗弃案”为例。该案中韩某系韩某伍与刘某婚生子，智障残疾人，生活不能自理。2009 年 10 月，韩某伍与刘某离婚，韩某由刘某抚养。2013 年 8 月刘某与张某新结婚，韩某随二人共同生活。2014 年 2 月 26 日，张某新私自将韩某送上北京的客车，韩某在北京流浪，直至 2014 年 3 月 13 日被家人找回。2014 年 4 月，刘某与张某新离婚。2015 年 1 月 5 日韩某以张某新犯遗弃罪提出控告，并要求赔偿经济损失。该案认为，韩某虽已成年，但因系智障残疾人，系不完全民事行为能力人，需要监护。张某新作为其继父，与其共同生活，形成事实上的抚养关系，具有法定的扶养监护义务，张某新不履行法定监护义务，私自将韩某送走，让其脱离监护人监护流离失所，其行为已构成遗弃罪。该案明确韩某虽已成年，但有证据证明其系智障人，应视为不完全民事行为能力人，需要被监护与扶养。继父母子女共同生活，形成事实上的扶养关系，继父母对子女不进行扶养，或继承子女对父母不进行扶养均应承担相应的法律责任。

2. 继父母和继子女是否共同生活，对继子女进行了生活上的照料和陪伴。一般而言，如果继父母和继子女共同生活，对继子女进行了生活上的照料和陪伴，应当可以认定对继子女进行了抚养教育。

---

① 余延满：《亲属法原论》，法律出版社 2007 年版，第 432 页。

② 米会娟：《抚养型继父母子女关系的司法认定》，载《法制与社会》2021 年第 6 期（上）。

③ 《最高人民法院 12 月 4 日公布婚姻家庭纠纷典型案例》，载最高人民法院网站，https：//www.court.gov.cn/zixun/xiangqing/16211.html，2023 年 8 月 4 日访问。

3. 继父母对继子女是否支持抚养费、学费或者其他费用。虽然没有共同生活，如果继父母对继子女进行了持续的、较大数额的经济供养，承担了全部或者部分生活费，或者长期、定期支付了教育费用，也应当认定形成了抚养教育关系。

4. 抚养教育经过一定期间。如果继父母和继子女共同生活，继父母对继子女进行了生活上的照料、经济上的供养，学业上的教育，应当认定形成抚养教育关系。关于共同生活的时间，有不同观点：有观点认为，以3年作为认定扶养关系的期间标准，即继父母子女共同生活持续3年及以上的，可以推定双方具有共同生活的意愿。① 也有人认为应以2年的期限较为合理。② 司法实践中做法不一。一般而言，抚养教育的时间应当有数年的时间，而不能是几天或者几个月。

还有观点建议应在《民法典》婚姻家庭编中对如何认定继父或者继母与继子女形成抚养关系作出明确的、具有可操作性的规定，至少将目前的"受其抚养教育"修改为"有扶养关系"，这样与继承编的规定统一起来，且"形成扶养关系"比"受其抚养教育"更准确更到位，否则容易引起歧义，以为只包括上对下的抚养，不包括下对上的赡养。这样规定也有利于保护老年人的权益，鼓励继子女主动赡养继父母。③

二、形成抚养教育关系的继父母子女的关系是否构成拟制血亲

(一) 继父母与继子女的关系类型

关于继父母与继子女的关系，可以分为三种类型：(1) 名分型，即继父母与继子女不存在扶养关系，双方只是一种姻亲关系；(2) 共同生活型，即生父与继母或者生母与继父结婚时，继子女尚未成年，其与继父母共同生活，继父母尽了抚养教育义务达到一定年限，视为有扶养关系的继父母子女。继子女与生父母的权利义务关系仍然存在，故继子女与生父母和继父母在法律上形成双重父母子女关系；(3) 收养型，即继父或继母通过收养程序收养了继女，双方

---

① 王利明主持：《中国民法典学者建议稿及立法理由——人格权编·婚姻家庭编·继承编》，法律出版社2005年版，第397页。

② 米会娟：《抚养型继父母子女关系的司法认定》，载《法制与社会》2021年第6期(上)。

③ 吴晓芳：《对民法典婚姻家庭编新增和修改条文的解读》，载《人民司法》(应用) 2020年第19期。

转化成养子女关系。[①]即形成抚养关系的继父母子女，并不当然等同于收养父母子女关系，即不当然构成拟制血亲关系。

（二）形成抚养关系的继子父母关系与拟制血亲关系的差异

拟制血亲是指本无血亲关系、法制拟制其具有与自然血亲同等权利义务的亲属。[②] 养父母子女关系即为典型的拟制血亲关系。下文以养父母子女关系为例，说明形成抚养关系的继子父母关系并不当然构成拟制血亲关系。两者不同之处主要有以下几点。

1. 产生原因和程序不同。继父母子女关于基于生父与继母，或者生母与继父的姻亲关系而成立，双方产生《民法典》中父母与子女关系的前提是事实上的抚养教育。而根据《民法典》第 1105 条规定："收养应当向县级以上人民政府民政部门登记。收养关系自登记之日起成立。收养查找不到生父母的未成年人的，办理登记的民政部门应当在登记前予以公告。收养关系当事人愿意签订收养协议的，可以签订收养协议。收养关系当事人各方或者一方要求办理收养公证的，应当办理收养公证。县级以上人民政府民政部门应当依法进行收养评估。"即收养依法定程序产生，法定程序完成，则权利义务产生。

2. 与亲生父母的法律关系不同。继子女与继父母因抚养教育产生父母子女的权利义务，并不影响其与亲生父母的权利义务。继子女对形成抚养教育关系的继父母承担赡养义务的同时，仍须对其亲生父母承担赡养义务。而养子女不同。《民法典》第 1111 条的规定："自收养关系成立之日起，养父母与养子女间的权利义务关系，适用本法关于父母子女关系的规定；养子女与养父母的近亲属间的权利义务关系，适用本法关于子女与父母的近亲属关系的规定。养子女与生父母以及其他近亲属间的权利义务关系，因收养关系的成立而消除。"即收养关系成立之日起，养子女与养父母之间存立拟制血亲关系，适用法律关于父母子女关系的规定，同时其与亲生父母关系的自收养关系成立而消除。

3. 与继父或者继母的其他近亲属之间的关系不同。如前所述，根据《民法典》第 1111 条的规定，养子女与养父母的近亲属间的权利义务关系，适用子女与父母的近亲属关系的规定。而关于继子女与继父母的近亲属间的权利义务关系，民法典并无此规定。即继子女与继父母的近亲属，并不当然因生父与继母

---

① 吴晓芳：《对民法典婚姻家庭编新增和修改条文的解读》，载《人民司法》（应用）2020 年第 19 期。

② 史尚宽：《亲属法论》，中国政法大学出版社 2000 年版，第 51 页。

结婚，或者生母与继父结婚，或者继父母对继子女的抚养教育 ，而产生近亲属关系。

综上，继父母对继子女进行了抚养，并不当然认定双方构成拟制血亲关系，产生与亲生父母子女相同的婚姻家庭法上的全部权利义务。当然，继父母子女可以通过收养，形成拟制血亲关系。《民法典》第1103条规定，继父或者继母经继子女的生父母同意，可以收养继子女，并可以不受本法第1093条第3项、第1094条第3项、第1098条和第1100条第1款规定的限制。

三、继子女与继父母的近亲属之间的权利义务关系

继子女与继父母的近亲属并因继父母对继子女的抚养教育而成立近亲属关系。但是，法律规定特定情形下，继子女可以基于与继父母的近亲属之间的抚养产生法定权利义务。《民法典》第1127条规定：“遗产按照下列顺序继承：(一)第一顺序：配偶、子女、父母；(二)第二顺序：兄弟姐妹、祖父母、外祖父母。继承开始后，由第一顺序继承人继承，第二顺序继承人不继承；没有第一顺序继承人继承的，由第二顺序继承人继承。本编所称子女，包括婚生子女、非婚生子女、养子女和有扶养关系的继子女。本编所称父母，包括生父母、养父母和有扶养关系的继父母。本编所称兄弟姐妹，包括同父母的兄弟姐妹、同父异母或者同母异父的兄弟姐妹、养兄弟姐妹、有扶养关系的继兄弟姐妹。”该条特别规定，有扶养关系的继兄弟姐妹互为第二顺序继承人。

四、继子女的代位继承权

《民法典继承司法解释(一)》第15条规定：“被继承人的养子女、已形成扶养关系的继子女的生子女可以代位继承；被继承人亲生子女的养子女可以代位继承；被继承人养子女的养子女可以代位继承；与被继承人已形成扶养关系的继子女的养子女也可以代位继承。”根据该条规定，养子女在代位继承中与生子女享有同等的权利义务。需要注意的是，法律对继子女的代位继承作了不同于亲生子女和养子女的规定。即继承人的子女是有扶养关系的继子女的，不适用代位继承。大多数国家没有在立法上承认继子女的代位继承权，理由是继子女和继父母属直系姻亲关系，而非直系血亲关系，因而不享有代位继承资格。且继子女与继父母的父母之间没有近亲属或祖孙间的权利义务关系，自然不能代位继承。

【典型案例】

邹某蕾诉高某某、孙某、陈某法定继承纠纷案

原告：邹某蕾

被告：高某某、孙某、陈某

〔基本案情〕

原告邹某蕾诉称：被继承人孙某某与案外人邹某娟婚后生育一女即本案原告邹某蕾（原名孙某蕾），1981 年 9 月孙某某与邹某娟经法院调解离婚，邹某蕾随邹某娟生活。此后孙某某与案外人陈某某再婚，被告陈某是陈某某与其前夫所生之子。之后孙某某再与被告高某某再婚，婚后生育一女即被告孙某。系争房屋是登记在被继承人孙某某名下的个人财产，孙某某于 2016 年 5 月 4 日报死亡，未留有遗嘱，故要求由孙某某的法定继承人均等继承被继承人孙某某的遗产，即上海市西藏北路 x 室的产权房屋（以下简称系争房屋）。

被告高某某、孙某共同辩称：原告邹某蕾并无确凿证据证明被继承人孙某某与邹某蕾是父女关系，孙某某生前仅育有被告孙某一女，被告陈某亦未提供确凿证据证明其是与被继承人孙某某有抚养关系的继子女。高某某与孙某某于 2002 年结婚，长期照料孙某某生活，孙某作为未成年婚生女与孙某某长期共同生活，故在继承遗产时应多分。且孙某某过世后，高某某、孙某申请办理了继承公证，并以（2016）沪闸证字第××号公证书继承了孙某某名下的系争房屋，现系争房屋登记为高某某、孙某各享有 1/2 产权份额，故不同意邹某蕾的诉请。

被告陈某辩称：孙某某与案外人陈某某于 1984 年再婚后，陈某作为孙某某的继子女与孙某某、陈某某共同生活在孙某某户籍地上海市重庆北路×号，1991 年陈某某与孙某某离婚协议约定，陈某某与前夫所生之子陈某由陈某某抚养，并迁回原户籍地，陈某作为继子女可依法继承孙某某的遗产即系争房屋产权。

海市静安区人民法院一审查明：被继承人孙某某与邹某娟于 1974 年 3 月登记结婚，1974 年 12 月 22 日生育一女名孙某蕾，后更名邹某蕾即本案原告。孙某某与邹某娟于 1981 年 9 月 28 日经新疆昌吉市人民法院调解离婚。孙某某与陈某某于 1984 年 12 月 8 日再婚，婚后陈某某与其前夫所生之子陈某随孙某某共同生活在上海市重庆北路×号，1991 年 10 月 17 日孙某某与陈某某协议离婚。后孙某某与刘某某再婚，婚后未生育子女，并于 2000 年 11 月 16 日协议离婚。2002 年 5 月 16 日孙某某与被告高某某登记结婚，婚后生育一女名孙某。孙某某于 2016 年 5 月 3 日死亡，其父母均先于其死亡。又查明，系争房屋于 2000 年办理产权登记，登记产权人为孙某某。孙某某于 2016 年 5 月 3 日死亡后，被告高某某、孙某于 2016 年 5 月 9 日向上海市闸北公证处申请办理继承公证，后以（2016）沪闸证字第××号公证书（2016 年 8 月 22 日出具）确定系争房屋由高某某、孙某共同继承。2016 年 8 月 23 日高某某、孙某申请变更系争房屋的产权登记，2016 年 9 月 5 日系争房屋核准变更登记权利人为高某某、孙某各享有 1/2 产权份额。审理中，被继承人孙某某的哥哥孙某忠到庭陈述：原告邹某蕾是孙某某与邹某娟所生女儿，孙某某与陈某某再婚后，孙某某、陈某某及陈某某与前夫所生之子被告陈某共同生活在上海市重庆北路×号，孙某某与陈某某离婚后，陈某某与陈某均迁走，孙某某与刘某某再婚后，并未生育子女，也没有子女与其共同生活。

〔一审裁判理由与结果〕

上海市静安区人民法院一审认为：遗产是公民死亡后遗留的个人合法财产，公民依法享有财产继承权。本案系争房屋系原登记在被继承人孙某某个人名下的产权房屋，被继承人孙某某生前并未立有遗嘱，其遗产即系争房屋应由孙某某的法定继承人共同继承。原告邹某蕾作为孙某某与前妻邹某娟所生女儿，被告陈某作为与孙某某有抚养关系的继子女，被告高某某作为孙某某的配偶，被告孙某作为孙某某的婚生女儿，均可作为孙某某的第一顺位的法定继承人继承系争房屋产权。据此，上海市静安区人民法院依照《继承法》第 2 条、第 3 条、第 5 条的规定，于 2017 年 9 月 14 日作出判决：登记在被告高某某、孙某名下属于被继承人孙某某遗产的上海市西藏北路×室房屋产权由原告邹某蕾及被告高某某、孙某、陈某按份共有，各享有 1/4 产权份额；邹某蕾、高某某、孙某、陈某应于判决生效之日起 30 日内共同办理上址房屋产权变更手续，邹某蕾、高某某、孙某、陈某有相互配合的义务，因办理上址房屋产权变更手续所产生的费用由邹某蕾、高某某、孙某、陈某依法分别负担。

〔当事人上诉及答辩意见〕

高某某、孙某不服一审判决，向上海市第二中级人民法院提起上诉称：一审判决对案件事实认定不清。首先，本案没有证据证明邹某蕾是合法的继承人，且证人孙某忠到庭作证程序违法，其没有书面申请和传唤作证，实际上孙某忠与被继承人孙某某无往来，关系破裂，无法认定其证言内容的效力，不应作为诉讼证据。其次，一审判决对陈某是否与孙某某构成抚养关系的认定不清，实际上陈某未成年时，其母亲陈某某与孙某某离婚，且孙某某明确表示不再抚养陈某，之后陈某也随母亲陈某某共同生活，并在国外居住，与孙某某再无往来，不能认定陈某为与被继承人孙某某有抚养关系的继子女，不应再享有继子女的继承权利。最后，一审判决在遗产分配上也未考虑孙某系未成年人，生活有特殊困难且缺乏劳动能力，以及高某某长期照料被继承人孙某某，未适当为其多分遗产也有不妥。据此，请求依法撤销一审判决，发回重审或改判两上诉人各自享有上海市西藏北路×室房屋产权 1/2 份额。

邹某蕾辩称：一审提供的证据充分证明自己是被继承人孙某某和邹某娟于 1974 年生育的女儿孙某蕾，后为方便上学，才改名为邹某蕾，因此不能否定其是合法继承人的身份，邹某蕾应该享有继承权，不同意高某某、孙某关于否认邹某蕾合法继承人的诉讼请求。

陈某辩称：一审判决认定事实清楚，证据确实，请求驳回上诉，维持原判。上海市第二中级人民法院经二审，确认了一审查明的事实。

〔二审查明的事实〕

二审期间，法院依职权向上海市公安局出入境管理局调取了陈某自 1998 年出国后至 2018 年 8 月 24 日的出入境记录，记录如下：陈某于 2003 年 1 月 26 日入境，同年 3 月 10 日出境；2007 年 2 月 7 日入境，同月 27 日出境；2009 年 5 月 20 日入境，同月 27 日出境。

另查明，被继承人孙某某与陈某母亲陈某某于 1991 年 7 月 1 日在民政局登记备案的《自愿离婚协议书》约定："一、子女抚养：女方同前夫所生男孩，陈某，……仍由女方抚养直至工作，男方不承担其他费用……三、分居住宿安排：女方和子（陈某）仍迁回原户口所在地居住，男方住户口所在地。离婚后，男方住重庆北路×号，户口落实重庆北路×号。女方住周家嘴路×号，户口落实周家嘴路×号。"

〔二审裁判理由与结果〕

上海市第二中级人民法院二审认为：对陈某是否符合继承法规定的与被继承人形成抚养关系的继子女的争议焦点，作出如下评判。根据《继承法》第 10 条的规定，判断继父母子女之间是否享有继承权，以是否形成抚养关系为标准。继父母子女在事实上形成了抚养关系，由直系姻亲转化为拟制血亲，从而产生法律拟制的父母子女间的权利义务。确定是否形成抚养关系应以继承实际发生时为节点。本案中，陈某两岁时，因生母陈某某与被继承人孙某某结婚，确实与孙某某共同生活，形成事实上的继父子关系，孙某某与陈某某共同抚养教育过陈某，后陈某某与孙某某协议离婚。根据 1993 年《最高人民法院关于人民法院审理离婚案件处理子女抚养问题的若干具体意见》第 13 条规定："生父与继母或生母与继父离婚后，对曾受其抚养教育的继子女，继父或继母不同意继续抚养的，仍应由生父母抚养。"对于上述规定，法院认为，继父母与继子女是基于姻亲而发生的一种事实上的抚养关系，这种关系是法律拟制的，离婚后，在继父母不愿意继续抚养的情况下，应视为继父母子女关系的解除，他们之间父母子女的权利义务不复存在。本案中，陈某曾经由孙某某抚养过，但是在其生母陈某某与孙某某离婚时，陈某九岁还尚未成年，且孙某某、陈某某在离婚协议中明确约定陈某由陈某某继续抚养，孙某某不再承担抚养费用，在此情形下，应当认定孙某某不再继续抚养是对原已形成抚养事实的终止，孙某某与陈某之间的继父子关系视为解除，而且，陈某与孙某某的继父子关系解除之后至孙某某病故时，期间长达二十余年之久，双方再无来往。陈某于 1998 年出国至今仅回国三次，短时间停留，其成年后也不存在赡养孙某某的事实。故而，法院认为，陈某与被继承人孙某某之间虽存在过抚养事实，但因孙某某与陈某生母陈某某离婚后不再抚养陈某，以及陈某成年后未履行赡养义务，本案继承发生时，陈某与被继承人孙某某之间继父子关系已解除，双方的权利义务不复存在，陈某不符合《继承法》

规定的有抚养关系的继子女。综上，陈某对被继承人孙某某的遗产不享有继承权。一审判决认定陈某为法定继承人不当，依法予以纠正。遗产是公民死亡后遗留的个人合法财产，公民依法享有财产继承权。继承开始后，没有遗嘱的，按照法定继承办理。一审判决根据在案证据以及一审庭审中证人孙某忠当庭作证的证人证言，认定邹某蕾为被继承人孙某某与前妻邹某娟所生之女，将其列为法定继承人，并无不妥，予以确认。本案中，系争房屋系原登记在被继承人孙某某个人名下的产权房屋，被继承人孙某某生前未立遗嘱，其遗产应按法定继承处理。邹某蕾作为孙某某与前妻邹某娟所生女儿，高某某作为孙某某的配偶，孙某作为孙某某与高某某的婚生女儿，依法均应作为孙某某的第一顺位法定继承人继承系争房屋产权。同时，鉴于高某某长期与孙某某共同生活，对被继承人尽了主要的扶养义务，故在分配遗产时，依法可以适当多分。综上，高某某、孙某的部分上诉请求成立，依法予以支持。一审判决认定陈某为法定继承人不当，予以纠正。

据此，上海市第二中级人民法院依照《继承法》第10条、《民事诉讼法》第170条第1款第2项之规定，于2018年10月31日作出判决：

一、撤销上海市静安区人民法院（2016）沪0106民初18925号民事判决；

二、登记在高某某、孙某名下属于被继承人孙某某遗产的上海市西藏北路×室房屋产权由邹某蕾、高某某、孙某按份共有，其中，邹某蕾享有30%份额，高某某享有40%份额，孙某享有30%份额；邹某蕾、高某某、孙某应于判决生效之日起30日内共同办理上述地址房屋产权变更手续，邹某蕾、高某某、孙某互有配合义务，因办理上述地址房屋产权变更手续所产生的费用由邹某蕾、高某某、孙某按比例负担。

本判决为终审判决。

第十三章　遗产的处理

规则 17：被继承人与妻（夫）再婚后共同生活，妻（夫）没有收入来源，遗产分配时可以多分

——王某 1、王某 2、王某 3、王某 4、王某 5 与王某 6、王某继承纠纷案①

【裁判规则】

被继承人的亲生子女与再婚妻（夫）均为第一顺序继承人，享有平等的继承权。被继承人再婚后购置家庭用具和出租房屋收取的租金，是夫妻关系存续期间所得的财产，应为夫妻共同财产，其中一半产权归被继承人所有。被继承人归还婚前买房的贷款时，是动用自己独立账户上的资金，这部分资金是被继承人的婚前个人财产，不能认为是夫妻共同财产。被继承人与妻（夫）再婚后共同生活，妻（夫）没有收入来源，遗产分配时可以多分。

【规则理解】

一、我国夫妻遗产继承权的历史发展

（一）古代社会的夫妻继承权

我国自古以来，实行“诸法合体，民刑不分”的立法体例。因此，在我国古代社会并不存在专门的继承法，关于继承的法律规定散见于各朝代的法典之中，且由于我国古代社会的继承是财产继承与身份继承的结合，财产继承不能独立于身份继承而存在，甚至可以说财产继承是身份继承的附属物。

在继承方式上，一般认为，商代初期，王位继承是“兄终弟及”与“父死子继”并行，但以前者为主要原则，至商代末期，父死子继基本上代替了兄终弟及，同时出现了“嫡长子继承”的现象。② 至西周时期，在宗法制下已经形

① 《中华人民共和国最高人民法院公报》1993 年第 2 期。

② 曾宪义主编：《中国法制史》，中国人民大学出版社 2000 年版，第 30~31 页。

成嫡长子继承制。[①] 但至汉代，财产继承采取诸子均分制，并出现遗漏继承，庶子、女儿也可有财产继承权。[②] 到明代，明律则注重封建的嫡长子继承制，以确保封建家庭与家庭财产不被分割。[③] 在清代，在"夫亡""无子""守志"三项条件具备时，寡妻才"合承夫份"，但也不过是代为管理，"须凭族长择昭穆（即按辈分）相当之人继嗣"；倘若改嫁，"夫家财产及原有妆奁，并听前夫之家为主"。[④] 总之，中国古代社会，妻子在一定程度上甚至不具备独立的人格，当然也不具备继承的资格，因此，可以说中国古代社会不存在真正意义上的夫妻遗产继承权。

（二）近现代社会的夫妻继承权

清末时期，中国统治阶级迫于外来压力不得不进行一系列的变法修律活动，中国古代法律体系逐渐向近现代西方化法律体制转变。但直至1911年完成的《大清民律草案》，继承编仍带有浓厚的封建色彩，保留了许多封建法律的精神。[⑤]

直到1930年《中华民国民法》才从法律规定上正式贯彻男女平等原则，规定男女互相享有继承遗产的权利，妻子也首次以配偶的身份进入法定继承人的范围。该法第1144条规定，配偶有相互继承遗产之权，其应继分因共同继承人顺序之不同，而有不同之比率，现分述如下：（1）与被继承人之直系血亲卑亲属同为继承时，其应继分与它继承人平均。（2）与被继承人之父母或兄弟姐妹同为继承时，配偶应继分为遗产1/2。（3）与被继承人之祖父母同为继承时，配偶应继分为遗产的2/3。（4）无血亲继承人时，配偶之应继分为遗产全部。该条规定的配偶继承权对男女均适用，且对妻子的继承权不再以"无子""守志"为条件。

新民主主义时期，在遗产继承方面遵循男女平等的原则。例如，《陕甘宁边区继承条例》规定，配偶双方遗产相互继承，有子女的与子女共同继承，无子女的由一方全部继承，男方死时尚未继承的，寡妇与子女均有代位继承权。[⑥]

---

① 曾宪义主编：《中国法制史》，中国人民大学出版社2000年版，第43页。

② 曾宪义主编：《中国法制史》，中国人民大学出版社2000年版，第95页。

③ 曾宪义主编：《中国法制史》，中国人民大学出版社2000年版，第198页。

④ 《大清律例·户律》，转引自杨大文主编：《亲属法》，法律出版社2004年版，第140-141页。

⑤ 曾宪义主编：《中国法制史》，中国人民大学出版社2000年版，第258页。

⑥ 曾宪义主编：《中国法制史》，中国人民大学出版社2000年版，第347页。

中华人民共和国成立之后，1950年《婚姻法》第12条明确规定“夫妻有相互继承遗产的权利”，其后我国对夫妻遗产继承制度的规定始终坚持了夫妻平等的原则，且我国《民法典》上的继承仅指财产继承，而不包括身份继承。

二、我国现行法律关于夫妻遗产继承权的基本内容

（一）夫妻遗产继承权的平等原则

夫妻遗产继承权平等，是指夫妻享有平等的继承权，有相互继承遗产的权利，丈夫可以继承妻子的遗产，妻子也可以继承丈夫的遗产，任何人不得干涉，也不得附加其他的条件。对此，我国法律有明确规定。我国《宪法》第48条第1款规定：“中华人民共和国妇女在政治的、经济的、文化的、社会的、家庭的生活等方面享有同男子平等的权利。”《民法典》第124条规定：“自然人依法享有继承权。自然人合法的私有财产，可以依法继承。”第1126条规定：“继承权男女平等。”第1127条第1款第1项规定：“遗产按照下列顺序继承：（一）第一顺序：配偶、子女、父母；”第1157条规定：“夫妻一方死亡后另一方再婚的，有权处分所继承的财产，任何组织或者个人不得干涉。”《民法典》第1061条规定：“夫妻有相互继承遗产的权利。”《妇女权益保障法》第58条规定：“妇女享有与男子平等的继承权。妇女依法行使继承权，不受歧视。丧偶妇女有权依法处分继承的财产，任何组织和个人不得干涉。”第59条规定“丧偶儿媳对公婆尽了主要赡养义务的，作为第一顺序继承人，其继承权不受子女代位继承的影响。”

（二）夫妻继承权的主体

夫妻遗产继承权是指夫妻一方基于夫妻身份而享有的承受另一方遗产的权利，夫妻遗产继承权在性质上应属于财产权，但又以特定的身份为其基础。[①] 根据我国《民法典》的规定，配偶即为夫妻继承权的主体，而配偶身份以合法婚姻关系的存在为前提，至于该配偶是否系再婚，与被继承人婚姻关系存续时间的长短则在所不问。根据《民法典》第1049条的规定，结婚以登记为要件，要求结婚的男女双方必须亲自到婚姻登记机关进行结婚登记，经登记后取得结婚证，即确立夫妻关系。同时，根据第1076条的规定，男女双方自愿离婚的，也应到婚姻登记机关申请，由婚姻登记机关发给离婚证。如果男女一方要求离婚，则可根据第1079条的规定，向人民法院提起离婚诉讼，如果夫妻感情确已破裂，人民法院应准予离婚。根据以上规定，只有婚约未登记结婚的男女，或

---

① 许莉主编：《婚姻家庭继承法学》，北京大学出版社2006年版，第88页。

虽已共同生活、但未办理结婚登记的男女，已经离婚的男女均不是我国法律规定的夫妻，不享有夫妻遗产继承权，但是，已经领取结婚证，但未共同生活，或者虽然分居，但未办理离婚手续，或者虽已提起离婚诉讼但未获得生效离婚判决时一方死亡，生存一方仍可以配偶身份参与继承。当然，被我国法律认定为事实婚姻关系的当事人可以配偶身份继承对方遗产，关于事实婚姻关系的认定，本书另有专章论述，在此不再赘述。

（三）夫妻继承权的客体与份额

夫妻继承权的客体是指配偶死亡时遗留的个人合法财产，《民法典》第1122条规定："遗产是自然人死亡时遗留的个人合法财产。依照法律规定或者根据其性质不得继承的遗产，不得继承"。

司法实践中需要注意的是，由于我国自古以来存在"同居共财"的习俗，该习俗至今在大部分地区仍存在，特别是只有独生子女的家庭。因此，确定遗产范围时，应当先将被继承人的财产从其家庭共有财产中分割出来。另外，夫妻关系存续期间，如实施的是夫妻共同财产制，还应对夫妻共同财产进行分割，确定被继承人的财产范围，而不能将本应属于配偶一方的共同财产作为被继承人的遗产予以继承。

确定被继承人的遗产后，在被继承人没有遗嘱的情况下，配偶一方则可根据《民法典》第1127条的规定，与子女、父母一起作为第一顺序的继承人参与继承。《民法典》第1130条规定："同一顺序继承人继承遗产的份额，一般应当均等。对生活有特殊困难又缺乏劳动能力的继承人，分配遗产时，应当予以照顾。对被继承人尽了主要扶养义务或者与被继承人共同生活的继承人，分配遗产时，可以多分。有扶养能力和有扶养条件的继承人，不尽扶养义务的，分配遗产时，应当不分或者少分。继承人协商同意的，也可以不均等。"根据该条规定，配偶与父母、子女的应继份额各人均等；如果生存配偶生活有特殊困难又缺乏劳动能力，在分配遗产时，还应当给予照顾；同时，配偶一般情况下与被继承人共同生活，照顾较多，因此，在这种情况下配偶还可以多分遗产。但是，如果被继承人死亡前，配偶有扶养能力和扶养条件，却并未尽扶养义务，可以少分或者不分遗产。此外，应继份额可以由所有继承人协商确定。

在被继承人另有有效遗嘱的情况下，则配偶应根据被继承人的遗嘱进行继承。当然，根据《民法典》第1141条的规定，被继承人的遗嘱不得剥夺没有劳动能力又没有生活来源的配偶必要的遗产份额。否则，遗产处理时，应当为配偶留下必要的遗产，所剩余的部分，才可参照遗嘱确定的分配原则处理。

（四）夫妻遗产继承权的消极条件

生存配偶作为继承人继承先亡配偶的遗产，必须在继承开始时，享有继承权，即该配偶未丧失继承权。《民法典》第1125条规定：“继承人有下列行为之一的，丧失继承权：（一）故意杀害被继承人；（二）为争夺遗产而杀害其他继承人；（三）遗弃被继承人，或者虐待被继承人情节严重；（四）伪造、篡改、隐匿或者销毁遗嘱，情节严重；（五）以欺诈、胁迫手段迫使或者妨碍被继承人设立、变更或者撤回遗嘱，情节严重。继承人有前款第三项至第五项行为，确有悔改表现，被继承人表示宽恕或者事后在遗嘱中将其列为继承人的，该继承人不丧失继承权。受遗赠人有本条第一款规定行为的，丧失受遗赠权。”如果配偶存在该条第1款规定的第1项至第2项情形，则丧失继承权，不得继承被继承人的遗产；如果配偶存在第1款规定的第3项至第5项情形，确有悔改表现，被继承人就继承人表示宽恕或事后在遗嘱中将其列为继承人的，不丧失继承权。

1. 故意杀害被继承人。故意杀害被继承人不论是既遂还是未遂，也不论是否受到刑事责任的追究，都丧失继承权。应注意三点：第一，必须是故意杀人。过失杀人不丧失继承权。第二，不论出于何种动机和原因，只要是故意杀害被继承人的，就丧失继承权。第三，只要是故意杀害被继承人，不论既遂未遂，都丧失继承权。

2. 为争夺遗产而杀害其他继承人。应具备两个条件：一是主观上有杀害其他继承人的故意，且具有争夺遗产的目的。二是客观上实施了非法剥夺其他继承人生命的行为。在具体把握时，应注意：（1）行为的主体为继承人，被杀害的对象是其他继承人。不论是直接杀害还是教唆他人实施杀害行为，均可构成。但继承人的配偶或其他亲属独立实施杀害行为的，不发生继承人丧失继承权的后果。继承人杀害其他继承人既包括法定继承人杀害遗嘱继承人的情形，也包括遗嘱继承人杀害法定继承人的情形；既包括后一顺序的继承人杀害前一顺序的法定继承人，也包括前一顺序的继承人杀害后一顺序的继承人，还包括继承人杀害同一顺序的继承人。（2）目的是争夺遗产。如果继承人杀害的动机和目的不是争夺遗产，其继承权也就不因此而丧失。但是，不论其杀害行为既遂或未遂，也不论其是否被追究刑事责任，均丧失继承权。

3. 遗弃被继承人的，或者虐待被继承人情节严重。遗弃行为不限于积极的行为，消极的不作为也可构成。继承人遗弃被继承人的，均丧失继承权，而不问其是否被追究刑事责任。但是，继承人遗弃被继承人，以后确有悔改表现，而且被继承人生前又表示宽恕的，可不确认其丧失继承权。虐待被继承人的，并不都丧失继承权；只有虐待情节严重的，才丧失继承权。情节是否严重，可以从实施虐待行为的时间、手段、后果和社会影响等方面认定。继承人虐待被继承人情节严重，不论其行为是否构成犯罪，其是否被追究刑事责任，均丧失继承权。如果继承人虐待被继承人虽情节严重，但确有悔改表现，并且受虐待的被继承人生前又表示宽恕的，可确认其不丧失继承权。但只有继承人的悔改行为，被继承人生前未表示宽恕，或者虽被继承人生前表示宽恕，但继承人并没有悔改表现的，继承人仍丧失继承权。

4. 伪造、篡改或者销毁遗嘱，情节严重的。“情节严重”是指继承人伪造、篡改或者销毁遗嘱，侵害了缺乏劳动能力又没有生活来源的继承人利益，并造成其生活困难的。

三、再婚夫妻遗产继承纠纷案件处理的特点

只要是婚姻关系存续期间，配偶则依法享有遗产继承权，再婚夫妻亦不例外。但是，由于再婚夫妻存在特别之处，因此，在处理再婚夫妻遗产继承纠纷案件中有些问题必须予以特别注意。

（一）再婚夫妻关系区别于非再婚夫妻关系的特点

第一，较之非再婚家庭，再婚家庭中成员更加复杂。在再婚家庭中，可能夫妻双方均存在原婚姻关系中的子女，在被继承人死亡时，其亲生子女因与被继承人的再婚配偶没有血缘关系，甚至没有共同生活经历，因而更加计较配偶继承权的有无，及应继承份额的多少，从心理上也更加不愿意配偶参加继承其父亲或者母亲的遗产。

第二，再婚夫妻婚姻存续期间的长短影响再婚夫妻的感情。再婚夫妻关系存续时间可能长达几十年，也可能非常短暂。在再婚时间较短的婚姻中，夫妻感情不一定牢固，也更容易受到其他家庭成员的质疑。在此情况下，夫妻一方本身可能不愿意将财产留给配偶继承，其他继承人也更难以接受配偶第一顺位继承人的地位。

第三，再婚家庭财产关系亦更为复杂。再婚家庭关系中，除存在家庭共同财产、夫妻共同财产的分割外，还涉及再婚一方原夫妻共同财产的分割。再婚可能出于两种情况，一种是离婚后再婚，一种是配偶死亡后再婚。在第一种情况下，原夫妻共同财产可能已经分割，而在第二种情况下，由于中国大多数家庭的习惯仍然是父母一方在世时，并不分割父母的遗产，而是留等父母双亡时再分配，此时，一旦生存一方再婚，可能出现将原夫妻共同财产与再婚家庭的

财产混同使用的情况，如果发生继承，则应区分原夫妻共同财产与再婚家庭共同财产。

（二）处理再婚家庭遗产继承纠纷案件的注意事项

第一，必须明确不论婚姻存续期间的长短，只要合法婚姻关系存在，再婚配偶就是当然的第一顺位的法定继承人，其合法权益必须得到法律的保护。被继承人的父母子女不得随意损害生存配偶的继承权。第二，应注意区分再婚家庭的共同财产、再婚一方与原配偶的共同财产及再婚夫妻的共同财产，只有被继承人的个人财产才可以作为遗产由包括配偶在内的继承人予以继承。第三，不论婚姻存续期间的长短，被继承人都不得通过遗嘱的方式剥夺没有劳动能力又没有生活来源的再婚配偶的应继份额。第四，被继承人与配偶再婚后共同生活，配偶没有收入来源的，根据《民法典》第 1130 条的规定，在遗产分配时可以多分。

【拓展适用】

尽管《民法典》遵循男女平等原则，对于配偶，特别是女性一方的继承权的保护更为有力，但是，也有学者认为，我国《民法典》的规定对配偶遗产继承权的保护仍有不足之处。

一、配偶的继承顺序

有学者认为，为了更好地兼顾保护死者的生存配偶与血亲属双方的继承权益，参照大多数国家和地区的立法例，应当承认配偶为法定继承人，但并不把其法定继承顺序固定，而让其与任何一顺序的法定继承人共同继承。[①] 根据我国《民法典》第 1127 条的规定，配偶、子女、父母为第一顺序的继承人，兄弟姐妹、祖父母、外祖父母为第二顺序的继承人，继承开始后，由第一顺序继承人继承，第二顺序继承人不继承，没有第一顺序继承人继承的，由第二顺序继承人继承。按照该规定，继承开始，一旦被继承人没有子女、父母，则由配偶全部继承遗产，而与被继承人也许更为亲近的兄弟姐妹、祖父母、外祖父母不得继承，这对被继承人的兄弟姐妹、祖父母、外祖父母并不公平，也更易引起继承纠纷。特别是在婚姻存续期间较为短暂的情况下，祖父母、外祖父母或者兄弟姐妹与被继承人生活的时间更长，亲情更为浓厚，甚至这些近亲属对于被继承人的成长倾注了更多心血，被继承人也可能更加愿意将遗产留给这些人。

---

① 党竹琴：《论我国法定继承的相关问题》，载《求实》2006 年第 1 期。

此时，全部由配偶继承可能不符合被继承人的真实意愿。

事实上，针对配偶的继承顺序的问题，世界各国或地区主要有两种立法例。第一，将配偶列入法定继承人某一固定的继承顺序中，未规定具体的继承份额，如我国。第二，将其他法定继承人分为若干顺序，但生存配偶未被列入任一顺序，而是可与不同继承顺序的法定继承人共同继承，且享有不同遗产份额的继承权。如《德国民法典》的规定，被继承人的配偶作为继承人的应继份，在与第一顺序的血亲（直系卑亲属）共同参加继承时，继承遗产的1/4；在与第二顺序的血亲（父母及直系卑亲属）共同参加继承时，继承遗产的1/2。被继承人既有祖父母在，又有祖父母的卑血亲在时，应由该卑血亲继承的份额由配偶继承。被继承人中既无第一顺序又无第二顺序的法定继承人，又无祖父母者，则遗产全部由配偶继承。[①]《日本民法典》明确规定“生存配偶恒为继承人”，该法第900条规定，配偶与第一顺序（直系卑亲属）继承时，其继承份额为遗产的1/2；与第二顺序继承人（直系尊亲属）继承时，其继承份额为2/3；与第三顺序继承人（兄弟姐妹）继承时，其份额为3/4。[②]我国台湾地区也作了类似规定。根据我国台湾地区“民法”的规定，配偶与血亲继承第一顺位继承人同为继承时，其应继份与他继承人平均；配偶与血亲继承第二顺位或者第三顺位继承人同为继承时，其应继份为遗产1/2；配偶与血亲继承第四顺位继承人同为继承时，其应继份为遗产2/3；无上述继承人时，其应继份为遗产的全部。[③]以上这些国家和地区的规定尽管并不完全相同，但均规定配偶不作为固定顺序的继承人参与继承，而是单独规定，可与其他任何顺序的继承人一起参加继承，其应继份额根据参加继承的顺序不同而有所不同。

有学者认为，我国可以采纳德国等的立法及规定体例，承认配偶为法定继承人，但不将其法定继承的顺序固定，而让其与任何一顺序的法定继承人共同继承，顺序越远，继承份额就越大，以平衡与其他血亲属的利益。[④]笔者赞同这一观点，采纳这一立法体例确实可以更好地解决前述特定情形下配偶与血亲

---

① 张华贵、冉启玉：《论配偶继承权的法律保护》，载《西南政法大学学报》2005年4月。

② 《日本民法典》，王书江译，中国法制出版社2000年版；转引自张华贵、冉启玉：《论配偶继承权的法律保护》，载《西南政法大学学报》2005年4月。

③ 徐卫：《台湾地区“民法”继承篇述评》，载《西南科技大学学报（哲学社会科学版）》2005年12月。

④ 王肃元：《法定继承制度的重塑》，载《法学》2003年第11期。

继承人利益冲突的问题，特别是在婚姻关系存续期间较为短暂的情况下，可以避免全部遗产全部归于夫妻关系可能还并不亲厚的配偶，而让亲情厚重的兄弟姐妹、祖父母、外祖父母无权继承遗产的情形。此外，根据有关学者的调研，民众心中认为配偶应当作为第一顺序继承人的比例最高，子女次之，父母再次之，这与我国继承法中将配偶、子女、父母规定在同一顺序即第一顺序中，是有差异的，说明配偶在普通民众心目中的特殊地位，因此把配偶作为特殊的继承人从而作特殊规定还是有必要的。①

二、配偶的继承份额

我国《民法典》第1130条第1款规定，同一顺序继承人继承遗产的份额，一般应当均等。有学者认为，这一规定下，在死亡一方有父母和多个子女的情况下，对配偶的继承非常不利，与当今多数国家规定配偶的继承份额超过遗产的一半甚至更多相比，我国继承法规定的配偶继承份额偏低。② 诚如上述所言，假设被继承人父母健在，且存在子女（包括亲生子女、养子女、继子女）四人时，配偶继承份额只有1/7，此时，对于与被继承人共同生活多年，对被继承人尽了主要的照顾、扶养义务的配偶而言，是否公平？但是，如果给予配偶更多的继承份额，则父母相应继承份额又当减少，这对于抚养被继承人长大成人的父母又是否公平？如果被继承人有除配偶所生之外的其他子女，该子女利益又当如何保护？

以上问题涉及继承法的理念问题——究竟继承制度应局限于解决财产的传承问题，还是应重点考虑社会保障功能。如果继承制度只用于解决财产传承问题，则根据人们的一般观念，应可以理解为被继承人更愿意将其财产留给自己的后代，而不是其他人，此时，配偶与子女、父母享有同等继承份额则不符合被继承人的真实意愿，因为父母享有的继承份额，将留传至父母的其他亲属，而未必会再全部传至自己的后代，同样，配偶也是如此。而如果继承制度同样具备相应的社会保障功能，则以忠孝为传统美德的我国，将遗产用于赡养父母、照顾配偶、抚养子女，应是被继承人的心愿，难分彼此。根据学者的调查，在儿童、病残者或者老年人、配偶及其他人共同继承时，有52.5%的人认为原则

① 王丽萍：《我国〈继承法〉法定继承规定的民间态度——山东省民间继承习惯调查研究》，载《甘肃政法学院学报》2007年5月。

② 张华贵、冉启玉：《论配偶继承权的法律保护》，载《西南政法大学学报》2005年4月。

上按人数平分。[①] 笔者认为，在我国现行立法体例下，配偶、子女、父母作为继承人共同继承时，平均分配符合我国国情，也符合大多数人的心理预期。

但是，如前所述，将配偶作为固定顺序的继承人未必是立法的最佳选择，如果采纳另一种立法体例，配偶不再作为固定顺序的法定继承人，而是与其他任一顺序的继承人共同继承，此时，配偶的应继份额又当如何呢？显然，如果与子女、父母共同继承时，按人数均分，人们尚可接受，可如果和兄弟姐妹、祖父母、外祖父母一起按人数均分，则可能并不合理。因此，配偶的继承份额，应当由参加继承顺序的其他继承人的亲等远近决定，其他继承人的亲等越近，配偶的继承份额越少；其他继承人的亲等越远，则配偶的继承份额越多。

三、配偶的必留份额

《民法典》第 1141 条规定："遗嘱应当为缺乏劳动能力又没有生活来源的继承人保留必要的遗产份额。"《民法典继承司法解释（一）》第 25 条规定："遗嘱人未保留缺乏劳动能力又没有生活来源的继承人的遗产份额，遗产处理时，应当为该继承人留下必要的遗产，所剩余的部分，才可参照遗嘱确定的分配原则处理。继承人是否缺乏劳动能力又没有生活来源，应当按遗嘱生效时该继承人的具体情况确定。"以上是必留份制度在我国继承法中的体现。以上规定存在不足部分，具体到配偶继承中表现如下：其一，配偶只有在缺乏劳动能力又没有生活来源的时候，才享有必留份，而事实上，这种情况较为少见。且作为与被继承人生活最为密切，所尽照顾、扶养义务最多的配偶，即使其具备劳动能力，或者有其他生活来源，如果遗嘱没有为其留下任何遗产，显然对其并不公平，且无法得到救济。其二，"必要的财产份额"没有统一的标准。何为"必要"？是配偶生活必要？还是作为配偶身份应有的份额？其三，以"遗嘱生效时该继承人的具体情况确定"未必合理。也许遗嘱生效时，配偶尚有劳动能力或者生活来源，可是随着年龄的增长，配偶会丧失劳动能力，或者随着时间的推移失去生活来源，此时，配偶的生活如何保障？如果发生这种情况，则必留份制度的初衷无法实现。

针对以上问题，笔者认为，应当从以下方面予以完善：第一，对于配偶的必留份，应依存于配偶的身份而存在，不论该配偶有无劳动能力及生活来源，只要继承开始时，与被继承人的婚姻关系存在，配偶就应当享有必留份。这是

---

① 王丽萍：《我国〈继承法〉法定继承规定的民间态度——山东省民间继承习惯调查研究》，载《甘肃政法学院学报》2007 年 5 月。

与配偶在家庭中的地位，以及对家庭、被继承人所作的贡献相适应的，也符合中华民族的善良风俗。第二，必须明确配偶的必留份为多少，具体比例可根据其他继承人的人数、配偶本人的具体情况，与被继承人的婚姻关系存续长短等而定。

四、配偶的先取权

先取权是配偶除应继承份额外，还有权先行取得满足日常生活需要的物品。[①] 其立法目的是保障生存配偶不因配偶一方死亡而在生活上受到较大影响，而使其能继续保持一贯的生活方式。[②] 现代许多国家都规定了这一制度。我国法律未对先取权制度进行规定。有学者认为，应当规定，配偶死亡后，生存配偶一方对死亡配偶遗产中的家庭用品享有先取权，如果配偶的先取权超过其应继份，则以先取权份额作为其应继份。[③]

笔者认为，在我国法律中规定先取权制度有利于保护生存配偶的合法权利，特别是对于再婚老人的权利保护会起到十分重要的作用，也符合我国民间在配偶一方死后，对于住房和家具等基本生活资料暂不分割的习俗。

五、配偶的居住权

在我国民间习俗中，男女一方死亡后，子女一般不会提出分割房屋，而由生存配偶一方继承居住，对此引发的纠纷并不多见。但是，在再婚家庭中，再婚配偶被被继承人亲生子女赶出家门的情况却时有发生。发生这种情况的原因很明显：第一，该房屋并非再婚夫妻的共同财产，而是被继承人的个人财产；第二，再婚配偶作为继承人并不为其他继承人所乐于承认，况且其应继份额较小，不足以保留原与被继承人共同居住的房屋；第三，其他继承人与再婚配偶并未建立起亲情，不愿意将自己应当继承的房屋留给再婚配偶居住；第四，法律并没有规定生存配偶享有居住权。在《民法典》实施之前，我国法律并未明文规定居住权。就有学者认为，“再婚后又丧偶的老人的居住权应该受到法律的保护。在我国《物权法》未明确规定居住权的情况下，为了保护再婚丧偶老人的合法利益，需要建立配偶居住权制度来平衡物权法和婚姻法的制度的价值追求。”[④] 另有学者指出，可以在法定继承中赋予生存配偶居住权。在确认配偶

---

① 党竹琴：《论我国法定继承的相关问题》，载《求实》2006 年第 1 期。

② 张玉敏：《继承法律制度研究》，法律出版社 1999 年版，第 333 页。

③ 张金营：《配偶继承权制度研究》，西南政法大学 2011 年硕士学位论文。

④ 陈苇、石婷：《中国法学会婚姻家庭法学研究会 2011 年年会综述》，载《西南政法大学学报》2012 年 2 月。

的继承顺序和继承份额不变的基础上，增加对生存配偶的房屋使用权的保护。同时，可以规定后位继承制度，遗嘱人可以通过后位继承为生存配偶留下正常生活居住的空间，同时又将其遗产最后传于自己子女，妥善解决再婚丧偶老人的居住权问题。①

《民法典》第14章对居住权进行了规定。其中第366条规定："居住权人有权按照合同约定，对他人的住宅享有占有、使用的用益物权，以满足生活居住的需要。"第371条规定："以遗嘱方式设立居住权的，参照适用本章的有关规定。"根据上述规定，被继承人生前可以通过遗嘱的方式为配偶设立居住权。但是在没有遗嘱的情况下，配偶一方的居住权如何保障没有明文规定。笔者认为，应当在法定继承中规定生存配偶的居住权，并规定遗嘱也不得剥夺这一权利，以保护生存配偶的合法权益，当然包括再婚配偶的基本生活权利。当然司法实践中，人民法院在处理继承纠纷中，应当充分考虑配偶一方的居住权，对财产分割作出妥善处理。

【典型案例】

王某1、王某2、王某3、王某4、王某5与王某6、王某继承纠纷案

原告：王某1、王某2、王某3、王某4、王某5

被告：王某6

第三人：王某

〔基本案情〕

原告王某1、王某2、王某3、王某4、王某5因与被告王某6和第三人王某发生继承纠纷，向广东省深圳市南山区人民法院提起诉讼。

原告诉称：被告王某6因看中被继承人王某7的财产而与其结婚。婚后，被告经常虐待被继承人。被继承人生病时也不送医院治疗，任其在家中忍受痛苦。直至被继承人病危时，被告才通知原告王某1。当王某1接被继承人去我国香港特别行政区治疗时，被告趁机从王某1处拿走被继承人存放在我国香港特别行政区的保险箱上的钥匙，取走被继承人的现金、股票。在被继承人死亡后，被告又将被继承人婚前购置的4处房产占用或出租。当原告与其协商继承之事时，被告不予理睬，准备长期独占原告应得之财产。请求法院依法判令被告丧失其继承权，被继承人的全部遗产以及被告出租遗产房屋所得之收益应由原告继承，被告承担本案诉讼费。

被告及第三人辩称：原告讼争之财产中，有被继承人王某7生前赠与被告以及

① 陈苇、石婷：《中国法学会婚姻家庭法学研究会2011年年会综述》，载《西南政法大学学报》2012年第14期。

王某7和第三人共同出资购置的房产，这部分财产不是王某7的遗产。另外，王某7在与被告结婚后，才归还婚前购房贷款，应视为用夫妻共同财产归还了个人贷款，应当在遗产中扣还。被告不反对原告作为第一顺序继承人继承王某7的遗产。但是，各原告均具有赡养能力与条件，长期以来对王某7没有承担过任何赡养义务，因此继承遗产时应当不分或少分。被告与王某7登记结婚，在王某7晚年与其共同生活，相依为命，相敬如宾，不仅应作为第一顺序继承人继承王某7的遗产，依法还应多分。在王某7晚年陷于孤独和潦倒之时，只有第三人出于人道主义每月给王某7500元港币作为生活费。被告与王某7结婚后，第三人及其弟王某8作为王某7的继子女，承担了对王某7的赡养义务，因此均应作为第一顺序继承人继承遗产。

深圳市南山区人民法院经审理查明：原告王某1、王某2、王某3、王某4、王某5均系被继承人王某7与前妻的婚生子女。1989年7月，王某7与被告王某6再婚，婚后无子女。第三人王某及其弟王某8，均是王某6与前夫的婚生子女。王某于1986年7月迁至我国香港特别行政区定居，王某8于1989年2月去日本留学。1991年6月1日，王某7在我国香港特别行政区病故，因未留遗嘱，原告为与被告为分割遗产发生纠纷，诉至法院。

被继承人王某7于1985年购买深圳市建设路德兴大厦第二座×楼×单元房产一套，现价值港币210903元。1987年7月，王某7购买深圳市人民南路海丰苑衡山阁第一栋×楼×单元房产一套，现价值港币316031元，同年7月30日把该房产一半产权通过公证赠与被告王某6。1988年4月，王某7与第三人王某共同贷款购买深圳市华侨城东方花园别墅第一座二楼×单元房产一套，现价值港币1010907元，同时还购买东方花园别墅第二座二楼×单元房产一套，现价值港币1035146元，买房时贷款港币60万元，已由王某7和王某共同偿还。

被继承人王某7与被告王某6婚后居住在东方花园别墅第一座二楼×单元，在此期间购置了三菱牌冷气机4台，珠江牌钢琴1架，日立牌20英寸彩色电视机1台和电话机1部等家庭用具。东方花园别墅第二座二楼×单元房产从1991年3月1日至1992年1月30日出租，每月租金港币4000元，由王某6收取。

〔一审裁判理由与结果〕

深圳市南山区人民法院认为：原告王某1、王某2、王某3、王某4、王某5都是被继承人王某7的亲生子女，被告王某6是王某7的妻子，依照《继承法》第10条第1款和第13条第1款的规定，均为王某7的第一顺序继承人，有平等的继承权。原告所诉王某6虐待王某7，应丧失继承权的主张，以及王某6提出原告不尽赡养义务，应当不分或少分遗产的主张，均因不能举出相应的证据，依照《民事诉讼法》第64条的规定，不予支持。第三人和其弟王某8要求作为王某7的继子女继承遗产一节，因在王某7与王某6结婚前，2人就已去我国香港特别行政区和日本居住，且没有足够证据证实2人与王某7之间已形成扶养关系，依照继承法第10条第3款的规定，不能成为王某7的继承人。

被告王某6于1989年7月与被继承人王某7结婚，婚后购置的冷气机、电话机、钢琴、彩色电视机等家庭用具和从1991年3月1日至同年6月1日出租房屋收取的租金，是夫妻关系存续期间所得的财产，依照《婚姻法》第13条第1款的规定，应为夫妻共同财产，其中一半产权归王某7所有。王某6与王某7结婚时间较短，婚后一直在家休息，没有从事经营性工作，没有收入。王某7归还婚前买房的贷款时，是动用自己在香港账户上的资金。这部分资金是王某7的婚前个人财产，不能认为是夫妻共同财产。海丰苑衡山阁一栋×楼×单元房产一套，王某7购买后已将其中一半产权经过公证赠与王某6，该赠与行为有效，王某7只对另一半房产拥有所有权。东方花园别墅第一座二楼×单元，第二座二楼×单元房产2套，均是王某7与第三人王某共同出资购买，王某7有一半产权。上述属王某7所有的房产，均是王某7婚前个人财产，共值港币1391945元。王某7死后，这部分房产连同夫妻共同财产中属王某7所有的财产，以及1991年6月1日王某7死亡后王某6继续收取的房屋租金，是王某7的遗产，应由5原告与被告继承。

被告王某6在王某7生前与其共同生活，直至王某7死亡，依照《继承法》第13条第3款的规定，可以多分遗产。据此，深圳市南山区人民法院在查清事实，分清是非的基础上，依照《民事诉讼法》第85条的规定，对此案进行了调解。双方当事人于1992年3月31日自愿达成如下协议：

一、座落于深圳市华侨城东方花园别墅第二座二楼×单元的房产1套，归第三人王某所有；

二、座落于深圳市建设路德兴大厦第二座×楼×单元和人民路海丰苑衡山阁×楼×单元的房产2套，归被告王某6所有；

三、座落于深圳市华侨城东方花园别墅第一座二楼×单元的房产1套，归原告王某1、王某2、王某3、王某4、王某5共有；

四、三菱牌冷气机1台、日立牌20英寸彩色电视机1台、出租东方花园别墅第二座二楼×单元所得租金以及被告王某6与王某7婚后所使用的日常生活物品，均归王某6所有。三菱牌冷气机3台、电话机1部、珠江牌钢琴1架归原告王某1、王某2、王某3、王某4、王某5共有；

五、被继承人王某7在我国香港特别行政区的遗产和遗留的债务，双方当事人同意到我国香港特别行政区有关部门请求处理。

案件受理费及财产评估费，原告、被告和第三人各负担1/3。

规则18：家庭承包方式的农村土地承包经营权不能作为遗产处理

——李某诉李某某继承权纠纷案[①]

【裁判规则】

根据2009年《农村土地承包法》第15条的规定，农村土地由家庭承包的，承包方是本集体经济组织的农户，其本质特征是以本集体经济组织内部的农户家庭为单位实行农村土地承包经营。家庭承包方式的农村土地承包经营权属于农户家庭，而不属于某一个家庭成员。根据《民法典》第1122条规定，遗产是公民死亡时遗留的个人合法财产。农村土地承包经营权不属于个人财产，故不发生继承问题。除林地外的家庭承包，当承包农地的农户家庭中的一人或几人死亡，承包经营仍然是以户为单位，承包地仍由该农户的其他家庭成员继续承包经营；当承包经营农户家庭的成员全部死亡，由于承包经营权的取得是以集体成员权为基础，该土地承包经营权归于消灭，不能由该农户家庭成员的继承人继续承包经营，更不能作为该农户家庭成员的遗产处理。

【规则理解】

土地承包经营权是否可以继承，理论界与实务界一直争议颇多。根据现行法律关于土地承包经营权的特点、遗产的范围、土地承包经营权的流转方式的规定，土地承包经营权不属于遗产的范围，不可以继承。

一、土地承包经营权的内涵及法律特征

（一）土地承包经营权的内涵

土地承包经营权是指土地承包经营权人依法对其承包经营的农民集体所有或者国家所有的由农民集体使用的耕地、林地、草地等享有占有、使用和收益的权利，有权从事种植业、林业、畜牧业等农业生产。[②]

（二）土地承包经营权的特征

根据相关法律规定，土地承包经营权具有如下特点：

第一，土地承包经营权的权利主体是集体经济组织的成员。《农村土地承包法》第5条规定："农村集体经济组织成员有权依法承包由本集体经济组织

---

① 《中华人民共和国最高人民法院公报》2009年第12期。

② 魏振瀛：《民法学》，法律出版社2000年版，第265页。

发包的农村土地。任何组织和个人不得剥夺和非法限制农村集体经济组织成员承包土地的权利。”根据该条规定，土地承包经营权只能由集体经济组织的成员享有。

第二，土地承包经营权的权利客体是农村土地。根据《农村土地承包法》第2条的规定，农村土地，是指农民集体所有和国家所有依法由农民集体使用的耕地、林地、草地，以及其他依法用于农业的土地。

第三，土地承包经营权的取得方式包括家庭承包方式及其他方式。《农村土地承包法》第3条第2款规定：“农村土地承包采取农村集体经济组织内部的家庭承包方式，不宜采取家庭承包方式的荒山、荒沟、荒丘、荒滩等农村土地，可以采取招标、拍卖、公开协商等方式承包。”

第四，土地承包经营权的性质为用益物权。我国《民法典》第331条规定：“土地承包经营权人依法对其承包经营的耕地、林地、草地等享有占有、使用和收益的权利，有权从事种植业、林业、畜牧业等农业生产。”从我国《民法典》的规定来看，第331条规定于《民法典》第二编物权第三分编“用益物权”中，可见，土地承包经营权的性质属于用益物权。

第五，土地承包经营权是一种有期限的权利。《民法典》第332条规定：“耕地的承包期为三十年。草地的承包期为三十年至五十年。林地的承包期为三十年至七十年。前款规定的承包期限届满，由土地承包经营权人依照农村土地承包的法律规定继续承包。”《土地承包法》第20条也有类似规定。可见，土地承包经营权有一定的期限，但是期限届满后，集体经济组织的成员可以按照相关规定继续承包。

第六，土地承包经营权是可以流转的权利。《农村土地承包法》第36条规定：“承包方可以自主决定依法采取出租（转包）、入股或者其他方式向他人流转土地经营权，并向发包方备案。”第53条规定：“通过招标、拍卖、公开协商等方式承包农村土地，经依法登记取得权属证书的，可以依法采取出租、入股、抵押或者其他方式流转土地经营权。”《民法典》第334条也规定：“土地承包经营权人依照法律规定，有权将土地承包经营权互换、转让。未经依法批准，不得将承包地用于非农建设。”依照法律规定，土地承包经营权可以流转，土地承包经营权流转的方式可以根据家庭承包方式取得，也可以通过其他方式取得。

第七，集体经济组织成员享有的土地承包经营权，任何人不得非法剥夺与侵害。《农村土地承包法》第6条规定：“农村土地承包，妇女与男子享有平等的权利。承包中应当保护妇女的合法权益，任何组织和个人不得剥夺、侵害妇女应当享有的土地承包经营权。”第 8 条规定：“国家保护集体土地所有者的合法权益，保护承包方的土地承包经营权，任何组织和个人不得侵犯。”第 28 条第 1 款规定：“承包期内，发包方不得调整承包地。”《民法典》第 336 条、第 337 条、第 338 条也规定[①]，发包人不得随意调整或者收回承包地。承包地被征收的，应当依法给予相应补偿。

二、遗产的范围与特征

（一）遗产的范围

我国《民法典》第 1122 条对遗产的定义及范围作了明确的规定：“遗产是自然人死亡时遗留的个人合法财产。依照法律规定或者根据其性质不得继承的遗产，不得继承。”因此，遗产包括但不限于自然人的收入、房屋等合法财产。需要说明的是：第一，公民的收入包括公民所得的工资、奖金，生产、经营的收益，继承或者受遗赠的财产等。此处所指工资、奖金应不仅指以工资、奖金的名义所得的收入，还应当包括所在单位以津贴、交通补助、伙食补助、通讯补助、出差补助等的名义发放的各种工资性收入。第二，根据我国法律的规定，房屋仅指地上建筑物，房屋所占土地的所有权归国家或者集体所有。一般而言，城市房屋的所有权归国家所有，农村房屋宅基地的所有权归农村集体所有，房屋所有权人可以享有土地使用权。因此，房屋所占土地的使用权不属于被继承人的财产，也不属于遗产，但是根据“地随房走”的原则，房屋所占土地的使用权应随房屋所有权而发生转移，因为继承人可以继承房屋所占土地的使用权。

（二）遗产的特征

第一，遗产是被继承人死亡时遗留的财产。无论被继承人死亡时是否实际占有，其生前已经处分的财产不属于遗产。

第二，遗产是被继承人的个人财产，不包括被继承人与其他家庭成员共有的财产，如果财产系死者生前家庭共有，或者夫妻共有，应当先对共有财产进行分割，属于被继承人个人财产才属于遗产的范围。

第三，遗产是被继承人死亡时的合法财产。遗产必须具有合法性，被继承

---

① 《民法典》第 336 条规定：“承包期内发包人不得调整承包地。因自然灾害严重毁损承包地等特殊情形，需要适当调整承包的耕地和草地的，应当依照农村土地承包的法律规定办理。”第 337 条规定：“承包期内发包人不得收回承包地。法律另有规定的，依照其规定。”第 338 条规定：“承包地被征收的，土地承包经营权人有权依据本法第二百四十三条的规定获得相应补偿。”

人生前非法获得或者非法占有的财产不属于遗产。

第四，遗产应具有可转让性。遗产必须是被继承人遗留下来的可以转让给他人的财产，某些专属于被继承人的财产不属于遗产。

三、土地承包经营权不属于遗产

（一）现行法律的相关规定

第一，从《农村土地承包法》来看，该法对通过家庭承包方式获得的土地承包经营权和通过其他方式获得的土地承包经营权作了略微不同的规定。第二章“家庭承包”中，第32条规定：“承包人应得的承包收益，依照继承法的规定继承。林地承包的承包人死亡，其继承人可以在承包期内继续承包。”而第三章“其他方式的承包”中，第54条规定：“依照本章规定通过招标、拍卖、公开协商等方式取得土地经营权的，该承包人死亡，其应得的承包收益，依照继承法的规定继承；在承包期内，其继承人可以继续承包。”从上述规定可见，不论采取何种方式承包，承包人应得的承包收益，均可以作为遗产继承，且法律对两种方式所获得的承包经营权，均未明确规定可以继承。但是，对于采取家庭承包方式获得的林地承包经营权中，承包人死亡时，继承人可以在承包期内继续承包，通过其他方式获得的土地承包经营权，继承人可以在承包期内继续承包，未限定土地的性质。

第二，从《民法典》的规定来看，第334条规定：“地承包经营权人依照农村土地承包法的规定，有权将土地承包经营权采取转包、互换、转让等方式流转。流转的期限不得超过承包期的剩余期限。未经依法批准，不得将承包地用于非农建设。”第342条规定：“通过招标、拍卖、公开协商等方式承包荒地等农村土地，依照农村土地承包法等法律和国务院的有关规定，其土地承包经营权可以转让、入股、抵押或者以其他方式流转。”可见，我国《民法典》也未明确土地承包经营权可以“继承”的方式流转。

（二）家庭承包中的土地承包经营权不得作为遗产

根据对现行法律的梳理可见，我国法律并未规定承包经营权可以“继承”，仅规定在某些情形下，继承人可以“继续承包”，而“继续承包”亦不能等同于继承。

事实上，根据我国《土地承包法》第16条的规定，家庭承包的承包方是本集体经济组织的农户。可见，我国农村土地承包中，家庭承包是以“户”为单位进行承包，而不是该“户”家庭中的某个个人。因此，土地承包经营权亦不属于某“个人”的财产，当承包农地的农户家庭中的一人或几人死亡，承包经营仍然是以户为单位，承包地仍由该农户的其他家庭成员继续承包经营；当承包经营农户家庭的成员全部死亡，由于承包经营权的取得是以集体成员权为基础，该土地承包经营权归于消灭，不能由该农户非家庭成员的继承人继续承包经营，更不能作为该农户家庭成员的遗产处理。

【拓展适用】

尽管根据我国现行法律规定，农村土地家庭承包经营权不能作为公民个人的遗产进行继承，最高人民法院公报案例也不支持继承人对农村土地家庭承包权的继承，但理论界对于土地承包经营权是否可以继承一直存有争议。

一、将土地承包经营权作为继承标的的不同观点

支持者认为，土地承包经营权应当可以作为遗产继承。其主要理由有：第一，我国农村土地承包虽然以户为单位进行承包，但实际上发包方是根据本集体经济组织的人口数对承包土地平均分配，每个家庭可以承包的土地数与该户家庭的人口数相对应，因此，农村土地承包实质上是个人承包，因此，土地承包经营权可以继承。[①] 第二，土地承包经营权已经《民法典》明确确定为一种物权，属于财产权的一种，而继承权应是财产权的延伸，因此，土地承包经营权可以继承。[②] 第三，土地承包关系具有稳定性，这也是决定土地承包经营权可以继承的另一重要因素。[③] 第四，从广大农户自身的认识来看，农村土地承包经营权可以继承。[④]

否定者认为，农村土地承包经营权不能作为遗产进行继承。其理由主要有：第一，农村土地属于集体所有，承包人不享有所有权，农地不是承包人的私有财产，因此不发生继承问题；第二，承包合同关系是不能继承的，土地承包经营合同因当事人一方死亡而终止，不发生继承问题；第三，土地承包经营权不是一种纯粹的财产权利，不属于财产继承的范围，故此种权利不能继承；第四，农村土地承包绝大部分是以家庭名义承包的，承包权为家庭成员共同享有，家

---

① 程宗璋：《关于土地承包经营权继承的若干问题》，载《中国农村经济》2002年第7期。

② 李士虎：《对农村土地承包经营权继承问题的思考》，载《四川理工学院学报（社会科学版）》2009年10月。

③ 冯宇：《土地承包经营权流转（继承）问题研究——以李某和李某某土地权属争议案为例》，兰州大学2011年硕士学位论文。

④ 李士虎：《对农村土地承包经营权继承问题的思考》，载《四川理工学院学报（社会科学版）》2009年第24期。

庭中的个别成员死亡，其他家庭成员仍然应当继续履行合同；第五，农地有着很强的社会保障功能，为解决农村无地人口的土地问题，体现社会公平，对承包人死亡的或承包经营的家庭消亡的，其承包地应当由集体经济组织收回，并严格用于解决人地矛盾。[①]

二、将土地承包经营权作为继承标的之辨析

笔者认为，将土地承包经营权作为继承标的的理由不能成立。第一，虽然农村土地是根据本集体经济组织的人口平均分配土地，承包面积和交纳承包费的多少均是按人头确定的，但是，与发包方签订合同的却是各个农户家庭，而不是农户个人，因此，享有土地承包经营权的是农户家庭，而不是具体的个人。第二，区分是否属于物权并不是作为继承的唯一标准。履行标的为财产的债权，包括因合同、侵权、不当得利、无因管理所产生的各类可以财产形式表现的债权，同样可以作为继承的标的。况且，也并非所有的财产权都可以继承，某些专属于被继承人的财产权不可以继承。第三，是否可以继承并不影响土地承包关系的稳定性。在农村，承包关系的稳定性是靠承包期限的长期性，承包地的稳定性，以及农户家庭作为承包主体等方式来保障，而不是靠继承来保障。第四，尽管广大农户认为农村土地承包经营权可以继承，但这是农民的错误认识。因为农村土地承包以户为单位，该户家庭中的某个成员死亡，其他成员，包括新增成员继续承包原有土地，让人误以为发生了土地承包经营权的继承，而实际上，虽然家庭成员发生变动，作为承包主体的“户”并未改变，因此，并未发生继承。

同样，土地承包经营权不能作为继承标的的一些理由也不能成立。第一，农村土地属于集体所有，而非承包人所有，不能成为土地承包经营权不能继承的理由。因为争议的焦点不是农村土地的继承，而是土地承包经营权的继承问题。第二，承包合同关系不能继承，而应基于一方当事人的死亡而终止，或者经协商重新确立合同关系，但是基于合同产生的债权应当可以继承，况且，争议也并非围绕承包合同关系是否可以继承，而是基于承包合同关系产生的物权，即承包经营权是否可以继承，故承包双方系合同关系不能成为承包经营权不能

① 王晓芬：《土地承包经营权继承问题研究——以法律适用为视角》，载《韶关学院学报（社会科学版）》2011年9月。以上理由系作者在该文中总结的否定说的几种主要理由，并不代表该作者的个人观点。本文主要目的在于分析各类理由是否可以成立，故对每种理由的具体出处未作细究。

继承的理由。第三，土地承包经营权已被《民法典》确认为一种物权，故认为土地承包经营权不是一种纯粹的财产权利，不属于财产继承的范围，不能继承的理由不能成立。此外，关于家庭系以“户”为单位获得土地承包经营权，土地所具有的社会保障功能应可以成为土地承包经营权不能继承的理由，下文将予以详述。

三、以家庭方式获得的土地承包经营权不应作为遗产继承

笔者认为，以家庭方式获得的土地承包经营权不应作为遗产，由继承人继承。主要理由如下。

第一，从我国目前的状态来看，城乡二元体制仍然存在，土地仍然是农民最基本的生存资料，也是农民的生存保障。现在虽然很多农民已经不依附于土地而生存，而选择外出谋业挣钱，但在经济不景气的时候，在城市生活的农民工一旦失业，仍可以退回农村，土地承包经营权的存在使农民不至于失去最后的生存保障。因此，只要农民所承包土地的社会保障功能未被其他社会保障制度完全取代，土地的承包经营权仍应与农民的身份相伴随，且每一位农民都应享有。可见，土地承包经营权实际上是专属于每一位农民的社会保障，不应作为遗产继承。

第二，土地承包经营权是集体经济组织的成员权，与承包人作为集体经济组织成员的身份相关联。如果继承人是该集体经济组织的成员，其自然享有承包经营权，无须继承承包经营权；如果继承人不是该集体经济组织的成员，其不能享有对该集体经济组织所有土地的承包经营权，也不能通过继承的方式获得土地承包经营权。

第三，目前我国农村土地实施家庭联产承包责任制，承包主体是一户家庭，而不是该户家庭的各个成员。只要该户仍然存在，则该户的承包经营权在承包期限内一直存在，该户的某些成员死亡，不影响以该户整体作为承包人的承包经营权的存在，无须继承。如果该户的所有成员死亡，则该户消灭，以户为承包人的承包经营权也失去主体而消灭，如果该户成员还有其他继承人成为其他户的成员或者另立新户，也应另外享有土地承包经营权，不存在继承其他户的土地承包经营权。

第四，目前农村实践中形成的承包期内“增人不增地，减人不减地”的做法本身有利于保障农村土地承包经营权的稳定性。在承包期内无论成员是否发生变化，该户一直承包该块土地，必须加强耕种的连续性与稳定性，增加投入，合理使用土地。而如果允许某个成员死亡之后，该户成员的继承人继承土地承包经营权，则将可能导致户外的其他人享有该户原有的土地承包经营权，导致实际耕种主体发生变化，反而不利于土地的长期合理利用，且很可能引发该户成员与其他继承人的矛盾。

第五，如果允许土地承包经营权继承，则必将导致以下几种不合理情形：(1) 导致某些非农业人口享有承包经营权。某些农民的子女可能通过各种途径脱离农村，成为城市人口，并享有其他社会保障，可他们仍可能通过继承获得农村土地承包经营权。(2) 导致某些农民可以享有两份以上土地承包经营权。某些已经与被继承人分户的继承人，已经单独作为一户，或者作为其他户的成员享有一份承包经营权，如果允许土地承包经营权作为遗产继承，则其可能享有两份承包经营权。(3) 导致农村土地承包经营权主体的极度混乱与不公平。有些人可以有多个继承人，有些人可以继承多人的承包经营权，同时，人们还会有自己的承包经营权，如此一来，必将造成承包主体的混乱，以及不同主体之间事实上的不公平。(4) 可能造成更多承包人与承包地在地域上的分离。因为婚嫁、搬迁等原因，被继承人与继承人可能不在一处生活，也不在被继承人承包地所在的区域生活，如果允许继承，将导致更多承包人与承包地在地域上产生分离，不利于土地的管理与耕种。

【典型案例】

李某诉李某某继承权纠纷案

原告：李某

被告：李某某

〔基本案情〕

原告李某因与被告李某某发生继承权纠纷，向江苏省南京市江宁区人民法院提起诉讼。

原告李某诉称：原告与被告李某某系姐弟关系。1998 年 2 月 13 日，原告父亲李某云将其承包的农田 3.08 亩转包给同村村民芮某经营，因李某云不识字，转包合同由李某某代签。后李某云于 2004 年去世，去世前将上述 3.08 亩农地的承包证交给原告，并言明该 3.08 亩土地由本人和李某某共同继承，每人一半。但李某某一直将该 3.08 亩土地全部据为己有。原告曾多次与李某某协商，李某某均不同意返还。请求判令原告对该 3.08 亩土地中的 1.54 亩土地享有继承权，判令被告向原告交付该部分土地。

被告李某某辩称：讼争土地应全部由被告承包经营，理由为：(1) 原告李某系非农业户口，不应享有农村土地的承包经营权；(2) 原、被告的父母去世的时间均已超过两年，原告的起诉已过诉讼时效；(3) 被告家庭人口比原告多，父母因此将讼争土地交给被告耕种；（4）原告对父母所尽赡养义务较少，而被告对父母所尽赡养义务较多，应该多享有诉争土地承包权的继承份额。

南京市江宁区人民法院一审查明：被告李某某与原告李某系姐弟关系。农村土地实行第一轮家庭承包经营时，原、被告及其父李某云、母周桂香共同生活。当时，李某云家庭取得了6.68亩土地的承包经营权。此后李某某、李某相继结婚并各自组建家庭。至1995年农村土地实行第二轮家庭承包经营时，当地农村集体经济组织对李某云家庭原有6.68亩土地的承包经营权进行了重新划分，李某家庭取得了1.8亩土地的承包经营权，李某某家庭取得了3.34亩土地的承包经营权，李某云家庭取得了1.54亩土地的承包经营权，三个家庭均取得了相应的承包经营权证书。1998年2月，李某云将其承包的1.54亩土地流转给本村村民芮某经营，流转协议由李某某代签。2004年11月3日和2005年4月4日，李某云、周桂香夫妇相继去世。此后，李某云家庭原承包的1.54亩土地的流转收益被李某某占有。

〔一审裁判理由与结果〕

南京市江宁区人民法院一审认为：本案的争议焦点是，家庭承包方式的农村土地承包经营权是否可以继承。

根据《农村土地承包法》第3条第2款的规定，农村土地承包采取农村集体经济组织内部的家庭承包方式，不宜采取家庭承包方式的荒山、荒沟、荒丘、荒滩等农村土地，可以采取招标、拍卖、公开协商等方式承包。因此，我国的农村土地承包经营权分为家庭承包和以其他方式承包两种类型。

以家庭承包方式实行农村土地承包经营，主要目的在于为农村集体经济组织的每一位成员提供基本的生活保障。根据农村土地承包法第十五条的规定，家庭承包方式的农村土地承包经营权，其承包方是本集体经济组织的农户，其本质特征是以本集体经济组织内部的农户家庭为单位实行农村土地承包经营。因此，这种形式的农村土地承包经营权只能属于农户家庭，而不可能属于某一个家庭成员。根据《继承法》第3条的规定，遗产是公民死亡时遗留的个人合法财产。农村土地承包经营权不属于个人财产，故不发生继承问题。

家庭承包中的林地承包和针对“四荒”地的其他方式的承包，由于土地性质特殊，投资周期长，见效慢，收益期间长，为维护承包合同的长期稳定性，保护承包方的利益，维护社会稳定，根据《农村土地承包法》第31条第2款、第50条的规定，林地承包的承包人死亡，其继承人可以在承包期内继续承包。以其他方式承包的承包人死亡，在承包期内，其继承人也可以继续承包。但是，继承人继续承包并不等同于继承法所规定的继承。而对于除林地外的家庭承包，法律未授予继承人可以继续承包的权利。当承包农地的农户家庭中的一人或几人死亡，承包经营仍然是以户为单位，承包地仍由该农户的其他家庭成员继续承包经营；当承包经营农户家庭的成员全部死亡，由于承包经营权的取得是以集体成员权为基础，该土地承包经营权归于消灭，农地应收归农村集体经济组织另行分配，不能由该农户家庭成员的继承人继续承包经营。否则，对集体经济组织其他成员的权益造成损害，对农地的社会保障功能产生消极影响。

本案中，讼争土地的承包经营权属于李某云家庭，系家庭承包方式的承包，且讼争土地并非林地，因此，李某云夫妇死亡后，讼争土地应收归当地农村集体经济组织另行分配，不能由李某云夫妇的继承人继续承包，更不能将讼争农地的承包权作为李某云夫妇的遗产处理。

李某云、周桂香夫妇虽系原告李某和被告李某某的父母，但李某、李某某均已在婚后组成了各自的家庭。农村土地实行第二轮家庭承包经营时，李某云家庭、李某家庭、李某某家庭均各自取得了土地承包经营权及相应的土地承包经营权证书，至此，李某、李某某已不属于李某云土地承包户的成员，而是各自独立的三个土地承包户。李某云夫妇均已去世，该承包户已无继续承包人，李某云夫妇去世后遗留的 1.54 亩土地的承包经营权应由该土地的发包人予以收回。根据《中华人民共和国民事诉讼法》第五十六条的规定，对当事人双方的诉讼标的，第三人虽然没有独立请求权，但案件处理结果同其有法律上的利害关系，可以申请参加诉讼，或者由人民法院通知其参加诉讼。在本案的审理过程中，法院通知发包方参加诉讼，并向发包方释明相关的权利义务，但发包方明确表示不参加诉讼，根据不告不理的原则，在本案中，法院对于讼争土地的承包经营权的权属问题不做处理。李某、李某某虽系李某云夫妇的子女，但各自的家庭均已取得了相应的土地承包经营权，故李某、李某某均不具备其父母去世后遗留土地承包经营权继续承包的法定条件。故对李某要求李某某返还讼争土地的诉讼请求予以驳回。

据此，江苏省南京市江宁区人民法院依照《民事诉讼法》第 64 条第 1 款和《农村土地承包法》第 9 条、第 15 条、第 31 条、第 50 条之规定，于 2009 年 5 月 13 日判决：

驳回原告李某的全部诉讼请求。

一审宣判后，双方当事人在法定期限内均未提出上诉，一审判决已经发生法律效力。

第十四章　遗嘱执行人

规则19：遗嘱执行人在遗嘱人没有明确其执行遗嘱所得报酬的情况下，与继承人就执行遗嘱相关事项自愿签订代理协议并收取遗嘱执行费的，应认定该代理协议有效

——向某、熊某浩、熊某诉张某霞、张某、张某录、冯某义执行遗嘱代理合同纠纷案①

【裁判规则】

法律对遗嘱执行人的法律地位、遗嘱执行人的权利义务均未作出相应的规定。只要法律无禁止性规定，民事主体处分自己私权利的行为就不应当受到限制。遗嘱执行人在遗嘱人没有明确其执行遗嘱所得报酬的情况下，与继承人就执行遗嘱相关事项自愿签订代理协议，并按照协议约定收取遗嘱执行费，不属于法律规定禁止的律师在同一案件中为双方当事人代理的情形，应认定代理协议有效。

【规则理解】

随着人们拥有财富的不断增多，采用遗嘱方式继承的情况也不断增多，由此带来的遗嘱执行问题也应引起更多的重视。“遗嘱人虽不得自己执行遗嘱，不妨由其继承人为之。然遗嘱内容上多有和继承人之利益相反，亦得因继承人为无能力人或其他情势，不适于遗嘱之执行，亦有遗嘱系以决定继承人为内容，有使继承人以外之人执行之必要与便利。民法为保护遗嘱人之利益，特设遗嘱执行人制度，以期遗嘱执行之迅速及严正。”② 我国《民法典》第1133条第1款规定：“自然人可以依照本法规定立遗嘱处分个人财产，并可以指定遗嘱执行人。”据此，公民可以指定遗嘱执行人，但是，对于何为遗嘱执行人，具体

---

① 《中华人民共和国最高人民法院公报》2004年第1期。

② 史尚宽：《继承法论》，中国政法大学出版社2000年版，第566页。

有何作用，如何产生，享有哪些权利，应承担何种义务，法律并没有作出具体规定。

一、遗嘱执行人的内涵

对于遗嘱执行人的定义，不同的学者有不同的看法。有人认为，遗嘱执行人是依被继承人的指定或法律的规定执行遗嘱的自然人或法人及非法人组织；[①] 有人认为，在遗嘱继承条件下，遗嘱执行人是依遗嘱人生前指定或者法律规定而执行遗嘱的自然人、法人及非法人组织；[②] 也有人认为，有权执行遗嘱的人，即为遗嘱执行人；[③] 也有人认为，遗嘱执行人是指为了遗嘱执行而指定或选定的人；[④] 还有人认为，遗嘱执行人，是指在遗嘱继承及遗赠中有权按照遗嘱人意志实现其遗嘱内容的特定的人。[⑤]

以上定义略有不同，但均认可遗嘱执行人的功能主要是“执行遗嘱”，但有些指明了遗嘱执行人是基于被继承人（遗嘱人）的指定或者法律的规定而产生，有些指定了遗嘱执行人可以是自然人、法人或者非法人组织，还有些说明遗嘱执行人应当按照遗嘱人的意志行事。笔者认为，遗嘱执行人既可以依照遗嘱人的指定而产生，也可以受继承人的委托而产生，还可以依照法律的规定而产生，同时，遗嘱执行人既可以是自然人，也可以是法人或者其他非法人组织，但无论如何，遗嘱执行人应是使被继承人的遗嘱依法实现的人。

二、遗嘱执行人的法律地位

关于遗嘱执行人的法律地位，我国法律没有明确规定，学术界有不同认识，其他国家的法律也有不同的体现。

（一）遗嘱执行人法律地位的不同学说

关于遗嘱执行人的法律地位，不同国家的立法和理论界的看法主要有两大类，即固有权说和代理权说。

1. 固有权说

固有权说认为，遗嘱执行人并非作为遗嘱人或者继承人的代理人而存在，

---

① 刘心稳：《中国民法学研究评述》，中国政法大学出版社 1996 年版，第 14 页。

② 吴国平：《我国遗嘱执行人制度的立法完善探析》，载《海峡法学》2012 年 3 月。

③ 郭明瑞、房绍坤：《继承法》，法律出版社 2007 年版，第 164 页。

④ 张泽传：《两大法系遗嘱执行人制度比较》，载《贵州师范大学学报（社会科学版）》2002 年第 2 期。

⑤ 高晓春：《论遗嘱执行人》，载《甘肃教育学院学报（社会科学版）》2002 年第 4 期。

而是基于自己的固有权利而存在。固有权说又有三种观点：机关说、限制物权说、任务说。其中机关说认为，遗嘱执行人是执行遗嘱人意思的机关；限制物权说认为，遗嘱执行人是对遗产享有一定处分权的限制物权人；任务说认为，遗嘱执行人因其所担负的任务而在法律上具有独立的地位，在遗嘱所定的范围内，能够独立地为他人利益而处理他人事务。[①]

2. 代理权说

代理权说认为，遗嘱执行人是作为本人的代理人执行遗嘱。代理权说又主要有两种观点。

第一种观点认为，遗嘱执行人是遗嘱人的代理人。继承自被继承人死亡时开始，此时，被继承人不可能亲自实现遗嘱的内容，故遗嘱执行人开始按照遗嘱人的意志执行遗嘱。因此，遗嘱执行人应是遗嘱人的代理人。法国民法采用该种观点，认为遗嘱执行人只限于遗嘱人在遗嘱中指定。

第二种观点认为，遗嘱执行人是继承人的代理人。由于遗嘱人死亡后，其权利能力即消灭，故遗嘱执行人不可能是遗嘱人的代理人，而自继承开始，遗产即应归属于继承人，故遗嘱执行人应是继承人的代理人。日本民法采用该说。例如，《日本民法典》第1015条规定，遗嘱执行人视为继承人的代理人。

（二）遗嘱执行人法律地位之评析

1. 关于固有权说。固有权说中的机关说并未体现出与代理说的本质区别，仍体现遗嘱执行人应执行遗嘱人的意思；限制物权说也不能体现遗嘱执行人的本质特点，并不足取。任务说体现了遗嘱执行人独立于遗嘱人和继承人的法律地位，表明其能够独立地处理事务。但是，遗嘱执行人之所以能够独立地处理事务，及能够在何种程度上独立地处理事务，应受到遗嘱的约束。事实上，一般而言，遗嘱执行人并不是必然存在，也不是自然产生，其任务也并非“固有”，因此，固有权说不能反映遗嘱执行人的法律地位。

2. 关于代理权说。所谓代理是指以被代理人名义实施的，其法律效果直接归属于被代理人的行为。在代理关系中，代理他人从事民事行为的人称为代理人。代理人一般应以被代理人的名义实施行为，其法律后果归属于本人。从这方面看，认为遗嘱执行人是遗嘱人或者继承人的代理人并不妥当。

第一，如果认为遗嘱执行人是遗嘱人的代理人，则遗嘱执行人应以遗嘱人的名义实施行为，其法律后果也应归属于遗嘱人，而遗嘱执行人执行遗嘱时，

---

① 高晓春：《论遗嘱执行人》，载《甘肃教育学院学报（社会科学版）》2002年第4期。

遗嘱人已经死亡，不存在民事权利能力，再以其名义从事民事活动，并将后果归属于他，无疑是表明死亡了的遗嘱人仍然可从事民事活动，并承担法律后果，显然于理不通。

第二，如果认为遗嘱执行人是继承人的代理人，也有不妥之处。如果认为遗嘱执行人系法定继承人的代理人，则当遗嘱的内容剥夺了法定继承人的继承权时，执行遗嘱对法定继承人并无利益可言，也不反映法定继承人的意志，因此，将遗嘱执行人视为法定继承人的代理人并不妥当。如果认为遗嘱执行人系遗嘱继承人的代理人，同样不妥当，且不说遗嘱执行人不一定系继承人的委托而产生，在特殊情况下，执行遗嘱也不必然反映遗嘱继承人的意志。如遗嘱违反了法律规定，没有为必留份人留有遗产时，遗嘱执行人不得执行该部分遗嘱，此时，遗嘱执行人的行为与遗嘱继承人的利益发生冲突。

（三）遗嘱执行人代理人说之证成

如前所述，不论是固有权说，还是代理权说均存在一定的缺陷。但是，笔者仍然认为，遗嘱执行人的法律地位应是代理人，至于遗嘱执行人究竟是遗嘱人的代理人，还是继承人的代理人，应视具体情况而定。

首先，如果遗嘱执行人系根据遗嘱人的指定而产生，应当视遗嘱执行人为遗嘱人的代理人。虽然继承自遗嘱人死亡时开始，遗嘱执行也应自遗嘱人死亡时开始，但是，自遗嘱人指定遗嘱执行人开始，则遗嘱人与执行遗嘱人之间的委托关系即已经成立。在该项委托代理关系中，遗嘱人是本人，遗嘱执行人是受托人，代理事项即为执行遗嘱。根据《民法典》第 173 条的规定：“有下列情形之一的，委托代理终止：（一）代理期限届满或者代理事务完成；（二）被代理人取消委托或者代理人辞去委托；（三）代理人丧失民事行为能力；（四）代理人或者被代理人死亡；（五）作为代理人或者被代理人的法人、非法人组织终止。”被代理人死亡将导致委托代理终止。为保护相对人的合法权益，《民法典》第 174 条规定：“被代理人死亡后，有下列情形之一的，委托代理人实施的代理行为有效：（一）代理人不知道且不应当知道被代理人死亡；（二）被代理人的继承人予以承认；（三）授权中明确代理权在代理事务完成时终止；（四）被代理人死亡前已经实施，为了被代理人的继承人的利益继续代理。作为被代理人的法人、非法人组织终止的，参照适用前款规定。”遗嘱人的真实意思即是由遗嘱执行人执行遗嘱后代理权终止，因此，遗嘱人死亡，并不导致遗嘱执行人代理权的终止，也不影响代理关系的成立。

其次，如果遗嘱人未指定遗嘱执行人，继承开始后，法定继承人可以自愿推举继承人中的一人或者数人，或者委托他人作为遗嘱执行人。如果继承人委托他人作为遗嘱执行人，则该遗嘱执行人是继承人的代理人，代理事项仍为执行遗嘱。

三、遗嘱执行人与继承人之间的代理协议

在遗嘱人指定了遗嘱执行人的情况下，遗嘱执行人为遗嘱人的代理人，应当按照遗嘱人的意志执行。但是，除非遗嘱执行人与遗嘱人之间已明确约定不收取报酬，则遗嘱执行人应有权收取遗嘱执行费。具体如何收取，收取多少则可由遗嘱执行人与遗嘱人协商确定，也可由遗嘱执行人与继承人协商确定，这都取决于遗嘱人或者继承人的自由意思表示。在遗嘱人没有明确遗嘱执行人所得报酬的情况下，继承人与遗嘱执行人就相关事项自愿签订代理协议，并约定收取遗嘱执行费的，是否属于《律师法》所规定的双方代理的情形呢？

《律师法》第39条规定："律师不得在同一案件中为双方当事人担任代理人，不得代理与本人或者其近亲属有利益冲突的法律事务。"可见，我国《律师法》禁止双方代理，但是，双方代理的条件是同一案件中的双方当事人。因此，尽管遗嘱执行人系遗嘱人的委托人，同时又与继承人签订协议，但是，由于遗嘱人与继承人并非同一案件的双方当事人，遗嘱执行人不构成双方代理。对于该问题，《最高人民法院关于向某、熊某浩、熊某与张某霞、张某、张某录、冯某义执行遗嘱代理合同纠纷一案的请示的复函》也有明确意见："经研究认为，目前，《中华人民共和国民法通则》、《中华人民共和国继承法》对遗嘱执行人的法律地位、遗嘱执行人的权利义务均未作出相应的规定。只要法律无禁止性规定，民事主体的处分自己私权利行为就不应当受到限制。张某霞作为熊某武指定的遗嘱执行人，在遗嘱人没有明确其执行遗嘱所得报酬的情况下，与继承人熊某浩、熊某等人就执行遗嘱相关的事项签订协议，并按照该协议的约定收取遗嘱执行费，不属于《中华人民共和国律师法》第三十四条禁止的律师在同一案件中为双方当事人代理的情况，该协议是否有效，应当依据《中华人民共和国合同法》的规定进行审查。只要协议的签订出于双方当事人的自愿，协议内容是双方当事人真实的意思表示，不违反法律和行政法规的禁止性规定，就应认定为有效。如果熊某浩、熊某等人以张某霞乘人之危，使其在违背真实意思表示的情况下签订协议为由，请求人民法院撤销或者变更该协议，应有明确的诉讼请求并提供相应的证据，否则，人民法院不宜主动对该协议加以变更或者撤销。"

事实上，继承人对遗嘱不服提起诉讼，被告也不可能是遗嘱人，而只可能

是其他继承人或者受遗赠人。因此，如果遗嘱执行人同时作为遗嘱继承纠纷案件双方的代理人，则可能构成双方代理，为法律所禁止。

【拓展适用】

一、遗嘱执行人的产生

我国《民法典》仅在第1133条第1款规定："自然人可以依照本法规定立遗嘱处分个人财产，并可以指定遗嘱执行人。"究竟遗嘱继承人应以何种方式产生，笔者认为可以参考其他国家法律规定，结合我国其他相关法律规定予以确认。

（一）遗嘱执行人可依遗嘱人的指定而产生

我国《民法典》第1133条第1款规定，遗嘱人可以指定遗嘱执行人。遗嘱人应最清楚自己的财产状况，及最适合执行遗嘱的人。因此，由遗嘱人自行指定遗嘱执行人应最为有利于遗嘱的执行，并最能够体现遗嘱人的意志。故由遗嘱人指定遗嘱执行人应当是遗嘱执行人产生最重要的方式，也应当是确定遗嘱执行人的首选方式。这种产生方式也为世界各国的立法所认可。例如，《德国民法典》规定执行人可由遗嘱人指定或委托第三人指定；《瑞士民法典》和《法国民法典》都规定被继承人得以遗嘱指定的一人或数人为遗嘱执行人。[①]

（二）遗嘱人可以委托他人代为指定遗嘱执行人

有些国家法律规定，遗嘱人可以不直接指定遗嘱执行人，但其可以委托他人指定遗产执行人。例如，《德国民法典》规定遗嘱人可以委托第三人指定遗嘱执行人，《日本民法典》也规定，遗嘱人可以以遗嘱指定一人或数人为遗嘱执行人，或委托第三人指定遗嘱执行人。我国《继承法》未规定遗嘱人是否可以委托他人指定遗嘱执行人。但是，从尊重遗嘱人对自己财产处分的权利来看，如果遗嘱人自己认可该方式，应当予以准许。

（三）可由继承人和受遗赠人选定遗嘱执行人

《民法典》第1145条规定："继承开始后，遗嘱执行人为遗产管理人；没有遗嘱执行人的，继承人应当及时推选遗产管理人；继承人未推选的，由继承人共同担任遗产管理人；没有继承人或者继承人均放弃继承的，由被继承人生前住所地的民政部门或者村民委员会担任遗产管理人。"如果遗嘱人没有指定遗嘱执行人，也没有委托他人指定遗嘱执行人，而又有执行遗嘱的必要时，应

① 张泽传：《两大法系遗嘱执行人制度比较》，载《贵州师范大学学报（社会科学版）》2002年第2期。

当允许所有继承人与受遗赠人选定遗嘱执行人。遗嘱人死亡后，其遗产的归属直接关系到继承人与受遗赠人的利益，因此由继承人与受遗赠人选定遗嘱执行人最为妥当。继承人与受遗赠人选定的遗嘱执行人可以是继承人或受遗赠人中的一人或数人，也可以是继承人或者受遗赠人之外的人。此处所指的继承人包括所有的法定继承人。即使该法定继承人不是遗嘱继承人，其仍应有权参与选定遗嘱执行人，因为该法定继承人可能为特留份人，必须为其保留必要的财产，所以遗嘱执行人的选定与遗漏继承人之外的法定继承人仍有利益关系。如果继承人和受遗赠人选定他们之中的一人或数人作为遗嘱执行人，则该遗漏执行人是否仍为继承人和受遗赠人的代理人还有待商榷，因为遗嘱执行人不能作为自己的代理人。

(四) 遗嘱执行人可依法院的指定而产生

日本民法规定，无遗嘱执行人或者失去遗嘱执行人时，家庭法院因利害关系人请求，可以选任遗嘱执行人；[①] 我国台湾地区“民法”也规定，遗嘱未指定遗嘱执行人，并未委托他人指定者，得由亲属会议选定，亲属会议不能召集或经召集而未能选定时，由法院指定遗嘱执行人。[②] 现实生活中，不排除遗嘱人没有指定遗嘱执行人，也没有委托他人指定遗嘱执行人，继承人和受遗赠人又无法选定遗嘱执行人的情况，或者出现继承人和受遗赠人怠于选定遗嘱执行人，导致遗嘱人的债权人利益无法实现的情况，此时，应利害关系人的申请，人民法院应当可以指定遗嘱执行人。至于具体指定何人担任遗嘱执行人，则应由人民法院根据案件具体情况作出。

二、遗嘱执行人的资格

遗嘱执行人的资格，是指具有执行遗嘱所必须具备的能力。[③] 根据权利人意思自治及遗嘱自由的原则，遗嘱人或者继承人应当可以委托任何人担任遗嘱执行人。但是，由于遗嘱的执行关系到继承人、受遗赠人的利益，也影响到遗嘱人的其他债权人的利益，因此，对遗嘱执行人的资格应当给予必要的限制。

(一) 遗嘱执行人应为完全民事行为能力人

自然人的民事行为能力，是指自然人能够以自己的行为行使民事权利和设

---

① 王书江：《日本民法典》，中国人民公安大学出版社 1999 年版；转引自高晓春：《论遗嘱执行人》，载《甘肃教育学院学报（社会科学版）》2002 年第 4 期。

② 高晓春：《论遗嘱执行人》，载《甘肃教育学院学报（社会科学版）》2002 年第 4 期。

③ 张玉敏主编：《中国继承法立法建议稿及立法理由》，人民出版社 2006 年版，第 136 页。

定民事义务，并且能够对于自己的违法行为承担民事责任的能力和资格。[①] 只有具备相应民事行为能力，自然人才具备可以独立进行民事活动的能力与资格。作为遗嘱执行人，应当具备完全民事行为能力。《民法典》第17条、第18条规定，18周岁以上的自然人为成年人，不满意18周岁的自然人为未成年人。成年人为完全民事行为能力人。16周岁以上的未成年人，以自己的劳动收入为主要生活来源的，视为完全民事行为能力人；第21条、第22条规定，不能辨认自己行为的成年人为无民事行为能力人，不能完全辨认自己行为的成年人为限制民事行为能力人。因此，作为遗嘱执行人的自然人应为可以完全辨认自己行为的成年人。

（二）破产者与无能力负担债务者不得作为遗嘱执行人

除要求遗嘱执行人具备完全民事行为能力外，一些国家还认为破产者与无能力负担债务者不得作为遗嘱执行人，如日本《民法》与法国《民法》都有此规定。该规定的目的旨在防止遗嘱执行人在损害到继承人及受遗赠人的利益后，因为无经济能力而导致的继承人及受遗赠人的损害无法得到补偿。[②] 我国民法对此并无规定。考虑到当事人意思自治原则，对于遗嘱人指定或者委托他人指定的遗嘱执行人，及继承人选定的遗嘱执行人，应当予以认可，但是，如果由人民法院指定遗嘱执行人时，则应当考虑选择人的经济能力。

三、遗嘱执行人的权利义务

（一）遗嘱执行人的权利

第一，查明遗嘱有效性的权利。只有有效遗嘱才能得以执行，因此，查明遗嘱的效力性应是遗嘱执行人的首要任务。一份有效遗嘱，应当符合以下条件：（1）遗嘱人在立遗嘱时具有完全行为能力。我国《民法典》第1143条第1款规定："无民事行为能力人或者限制民事行为能力人所立的遗嘱无效。"（2）遗嘱必须是遗嘱人的真实意思表示。《民法典》第1143条第2款规定："遗嘱必须表示遗嘱人的真实意思，受欺诈、胁迫所立的遗嘱无效。"（3）遗嘱的内容不得违反法律法规的强制性规定。此外，根据《民法典》第1141条的规定，遗嘱应当为缺乏劳动能力又没有生活来源的继承人保留必要的遗产份额。（4）遗嘱还必须符合《民法典》第1134条至第1139条规定的形式要件：自书遗嘱由遗嘱人亲笔书写，签名，注明年、月、日；代书遗嘱应当有两个以上见证人在

---

① 王利明等：《民法学》，法律出版社2008年版，第47页。

② 高晓春：《论遗嘱执行人》，载《甘肃教育学院学报（社会科学版）》2002年第4期。

场见证，由其中一人代书，并由遗嘱人、代书人和其他见证人签名，注明年、月、日；打印遗嘱应当有两个以上见证人在场见证。遗嘱人和见证人应当在遗嘱每一页签名，注明年、月、日；以录音录像形式立的遗嘱，应当有两个以上见证人在场见证。遗嘱人和见证人应当在录音录像中记录其姓名或者肖像，以及年、月、日；遗嘱人在危急情况下，可以立口头遗嘱。口头遗嘱应当有两个以上见证人在场见证。危急情况消除后，遗嘱人能够以书面或者录音录像形式立遗嘱的，所立的口头遗嘱无效；公证遗嘱由遗嘱人经公证机构办理。

第二，召集全体继承人、受遗赠人、债权人，公开遗嘱内容的权利。继承人、受遗赠人、债权人应有权知晓遗嘱内容，且只有他们知晓遗嘱内容，才可能配合遗嘱执行人执行遗嘱。因此，遗嘱执行人应当有权召集以上人员参加会议，除明确放弃继承、放弃受遗赠，或者放弃债权的外。

第三，清理遗产，排除妨碍执行遗嘱的权利。确认遗嘱合法有效，并通知继承人、受遗赠人、债权人后，遗嘱执行人有权清理遗产，查明财产的数量、所在地、是否负担其他权利等。如果遇到其他妨碍遗产执行的情况，遗嘱执行人有权排除妨碍，并有权参加涉及遗产的诉讼。

第四，管理遗产的权利。在继承开始后，遗嘱执行完毕之前，遗产并未完全转移。此时，遗嘱执行人有权管理遗产，防止他人侵害遗产。当然，遗嘱执行人管理遗产应以遗嘱人的指示而为之，无指示时，其管理权以执行遗嘱之必要者为限。[①] 具体而言，遗嘱执行人应当可以占有遗产，并收回他人占有的遗产。

第五，获取报酬的权利。我国《民法典》第 928 条规定："受托人完成委托事务的，委托人应当按照约定向其支付报酬。因不可归责于受托人的事由，委托合同解除或者委托事务不能完成的，委托人应当向受托人支付相应的报酬。当事人另有约定的，按照其约定。"参考这一规定，遗嘱执行人应当有权按照遗嘱人的指定，或者与继承人、受遗赠人的约定获得报酬。

第六，获得执行遗嘱产生费用的权利。我国《民法典》第 921 条规定："委托人应当预付处理委托事务的费用。受托人为处理委托事务垫付的必要费用，委托人应当偿还该费用并支付利息。"参考这一规定，如果遗嘱执行人系无偿执行遗嘱，或者遗嘱人、继承人均未与其签订遗嘱代理协议，对遗嘱执行人的报酬或者执行遗嘱的费用进行约定，遗嘱执行人可以享有要求继承人支付执行遗嘱的合理费用，或者直接从遗产中扣除该笔费用的权利。

---

① 李霞主编：《婚姻家庭继承法学》，山东大学出版社 2006 年版，第 204 页。

（二）遗嘱执行人的义务

事实上，查明遗嘱是否合法有效，召集继承人、受遗赠人、债权人会议，清理遗产、制作遗产清册供继承人等查阅，管理遗产既是遗嘱执行人的权利，也是遗嘱执行人的义务。除此之外，遗嘱执行人还有以下义务。

第一，遵照有效遗嘱的规定，将财产转移给继承人和受遗赠人。这应当是遗嘱执行人最重要的一项义务，只有完成这一义务，遗嘱人的遗嘱才能实现。

第二，亲自执行遗嘱的义务。一般情况下，遗嘱执行人应当亲自执行遗嘱。但是，也有法律规定，遗嘱执行人享有复任权。如日本民法规定，符合以下两个条件时，遗嘱执行人享有复任权：一是遗嘱人在遗嘱中未明确表示不得委托第三人；二是遗嘱执行人有不得已的事由。我国法律未对此进行规定，但是我国《民法典》第169条规定："代理人需要转委托第三人代理的，应当取得被代理人的同意或者追认。转委托代理经被代理人同意或者追认的，被代理人可以就代理事务直接指示转委托的第三人，代理人仅就第三人的选任以及对第三人的指示承担责任。转委托代理未经被代理人同意或者追认的，代理人应当对转委托的第三人的行为承担责任；但是，在紧急情况下代理人为了维护被代理人的利益需要转委托第三人代理的除外。"第923条规定："受托人应当亲自处理委托事务。经委托人同意，受托人可以转委托。转委托经同意或者追认的，委托人可以就委托事务直接指示转委托的第三人，受托人仅就第三人的选任及其对第三人的指示承担责任。转委托未经同意或者追认的，受托人应当对转委托的第三人的行为承担责任；但是，在紧急情况下受托人为了维护委托人的利益需要转委托第三人的除外。"笔者主张遗嘱执行人系遗嘱人，或者继承人、受遗赠人的代理人，故遗嘱执行人也应遵照上述规定行事。

第三，其他义务。遗嘱执行人还应当本着诚实信用的原则，履行其他与有效执行遗嘱相关的义务，以尽可能地实现遗嘱人的意志，保护继承人和受遗赠人的权利。

【典型案例】

向某、熊某浩、熊某诉张某霞、张某、张某录、冯某义执行遗嘱代理合同纠纷案

原告：向某、熊某浩、熊某

被告：张某霞、张某、张某录、冯某义

〔基本案情〕

原告向某、熊某浩、熊某因与被告张某霞、张某、张某录、冯某义发生执行遗嘱代理协议纠纷一案，向陕西省宝鸡市中级人民法院提起诉讼。

原告向某、熊某浩、熊某诉称：我们是熊某武的遗产继承人，熊某武生前在遗嘱中指定被告张某霞为遗嘱执行人。熊某武去世后，张某霞未积极按遗嘱人嘱托分割遗产交付给各继承人，而是误导我们与之签订了执行遗嘱代理协议，并扣收所谓执行遗嘱代理费 22.9 万元，致使我们的合法财产权益受到损害。请求撤销或宣告两份执行遗嘱代理协议无效，判令张某霞返还 22.9 万元代理费，并由原张某霞所在律师事务所的合作人承担连带责任。

被告张某霞辩称：我与熊某浩、熊某签订的协议书是双方的真实意思表示，作为熊某武生前指定的遗嘱执行人，我与继承人签订执行遗嘱代理协议，进一步确定执行遗嘱的具体事项，是合法有效的。收取各原告执行遗嘱费用，符合律师收费办法的规定。与原告熊某浩、熊某签订的协议和熊某武指定我为遗嘱执行人是两个不同的法律关系。我在法律代理服务中无过错，不应退还代理费。

被告张某辩称：张某霞律师受律师事务所委托与各原告签订执行遗嘱代理协议，并协商收取代理费是律师的执业行为，是合理合法的。各原告要求合作律师事务所的各合作人承担返还代理费连带责任没有法律依据。

被告张某录和冯某义未作答辩，经法庭传唤亦未出庭应诉。

宝鸡市中级人民法院经审理查明：1997 年 2 月 23 日，原告向某之夫、熊某浩和熊某之父熊某武请当时任某律师事务所律师的被告张某霞见证并代书了遗嘱，遗嘱对其所有的现金、企业、房产等财产向各法定继承人和其他人进行了分配，并聘请张某霞为终身法律顾问，指定张某霞为遗嘱执行人。该遗嘱一式 7 份，全部由张某霞保管，继承开始后由张某霞负责实施。1997 年 2 月 28 日，熊某武去世。1997 年 3 月 1 日和 4 月 14 日，张某霞分别与熊某、熊某浩签订协议书。协议根据熊某武的遗嘱主要约定以下事项：张某霞要遵照遗嘱的规定办好各种手续；熊某浩、熊某聘请张某霞担任法律顾问、财务顾问，维护熊某浩、熊某合法权益，全权委托张某霞对继承的企业财产进行审计，保障熊某浩、熊某两人的权益得到充分兑现；律师应收遗嘱析产代理费按国家规定从遗产中扣除。因向某为精神病患者，其民事行为由熊某浩代理。1997 年 4 月 22 日，张某霞分别向向某、熊某浩出具了某律师事务所收到 15 万元、3 万元律师遗嘱析产代理费的收款收据。但其所收到的 18 万元未交某律师事务所。1997 年 4 月 7 日，张某霞向熊某出具了“情况说明”，情况说明中称执行遗嘱全部费用已交清。张某霞在庭审中承认实际收取了熊某 2 万元现金，没有出具收据。1997 年 4 月底，张某霞按照熊某武遗嘱将遗产全部分配完毕。张某霞在 1997 年 3 至 4 月执行遗嘱期间共领取北方集团公司工资、补贴、顾问费等共计 3048 元，并报销了差旅费。

另查明：某律师事务所为合作制律师事务所，由张某、张某录、张某霞、冯某义 4 人申报，1994 年 7 月 25 日经陕西省司法厅批准成立。1998 年 1 月 1 日，张某、张某录退出某律师事务所。1998 年 3 月 24 日，某律师事务所经清产后移交某司法局。

上述事实，有以下主要证据证明：

1. 各当事人在庭审中的陈述。
2. 熊某武生前遗嘱及公证书。
3. 张某霞分别与熊某浩、熊某签订的两份协议书。
4. 张某霞向向某、熊某浩出具的某律师事务所两份收款收据。
5. 熊某武遗产的“执行财产移交表”。
6. 张某霞向熊某出具的“情况说明”。
7. 某律师事务所移交某司法局的移交书。

〔一审裁判理由与结果〕

宝鸡市中级人民法院认为：《律师法》第三十四条规定：“律师不得在同一案件中，为双方当事人担任代理人。”《民法通则》第 58 条第 1 款第 5 项规定，违反法律或者社会公共利益的民事行为无效。第 61 条规定，民事行为被确认为无效或者被撤销后，当事人因该行为取得的财产，应当返还给受损失的一方。有过错的一方应当赔偿对方因此所受的损失，双方都有过错的，应当各自承担相应的责任。被告张某霞与原告熊某浩、熊某以协议书的形式签订代理合同，其实质内容源于熊某武生前遗嘱。张某霞作为律师接受熊某武生前嘱托担任其遗产执行人，应视为在熊某武生前与其形成了委托代理关系，张某霞在执行遗嘱时从遗产中扣收代理费，不仅违背了立遗嘱人生前嘱托，使继承人财产受到损失，而且违反了律师法的禁止性规定，故原告主张张某霞执行遗嘱代理协议无效的请求，应予支持。张某霞作为执业律师，理应知道我国法律对律师执业活动的规定，但在与各原告签订合同时，未按法律规定执业，有缔约上的过失，应对合同无效承担全部责任，因无效合同取得的 20 万元应予返还。原告熊某主张返还 4.9 万元，但张某霞只承认收取了 2 万元，因熊某不能提供证据证明其主张，故对熊某关于张某霞收取 4.9 万元代理费用的主张不予支持。某律师事务所 1998 年 3 月 24 日清产后即应视为依法解散，鉴于其收费一直采取所内统一开票、律师个人收取的办法，张某霞又是本案争议财产的实际占有人，故返还代理费的民事责任应由张某霞承担，各原告主张某律师事务所所有合作人均承担连带责任的请求不予支持。

据此，宝鸡市中级人民法院于 2000 年 10 月 26 日判决：

一、被告张某霞与熊某浩、熊某签订的执行遗嘱协议书无效；

二、被告张某霞返还原告向某人民币 3 万元，返还原告熊某浩人民币 15 万元、返还原告熊某人民币 2 万元；

三、驳回原告向某、熊某浩、熊某其他诉讼请求。

〔当事人上诉及答辩意见〕

一审宣判后，张某霞不服，向陕西省高级人民法院提起上诉。

张某霞的上诉理由是：我担任熊某武遗嘱执行人与熊某浩、熊某签订的执行遗嘱代理协议书不属于“在同一案件中为双方当事人担任代理人”。要求确认某律师事务所与熊某、熊某浩分别签订的协议书合法有效。

〔二审查明的事实〕

陕西省高级人民法院根据一审有关证据查明：

向某之夫、熊某浩、熊某之父熊某武，于1996年10月17日在河南省浚县遭遇车祸。后因病重，转入陕西省西安市红会医院住院治疗。

1997年2月23日，熊某武邀请张某霞到西安，并将孙亚鹏（熊某武秘书）、熊某浩、吴秋文（熊某之夫）叫到病床前，由张某霞代书立下生前遗嘱。内容为：“我一九九六年十月十七日在河南浚县视察工作时不幸发生车祸，现正在医院治疗恢复阶段，为了答谢张金云的照顾以及了结我的心愿特写此遗书。一、现金：现有现金壹仟叁佰壹拾陆万元（13160396.73元，暂在吴秋文、张金云处保管），分成四份，熊某浩、熊某、张金云、向某各壹份。向某的一份由熊某浩代为保管，向某和熊红共同使用。二、企业：1. 食品公司的股份由儿子熊某浩、女儿熊某继承，由女婿吴秋文代为参与管理，所取得效益归他们共同所有。2. 梅河口熊某武食品有限公司由张金云同志代替我管理，执行原合同，因为我有今天事业上的成功全靠我妻张金云对我的关心、照顾和支持，因而所取得的效益归张金云同志所有。3. 食品公司、熊某武北方集团兴平公司由熊某浩负责管理，张某霞律师协助，所取得效益归熊某浩所有。三、房产：1. 座落在珠海市平沙的房屋产权归熊某浩所有。2. 座落在广州的房产，以及番禺的铺子均归熊某所有。3. 座落在梅河口市利丰新村的房产、座落在阜新的房产以及阜新城中城的门面房产归张金云所有。四、其他：1. 聘请某律师事务所张某霞律师做我私人终身法律顾问，有权代为审查上述各企业账务，保护我的合法权益。2. 我指定张某霞律师作为我的遗嘱执行人。3. 目前由于握笔困难由法律顾问张某霞执笔书写。4. 我与各公司所签的合同履行期满后凡继续使用商标，要从利润中提取20%，作为商标使用费（合同另签），企业属谁，由谁得益。5. 此遗嘱一式七份，由遗嘱执行人保管，继承开始由执行人负责实施。见证人：张某霞（签名），单位：某律师事务所；见证人：孙亚鹏（签名），单位：熊某武集团公司；见证亲属：熊某浩（签名）；吴秋文（签名）；遗嘱人：熊某武；代书人：张某霞；遗书时间：1997年2月23日。”此遗嘱经公证处公证。

1997年2月28日熊某武逝世。1997年3月1日和4月14日，张某霞分别与熊某、熊某浩签订了《协议书》，约定：“根据1997年2月23日熊某武先生生前遗嘱第四项第一条、第二条、第四条规定双方协商签订如下协议：一、乙方（张某霞）要遵照遗嘱的规定办好各种手续，差费由甲方（熊某、熊某浩）负责解决。二、甲方聘请乙方担任法律顾问、财务顾问，维护乙方合法权益，全权委托乙方处理继承事宜，保证甲方继承权益充分兑现。查账按总裁指示办。三、在合同履行期间甲方遇到有关涉及法律及财务方面的问题乙方帮助解决。四、给乙方的报酬：按原签法律顾问合同执行，由集团办发放。奖金由甲方自行酌定。五、甲方无论是否在此单位任职，乙方均有权代替甲方按协议进行工作。六、律师应收遗嘱分配析产代理费，按国家规定从遗产中扣除。七、此协议有效期三年，自签订协议之日起计算有效期。”1997 年 4 月 22 日，张某霞向熊某浩、向某出具了某律师事务所收到 15 万、3 万元遗嘱析产律师代理费的收款收据，但所收到的 18 万元未交某律师事务所。1997 年 4 月 7 日，张某霞在给熊某的“情况说明”中称执行遗嘱全部费用已交清。庭审中张某霞陈述该笔 2 万元现金，个人已收取，未向熊某打收据。以上共计 20 万元。1997 年 4 月底，张某霞按照熊某武生前遗嘱将其遗产全部分配完毕。

1997 年 6 月 13 日，原告向某、熊某浩、熊某向宝鸡市中级人民法院提起诉讼，称张某霞以遗嘱执行人的身份将熊某武名下的 329 万元分给所谓熊某武之“妻”张金云，属非法所得，请求确认《生前遗嘱》无效；判令张金云返还非法所得 329 万元；责令张某霞退回执行费 22. 9 万元。宝鸡市中级人民法院于 1997 年 8 月 15 日立案，并向张金云、张某霞发出了应诉通知书。张金云对案件管辖权提出异议，认为此案不应由宝鸡市中级人民法院管辖，被宝鸡市中级人民法院裁定予以驳回。张金云不服，向陕西省高级人民法院提出上诉。陕西省高级人民法院认为：向某等人要求确认熊某武生前遗嘱无效，既不属于追还财产纠纷，也不属于侵权纠纷，应为继承纠纷；向某等人与张某霞的纠纷，不属于返还财产纠纷，应为因代理费发生的纠纷，遂裁定继承纠纷移送不动产所在地吉林省高级人民法院处理（该案现已审结）；向某等人与张某霞的代理费纠纷，由宝鸡市中级人民法院决定管辖。本案的诉讼即向某等人变更诉讼请求后重新提起的诉讼。

在二审期间，经陕西省高级人民法院主持调解，熊某自愿放弃对上诉人张某霞的诉讼请求，并就一、二审案件的受理费与张某霞达成调解协议，该调解协议经双方签字，已发生法律效力。

〔二审裁判理由与结果〕

陕西省高级人民法院认为，本案双方当事人的争议焦点是：张某霞作为遗产执行人与部分遗产继承人就执行遗产相关事宜签订的委托代理协议是否有效。

《民法通则》和《继承法》均没有对遗嘱执行人的法律地位和遗嘱执行人的权利义务作出明确规定。只要不违反法律的禁止性规定，民事主体有权处分自己权利。张某霞作为熊某武指定的遗嘱执行人，在熊某武没有明确表示其执行遗嘱应得到报酬的情况下，与继承人熊某浩、熊某等人就执行遗嘱的相关事项签订协议，并按照该协议的约定收取遗嘱执行费，不属于律师法第三十四条禁止的律师在同一案件中为双方当事人代理的情况。一审判决根据律师法第三十四条的规定认定当事人之间的协议无效，属适用法律错误，应予纠正。

熊某浩等人与张某霞签订的委托代理协议是否有效，应依据《合同法》的规定审查。熊某浩等人虽主张与张某霞签订委托代理协议，是受张某霞的误导，但却无法提供相应证据证明该协议是在违背其真实意思表示的情况下签订的，或者该协议是法律规定的无效合同或可撤销合同，故对其要求撤销或宣告两份委托代理协议无效的主张，依法不予支持。

综上，依照《民事诉讼法》第153条第1款第2项之规定，于2003年3月1日判决：

一、撤销宝鸡市中级人民法院的民事判决；

二、某律师事务所张某霞与熊某浩签订的执行遗嘱协议书有效；

三、驳回向某、熊某浩的诉讼请求。

本判决为终审判决。

另附：

最高人民法院关于向某、熊某浩、熊某与张某霞、张某、张某录、冯某义执行遗嘱代理合同纠纷一案的请示的复函①

（2003年1月29日　［2002］民一他字第14号）

陕西省高级人民法院：

你院《关于向某、熊某浩、熊某与张某霞、张某、张某录、冯某义执行遗嘱代理合同纠纷一案的请示报告》收悉。经研究认为，目前，《中华人民共和国民法通则》、《中华人民共和国继承法》对遗嘱执行人的法律地位、遗嘱执行人的权利义务均未作出相应的规定。只要法律无禁止性规定，民事主体的处分自己私权利行为就不应当受到限制。张某霞作为熊某武指定的遗嘱执行人，在遗嘱人没有明确其执行遗嘱所得报酬的情况下，与继承人熊某浩、熊某等人就执行遗嘱相关的事项签订协议，并按照该协议的约定收取遗嘱执行费，不属于《中华人民共和国律师法》第三十九条禁止的律师在同一案件中为双方当事人代理的情况，该协议是否有效，应当依据《中华人民共和国合同法》的规定进行审查。只要协议的签订出于双方当事人的自愿，协议内容是双方当事人真实的意思表示，不违反法律和行政法规的禁止性规定，就应认定为有效。如果熊某浩、熊某等人以张某霞乘人之危，使其在违背真实意思表示的情况下签订协议为由，请求人民法院撤销或者变更该协议，应有明确的诉讼请求并提供相应的证据，否则，人民法院不宜主动对该协议加以变更或者撤销。

① 此文件同作隐名处理。

图书在版编目（CIP）数据

最高人民法院指导性案例裁判规则理解与适用．婚姻家庭卷／江必新，何东宁，肖芳著．—北京：中国法制出版社，2024.1

ISBN 978-7-5216-3812-7

Ⅰ．①最… Ⅱ．①江… ②何… ③肖… Ⅲ．①最高法院-审判-案例-中国②最高法院-婚姻家庭纠纷-民事诉讼-审判-案例-中国 Ⅳ．①D925.05②D923.905

中国国家版本馆 CIP 数据核字（2023）第 151749 号

策划编辑：李小草　韩璐玮（hanluwei666@163.com）
责任编辑：白天园　　　封面设计：蒋　怡

最高人民法院指导性案例裁判规则理解与适用．婚姻家庭卷

ZUIGAO RENMIN FAYUAN ZHIDAOXING ANLI CAIPAN GUIZE LIJIE YU SHIYONG. HUNYIN JIATINGJUAN

著者／江必新　何东宁　肖芳
经销／新华书店
印刷／保定市中画美凯印刷有限公司
开本／730 毫米×1030 毫米　16 开　　　印张／19.25　字数／298 千
版次／2024 年 1 月第 1 版　　　2024 年 1 月第 1 次印刷

中国法制出版社出版
书号 ISBN 978-7-5216-3812-7　　　定价：78.00 元

北京市西城区西便门西里甲 16 号西便门办公区
邮政编码：100053　　　传真：010-63141600
网址：http：//www.zgfzs.com　　　**编辑部电话：010-63141792**
市场营销部电话：010-63141612　　　**印务部电话：010-63141606**

（如有印装质量问题，请与本社印务部联系。）